Erfüllte Zeit

2

verlagsgruppe engagement

Dolores Bauer (Hg.)

Erfüllte Zeit
2

Lesejahr B

Paulusverlag Freiburg Schweiz

Die Deutsche Bibliothek – CIP-Einheitsaufnahme

Erfüllte Zeit 2 / Dolores Bauer (Hg.) –
Freiburg, Schweiz: Paulusverl.
Lesejahr B 1999
ISBN 3–7228–0476–0

Diese Ausgabe erscheint mit dem Einverständnis
des ORF, Wien, nach der Sendereihe „Erfüllte Zeit“
im Programm Österreich 1 (Lesejahr B, 1996/97)

Umschlaggestaltung: Art & Deco, Zumholz FR
ISBN 3-7228-0476-0

INHALT

Zum Geleit

„......
Kam, kam.
Kam ein Wort, kam,
Kam durch die Nacht,
Wollt leuchten, wollt leuchten.
......"
(Paul Celan)

Nunmehr sechs Jahre lang, Sonntag für Sonntag und auch an allen Feiertagen, war am Morgen zwischen sieben und halb acht Uhr im Radioprogramm Österreich 1, dem Kultursender des ORF, Dolores Bauer mit ihrer Sendung *„Erfüllte Zeit"* zu hören. Es war immer mehr, als daß sie nur die Gäste vorstellte, die das jeweilige Evangelium auslegten, oder daß sie nur kurz in das Thema desselben einführte. Es war mehr als eine koordinierende oder programmgestalterische Rolle, es waren ihre Persönlichkeit und ihr Charisma, die da zu Wort kamen und dem sonn- oder feiertäglichen Morgen einer anspruchsvollen Hörerschaft eine unverwechselbare Aura verliehen. Weit davon entfernt, fromme Beschaulichkeit zu verbreiten oder verbreiten zu lassen, hat sie in der Wahl ihrer Worte und in der Auswahl ihrer Gäste nie einen Zweifel daran gelassen, wo sie als engagierte Christin steht: im Lager einer weltweiten Solidarität mit den Ausgegrenzten und Ausgebeuteten, im Lager einer geschwisterlichen Kirche – alles unter verläßlicher Rückbindung an die Botschaft des Ersten und des Zweiten Testaments, des Gottes Abrahams, Isaaks und Jakobs – und des Jesus von Nazaret.

In diesen sechs Jahren war die Situation der Kirche vor allem in Österreich von schier endlosen Konflikten, Richtungsstreitigkeiten und halbherzigen Lösungsversuchen gezeichnet. Das Bild dieser Kirche hat schmerzlich gelitten, und allzuviele Menschen haben sich aus Enttäuschung von ihr abgewandt. Daß diese Kirche aber dennoch lebt, wenn man nur etwas über den oft allzu begrenzten Horizont hinausblickt oder den Blick hinaus öffnet, das zu zeigen war das Anliegen von Dolores Bauer. Der vorliegende Sammelband des vollständigen Lesejahres B gibt beredtes Zeugnis davon. Als ich in meiner damaligen Funktion als Leiter der Abteilung Religion im ORF-Hörfunk vor sechs Jahren diese Sendung ins Leben rief, geschah es im Vertrauen auf die Kraft des Wortes, das in die Welt gekommen war, um zu leuchten. Dank der Frauen und Männer, die Dolores Bauer in mehr als vierhundert Sendungen gewinnen konnte, von der Kraft dieses Wortes Zeugnis zu geben, hat es immer geglüht, sehr oft auch geleuchtet. Dankbare Hörer haben es uns immer wieder wissen lassen.

Hubert Gaisbauer

Vorwort

Es spricht nicht nur für Dolores Bauer in ihrer Verantwortung für die österreichische Hörfunkreihe „Erfüllte Zeit", die am 6. Juni 1993 ihren Anfang genommen hatte, sondern auch für die Kommentatoren – Priester und Laien, Männer und Frauen – die sie, immer vom Text ausgehend, eingeladen hat, das jeweilige Sonntagsevangelium kurz zu erklären –, daß der Schweizer Paulusverlag das Angebot machte, die Texte der Hörfunkreihe als Buch zu präsentieren. Die Sendung ist im Laufe der Zeit in zunehmendem Maße gehört worden und hat nicht zuletzt eine große „Einschaltziffer" erreicht. Das verlegerische Angebot macht auf seine Weise aufmerksam, wie eine kurz gefaßte Auslegung der Schrift, des Gotteswortes, in der Sprach- und Gedankenwelt unserer Zeit aufmerksame Zuhörer findet. Es ist nicht nur die persönliche Nähe, die der einzelne Zuhörer herausspürt, sondern es sind ebenso Lebensfragen, die in menschlicher Weise dadurch angerührt werden und so Aufmerksamkeit wecken.

Die Bibel ist nicht einfach rückwärtsgewandt, sondern so sehr auf den Menschen und seine Zeit hinorientiert, daß alle geschichtlichen Begrenzungen wegfallen. Und es sind die immer wiederkehrenden Fragen, die jeden Menschen bewegen; es sind nicht die Fragen der Geschichte, sondern die des Menschen. Jeder Mensch sucht im Grunde – wie es uns die vergleichende Geschichte der Religionen nahelegt – eine Antwort auf die ungelösten Rätsel des menschlichen Daseins, wie sie seit eh und je die Herzen der Menschen im tiefsten bewegen: Was ist der Mensch? Was ist Sinn und Ziel unseres Lebens? Woher kommt das Leid und welchen Sinn hat es? Wo ist der Weg zum wahren Glück – und was ist jenes letzte und unsagbare Geheimnis unserer Existenz, aus dem wir kommen und wohin wir gehen? – Das sind die existentiellen Fragen, wie sie uns die Geschichte der Religionen der Menschheit nahelegt.

Man kann solche Fragen wegschieben, aber sie kommen immer wieder. Dies ist ein Hinweis auf die religiöse Grundstruktur, die das Leben des Menschen im Grunde bestimmt. Denn Religion gehört zum Leben des Menschen. Darauf weist auch die Existenzphilosophie unserer Tage hin. Es sind die Fragen, die vom Menschen ausgehen und wieder zum Menschen zurückkehren.

Nur das Christentum gibt eine Antwort, die nicht nur vom fragenden und suchenden Menschen ausgeht, sondern aus der „anderen“ Welt stammt. Und dies ist der Eckstein des christlichen Glaubens: Der Schöpfer Himmels und der Erde, den wir Christen Vater nennen, er hat unsere letzten Fragen beantwortet durch das Gotteswort in Menschengestalt, Jesus Christus, seinen Sohn. Und der Evangelist Johannes (1,19) bezeugt dies auf seine Weise: „Niemand hat Gott je gesehen; der Einzige, der Gott ist und am Herzen des Vaters ruht, er hat Kunde gebracht.“ Und der gleiche Johannes bekräftigt diesen Satz durch sein persönliches Zeugnis in seinem ersten Brief: „Was von Anfang an war, was wir gehört haben, was wir mit unseren Augen gesehen, was wir geschaut und was unsere Hände angetastet haben, das verkünden wir, das Wort des Lebens.“ Dadurch unterscheidet sich das Christentum von den anderen Religionen, weil es über die Fragen, die nur vom Menschen ausgehen, hinausreicht und eine Antwort vermittelt durch Christus, den Auferstandenen. Er ist der tragende Baustein, auch der persönlichen Auslegungen der Schrift, aus der Sicht unserer Zeit, wie sie uns dieses Buch vermittelt.

Franz Kardinal König

Erster Adventsonntag

Mit großer Freude begrüße ich Sie heute zum gemeinsamen Weg in ein neues Kirchenjahr, das sogenannte Lesejahr B der katholischen Meß-Liturgie mit seinem Jahresregenten, dem Evangelisten Markus, dem ersten der Evangelisten. Von ihm kann man sagen: „Er hat der Kirche das Evangelium geschenkt."

In einem Lese- und Arbeitsbuch zum Markusevangelium, das das Katholische Bibelwerk Stuttgart herausgegeben hat, lese ich: „Man kann nicht übersehen, daß der Evangelist erzählen will, aber eine Beschränkung auf die Lebensgeschichte Jesu wäre eine Verkürzung, wenn nicht gar eine Verfälschung. Die Erinnerung an die Predigt Jesu ist ein ganz entscheidender Aspekt, aber Markus will mit seinem Evangelium signalisieren, daß das Evangelium als Ausdruck hoher Offenbarung Gottes der predigenden und lehrenden Kirche anvertraut ist. Thematisch ist das Markusevangelium so reichhaltig, daß eine einzige literarische und theologische Erklärung nicht ausreicht. Markus hat auf traditionelle katechetische und missionarische Überlieferungen zurückgegriffen und aus dem Christusbekenntnis der Gemeinde sein ureigenstes theologisches Werk geschaffen." –

So also wird der Stoff beschrieben, der uns im wesentlichen – von den üblichen Ausnahmen abgesehen – durch dieses Kirchenjahr begleiten, anregen und ermuntern wird.

Aber die Meßtexte des ersten Adventsonntages beschränken sich natürlich nicht auf das Evangelium allein, sie holen weit nach hinten aus und zitieren aus dem Propheten Jesaja jene Stelle, die die Kirche seit langer Zeit adventlich singt, wenn nämlich der Prophet Jahwe anfleht: „Reiß doch den Himmel auf und komm herab, so daß die Berge zittern vor dir." Und er fährt fort mit dem Bekenntnis:

„Ja, du warst zornig,
denn wir haben gegen dich gesündigt,
von Urzeit an sind wir treulos geworden.
Unsere ganze Gerechtigkeit ist wie ein schmutziges Kleid.
Wie Laub sind wir alle verwelkt,
unsere Schuld trägt uns fort wie der Wind,

denn du hast dein Angesicht vor uns verborgen
und hast uns der Gewalt unserer Schuld überlassen.
Und doch bist du, Herr, unser Vater.
Wir sind der Ton, und du bist der Töpfer,
wir alle sind das Werk deiner Hände."

Das, meine ich, ist Advent für uns, Schuld und Versagen auffinden und benennen und dann alles in Gottes Hände legen, damit er uns neu mache, uns zu dem forme, als das er uns gedacht hat, nicht das Ich, sondern das Selbst. Daß er dazu bereit ist, das hat er uns bewiesen, als er, um der Schuld der Menschen so nahe wie möglich zu kommen, sich klein gemacht hat und Mensch geworden ist in Jesus Christus.

Was uns die Zeit des Advent, die Zeit der Erwartung aber noch nahebringen will, ist Wachsamkeit, ist es, aufmerksam zu sein für die Zeichen in mir, für die Zeichen um mich, für die Zeichen der Zeit, denn Jesus hat es seinen Jüngern zugerufen:

WAS ICH EUCH GESAGT HABE, DAS SAGE ICH ALLEN: SEID WACHSAM!

Diese Art des Wachseins verlangt aber nicht prophetische oder hellsichtige Gaben, fordert nicht, daß wir den dunklen Vorhang der Zukunft zu durchdringen suchen, sondern es heißt: Verantwortlich die gegenwärtige Stunde leben und sensibel zu werden für das, was eben diese Stunde von mir fordert.

Mk 13,24–37

Nach dieser Schreckenszeit wird sich die Sonne verfinstern, und der Mond wird nicht mehr scheinen, die Sterne werden vom Himmel fallen, und die Ordnung des Himmels wird zusammenbrechen. Dann kommt der Menschensohn in den Wolken mit göttlicher Macht und Herrlichkeit, und alle werden ihn sehen. Er wird die Engel in alle Himmelsrichtungen ausschicken, um von überall her die Menschen zusammenzubringen, die er erwählt hat.
Laßt euch vom Feigenbaum eine Lehre geben: Wenn der Saft in die Zweige schießt und der Baum Blätter treibt, dann wißt ihr, daß der Sommer bald da ist. So ist es auch, wenn ihr alle diese Dinge kommen seht: dann wißt ihr, daß das Ende unmittelbar bevorsteht. Ich sage euch: diese Generation wird das

alles noch erleben. Himmel und Erde werden vergehen, aber meine Worte nicht.
Aber den Tag oder die Stunde, wann das geschehen soll, kennt niemand, auch nicht die Engel im Himmel – nicht einmal der Sohn. Nur der Vater kennt sie. Seht zu, daß ihr wach bleibt! Denn ihr wißt nicht, wann der Zeitpunkt da ist.
Es ist wie bei einem Mann, der verreist. Er verläßt sein Haus und weist alle Untergebenen an, ihre Arbeit in eigener Verantwortung zu tun. Dem Türhüter befiehlt er, wachsam zu sein. So sollt auch ihr wach bleiben, weil ihr nicht wißt, wann der Hausherr kommen wird: am Abend, um Mitternacht, beim ersten Hahnenschrei, oder wenn die Sonne aufgeht. Wenn er kommt, soll er euch nicht im Schlaf überraschen! Was ich euch sage, gilt für alle: Bleibt wach!

(Die Gute Nachricht)

Für die Gestaltung einer solchen über Jahre gehenden Sendereihe, wie *Erfüllte Zeit* dies ist, ist man immer auch auf gute Ratschläge und Hinweise angewiesen. Und so habe ich für heute gleich zweimal guten Rat beherzigt. P. Georg Braulik riet mir während eines einschlägigen Gespräches, es doch einmal mit den Evangelienübertragungen der Deutschen Bibelgesellschaft zu versuchen, die er selber sehr schätzt. Also ist dies geschehen und werden uns die Texte dieses wunderschön ausgestatteten Bandes eine Weile begleiten. Der andere gute Rat kam von Dieter Dorner, der mich schon vor einiger Zeit auf Albert Höfer aufmerksam gemacht hat, den er in Graz des öfteren gehört hat. Der Kontakt hat gleich beim ersten Mal geklappt, denn Albert Höfer ist selbst ein treuer Hörer dieser Sendung. Er ist gebürtiger Salzburger, der aber schon lange Jahre als Priester und Universitätslehrer in Graz lebt und arbeitet. Albert Höfer ist seit zwanzig Jahren blind und arbeitet jetzt noch als Psychotherapeut und Schriftsteller.

KOMMENTAR

Die Gemeinden der frühen Christen, die dieses Evangelienstück gelesen oder gehört hatten, sahen in diesen Gleichnissen natürlich Christus, den auferstandenen Herrn, der zum Vater ging, seinen Jüngern verschiedene Aufträge erteilte und dann sein baldiges Kommen versprach. Damit er bei seinem Kommen jedoch erkannt und sogleich aufgenommen werde, ermahnte er den Türhüter und mit ihm alle Christen: „Wachet!"

Jesus selber hatte in seinen Gleichnissen wenig von sich selbst gesprochen. Wenn diesen Sprüchen zwei Jesusgleichnisse, das heißt von Jesus erzählte Gleichnisse vorliegen (nämlich das von der Aufgabenverteilung und das vom Türhüter), so richtete er damit die Aufmerksamkeit auf das Kommen des Gottesreiches, denn das war das Thema seiner Verkündigung: Gott kommt gerade; er wendet sich den Menschen zu; er drängt in die Geschichte herein; er verwirklicht seinen Willen auf Erden; er ist im heilenden Jesus gegenwärtig und wirksam. Auf dieses Kommen des Gottesreiches will Jesus hinweisen – aber *wie* kommt die Gottesherrschaft, das Königtum Gottes?

Ja das, gerade das ist in diesen Sprüchen die Frage! Jesus sagt einmal: Gottes Königtum kommt nicht so, daß man sagen könnte: Da ist es oder dort – es ist also keine objektivierbare Größe, auf die man mit dem Finger hinzeigen könnte. Sie ist kein Gegenstand der objektiven Beobachtung. Ja, aber wie dann? Wie entdeckt man dann Gottes Wirken und Reich? Und Jesus sagt: Wollt ihr das Reich des Vaters erkennen und erfahren, dann: „Wachet!"

Es bedarf einer besonderen Aufmerksamkeit, eines Spürsinns, um das andringende Wirken und Walten Gottes, um seine Gegenwart in der Welt zu entdecken. Neben dem Bildwort vom Wachen würden wir heute vielleicht sagen, wir müssen sensibel für das Reich Gottes sein. In der Tat, der ägyptische Theologe Origenes, der zweihundert Jahre nach Jesus gelebt hat, wünscht seinen Christen die Riechnase des Heiligen Geistes, das heißt also jenen Spürsinn, daß wir Gott auf der Spur sein und seiner Fährte folgen können.

Eines ist sicher: Das Reich, das Wirken und die Gegenwart Gottes tragen für immer die Züge Jesu. Seine Art als Mensch offenbart auch die Art Gottes unter den Menschen (darum kann man mit Recht die Gleichnisse auch in einem jesuanischen und in einem christologischen Sinn verwenden und deuten). Wie und wo wird heute Gott andrängen, wirken und gegenwärtig sein?

Im Vaterunser bitten wir um das Kommen seines Reiches und die Verwirklichung seines Willens wie in einem Atemzug. Welches Wachen und welchen Spürsinn braucht es heute, um Gott nicht zu verfehlen? Wo verläuft die Spur seines Willens?

Wer weiß so genau, welche Hirten Gott in seine Herden ohne Hirten senden will? Sind es Unverheiratete oder Verheiratete? Paulus mußte sich noch verteidigen, daß er ein unverheirateter Apostel war, und erwähnt dabei wie nebenbei, daß es ein Recht der Apostel sei, zusammen mit einer christlichen Frau als Apostel auszuziehen, ein Recht, das so prominente Jünger wie Petrus, der Fels, und der Herrenjünger Jakobus in Anspruch nahmen. Gott, wie führt deine Spur heute? Wo und durch wen willst du in deine hirtenlosen Herden kommen? Sind wir wachsam und sensibel genug, um dir in uns und in den Gemeinden zu öffnen, wenn du anklopfst?

Ein anderes Beispiel: Wie kommt Gott heute zu den Jüngern, der nachwachsenden Generation? Eltern wissen, wie schwierig es ist, den eigenen Kindern den Glauben weiterzugeben. Es kann doch nicht sein, daß Gottes wirkendes Wort für die jüngere Generation weggegangen ist. Wo verläuft hier die Spur Gottes? Wie ist sein Kommen zu den Jüngeren zu erschnuppern?

Im Mittelalter gab es viele Statuen der Hl. Anna „zu dritt“ oder „Selbdritt“: Sie waren nämlich zu dritt: Die Großmutter Anna, ihre Tochter Maria, und diese hatte gewöhnlich (selbst noch als Kind dargestellt) den Jesusknaben auf dem Schoß. In vielen Darstellungen zeigt die Mutter Anna ihrer Tochter Maria ein aufgeschlagenes Buch: Sie lehrt sie also in der Bibel lesen und so beten und glauben. Sind die Großmütter die wirklichen Überlieferinnen des Glaubens? Üben sie de facto so wie Mutter Anna das Lehramt für die jüngere Generation aus? Was wäre alles zu entdecken, wenn wir Gott gegenüber wachsam wären? Man kann sich die Religionslehrerinnen aus unseren Schulen nicht mehr wegdenken – Werden wir eines Tages in der großen Mutter Anna die Platzhalterin für die lehrende Frau in der Kirche entdecken? Gott, wo willst du heute kommen? Wie bleiben wir dir auf deiner Spur?

Was ich den anderen gesagt habe, das sage ich auch euch.
Was ich euch gesagt habe, das sage ich allen: Wachet!

Albert Höfer

Zum ersten Adventsonntag schreibt P. Anton Rotzetter in einer Meditationssammlung folgende Zeilen:

„Hört, Ihr Himmel!
Erde, horch auf!

Denn der, der da ist, spricht:
Ich habe Söhne und Töchter großgezogen.
Doch abgefallen sind sie von mir.
abgefallen von Euch, ihr Himmel,
und von dir, du Erde!"

Tröstlich ist, daß alle, die nur lau sind, daß die, die Gutes unterlassen, daß die, die den Weg verloren und Böses getan haben – daß alle in jedem Augenblick umkehren können und auf- und angenommen werden in der Fülle seiner Liebe.

Zweiter Adventsonntag

In den kirchlichen Festzeiten blättere ich immer wieder gerne in den Meditationen des Schweizer Kapuziners Anton Rotzetter. Da finden sich immer wieder Gedanken, die präzise den Kern der Botschaft treffen. In den Adventgedanken des Buches *„Gott, der mir Leben schafft“* steht zum Beispiel in Anlehnung an Jesaja 1,13:

> „Gott spricht:
> Bringt mir nicht länger sinnlose Gaben.
> Ich will keine Opfer, keine Geldopfer –
> keine Meßopfer!
> Bringt mir ein Herz,
> das offen ist für die Fremden,
> Hände, die schenken,
> Füße, die sich wundlaufen für den Frieden!“

Ich meine auch, daß der Schöpfer der Welt *danach* verlangt, daß er *das* meint, wenn er uns durch die Propheten, durch Johannes, durch Jesus und alle, die nachkamen, zur Wachsamkeit mahnt, daß es diese offenen Herzen, diese schenkenden Hände, diese wundgelaufenen Füße sind, die zu dem Weg werden, auf dem er durch die Welt geht, um sie der Vollendung zuzuführen.

Freilich gibt es in unserer Zeit immer mehr Menschen, die das alles nicht mehr interessiert, die sich nicht einmal mehr die Mühe machen, Gott zu leugnen, die ihn einfach irgendwann und irgendwo fallen- und liegengelassen haben, wie einen alten, abgenutzten Gegenstand. Gott – auch er ein Wegwerfartikel. Wenn er ihnen dann einmal fehlt in einer dunklen Stunde und sie fühlen, wie leer ihr Herz, wie leblos ihre Seele geworden ist, dann genügt – meinen sie – ein Griff in die große Plunderkiste der Bedürfnisbefriedigungen aller Art.

Es gibt aber auch jene, die immer noch dem Oberlehrer-Gott huldigen, der die Braven belohnt und die Schlimmen bestraft, der aber auch mit sich handeln läßt, wenn man ihn ordentlich besticht, wenn man ihm Versprechungen macht und Opfer bringt, Gebete murmelt und sich freizukaufen sucht.

Da und dort findest du jene, die begriffen haben, daß der Schöpfer der Welt ein Gott der kleinen Leute ist, der hinhört, wenn die Fremden schreien, wenn die verlassenen Alten ihren Kummer verweinen, mißbrauchte Kinder im Dunklen zittern. Er kennt die Not der Kleinen, er selbst hat sich ganz klein gemacht, als Maria seiner Geburt entgegengewandert ist, im Bergland von Judäa.

Die Kleinen, die Friedfertigen, die Reinen, die Trauernden, die Verbannten seines Volkes und aller Völker wird er trösten. Ihnen macht er Zusagen:

ER WIRD EUCH MIT DEM HEILIGEN GEIST TAUFEN.

„Alle, die er gewonnen hat, gehen vor ihm her.
Wie ein Hirt führt er seine Herde zur Weide,
er sammelt sie mit starker Hand.
Die Lämmer trägt er auf dem Arm,
die Mutterschafe führt er behutsam."

So spricht Jesaja am Ende der ersten Lesung des zweiten Adventsonntages von Jahwe, seinem Gott, diesem Ich-Bin-Der-Ich bin-da – Gott, wie er sich Mose im Dornbusch zu erkennen gegeben hat.

Mk 1,1–8

In diesem Buch steht, wie die Gute Nachricht von Jesus Christus, dem Sohn Gottes, ihren Anfang nahm.
Es begann, wie es im Buch des Propheten Jesaja steht: „‚Ich sende meinen Boten vor dir her', sagt Gott, ‚damit er den Weg für dich bahnt.' In der Wüste ruft einer: ‚Macht den Weg bereit, auf dem der Herr kommt! Baut ihm eine gute Straße!'"
Das geschah, als der Täufer Johannes in der Wüste auftrat und zu den Menschen sagte: „Laßt euch taufen und fangt ein neues Leben an, dann wird Gott euch eure Schuld vergeben!" Alle Leute aus dem Gebiet von Judäa und die ganze Einwohnerschaft von Jerusalem kamen zu ihm, gaben offen ihre Verfehlungen zu und ließen sich von ihm im Jordan taufen.
Johannes trug ein Gewand aus Kamelhaaren mit einem Ledergürtel und ernährte sich von Heuschrecken und dem Honig wilder Bienen. Er kündigte an: „Nach mir kommt der, der viel mächtiger ist als ich. Ich bin nicht gut genug, mich zu bücken und ihm die Schuhe aufzubinden. Ich habe euch mit Wasser getauft; er wird euch mit heiligem Geist taufen."

(Die Gute Nachricht)

Der Vorarlberger Helmut Theodor Rohner hat eine gute Wegstrecke lang sein Leben mit den Kleinen und Verrandeten Brasiliens verbracht, stand entrechteten Arbeitern und ausgegrenzten Prostituierten bei, war ihnen Stütze und Halt und hat ihnen die Gute Nachricht durch sein Leben verkündet. Nach seiner Rückkehr in die Heimat hat er begonnen, hier von den Menschen dort zu erzählen, um das Bewußtsein der satten Österreicher zu schärfen, ihre Mitverantwortung einzumahnen. Auch niedergeschrieben hat er so manches und, so habe auch ich ihn wieder einmal gebeten, seine Gedanken zum heutigen Evangelium aufzuschreiben.

KOMMENTAR

Das heutige Evangelium spricht von einem Mann, der bereits da ist, und von einem, der noch kommen soll. Der erste möchte das Volk auf das Kommen des zweiten vorbereiten. Der erste möchte dem zweiten die Wege ebnen. Die Rede ist von Johannes dem Täufer und von Jesus von Nazaret.

Ich weiß nicht, wie es Ihnen geht, wenn Sie von Johannes und von Jesus hören. Mich faszinieren diese zwei Männer immer wieder in ihrer Verschiedenheit, ja geradezu Gegensätzlichkeit. Im folgenden werde ich den Unterschied bewußt ein wenig überzeichnen, damit deutlicher wird, was ich sagen möchte.

Da ist der strenge Asket, der Rufer in der Wüste. Der allen ihre Sünden vorhält und sie zur sofortigen Umkehr auffordert. Denn, so sagt er, die Axt ist am Baum und alle unfruchtbaren Bäume werden von Gott, dem strengen Richter, bald umgehauen und ins Feuer geworfen.

Und da ist dieser sanfte, dem Leben zugewandte und das Leben fördernde Jesus. Auch er predigt die Umkehr. Aber er vergibt die Sünden, manchmal bevor er darum gefragt wird. Er verkündet einen Gott, der ein liebender „Abba“, ein bedingungslos liebender „Papa“ ist. Er geht behutsam um mit dem glimmenden Docht und dem geknickten Rohr. Er verlangt von uns, daß wir selbst dem Unkraut eine Chance zum Wachsen geben. Die Blinden sollen sehend, die Tauben hörend werden. Unfruchtbare Bäume sollen fruchtbar werden und verdorrte Bäume sollen wieder frische Blätter, bunte Blüten und reife Früchte hervorbringen.

Jesus ist wahrscheinlich ein Jünger Johannes' des Täufers gewesen. Er ist bei ihm sozusagen in die Lehre gegangen. Wenn ich daran denke, staune ich noch mehr, daß ein Schüler so anders sein kann als sein Lehrer, ein Vorläufer so anders als der, dem er die Wege bereiten möchte. Johannes wird sich – das wissen wir aus den Evangelien (Mt 11,2–3; Lk 7,18–23) –, später selber schwer tun, in diesem Jesus von Nazaret den von ihm verkündeten Messias zu erkennen. Aber andererseits hat er eine klare Vorahnung, daß der, dem er die Straßen zu ebnen versucht, sich von ihm wesentlich unterscheiden wird. „Nach mir kommt einer", sagt Johannes, „der stärker ist als ich; ich bin es nicht wert, mich zu bücken, um ihm die Schuhe aufzuschnüren. Ich habe euch nur mit Wasser getauft, er wird euch mit dem Heiligen Geist taufen."

Damit ist aber noch nicht geklärt, warum sich die Verkündigung Jesu so sehr von der Verkündigung des Täufers unterscheidet. Sie geht nämlich in eine ganz andere Richtung. Etwas provozierend könnten wir sogar sagen: Johannes und Jesus sprechen nicht von ein und demselben Gott. Der Gott, den Johannes verkündet, bringt die Welt in Ordnung, indem er alle bösen Menschen vernichtet und nur noch die guten am Leben läßt. Der Gott, den Jesus verkündet, umfängt Gute *und* Böse mit seiner Liebe. Er wendet sich sogar den Bösen besonders liebevoll zu. Er umarmt sie und glaubt daran, daß in dieser Umarmung für sie die Chance liegt, gut zu werden.

Warum weicht Jesus in seiner Verkündigung so stark von der Linie seines Vorläufers ab? Nicht, weil er noch andere Lehrer hatte. Nicht, weil ihm eine gute Idee gekommen war. Nicht, weil er ein Buch über die Liebe Gottes gelesen hatte. Nein, weil er ein tiefgreifendes Erlebnis hatte, weil er eine überraschende Erfahrung machen durfte. Er ließ sich von Johannes taufen. Johannes taufte, wie er selber sagte, nur mit Wasser. Trotzdem kam der Geist auf Jesus herab, und es fuhr ihm plötzlich durch alle Glieder: Du bist mein geliebter Sohn, an dir habe ich Gefallen gefunden.

In diesem Erlebnis erfuhr Jesus, wie sehr Gott den Menschen liebt. Und daraus entwickelte sich seine Überzeugung: Jeder Mensch, der sich Gott öffnet, kann seine Liebe am eigenen Leib, an der eigenen Seele, am eigenen Geist, anders gesagt: in seinem ganzen Sein, in seiner ganzen Existenz erfahren. Jeder kann mit der Liebe Gottes, mit dem Heiligen Geist getauft werden.

Johannes der Täufer sagt: Bereitet dem Herrn den Weg. Ebnet ihm die Straßen. Bekennt eure Sünden, damit sie in der Taufe abgewaschen werden. Und als Motivation – wahrlich eine starke Motivation – sagt Johannes den Leuten: Das ist für euch die einzige Möglichkeit, dem Zorne Gottes, das heißt dem Tod zu entkommen.

Auch Jesus sagt: Bereitet dem Herrn den Weg. Ebnet ihm die Straßen. Wendet euch ab von euren verkehrten Wegen und laßt euch taufen. Aber die Motivation ist bei Jesus eine andere. Er sagt: Das eröffnet euch die Möglichkeit, die Liebe Gottes in der Tiefe eures Menschseins zu erfahren. Und wenn ihr die erfahren habt, dann werdet ihr fähig, so wie ich, mit Überzeugung einen Gott zu verkünden, der nicht nur die Guten, sondern auch die Bösen liebt.

Helmut Theodor Rohner

Zum Abschluß noch ein Anstoß zum Nachdenken für Ihren persönlichen zweiten Adventsonntag, ein noch unveröffentlichtes Gedicht aus der Feder von Wilhelm Bruners aus Jerusalem:

„Gott hauchte den Lehm an,
und es wurde der Mensch.
Und Gott sagte:
Mensch! Du bist mein Bild,
mir aus dem Gesicht geschnitten.
Und das ist deine Würde –
Sie ist göttlich! Mensch! –

Und der Mensch sah sich an.
Und im Spiegel sah er sein Gesicht,
und er fand, es genüge nicht,
Gott zum Verwechseln ähnlich zu sein.
Und er ging hin und legte sich
neue Würden zu, Ämter und Aufgaben,
und er fügte Titel um Titel,
und seine Schultern konnten die Last kaum tragen.
Aber er wuchs und wuchs
und machte Karriere.

Und als Gott seinem Ebenbild
wieder begegnen wollte,
erkannte er es nicht wieder
unter all den Gewändern des Aufstiegs
und der Ehre.
Und Gott verließ seinen Himmel
und begann den Menschen zu suchen."

Dritter Adventsonntag

Mit dem dritten Adventsonntag hat auch der Monat Dezember seine Mitte erreicht. Die Feier der Ankunft dessen, der da kommen sollte, ist nahegerückt. Aus dem Text der ersten Lesung des heutigen Sonntags erfahren wir, daß Gott sich nicht so ganz plötzlich entschlossen hat, Menschengestalt anzunehmen. Vielmehr hat er sich schon 700 Jahre vorher dem Geist des Propheten Jesaja mitgeteilt, und zwar mit jenen Worten, die Jesus bei seiner ersten Predigt in Nazaret aufschlägt und sich damit den Unmut der Leute zuzieht, weil sie es als Anmaßung empfinden, daß der Sohn Marias und Josephs sich als Gesalbter Gottes präsentiert:

„Der Geist Gottes ruht auf mir" –
zitiert Jesus den Propheten –
„denn der Herr hat mich gesalbt.
Er hat mich gesandt,
damit ich den Armen die frohe Botschaft bringe
und alle heile, deren Herz zerbrochen ist,
damit ich den Gefangenen die Entlassung verkünde
und den Gefesselten Befreiung,
damit ich ein Gnadenjahr des Herrn ausrufe."

Wenn Jesus gerade diese Jesaja-Stelle zitiert, so liegt darin sein ganzes Credo, sein ganzes Selbstverständnis beschlossen, daß er sich nämlich als Gesalbter Gottes der Menschensorge verpflichtet weiß und sich dazu berufen fühlt, seinem Volk beizustehen, ihm Erlösung zuzusagen bis hin zum Ganzopfer am Kreuz. Aber noch liegt das im Dunkel der Zukunft, noch steht nicht er, Jesus, sondern Johannes am Jordan und kündet das Kommen dessen an, der größer ist als er.

ES TRAT EIN MENSCH AUF, DER VON GOTT GESANDT WAR.
SEIN NAME WAR JOHANNES.

Johannes ist somit der letzte der alttestamentlichen Propheten und steht an der Schwelle des Neuen Bundes. Johannes hat, wie uns berichtet wird, schon im Mutterleib Jesus als den Gesalbten Gottes erkannt, auch wenn er später an ihm zweifeln sollte und sich im Kerker des Herodes zu der Frage gedrängt sieht: „Bist du es, der da kommen soll, oder müssen wir auf einen anderen warten?" – Die Antwort Jesu auf diese bange Frage seines Vetters kündet wieder von seiner Menschensorge, für die er in die Welt gekommen ist: „Geht und berichtet Johannes, was ihr hört, was ihr seht: Blinde blicken auf, und Krüppel gehen. Aussätzige werden rein, und Taube hören. Tote werden erweckt, und den Armen wird die Heilsbotschaft gebracht. Selig ist, wer an mir kein Ärgernis nimmt." – Den und keinen anderen, den Menschensorger und nicht den König kündet der Mann im härenen Gewand, als er am Jordan Zeugnis ablegt für das Licht, das die Menschen voller Sehnsucht erwarten.

Joh 1,6.8.19–28

Ein Mann wurde von Gott gesandt, er hieß Johannes. Er selbst war nicht das Licht; er sollte nur auf das Licht hinweisen.
Johannes machte seine Zeugenaussage, als die führenden Männer aus Jerusalem Priester und Leviten zu ihm schickten, die ihn fragten: „Wer bist du?" Johannes wich der Antwort nicht aus, sondern bezeugte mit aller Deutlichkeit: „Ich bin nicht der versprochene Retter." „Wer bist du dann?" fragten sie ihn. „Bist du Elija?" „Nein, der bin ich auch nicht", antwortete Johannes. „Bist du der erwartete Prophet?" fragten sie weiter. „Nein", erwiderte er. „Sag uns, wer du bist", forderten sie. „Die Männer, die uns geschickt haben, verlangen eine Antwort von uns. Was sagst du selbst von dir?" Johannes antwortete: „Ich bin der, von dem der Prophet Jesaja sagt: ‚In der Wüste ruft einer: Macht den Weg bereit, auf dem der Herr kommt!'"
Die Beauftragten waren von den Pharisäern geschickt worden. Sie fragten Johannes: „Wenn du weder der versprochene Retter bist noch Elija und auch nicht der Prophet, warum taufst du dann die Leute?" Johannes antwortete: „Ich taufe nur mit Wasser. Aber mitten unter euch steht der, den ihr noch nicht kennt. Er kommt nach mir, und ich bin nicht gut genug, ihm auch nur die Schuhe aufzubinden."
Das ereignete sich in Betanien auf der anderen Seite des Jordans, wo Johannes taufte.

(Die Gute Nachricht)

Ernst Bräuer, seit 1985 Rektor des Bildungshauses Schloß Puchberg bei Wels hat sich Gedanken zum heutigen Evangelium gemacht. Ernst Bräuer wurde 1943 geboren und 1967 zum Priester geweiht. 14 Jahre lang war er Hochschulseelsorger in Linz. Zu dem Haus, in dem er jetzt seit elf Jahren arbeitet und dessen geistliches Klima er prägt, schreibt Ernst Bräuer: „Wir verstehen uns als ein Haus an der Grenze, an der Grenze zwischen der christlichen Glaubenstradition und den Erfahrungen, Fragen und Interessen der heute lebenden Menschen. Wir versuchen auch, Menschen über weltanschauliche, parteipolitische und konfessionelle Grenzen hinweg ins Gespräch zu bringen. Dieses Selbstverständnis ist es, das auch unser Kursprogramm bestimmt." – Und dieses Selbstverständnis klingt auch in dem an, was er uns heute zu sagen hat.

KOMMENTAR

Es trat ein Mensch auf, der von Gott gesandt war; sein Name war Johannes."

Es treten in der eben gehörten Schriftstelle auch andere auf; solche, die von Jerusalem aus gesandt sind. Vom Zentrum der offiziellen Religion. Priester und Leviten. Unter ihnen auch Abgesandte einer offiziellen Laienorganisation, Pharisäer. Was ist der Unterschied zwischen dem „Gottgesandten" und den „Abgesandten der religiösen Institution"?

Johannes, heißt es am Ende der gehörten Stelle, lebte „auf der anderen Seite des Jordans". Aus der Sicht des religiösen Zentrums: im „Heidenland". Ein „Ausgetretener", würde man heute sagen. Johannes war freiwillig dorthin gegangen. Er hat sich vom kirchlichen Betrieb seiner Zeit in die Wüste zurückgezogen. Warum?

Offensichtlich hat er gespürt, daß der kirchliche Betrieb dem Kommen des lebendigen Gottes im Weg stand. Er hat erlebt, daß der Tempelbetrieb zwar ein gutes Geschäft war, aber nicht zur Erfahrung des lebendigen Gottes geführt hat. Er hat vielleicht gefühlt, daß die Gottesdienste am Sabbat geistlos waren und das Herz nicht erreicht haben. Die heiligen Texte, die da vorgelesen wurden, waren bekannt, und niemand hat wirklich hingehört. Die Leute haben ihre Pflicht erledigt und sind heimgegangen, wie sie gekommen waren.

„Wer bist du?" fragen ihn die Vertreter des Tempels, die Priester und Leviten. „Wir müssen denen, die uns gesandt haben, Auskunft geben." Und die Pharisäer fragen ihn: „Warum taufst du? Darfst du das überhaupt? Welche Legitimation hast du?"

Es geht ihnen offensichtlich nur um eine Frage: Ob sich einer einordnen läßt ins kirchliche System oder nicht. Sie verlangen Auskunft und geben Auskunft. Auch über Gott. Von seiner lebendigen Nähe, seiner Wärme, seinem mitreißenden Atem war nichts zu spüren.

Deshalb trat Johannes aus dem kirchlichen Betrieb aus und ging in die Wüste. An jenen Ort, wo Israel, sein Volk, seinen Gott erlebt hatte als das, was der Mensch braucht, um Mensch zu sein. Johannes ging in die Wüste, um jenseits des religiösen Geredes auf die Stimme seines eigenen Herzens zu hören. Um zu hören auf die tiefe Sehnsucht seines Herzens, die nach dem lebendigen Gott verlangt. Johannes ging in die Wüste, weil er sich nicht abspeisen lassen wollte mit „Fertiggerichten", mit bloßen Auskünften. Er suchte den lebendigen Gott in eigener Erfahrung. So wurde er selbst zum Zeugen und zur Stimme in der Wüste. Er wurde zu einem, der von Gott gesandt war und nicht von einer beamteten Auskunftsstelle über Gott.

Menschen, die von Gott gesandt sind, kommen von „jenseits des Jordans", sie kommen aus der Wüste. Die großen Religionsstifter kommen aus der Wüste: Mose erfährt seine Berufung, daß er sein Volk in die Freiheit führen soll, in der Wüste. Jesus wird, bevor er öffentlich auftritt, vom Geist in die Wüste getrieben. Paulus verbringt Jahre in der Wüste Arabiens, bevor er zu seinen großen Missionsreisen aufbricht. Auch Mohammed wird in der Wüste zum Propheten Gottes. Menschen, die von Gott gesandt sind, kommen aus der Wüste.

„Die Wüste ist die eigentlich kontemplative Landschaft", hat Erhard Kästner festgestellt. Er mußte jahrelang in der Wüste leben. Wer in die Wüste geht, verläßt die bergende Gemeinschaft und die Buntheit der Stadtkultur. In der Wüste gerät man in die Nähe der Totenwelt. Die Landschaft ist karg. Alles ist zurückgenommen auf öde Grundformen. Nichts drängt mehr, die Zeit scheint stehenzubleiben. Was bisher unaufgebbar schien, fällt weg. Man ist mit der Frage konfrontiert: „Was ist denn *wirklich* wichtig im Leben?" Die Dinge müssen neu bestimmt werden. Die Wüste ist ein Rückzugsort und ein Vorbereitungsort.

Die Wüste ist – mehr noch als eine äußere Landschaft – ein Seelenzustand. Man kann auch mitten in der Stadt in der Wüste sein. Manche Menschen werden durch äußere Umstände in die Wüste gestoßen: durch eine Krankheit, durch eine große Enttäuschung oder durch den Verlust einer geliebten Person. Solche Erfahrungen sind schmerzlich. Aber es kann sein, daß ein Mensch in der Wüste seiner Seele dem lebendigen Gott begegnet. Es kann sein, daß jemand in der Wüste zu einem neuen Anfang geführt wird.

Der Advent ist jene Zeit, wo in der religiösen Tradition vorgesehen ist, *freiwillig* in die Wüste zu gehen.

In die Wüste zu gehen, das hieße: Mir die Augen zu reiben und einmal nachzuschauen, worauf ich in meinem Leben fixiert bin und wovon ich mich blenden lasse. Es hieße, die Ohren frei zu machen von dem Geschwätz und den Phrasen, die unablässig auf mich einstürzen. Es hieße, den Gedankensturm zu stoppen und mich zu fragen: „Was ist mir wirklich wichtig, und was kommt mir belanglos vor?“ In die Wüste zu gehen, das kann auch heißen: Einmal alles durchstreichen, was wir über Gott zu wissen glauben und unvoreingenommen auf die tiefste Sehnsucht des eigenen Herzens hören.

Dann besteht die Chance, daß die Botschaft von der Menschwerdung Gottes unser Herz erreicht. Die Botschaft, die uns Gott durch das Kind von Bethlehem sagt: „Fürchte Dich nicht! Ich bin auf all Deinen Wegen, Umwegen und Irrwegen an Deiner Seite. Ich bin mit Dir!“

„Es trat ein Mensch auf, der von Gott gesandt war.“

Die Welt braucht keine Abgesandten einer „Auskunftsstelle“ über Gott, sondern Menschen, die selbst erfahren haben, daß Gott lebendig ist und daß er da ist. Diesem Ziel muß auch der „kirchliche Betrieb“ dienen. Sonst dient er zu nichts.

Ernst Bräuer

Als adventlichen Anstoß möchte ich noch eine Jesaja-Paraphrase von P. Anton Rotzetter zitieren:

„Gott spricht:
Eure Feste,
euren Advent und eure Weihnacht ertrage ich nicht!
Sie sind mir zur Last geworden,
ich bin es müde,
jedes Jahr das Gleiche zu ertragen.
Nähe will ich und Liebe
und Gerechtigkeit.
Dies sei euch Advent und Weihnacht ein Fest.“

Vierter Adventsonntag

Wir sind wieder einmal am Goldenen Sonntag des Advent bei der vierten Kerze angelangt und stehen vor der zentralen Gestalt dieser Zeit der Erwartung. Lassen wir alle Hektik hinter uns und unseren Atem ruhig werden, damit wir den stillen Glanz auf dem Gesicht dieser jugendlichen Mutter auf uns wirken lassen können. Der Gang ist schon mühsam und schwer, die Leichtfüßigkeit ihrer Mädchenjahre geschwunden unter dem Gewicht des sich wölbenden Leibes, den weite Gewänder umspielen. Auch wenn sie den zu erwartenden Schmerzen der Geburt ein wenig ängstlich entgegenschaut, ist doch dieser Glanz, dieses innere Leuchten, was mich auf den Gesichtern junger Schwangerer immer wieder bezaubert. Wie muß dann erst ihr Gesicht, Mariens Gesicht, geleuchtet haben, trug sie doch den Herrn des Lebens unter ihrem Herzen. Der weite Weg von Nazaret nach Betlehem war fast geschafft, ihre Stunde war nahe, die Stunde, die Gott von Anfang an bestimmt hat.

SEI GEGRÜSST, DU BEGNADETE –
FÜRCHTE DICH NICHT.

Lk 1,26–38

Als Elisabet im sechsten Monat war, sandte Gott den Engel Gabriel nach Nazaret in Galiläa zu einem jungen Mädchen namens Maria. Es war verlobt mit einem Mann namens Josef, einem Nachkommen Davids. Der Engel kam zu Maria und sagte: „Sei gegrüßt, Maria, der Herr ist mit dir; er hat dich zu Großem ausersehen!" Maria erschrak über diesen Gruß und überlegte, was er bedeuten sollte. Da sagte der Engel zu ihr: „Hab keine Angst, du hast Gnade bei Gott gefunden! Du wirst schwanger werden und einen Sohn zur Welt bringen. Dem sollst du den Namen Jesus geben. Er wird groß sein und wird ‚Sohn des Höchsten' genannt werden. Gott der Herr wird ihm das Königtum seines Vorfahren David übertragen. Er wird für immer über die Nachkommen Jakobs regieren. Seine Herrschaft wird nie zu Ende gehen."

Maria fragte den Engel: „Wie soll das zugehen? Ich habe doch mit keinem Mann zu tun!" Er antwortete: „Gottes Geist wird über dich kommen, seine Kraft wird es bewirken. Deshalb wird man das Kind, das du zur Welt bringst, heilig und Sohn Gottes nennen. Auch Elisabet, deine Verwandte, bekommt einen Sohn – trotz ihres Alters. Sie ist bereits im sechsten Monat, und man hat doch von ihr gesagt, sie könne keine Kinder bekommen. Für Gott ist nichts unmöglich."
Da sagte Maria: „Ich will ganz für Gott dasein. Es soll so geschehen, wie du es gesagt hast." Dann verließ sie der Engel.

(Die Gute Nachricht)

Aus etwas größerer Entfernung kommen heute die Worte zum Evangelium durch die deutsche Diplompsychologin Dr. Johanna Martin. Johanna Martin stammt aus Schlesien, ist 1945 nach Sachsen geflüchtet und hat ihre Schulzeit in der ehemaligen DDR verbracht, bevor sie 1953 in die Bundesrepublik Deutschland geflohen ist. Dieses doppelte Flüchtlingsschicksal hat sie hellhörig gemacht für die Nöte ihrer Mitmenschen, und so ergab sich ihre Arbeit in der Erziehungs- und Familienberatung beinahe zwangsläufig. Die heute 63-Jährige ist verwitwet und hat drei Kinder großgezogen. Quasi nebenher ist sie seit Jahren in der charismatischen Erneuerungsbewegung tätig und leitet immer wieder sogenannte Familienseminare.

KOMMENTAR

Sei gegrüßt, du Begnadete ... du hast Gnade gefunden bei Gott." Ich weiß nicht, was Ihnen durch den Kopf geht, wenn Sie diese Worte hören. Vielleicht überhören Sie den Text – er ist so abgedroschen. Vielleicht ärgern Sie sich – er klingt so frömmlerisch. Ich will versuchen, ihn aufzuschlüsseln. Begnadete Künstler, begnadete Ärzte, Menschen mit besonderen Begabungen, mit besonderen Vorzügen – wer möchte in diesem Sinn nicht begnadet sein!

Gnade gefunden heißt auch, begnadigt zu werden, Gnade statt Recht walten zu lassen. Aufgrund deiner Taten hast du dein Leben verwirkt, aber das Urteil wird nicht vollstreckt, die Strafe wird aufgehoben – du hast Gnade gefunden. Begnadigen im juristischen Sinn kann nicht jeder – nur der König oder der Staatspräsident.

Maria hat Gnade gefunden vor Gott. Daß sie besondere Vorzüge besitzt, ist offensichtlich. Aber was hat sie verbrochen, daß sie begnadigt werden muß? Jede Tat, ob gut oder schlecht, hat Konsequenzen – in diesem Sinn gibt es keine private Schuld, kein privates Glück. Je größer die Schuld, um so gravierender die Folgen. Nochmal – was hat Maria Schlimmes getan?

Die Bibel sagt uns, daß es am Anfang der Menschheitsgeschichte durch die Stammeltern eine selbstverschuldete Tragödie gegeben hat mit schwerwiegenden Folgen für alle, bis heute. Unschuldige müssen bezahlen! Wer kann so etwas verstehen, und wer kann so ein himmelschreiendes Unrecht akzeptieren? Was war das für eine Tragödie? Die Stammeltern, mit göttlichen Anlagen begabt, hatten alles, lebten restlos glücklich in vertrauter Nähe mit Gott – doch sie wollten mehr, sie glaubten einen Anspruch zu haben, wie Gott zu sein. Sie wollten alles haben wie Gott, alles wissen wie Gott, sie wollten unbegrenzte Macht wie Gott – sie raubten die verbotene Frucht, sie konnten nicht warten, bis Gott sie ihnen gab, denn sie mißtrauten IHM, weil er ihnen nicht alles sofort gab.

Die geraubte Frucht – zur Urzeit gegessen – nährt nicht, sondern vergiftet. Das Gift schädigt die Anlagen des Menschen, vergleichbar etwa einem genetischen Fingerabdruck, der wird von Generation zu Generation weitergegeben.

Da gingen ihnen die Augen auf und sie erkannten, daß sie nackt waren, und sie schämten sich. Nackt – schutzlos – verletzbar und gefährdet, ohne Sicherheit der göttlichen Beziehung. Die vertraute Beziehung zu Gott war gebrochen, sie konnten sie nicht wiederherstellen. Gott gab ihnen eine Chance zurückzukommen. Er eröffnete den Dialog, sie nahmen die Chance nicht wahr, sie akzeptierten ihre Schuld nicht, sie baten nicht um Vergebung, statt dessen machten sie Schuldzuweisungen: die Frau auf die Schlange, der Mann auf die Frau, „die Du, Gott, mir gegeben hast“. Schlußendlich war Gott der Hauptschuldige. Damit blieb die letzte Chance ungenützt, und die Gefahr der Wiederholung – alles haben, alles wissen, alles machen zu können – ist ständig akut.

Die Folgen bis heute? Der Mensch ist zwiespältig, hin- und hergerissen zwischen der Sehnsucht nach Liebe und der Unfähigkeit zu lieben – er gebraucht und mißbraucht andere für sich, um glücklich zu sein; zwischen dem Wunsch, gerecht zu sein, und der Gier, viel und immer mehr zu haben auf Kosten von anderen, um selbst glücklich zu sein. Das Glück war sein Ursprung – nun sucht er es ständig, doch auf törichte und destruktive Weise. So kam Leid, Krankheit und Tod in die Welt. Der Mensch hat schlechte Startbedingungen!

Maria hat Gnade gefunden – Warum sie? Warum nicht ich? Warum nicht alle? Auf Gnade gibt es keinen Rechtsanspruch! Gnade – „gratia" in Latein – gratis – umsonst – geschenkt: ohne eigenes Verdienst ist Maria von dem „genetischen Defekt" und dessen Folgen verschont geblieben. Sie ist der Mensch mit einem ganz heilen Anfang, deshalb eindeutig, nicht zwiespältig; vertraut mit Gott, nicht zweifelnd; empfangsbereit, nicht an sich reißend; ganz offen für Gottes Anruf – jungfräulich. Jungfräulichkeit ist primär nicht ein gynäkologischer Status, nicht geschlechtsspezifisch, sondern eine seelisch-geistige Haltung.

In meiner Kindheit hat mich eine Anrufung in einer Marien-Litanei sehr fasziniert: „Maria, du goldenes Haus, bitte für uns." Ein Mensch, ein goldenes Haus, ein kostbarer Raum für etwas noch Kostbareres, unbezahlbar, nicht käuflich zu erwerben. Maria, das goldene Haus, wird Wohnstätte für das Kostbarste, das es gibt – Gottes Wort nimmt in ihr Gestalt an und reift zum Menschen Jesus. Er wird Sohn des Höchsten genannt.

Die himmelschreiende Tragödie des Menschen zieht das Erbarmen Gottes herab. Jesus, der heruntergekommene Gott, der die gesamte Menschheit rettet und den Riß heilt und von den Folgen des „genetischen Defektes" befreit – der Mensch wird in seiner ursprünglichen Würde und Schönheit wiederhergestellt und bekommt das ewige Leben geschenkt. Aber nur, wenn der Mensch sich diesem Jesus anvertraut. Jesus, der heruntergekommene Gott, nimmt uns hinein in die Beziehung zu Gott, dem Vater.

Empfangen ist eine weibliche Eigenschaft. Die weibliche Seite ist in unserer Kirche und in unserer Gesellschaft lange Zeit unterdrückt worden, dadurch ist wohl auch die Empfangsfähigkeit für Gottes Angebote verkümmert. Bitten wir Maria um ihre Hilfe, daß diese Empfangsfähigkeit wieder wachsen und die Ursachen für die Vernachlässigungen in der Kirche beseitigt werden. Für jeden steht das Geschenk der Begnadigung bereit. Wer es empfangen will, wird ebenso angesprochen wie Maria: Fürchte dich nicht, sei gegrüßt, du Begnadete, sei gegrüßt, du Begnadeter, der Herr ist mit dir.

Maria, die Frau mit dem ganz heilen Anfang, damit wir, die von Anbeginn Beschädigten, ein heiles Ende haben. Wir brauchen uns unserer Zerrissenheit nicht mehr zu schämen. Wir sind zu einem unverschämten Glück berufen für alle Ewigkeit.

Wenn Ende gut, dann alles gut.

Johanna Martin

„Wenn Ende gut, dann alles gut" – sagte Johanna Martin verheißungsvoll. Das sollte uns aber nicht vergessen lassen, für wieviele Frauen auf dieser Welt weder Anfang noch Ende gut sind. Und so möchte ich aus einem Adventkommentar für *Erfüllte Zeit* von Bischof Erwin Kräutler zitieren: „Ich sehe Maria heute in Tausenden herabgewürdigter Frauen, gezwungen, sich den Männern zu unterwerfen. Ich sehe Maria in Tausenden verachteter Frauen, ausgegrenzt von allen wesentlichen Entscheidungen. Einfache und arme Frauen – und sie sind die Mehrheit – kommen immer zu kurz. Sogar die Rechtsprechung setzt sich über ihre Sorgen und Nöte hinweg, und so bleiben die vielfachen tätlichen Angriffe unbestraft. Gewalt gegen Frauen beschränkt sich nicht nur auf körperliche Mißhandlungen, sondern drückt sich in der Unterbewertung aller ihrer Fähigkeiten aus. Heute begegnet mir Maria, die Magd des Herrn, besonders in diesen Frauen und fordert meinen Glauben heraus, mich konkret einzusetzen, damit der Tag möglichst bald anbricht, an dem es für die Schwestern der Maria von Nazaret keine Diskriminierung mehr gibt."

Diese brasilianischen Realitäten, die Dom Erwin Kräutler hier im Blick hat, ist weibliche Wirklichkeit im größten Teil der Welt. Hier bedarf es unserer Hilfe, unseres Bemühens um Heilung geschundener Körper, verletzter Seelen, unterdrückten Geistes.

Weihnachtstag (25. Dezember)

„Ein Kind ist uns geboren, ein Sohn ist uns geschenkt. Halleluja." Mit dieser Freudenbotschaft des Propheten Jesaja begrüße ich Sie an diesem heutigen Weihnachtsmorgen. Und Jesaja kündet weiter:

„Wie willkommen sind auf den Bergen
die Schritte des Freudenboten, der Frieden ankündigt,
der eine frohe Botschaft bringt und Rettung verheißt,
der zu Zion sagt: Dein Gott ist König.
Horch, deine Wächter erheben die Stimme,
alle beginnen zu jubeln,
denn sie sehen mit eigenen Augen,
wie der Herr nach Zion zurückkehrt.
Brecht in Jubel aus,
jauchzt alle zusammen,
ihr Trümmer Jerusalems,
denn der Herr tröstet sein Volk,
er erlöst Jerusalem.
Der Herr mach seinen heiligen Arm frei
vor den Augen aller Völker.
Alle Enden der Erde
sehen das Heil unseres Gottes."

Bis heute allerdings steht diese wunderbare Verheißung für Zion, für Jerusalem noch aus. Haß und Machtgier herrschen in den Mauern der Heiligen Stadt, Männer und Frauen in Uniform tragen Waffen in den Händen statt Friedenspalmen, und die Herzen vieler Menschen – Juden, Christen, Muslime – sind zerrissen, verängstigt und traurig auf den Tod. Nicht aus dem Jerusalem des Propheten, sondern aus der brutalen Realität des heutigen Alltags kommt Wilhelm Bruners, Dichter-Priester und geistlicher Begleiter vieler Suchender, der uns das Evangelium des Weihnachtstages auslegt. Trotz der Härte des täglichen Lebens in der Altstadt von Jerusalem bringt er uns eine Botschaft der Hoffnung, denn wir alle sind:

AUS GOTT GEBOREN.

… Und weil wir aus Gott geboren sind, haben wir Wurzeln und eine unverlierbare Heimat in dem, der am Anfang war und ist und sein wird.

Joh 1,1–5.9–14

Am Anfang, bevor die Welt geschaffen wurde,
war Er, der „das Wort" ist.
Er war bei Gott und in allem Gott gleich.
Von Anfang an war er bei Gott.
Durch ihn wurde alles geschaffen:
nichts ist entstanden ohne ihn.
In allem Geschaffenen war er das Leben,
und für die Menschen war er das Licht.
Das Licht strahlt in der Finsternis,
und die Finsternis hat es nicht auslöschen können.
Das wahre Licht ist er, „das Wort".
Er kam in die Welt und war in der Welt,
um allen Menschen Licht zu geben.
Die Welt war durch ihn geschaffen worden,
und doch erkannte sie ihn nicht.
Er kam in sein eigenes Land,
doch sein eigenes Volk wies ihn ab.
Manche aber nahmen ihn auf
und schenkten ihm ihr Vertrauen.
Ihnen gab er das Recht,
Kinder Gottes zu werden.
Das wurden sie nicht durch natürliche Geburt oder weil Menschen es so wollten, sondern weil Gott ihnen ein neues Leben gab.
Er, „das Wort", wurde ein Mensch,
ein wirklicher Mensch von Fleisch und Blut,
und nahm Wohnung unter uns.
Wir sahen seine Macht und Hoheit,
die göttliche Hoheit des einzigen Sohnes,
die ihm der Vater gegeben hat.
Gottes ganze Güte und Treue
ist uns in ihm begegnet.

(Die Gute Nachricht)

Seine Bücher sind mir schon vor Jahren begegnet und wichtig für mich geworden. Persönlich lernte ich Wilhelm Bruners im Österreichischen Hospiz in der Via Dolorosa kennen und schätzen, als ich vor zwei Jahren auf den Spuren des damals noch hoffnungsvollen Friedensprozesses unterwegs war. Diesmal ergab es sich günstig, denn ich erfuhr, daß er im Dezember für drei Tage nach Wien kommen sollte, um im Don-Bosco-Haus ein Seminar für Religionspädagogen zum Thema seines Buches: *Wie Jesus glauben lernte* zu geben. So konnten wir an einem Adventabend das Angenehme mit dem Nützlichen verbinden, miteinander zu arbeiten und zu essen.

KOMMENTAR

Irgendwo, zwischen Wien und Tel Aviv, in 10 000 m Höhe, frage ich ihn: „Wo kommen Sie her?“

Mein Nachbar im Flugzeug schaut mich prüfend an, dann lacht er: „Wo komme ich her? Wenn ich das wüßte!“ Sein Mund wird schmal: „Ich bin ein Ergebnis der 68-er Generation“, sagt er und sieht mich, mein Alter abschätzend, an. „Zufallsprodukt“, sagt er. „Liebe mag im Spiel gewesen sein. Aber die Studentin hat mich sofort nach der Geburt weggegeben. Sie wollte mich erst gar nicht sehen. Wo komme ich her? Ich weiß es nicht! Später“, fügt er hinzu, „begann die ‚Kinderheimkarriere‘, aus der mich meine Adoptiveltern herausholten. Sie sind gut.“

Mir fallen Verse von Kurt Marti ein:

ich wurde nicht gefragt
bei meiner zeugung
und die mich zeugten
wurden auch nicht gefragt
bei ihrer zeugung
niemand wurde gefragt
ausser dem Einen

und der sagte
ja
...

Aber das wage ich ihm nicht zu sagen. In diesem Augenblick käme es mir wie billiger Trost vor. Er, der Krankenpfleger, und ich, der ich 68 gerade mein Studium beendet hatte, fliegen beide nach

Jerusalem. Von dieser Stadt hat einmal vor über 2000 Jahren ein Unbekannter gesagt:

„Der Herr schreibt, wenn er die Völker verzeichnet:
Er ist dort geboren.
Und sie werden beim Reigentanz singen:
All meine Quellen entspringen in dir."
(Ps 87,7)

„Wo kommen Sie her?" hatte ich ihn gefragt. Er hatte geantwortet: „Wenn ich das wüßte!" Diese Worte sind mir seitdem nicht mehr aus dem Kopf gegangen.

Und gerade in Jerusalem, der Stadt, in der so viele ihren Ursprung suchen, gewinnen diese Worte einen besonderen Klang! Jerusalen wurde zur Mutter vieler. Und Psalm 87 singt:

„Doch von Zion (Jerusalen) wird man sagen:
Jeder ist dort geboren.
Er, der Höchste, hat Zion gegründet."
(Ps 87,5)

Unser aller Ursprung also in Jerusalem? Könnte das für ihn, der sich als „Zufallsprodukt einer Studentenliebe" betrachtet, eine Antwort auf die Frage sein: Wo komme ich her?

Ich bin ihm später ab und zu in Jerusalem begegnet. Er hat dort seinen Ort nicht gefunden, auch wenn er manchmal nach Jerusalem zurückkehrt. Er will auch seine Gebärerin nicht kennenlernen, hat er mir einmal gesagt, sie interessiere ihn nicht.

Und dann lese ich diesen Satz auf der ersten Seite des Johannesevangeliums wieder neu:

„Allen aber, die ihn aufnahmen,
gab er die Macht, Kinder Gottes zu werden,
allen, die an seinen Namen glauben, die nicht aus dem Blut,
nicht aus dem Willen des Fleisches,
nicht aus dem Willen des Mannes,
sondern aus Gott geboren sind."
(Joh 1,12 ff)

Unser Ursprung in Gott? Ich habe noch keine Gelegenheit gehabt, mit meinem Nachbarn im Flugzeug darüber zu reden und ihm zu sagen: Natürlich hat dich eine Frau geboren. Aber hinter deiner Gebärerin steht noch ein ganz anderer Schoß, eine ganz andere Geburt. Und da bist du nicht Zufallsprodukt der 68-er Generation –

auch wenn Liebe dabei im Spiel gewesen sein mag. Diese andere Zeugung, die hinter dem Leben steht, die war gewollt!

Das Johannesevangelium erzählt uns von der ersten bis zur letzten Seite die Geschichte, die Lebens-, Leidens- und Liebesgeschichte eines Menschen, der total aus Gott geboren ist, in dem „die ganze Fülle der Gottheit leibhaftig wohnt“, wie es im Kolosserbrief des Zweiten Testaments heißt (Kol 2,9). Ein solcher gottbewohnter Mensch hat keine Scheu, niederzuknien und Petrus die Füße zu waschen; er braucht keinen wegen seiner Vergangenheit zu verurteilen; er läßt zu, daß ihm eine Frau das Wasser reicht; er zeigt einem ängstlichen Schriftgelehrten einen Gott, der nicht richtet, sondern rettet; und er erteilt seinem Henker, Pilatus, eine Lektion über die Wahrheit des Menschen, der im Spottgewand und mit Dornenkrone der eigentliche König ist. Aber die Wahrheit Jesu ist auch der Spiegel unser aller Wirklichkeit und Wahrheit auf die Frage: Wo komme ich her? Und: Wer bin ich?

Gut ist es für einen Menschen, wenn er sagen kann, wo er herkommt, aus welchem Haus, welchem Geschlecht. Auch für Jesus werden bei Matthäus und Lukas Stammbäume bemüht, um seine adelige Herkunft, sein Herkommen aus dem Hause Davids zu zeigen. Das Johannesevangelium verzichtet auf diese Art von „Beweis“. An einer Stelle scheint es sich sogar darüber zu erheben: Als Philippus zu Natanael sagt: „Von dem Mose im Gesetz geschrieben und die Propheten – den haben wir gefunden: Jesus, den Sohn Josefs von Nazaret“, da antwortet ihm Natanael: „Aus Nazaret – kann von da etwas Gutes sein?“ (Joh 1,45).

Viele Menschen können eben nicht sagen, wo sie herkommen, kennen nicht den Vater, wissen nicht einmal, wer ihre Mutter ist. Sie haben weder Adel noch eine gute bürgerliche Herkunft vorzuzeigen. Im Wetteifer menschlicher Eitelkeiten stehen sie mit leeren Händen da.

Aber für sie alle – und für sie besonders – gilt: Aus Gott geboren! Das ist die eigentliche Herkunft der Menschen, der Adel, den uns keiner nehmen kann und der uns, unabhängig von unserer menschlichen Geburt, anhaftet. Hier liegt unsere eigentliche und ursprüngliche Identität. Sie liegt vor aller Welt im Uranfang bei Gott. Wir sind „Kinder“ Gottes – seine Söhne, seine Töchter! Seine Ikone, sein Bild. Das ist unsere tiefste Wahrheit, unsere letzte und eigentliche unraubbare Würde. Wenn von diesem Glauben, der uns aus den alten Texten der Bibel herüberscheint, Licht auf diesen Tag und unser Leben fällt, dann können wir mit Jesu Geburtstag unser aller

Geburtstag feiern: Geboren aus Gott. Gottes Geburten: wir alle, fähig zu einem neuen Leben, zu einer neuen Tiefe unseres Lebens – wenn wir es nur glauben könnten. Mir ist durch die tägliche Erfahrung mit mir selbst und mit der Welt, auch der Kirchenwelt, in der ich lebe, klar, daß dieser Glaube gefährdet und für viele unglaublich ist. Oft muß er gegen die Realitäten behauptet werden.

Äußere Umstände können Feinde dieses Glaubens sein: Menschenunwürdige Unterkünfte, Arbeitslosigkeit, nationalistische Parolen unter dem Deckmantel der Freiheitlichkeit, Zurückweisung von Frauen mit Scheinargumenten selbst aus der Hl. Schrift, Asylverweigerung für Verfolgte, Besiedelung fremden Landes mit der Brutalität des Militärs ... Wo Menschen diese bitteren Erfahrungen machen, wird es ihnen schwer gemacht zu glauben, daß sie „aus Gott geboren sind“; manche verlieren dabei den Glauben an sich selbst und werfen sich weg bis in die Hölle des Terrorismus und des Krieges.

Aber auch unsere inneren Feinde verdunkeln das Licht dieses guten Glaubens: die Erfahrung unserer Grenzen, unseres Alters, unserer Müdigkeit, unserer Halbheiten, unserer Selbstverneinung, unserer Selbstzweifel. Wenn wir dann ein solches Wort hören: „Du bist aus Gott geboren“, können wir es nicht empfangen und aufnehmen, weil sich so viele Stimmen in uns dagegen wehren und uns das Gegenteil beweisen wollen.

Liebe Schwestern und Brüder, ich wünsche Ihnen heute, an diesem Weihnachtstag, daß die Stimme: „Du bist aus Gott geboren“ Ihr Ohr und Ihr Herz erreicht, so unglaublich sie Ihnen scheinen mag. Wenn Sie sich diese Würde zusagen und geben lassen, dann können Sie sie auch anderen geben. Das aber wäre für Sie der Anfang des Friedens, nach dem wir uns alle sehnen.

Das Volk Israel hat diese Stimme „aus Gott geboren“ seit alter Zeit von Gott gehört. Es hat sie seit Abraham und Sara, wie die Bibel sagt, immer wieder – auch und gerade in dunklen Stunden – auf verschiedene Weise gehört, und es war manchmal erschrocken darüber, wenn es die konkrete Wirklichkeit ganz anders erlebte. Von ihm können wir lernen, an dieser Stimme festzuhalten, auch wenn andere Stimmen dagegen sprechen.

Die Völkerwelt, zu der wir gehören, vernimmt die Stimme „aus Gott geboren“, seit jüdische Frauen und Männer in die Welt aufgebrochen sind, um sie unter allen Menschen laut werden zu lassen. In Jesus von Nazaret glaubten sie ihren Messias zu erkennen. In ihm erlebten sie, so erzählen uns die Texte des Zweiten Testamentes, den Gottesboten, der ihre Hoffnungen wieder in Gang setzte, der ihnen in den Bildern ihrer alten biblischen Traditionen Gott neu zur Sprache brachte. Sie glaubten ihm seinen Gott, lebten auf, wenn er von Gott sprach und hörten Gottes Weisungen als lebensförderlich. Diese Erfahrung wollten sie nicht für sich behalten, sie haben sie über die Grenzen des Judentums in seinem Geist hinausgetragen mitten unter die Völker, unter uns, die Spätberufenen, die Hinzugetretenen.

In einem alten Hymnus, den das Johannesevangelium überliefert, wird sogar gesagt, daß das Wort, das von Anfang an bei Gott war, „Fleisch ward" und in Jesus unter uns „gezeltet" hat (Joh 1,14). Alte biblische Bilder werden dabei erinnert: so etwa das Bild der thronenden Präsenz Gottes über dem Heiligen Zelt in der Wüste, die Israel vierzig Jahre lang erlebt.

Doch ist es sprachlich und theologisch ein Sprechen von Gott und vom Menschen an der Grenze, dessen müssen wir Kinder der Völkerwelt uns immer bewußt sein, wenn wir an jüdische und muslimische Gottgläubige denken. Bei Johannes steht diese äußerste Gott- und Menschenrede im Dienst des einen Glaubens, daß der Mensch Gott zum Verwechseln ähnlich ist, Ikone Gottes, Gott aus dem Gesicht geschnitten, wie es schon in der Schöpfungsgeschichte ausgedrückt wird. Deshalb läßt Johannes Jesus zu Philippus sagen: „Wer mich gesehen hat, der hat den Vater gesehen" (Joh 14,9). Aber auch: „Wer euch sieht, sieht mich."

In der Überzeugung des Evangelisten gilt: „Wer mich gesehen hat, hat den Vater gesehen" nicht nur für Jesus exklusiv, es gilt für uns alle: Gott hat in dieser Welt kein anderes Gesicht als unser Gesicht – mag es noch so verlebt oder entstellt sein. Das ist mit anderen Worten die Konsequenz aus der Botschaft „aus Gott geboren", für die Jesus persönlich mit Haut und Haar eingestanden ist.

Ich lebe seit nahezu zehn Jahren in Jerusalem. Diese Stadt gibt vielen eine gute Identität, weil sie hier geboren sind oder weil sie hier ihre geistigen und geistlichen Quellen spüren. Aber der tiefste Mutterboden unseres Lebens kann nicht in einer Stadt oder einem Land verortet werden. Die Fehlformen einer solchen Verortung erleben wir sehr schmerzlich in Jerusalem.

Auf sehr unterschiedliche Weise, jüdisch, muslimisch oder christlich, aber doch auch einmütig erinnert diese Stadt in ihren Moscheen, Synagogen und Kirchen an die eine Wahrheit: Nicht sie, die Stadt, sondern Gott selbst ist der Mutterboden unseres Lebens. In seinem Schoß liegt der Ursprung aller Geburt. Von ihm sind wir ausgedacht vor aller Zeit, auch wenn wir in der Zeit nur Zufallsprodukt einer flüchtigen Begegnung wären. Aus ihm werden wir geboren – immer neu – auch an diesem Weihnachtsmorgen. Uns daran zu erinnern bleibt die eigentlich geistliche und friedliche Botschaft von Jerusalem.

Wilhelm Bruners

Stephanitag (26. Dezember)

Natürlich ist vieles Gewohnheit, vieles immer wiederkehrendes und oft auch inhaltslos gewordenes Ritual; und trotzdem: für die Sensibleren, deren Gefühle noch nicht in der Betonzisterne des Konsums, des Haben-Wollens eingeschlossen sind, gibt es sie doch, diese immer wieder neue Weihnachtsüberraschung. Für ein paar Stunden scheint die Welt den Atem anzuhalten, für ein paar Augenblicke im großen Zeitmeer, wenn die Straßen leergefegt sind und in den Fenstern die Kerzen mit dem Friedenslicht aus Betlehem flackern. Es ist, als ob wir lauschten, ob uns da nicht ein Ton träfe aus vergangener Zeit, der uns an etwas Kostbares, Unverlierbares erinnert, der Kindersaiten in uns zum Klingen bringt.

Aber dann, sehr schnell und manchmal auch sehr grausam wird uns die innere Stille wieder entrissen, treffen uns andere, grellere Bilder, zeigt uns die Welt ihre blutenden Wunden, und die Bühne der Welt dreht sich weiter. Auf der Welt und in der Kirche, die ja auch ein aus Gott geborenes Kind dieser Welt ist, geht – wie man so sagt – das Leben weiter.

DER HIMMEL OFFEN UND DER MENSCH BEI GOTT.

Wilhelm Bruners, der deutsche Priester, Dichter, Glaubenslehrer, der seit zehn Jahren als sogenannte Personalsubvention der Diözese Aachen im Österreichischen Hospiz in der Jerusalemer Altstadt Menschen mit der Heiligen Schrift, dem Heiligen Land, der Heiligen Stadt vertraut macht und so oft tief in die innere Entwicklung Suchender eingreift, hat sich mit der heutigen Lesung aus der Apostelgeschichte nicht zum ersten Mal beschäftigt. Die Figur des ersten christlichen Märtyrers, des heiligen Stephanus, ist ihm sehr wichtig und auch gemäß. Wilhelm Bruners erzählt sie in seinem eigenen sprachlichen Duktus, in seiner eigenen Bildersprache nach; und so meine ich, daß wir auf die Stelle aus der Schrift ausnahmsweise einmal verzichten können. Er, Bruners, beginnt dort, wo diese Gestalt des gesteinigten Diakons uns alle sehr hart anspringt, wenn wir noch ein wenig in der Weihnachtsseligkeit verweilen und noch nicht zur Kenntnis nehmen möchten, daß das Leben einfach weitergeht.

Die Liturgie
in der katholischen Kirche
konfrontiert uns
mit einer Geschichte
aus Mord und Totschlag.
Am Tag nach Weihnachten
wird uns eine Geschichte
vom Ende erzählt.
Gestern der Anfang
– heute das Ende!

So schnell geht das:
So eng liegen Tod
und Geburt beieinander.

Der Tod des Stephanus,
der gleich nach der
Geburt Jesu kommt,
hat etwas mit dem Kind
zu tun, dessen Geburtstag
wir gestern gefeiert haben.
Er hat auch zu tun
mit unser aller Geburt.
Denn wir alle sind ja
aus dem Schoß Gottes
gekrochen,
wir Gottgeburten,
wie uns biblische Texte sagen.
Stephanus,
das ist die
Geschichte
eines Menschen,
der gerade geboren ist,
der etwas Neues
entdeckt hat,
und das ist wie eine Geburt.
Aber schon ist er
am Ende.
Und jetzt wird sich zeigen,
ob das Neue,
das er entdeckt hat,
wirklich trägt,
oder ob es nur
Schaum war,
eine Illusion,
eine Luftblase,
schön,
aber bald
zerplatzt.

Dabei hat das Neue
so gut angefangen.
Stephanus ist nämlich
unter die „Diener“ gegangen.
Das ist etwas ganz besonderes
unter uns Menschen und völlig
ungewöhnlich.
„Ich will selbst den Herren machen,
mag nicht länger Diener sein“,
singt Leporello, der Diener Don
Giovannis.
Eine schöne Arie.
Und sie gibt ganz gut wieder,
was in uns allen steckt:
Herrenmenschen,
die über andere
herrschen wollen.
Und da sich das die anderen
nicht gefallen lassen,
jedenfalls dann nicht,
wenn sie noch Leben
in sich haben,
gibt es Streit und Krieg.

Stephanus hat
Abschied genommen
vom Herrenmenschen

und ist Diakonos,
Diener, geworden,
Diener bei der
Vergabe von Essen
und Diener des Wortes.
Vor allem Diener des Wortes.
Auch das ist nicht
selbstverständlich,
daß einer *Diener*
des Wortes ist.
Meist sprechen wir davon,
daß eine oder einer
die Sprache „beherrscht"
oder ein Meister oder
eine Meisterin
des Wortes
und „wortgewaltig" ist.
Aber Diener des Wortes?
Die alten Prophetinnen
und Propheten in Israel
waren „Diener des Wortes".
Die mußten nämlich
oft Worte sagen,
die sie gar nicht
sagen wollten.
Aber wenn sie nicht
redeten, dann zerriß
es sie fast, dann
brannte es wie Feuer
in ihnen, und dann
schrien sie laut auf
wie etwa der
Prophet Jeremia,
der stöhnt:
„Sagte ich aber:
Ich will nicht mehr
an ihn (Gott) denken
und nicht mehr in seinem
Namen sprechen!,
dann war es mir,
als brenne in meinem Herzen ein
Feuer,
eingeschlossen in meinem Innern.
Ich quälte mich,
es auszuhalten,
und konnte nicht; ..." (Jer 20,9).

Das ist Prophetenschicksal.
Das hat der Mensch
davon, wenn er
DienerIn des Wortes
wird,
des Gotteswortes,
das scharf sein kann
wie ein gutes Schwert.
Stephanus
hat so etwas erlebt.
Er war ein
begeisterter junger
Mann
„voll Gnade und Kraft",
der Wunderdinge
unter den Menschen vollbrachte,
gewaltige Zeichen,
so daß alle staunten,
was in einem so jungen
Mann alles darinsteckt,
der doch noch gar nicht
viel vom Leben weiß
und noch grün ist
hinter den Ohren.
„Der soll erst mal richtig
studieren und einen Beruf
lernen, ehe er den Mund
auftut und daherredet",
sagen manche,
wenn sie merken,
daß einer etwas zu sagen
hat und die Menschen
ihm zuhören.

Wenn solche Menschen

einen mundtot machen
wollen, der ihnen
nicht schmeckt
und der etwas
zu sagen hat,
dann erfinden sie
meist eine Lüge.
Sie machen dann
einen Rufmord.
Sie erfinden
irgendetwas,
das der angeblich
gesagt haben soll,
oder sie reißen
Sätze aus dem
Zusammenhang
oder zitieren
ein Wort anders,
oder sie machen
eine Collage von
Sätzen, die dann
völlig unsinnig sind oder
das Gegenteil behaupten.
Damit,
mit diesen
Lügenkonstruktionen,
denunzieren sie
die Menschen,
die etwas zu sagen haben.
Alle Ämter können
davon ein Lied singen,
alle Ordinariate,
alle, die Macht haben.

Täglich bekommen Kanzler,
Präsidenten, Bürgermeister, Bischöfe
Briefe, in denen
Menschen denunziert werden,
in denen von Menschen
etwas behauptet wird,
das sie gar nicht gesagt
oder getan haben.
Aber man will sie fertigmachen,
weil sie lästig sind.
Die *klugen* Präsidenten und
Bischöfe und Bürgermeister
werfen diese Briefe
in den Papierkorb.
Aber es gibt andere,
die halten sich damit auf,
und dann gibt es meist eine
schreckliche Katastrophe,
bei der eine oder einer mundtot
gemacht
– oder gesteinigt wird.

Stephanus hat eine solche Katastrophe erlebt:
Denn er wurde denunziert.
Auch von dem, was *er* sagte,
haben seine Gegner
Wortcollagen gemacht,
Halbwahrheiten.
„Sie konnten der Weisheit
und dem Geist,
mit dem er sprach,
nicht widerstehen“ (Apg 6,10),
sagt die Apostelgeschichte.
Als sie das spüren,
greifen sie zu dem uralten Trick,
der aber immer noch
sein gläubiges Publikum findet:
„Sie stifteten Menschen an zu lügen.“

Nun gibt es Lügen, auf die
fallen viele sofort herein
– besonders wenn sie von
scheinbar frommen Leuten kommen,
die sich furchtbar fromm an-

hören.
„Die lügen doch nicht"
sagen viele,
„die beten doch soviel;
die würden doch nie lügen."
Also muß da etwas dran sein.
Und dann kommt die
ganze fromme Bürokratie
in Bewegung
und untersucht
und prüft
und erstellt Gutachten,
bis die Prophetin
oder der Prophet
mundtot sind.

Stephanus ist es so ergangen.
Ihm unterstellten seine Gegner:
„Wir haben gehört,
wie er gegen Mose
und Gott lästerte" (Apg 6,11).
Natürlich muß das
die Verantwortlichen
auf den Plan rufen,
die Verantwortlichen
für Religion und Frömmigkeit
– damals wie heute.
Wenn einer so etwas
Ungeheuerliches tut:
gegen Gott und seine Gesetze reden,
und gegen die alten Bräuche,
dann muß das
sofort untersucht werden.
Denn das klingt
nach Veränderung und Revolution.
Und das darf nicht sein
– um Gottes-Willen
darf das nicht sein.
Also zerren sie Stephanus
vor das religiöse Gericht
und behaupten,
sie hätten ihn sagen hören:
Jesus wolle den Tempel zerstören
und die Bräuche ändern, die
Mose überliefert habe (vgl. Apg 6,14).
Wahrscheinlich haben die,
die es hören wollten,
nur zwei Worte gehört:
„zerstören" und
„ändern".
Das reicht völlig,
um Leute aus der Fassung zu bringen,
die darauf bedacht sind,
daß alles beim alten
bleibt
und daß Ruhe und Ordnung
herrschen und sich nichts ändert.
Und außerdem ist Gott
der Unveränderliche,
und da darf sich bei Gott
schon gar nichts ändern.
Da steht Stephanus nun
vor den hohen religiösen Herren,
er, der Diener des Wortes,
der Angeklagte,
der Denunzierte
– vor den „Herren" des Wortes.
Aber da geschieht
etwas Seltsames:
Als ihn die hohen
Herren so ansehen
und auf ihn blicken,
„erschien ihnen sein Gesicht
wie das Gesicht eines Engels"
(Apg 6,15),
erzählt die Geschichte.
„Der sieht gar nicht wie
ein Gottesleugner,

ein Tempelzerstörer aus“,
sagen sie sich.
Aber sie sagen es
nicht laut,
jeder denkt es
nur für sich,
und deshalb
hat es keine Wirkung.
Außerdem gibt es jetzt kein Zurück mehr,
jetzt läuft die fromme Maschine,
obschon alles
mit einer Denunziation,
mit einer Lüge
von Leuten begonnen hat,
die sich damit beschäftigen,
andere anzuzeigen,
weil ihnen
Prophetinnen und Propheten,
Dienerinnen und Diener
des Wortes
zuwider sind.
Denn die zeigen ihnen,
daß sie selbst
nichts zu sagen haben.

Stephanus aber hat etwas zu sagen.
Und als ihn der Vorsitzende,
der Hohepriester, fragt:
„Ist das wahr?“,
da legt er los;
da ist Stephanus nicht mehr
zu halten.
Und er holt weit aus,
und er geht mit den Schriftgelehrten,
mit den Herren des Wortes,
noch einmal die ganze Bibel durch
von Anfang an,
von Abraham an,
und erteilt ihnen eine Lektion,
wie sie sie noch nie gehört haben.
Immer mehr in Zorn redet
sich Stephanus.
Er hat keine Angst mehr vor
den hohen Herren,
die da vor ihm sitzen.
Wie einer der alten
Propheten
wenn sie keine
Rücksicht mehr nahmen
auf König und Volk, redet er –
wenn sie nur noch
das sagten,
was in ihnen
lebendig war,
egal, was anschließend
passierte,
so redet Stephanus.
Und als er ihnen
am Ende vorwirft,
nicht er sei gegen
die Weisungen Gottes,
sondern sie seien
die Halsstarrigen,
die ihr Herz und
Ohr immerzu
dem Heiligen Geist
widersetzten,
da ist es aus.
Das geht zu weit!
Das ist zwar
nicht Beleidigung Gottes,
sondern
Kritik an den
Mächtigen.
Aber das ist
oft noch viel
schlimmer und

hat furchtbare Konsequenzen.
Und als Stephanus dann noch,
erfüllt vom Heiligen Geist,
zum Himmel blickt und ruft:
„Ich sehe den Himmel offen
und den Menschensohn
zur Rechten Gottes stehen",
da ist es endgültig zuviel.
Aus Stephanus,
dem Diakonos des Wortes
und dem Propheten,
ist ein Visionär geworden:
„Ich sehe den Himmel offen
und den Menschensohn
zur Rechten Gottes" (Apg 7,56).
Das ist eine große Vision:
Der Himmel offen,
und der Mensch bei Gott!

Es gibt ganz andere Visionen,
die furchtbar sind und Gott
und Mensch trennen.
Im Buch Daniel können wir
solche Horrorvisionen lesen.
Da kommen
aus der Tiefe des Meeres
große Tiere, die
alles mit Füßen zertreten,
alles fressen,
was sich ihnen in den Weg stellt,
und alles zerstören,
was mühsam
aufgebaut wurde:
Der Friede zum Beispiel
– diese zerbrechliche Gestalt.
Aber die großen Tiere
wollen keinen Frieden,
sie wollen
Macht, Herrschaft.
Und sie wollen daher verhindern,
daß Gottes Reich kommt,
das Frieden bringt
und Gerechtigkeit.
Sie wollen Gott
und Mensch
trennen.
Für sie ist der Himmel zu,
und es gibt keine Verbindung
zwischen Gott
und Mensch.
Der Mensch ist
das Opfer
der großen Tiere
– so sagen sie.

Aber mit Daniel sieht Stephanus
den Himmel offen
und den Menschen
zur Rechten Gottes.
Das ist für ihn
das Ende,
die Vollendung der Geschichte
und nicht die Zähne der
großen Tiere, die uns in den
Abgrund bringen.
Es sieht Jesus
und uns alle bei Gott
und im Himmel
und nicht in der Hölle,
nicht im Chaos
der Zerstörung und Vernichtung.

Aber seine Gegner
haben für diese Vision
kein Ohr mehr,
obschon sie eigentlich
aufhorchen müßten
bei so einem guten Bild.
Sie steinigen Stephanus
vor der Stadt
und verhalten sich dabei wie

jene mörderischen Tiere,
von denen Daniel spricht.

Ist damit Stephanus widerlegt?

Viele sagen das!:
Du siehst,
wohin das führt,
wenn du Dienerin
oder Diener des Wortes bist,
Prophetin, Prophet.
Das bringt dir
rein gar nichts
– und am Ende
nur Scherereien
und Steine.
Aber Stephanus läßt sich
den Himmel und seine Visionen
nicht austreiben;
er bleibt dabei.
Und so betet er
sterbend
für seine Gegner
und bittet Gott
um Verzeihung für sie.
Darin zeigt sich seine wahre Größe,
die mehr wert ist
als jedes Wort vorher:
Während ihm die Steine
um die Ohren fliegen,
hält er an seiner Vision von Gott fest,
hält er den Himmel offen
gegen alle Einrede der Zyniker,
die alles und alle
zerreißen.

So stirbt er.
Ein Diener des Wortes,
ein echter Diakonos,
mit einer guten Vision
bis in den Tod,
durch den er sich nicht beirren läßt.

Wilhelm Bruners

DER HIMMEL OFFEN UND DER MENSCH BEI GOTT.

Sie sind durch nichts zu trennen – Mensch und Gott. Geschichtlich aber, menschengeschichtlich zeigen sich schon erste Züge der beginnenden Auseinandersetzung zwischen Christen und Juden, und das macht diese Geschichte polemisch. Wir schlagen heute ein neues Kapitel zwischen Juden und Christen auf und müssen in Jerusalem und anderswo erkennen, welche Trauerarbeit da noch zu leisten sein wird. Deshalb müssen auch die Geschichten aus der Bibel durchaus kritisch gelesen werden, meinte Wilhelm Bruners in einem den Aufnahmen folgenden Gespräch. „Wenn ich“, so Bruners wörtlich, „die Geschichte als unsere Geschichte in der Kirche lese und höre, dann hat sie mir, weiß Gott, viel zu sagen.“ Damit liegt er sicher richtig, denn in zehn Jahren entwickelt man eine erhöhte Sensibilität auch für komplexe Entwicklungen.

Fest der Heiligen Familie

Dieses Jahr ist wild entschlossen, zu Ende zu gehen. Nur noch kurze Zeit bleibt uns die gewohnte Jahreszahl erhalten, und so mancher, so manche mag sich an diesen nachweihnachtlichen Tagen fragen, warum denn das immer so schnell, ja fast scheint es immer schneller gehen muß mit der Zeit, die für jeden und jede von uns Lebenszeit ist. Und die andere Frage, die jetzt durch unsere Köpfe und Herzen geistert, mag wohl auf das *Wie* zielen: Wie war es, dieses Jahr; was hat es geschenkt; was hat es genommen; wo war Fülle, wo Leere, Leerlauf; wo bin ich weitergekommen, wo zurückgefallen; waren die Prioritäten richtig gesetzt, oder ging es in die falsche Richtung? Bin ich zur rechten Zeit aufgestanden, habe ich am richtigen Platz Widerstand geleistet oder zur Unzeit und am falschen Ort; habe ich genug zugehört oder zuviel geredet; habe ich mehr genommen oder mehr gegeben? Ein ganzer Katalog von Fragen steht da auf. Welche Antworten wir immer darauf finden, es geht nicht darum, damit zu hadern, sondern sie bewußt anzunehmen und in Seine Hände zu legen, dann werden wir in Frieden an die Schwelle treten können.

Am heutigen Sonntag in der Weihnachtsoktav feiert die Kirche das Fest der Heiligen Familie. Die Familie ist gerade in den vergangenen Jahren zu einem zentralen Thema in der Kirche geworden. Kein Wunder, denn es steht nicht gut um diese Kern- und Lebenszelle von Staat und Kirche. Leider blieb viel von der Sorge in Worten und Wörtern, auch Schlagwörtern, stecken, und so wird wohl auch heute wieder viel Heuchlerisches über die Lippen mancher jener Männer fließen, die da reden, aber von Familie nicht allzuviel verstehen. Das wird kaum zu verhindern sein.

Eines scheint sicher: Die Familie wird in unseren Gesellschaften enorm überfordert, die Partnerschaft ebenso wie die Beziehung zwischen Eltern und Kindern. Sie wird überfordert und dann über weite Strecken allein gelassen, materiell, emotional und auch spirituell. Da hilft es dann nur wenig, wenn diesen Menschen das rosarote Bild der Heiligen Familie als Ideal vorgegaukelt wird. War sie denn wirklich ein Idealbild von Familie – die da im Staub von Betlehem zum Tempel in Jerusalem hinaufwanderte? – Ich bin mir da nicht so sicher wie andere, die auch nicht mehr Konkretes über die Lebensumstände, um die wirklichen familiären Zusammenhänge wissen als ich.

Aber vielleicht ist das auch gar nicht so wichtig. Wichtiger erscheint mir das, was uns das Evangelium heute von der berührenden Begegnung zwischen diesem kleinen Kind Jesus und dem alten, gerechten und frommen Mann Simeon erzählt, der angesichts dieses Kindes ausrief:

NUN LÄSST DU, HERR, DEINEN KNECHT,
WIE DU GESAGT HAST,
IN FRIEDEN SCHEIDEN.
DENN MEINE AUGEN HABEN DAS HEIL GESEHEN,
DAS DU VOR ALLEN VÖLKERN BEREITET HAST,
EIN LICHT, DAS DIE HEIDEN ERLEUCHTET,
UND HERRLICHKEIT FÜR DEIN VOLK ISRAEL.

Das sind Worte eines alten, sehend gewordenen Mannes, die uns auch heute noch Ehrfurcht abringen. Es sind Worte der Erkenntnis des Messias, Worte der Erkenntnis Gottes und seines Heils für alle Menschen.

Lk 2,22–40

Vierzig Tage nach der Geburt war die Zeit der Unreinheit für Mutter und Kind vorüber, die im Gesetz Moses festgelegt ist. Da brachten die Eltern das Kind in den Tempel nach Jerusalem, um es Gott zu weihen. Denn im Gesetz heißt es: „Wenn das erste Kind, das eine Frau zur Welt bringt, ein Sohn ist, soll es Gott gehören.“ Zugleich brachten sie das vorgeschriebene Reinigungsopfer dar: ein Paar Turteltauben oder zwei junge Tauben.

Damals lebte in Jerusalem ein Mann namens Simeon. Er war fromm und hielt sich treu an Gottes Gesetz und wartete auf die Rettung Israels. Er war vom Geist Gottes erfüllt, und er hatte ihm die Gewißheit gegeben, er werde nicht sterben, bevor er den von Gott versprochenen Retter mit eigenen Augen gesehen habe. Simeon folgte einer Eingebung des heiligen Geistes und ging in den Tempel. Als die Eltern das Kind Jesus dorthin brachten und es Gott weihen wollten, wie es nach dem Gesetz üblich war, nahm Simeon das Kind auf die Arme, pries Gott und sagte:

„Herr, nun kann ich in Frieden sterben:
denn du hast dein Versprechen eingelöst!
Mit eigenen Augen habe ich es gesehen:
Du hast dein rettendes Werk begonnen,
und alle Welt wird es erfahren.
Allen Völkern sendest du das Licht,
und dein Volk Israel bringst du zu Ehren.“

Die Eltern Jesu wunderten sich über das, was Simeon von dem Kind sagte. Simeon segnete sie und sagte zu der Mutter: „Dieses Kind ist von Gott dazu bestimmt, viele in Israel zu Fall zu bringen und viele aufzurichten. Es wird ein Zeichen Gottes sein, gegen das sich viele auflehnen und so ihre innersten Gedanken verraten werden. Dich aber wird der Kummer um dein Kind wie ein scharfes Schwert durchbohren.“
In Jerusalem lebte auch eine Prophetin. Sie hieß Hanna. Sie war die Tochter Penuëls aus dem Stamm Ascher. Sie war schon sehr alt. Sieben Jahre war sie verheiratet gewesen, und seit vierundachtzig Jahren war sie Witwe. Sie verließ den Tempel nicht mehr und diente Gott Tag und Nacht mit Fasten und Beten. Auch sie kam jetzt hinzu und pries Gott. Sie sprach über das Kind zu allen, die auf die Rettung Jerusalems warteten.
Als Maria und Josef alles getan hatten, was das Gesetz des Herrn vorschreibt, kehrten sie mit Jesus nach Galiläa in ihre Heimatstadt Nazaret zurück. Das Kind wuchs heran und wurde kräftig. Es hatte ein ungewöhnliches Verständnis für den Willen Gottes, und man sah, daß es Gott liebte.

(Die Gute Nachricht)

Józef Niewiadomski, Professor für Dogmatik, stammt aus Polen und lehrt zur Zeit in Linz und Innsbruck. Er hat sich Gedanken zum heutigen Sonntags-Evangelium gemacht. Er stellt, wie es ja auch der Evangelist Lukas tut, nicht so sehr die Familie, nicht so sehr den kleinen Buben, der zur Beschneidung in den Tempel gebracht wird, in den Mittelpunkt, sondern Simeon, den alten Mann, den der Geist in den Tempel geführt hat, um ihn das Zeichen der Zukunft sehen und erkennen zu lassen. Es wird eine Reflexion über die Religiosität des Alters. In der Fachwelt einen Namen gemacht hat sich Józef Niewiadomski mit Arbeiten zu ganz anderen Themen. Seine wissenschaftlichen Steckenpferde sind Fragen des Fundamentalismus und des Rechtsradikalismus.

KOMMENTAR

Es ist fast eine archaische Geschichte, eine Geschichte, die sich immer und immer wieder neu ereignen kann: die Begegnung einer Kleinfamilie (Maria und Josef und das kleine Kind Jesus) mit einem alten Mann.

Der greise Simeon verbrachte viel Zeit im Tempel. Wie viele alte Menschen fühlte auch er sich zur Religion hingezogen. Anstatt im Zimmer zu sitzen, aus dem Fenster oder ins Fernsehen zu starren und immer mehr der Sprachlosigkeit zu verfallen, ging er aus ... Und er ging in den Tempel. Dort hat es wenigstens keinen Konsumzwang wie im Gasthaus gegeben.

Und dort traf er Menschen; nicht nur Frömmler, auch jene, die nur hin und wieder den Tempel aufsuchten, weil sie von ihren Ängsten geplagt und von ihren Hoffnungen getragen waren. Wenn das nicht eine Basis für zahlreiche Gespräche ist?

Nicht jene menschenverachtenden Gespräche eines Frömmlers, in denen die Verbitterung über das nicht gelebte Leben die Oberhand gewinnt: Gespräche, in denen man sich selber nicht leiden kann und die anderen haßt: vor allem die Jüngeren, diejenigen, die ihre Lebenskraft ausstrahlen, ihre Potenz zur Schau tragen und all das, was es gibt, als selbstverständlich finden. Nein!

Simeon führte andere Gespräche. Man kann sie „religiöse Debatten“ im besten Sinn des Wortes nennen. Er, der alte Mann, war halt wie ein kleines Kind.

Kinder und alte Menschen haben nämlich einen ähnlichen Zugang zur Religion; die einen haben ihre Machermentalität noch nicht, die anderen nicht mehr und können ungeschützt den Sackgassen des Lebens mit derselben Gelassenheit begegnen.

So wartete der alte Mann – wie ein Kind – immer noch auf etwas Neues, auf die Rettung, auf Gott.

Entgegen einer Alltagskultur der Sterbehäuser und Altersheime, in denen die Menschen zwar gepflegt werden, gefüttert und gewickelt, aber nur noch zurückblicken können und den Satz: „Früher war halt alles besser“ zu ihrem Glaubensbekenntnis stilisieren müssen, weil ihnen jegliche Zukunftsperspektive abgeht, weil sie nur noch warten und warten, aber keine Hoffnung mehr haben, entgegen dieser alltäglichen Sterbekultur hoffte Simeon in seinem nun grau gewordenen Alltag auf etwas, worauf er schon als junger Mensch hoffen konnte, auf etwas, was es noch nicht gab; nach dem Motto: Es kann immer noch etwas Besseres kommen!

Diese Hoffnung wurde ihm zu einem Lebenselixier, das ihn auf jedes neu geborene Kind neugierig machte, das ihm erlaubte in jedem jungen Menschen *die* Chance für die Zukunft zu sehen.

Diese Art der Religion wird gerade im Alter wichtig, sie wird aber in unserer liberalen Welt allzuleicht verlacht. Es zeichnet halt die Jugend verantwortlich für das, was im Trend liegt. Diese Jugendkultur kennt nur eine Erwartung und eine Hoffnung: die Erwartung der Leistung und die Hoffnung, daß wenn es mit der Leistung nicht mehr klappt, daß dann das Ende problemlos sei. Alles andere ist ihr eine Illusion! „Jugend ohne Illusionen – Jugend ohne Gott."

Das Ende ist aber nicht problemlos! Es hat zumindest eine Gelassenheit nötig. Doch: Wo darf diese gelernt werden? Wo wird sie erfahren? Durch die Leistungserwartung verbildet und verbogen, können wir uns selber nicht mehr leiden, wenn wir nichts mehr leisten können.

Nimmt es da wunder, daß die Alten in einer solchen Kultur nur noch mit Groll auf die Jungen blicken können, weil sie diese um ihre Vitalität beneiden und sich immer mehr um ihr Leben geprellt fühlen?

Ganz anders der fromme und gerechte alte Mann: Simeon! Durch seine Religion hat er Gelassenheit gelernt. Ohne Groll und Ressentiment kann er nun in Frieden scheiden; mit sich selber und der Welt versöhnt. Segnend überläßt er den Lebensraum den Jüngeren, fühlt er sich doch um sein Leben keineswegs betrogen. Er hat das Heil gesehen: das neue Leben. Und er vertraut, daß dieses nicht einen Rückschritt mit sich bringt, sondern einen noch nie da gewesenen Fortschritt: Dieses kleine Kind wird die Völker in die atemberaubende Geschichte des jüdischen Volkes mit seinem Gott einladen, es wird der Welt, die nur auf sich selber hofft, die dieses Leben als die letzte Gelegenheit, etwas zu leisten, begreift und deswegen auch in einen tödlichen Lebensstreß gerät: dieses Kind wird dieser Welt die Gelassenheit der Vögel des Himmels bringen und damit eine Lebensqualität, die sich selbst im Alter und im Sterben bewährt!

Es ist keine konfliktfreie Religiosität – die Religiosität des alt gewordenen Simeon. Er weiß, daß eine echte Zukunft einen Preis verlangt. Er selber hat diesen Preis bereits unzählige Male zahlen müssen: – auch seine Seele wurde des öfteren vom Schwert durchbohrt. Die Zukunftshoffnung und die Gelassenheit seiner Religion konnten aber diesen Schmerz immer wieder und immer wieder neu transformieren und ihn vor der Sprachlosigkeit bewahren. Deswegen verbrachte er viel Zeit im Tempel: jetzt wo er alt geworden ist.

Selig, die so leben und auch so sterben können!

Józef Niewiadomski

Das Heil sehen, das Heil erkennen, die Gesichtszüge Gottes in einem Menschen, die Fußspuren Gottes in der Geschichte wahrnehmen zu können, ist Geschenk, ist Gnade – aber für Geschenke und Gnadengaben muß unser Herz auch offen sein. „Ich stehe vor deiner Tür. Ich klopfe an. Wenn du mir auftust, werde ich eintreten und mit dir Mahl halten." – Sich die Gelassenheit eines Kindes, die Neugierde eines jungen Menschen bis ins Alter zu bewahren ist die wahre Chance, lebendig zu bleiben.

Neujahrstag

Ich finde es schön, daß die erste Lesung der Liturgie am Neujahrstag ein Segenswort ist und zwar der alte Aaron-Segen aus dem Buch Numeri, den Gott dem Mose mit auf den Weg zu seinem Volk gegeben hat:

„Der Herr sprach zu Mose: Sag zu Aaron und seinen Söhnen: So sollt ihr Israel segnen; sprecht zu ihnen:
Der Herr segne dich und behüte dich.
Der Herr lasse sein Angesicht über dich leuchten und sei dir gnädig.
Der Herr wende dir sein Angesicht zu und schenke dir Heil.
So sollen sie meinen Namen auf die Israeliten legen, und ich werde sie segnen."

Was den Israeliten gegolten hat, gilt auch uns heutigen Menschen. Auch wir sollen gesegnet sein, weil wir aus Gott geborene Söhne und Töchter sind und ihn Vater nennen dürfen.
Weil am 1. Jänner, am Oktavtag von Weihnachten, die Kirche das Hochfest der Gottesmutter feiert, greift das Evangelium noch einmal auf die Botschaft der Heiligen Nacht zurück, auf das von Lukas so wunderbar einfach gemalte Krippenbild:

DIE HIRTEN EILTEN NACH BETLEHEM UND FANDEN MARIA UND JOSEF UND IN DER KRIPPE DAS KIND.

P. Anton Rotzetter schreibt in einer Jesaja-Paraphrase dazu:

> „Ein Kind ist uns geboren,
> ein Sohn ist uns geschenkt.
> Herrschaft liegt
> nicht mehr bei den Mächtigen,
> nicht mehr bei Königen,
> auch nicht bei Päpsten und Bischöfen,
> nicht bei Präsidenten und Vorsitzenden
> und auch nicht bei Wissenschaftlern und Technikern,
> nein, die Herrschaft gehört in die Hände eines Kindes."

„Als die Engel in den Himmel zurückgekehrt waren, sagten die Hirten zueinander: „Kommt, wir gehen nach Betlehem und sehen uns an, was da geschehen ist und was Gott uns bekanntgemacht hat!"
Sie brachen sofort auf, gingen hin und fanden Maria und Josef und das Kind in der Futterkrippe. Als sie es sahen, berichteten sie, was ihnen der Engel von dem Kind gesagt hatte. Alle, die dabei waren, staunten über das, was ihnen die Hirten erzählten. Maria aber bewahrte all das in ihrem Herzen und dachte immer wieder darüber nach. Die Hirten gingen zu ihren Herden zurück, priesen Gott und dankten ihm für das, was sie gehört und gesehen hatten. Es war alles so gewesen, wie der Engel es ihnen gesagt hatte.

(Die Gute Nachricht)

Wenn wir heute auf dieses Kind im Futtertrog eines Stalles schauen, dann ist es zuwenig, gerührt an das viel besungene Knäblein im lockigen Haar zu denken. Es gilt vielmehr, uns die ganze, harte Realität dieser Situation vor Augen zu halten. Gelingt uns dies, dann verschwindet der ganze Weihnachtskitsch und wir sehen die Gesichter von Millionen Kindern dieser unserer Welt, die keine Chance auf Zukunft haben, die hungern, die frieren, die in Not und Elend dahinvegetieren oder ständig auf der Flucht sind. Dann werden wir vielleicht begreifen, daß wir alle Mitverantwortung für die Kinder der Armen und Ausgebeuteten tragen. Diese Mitverantwortung ernst zu nehmen und auch zu leben könnte einer der guten Vorsätze am Beginn des Neuen Jahres sein.

P. Martin Maier, der deutsche Jesuit, der diese seine Mitverantwortung ernst nimmt und immer wieder hinausgeht an die Ränder der Armut und Not, kommentiert das heutige Festtags-Evangelium.

KOMMENTAR

Kein Mensch kann sich aussuchen, wo er geboren wird, in welchen Verhältnissen, in welcher Familie er auf die Welt kommt. Auch den Zeitpunkt unserer Geburt können wir nicht selber bestimmen. Doch Gott dürfen wir zutrauen, daß er frei wählen konnte, wo und wann er Mensch werden wollte. Versuchen wir einmal, uns in die Perspektive Gottes zu versetzen. Er beschließt, Mensch zu werden, um die Menschen zu retten. Er will die Frohe Botschaft von seiner Güte und Menschenfreundlichkeit in die Welt bringen. Er möchte ein Beispiel eines gelungenen Menschseins geben. Welcher Ort, welcher historische Zeitpunkt wäre dafür am geeignetsten? Um möglichst viele Menschen zu erreichen, wäre Gott gut beraten gewesen, mit seiner Menschwerdung bis in unser Jahrhundert zu warten. Dann hätte er sogar die modernen Massenkommunikationsmittel zur Verfügung gehabt. Doch die Kanäle von Fernsehen und Rundfunk stehen auch nicht gerade jedem offen. Er hätte also ein einflußreicher Mensch werden müssen: zum Beispiel Papst oder Präsident der Vereinigten Staaten. So würden manche vielleicht denken.

Wenn wir unter dieser Rücksicht die Weihnachtsgeschichte lesen, so können wir eigentlich nur urteilen, daß Gott nach menschlichem Ermessen nicht klug gehandelt hat. Er kommt in einer abgelegenen Provinz des römischen Weltreichs zur Welt. Dort noch einmal in einem abgelegenen Dorf, von wo, nach Überzeugung der Zeitgenossen, eigentlich nichts Gutes kommen konnte. Er wurde nicht das Kind einer einflußreichen Familie, sondern des Bauernmädchens Maria und des Zimmermanns Josef. Moderne Massenmedien gab es überhaupt keine. Gott ist auf dieser Erde ganz unten und ganz hinten gelandet. Er hat sich nicht nur seiner Gottheit entäußert, sondern er hat im Spektrum der Welt noch einmal die Armut gewählt.

Warum hat er das so gemacht? Was waren seine Gründe? Ich denke, die Weihnachtsbotschaft selbst gibt uns die Antwort. Gott wollte Mensch, menschlich werden. In der Gestalt seiner Menschwerdung will er zeigen, daß es in armen Verhältnissen am besten möglich ist, Mensch und menschlich zu werden. Ich habe diese Erfahrung in dem kleinen lateinamerikanischen Land El Salvador gemacht, wo ich für eine Zeit Pfarrer in einer sehr armen Gemeinde auf dem Land sein durfte. Dort wurde ich von den Leuten in eine Schule der Menschlichkeit genommen. Ich möchte damit nicht sagen, daß die Armen ohne weiteres moralisch bessere Menschen sind als die Reichen. Auch unter ihnen gibt es viel menschlich Unzulängliches. Doch ich bin unter ihnen menschlichen Werten wie Lebensfreude, Gastfreundschaft und Zärtlichkeit begegnet, die in den Überflußgesellschaften der Ersten Welt verlorengegangen oder zumindest verschüttet sind.

Ohne die Armen zu idealisieren, kann man beobachten, daß sie menschlicher sind. Das erlebe ich nicht nur in Lateinamerika. Ich fühle mich auch hier bedeutend wohler bei einer einfachen Familie als zum Beispiel in der Zentrale eines großen Industriekonzerns, wohin ich vor einiger Zeit eingeladen wurde. Vielleicht gerade deshalb, so glaube ich zu verstehen, wurde Gott unter den Armen geboren.

So zumindest deute ich die Weihnachtsgeschichte, denn ebendies zeigen uns im heutigen Evangelium auch die Hirten, die als erste von den Engeln zu dem menschgewordenen Gott gerufen werden. Die Hirten waren nämlich in der Gesellschaftsordnung Israels verachtete Leute. Man hatte sie von vornherein im Verdacht, daß sie stehlen würden, so wie bei uns früher die Zigeuner. Man verdächtigte sie auch, daß sie ihre Herden auf fremden Grundstücken weiden ließen. Deshalb blieben sie von der Zeugenaussage vor Gericht ausgeschlossen. Ihr Beruf brachte es mit sich, daß sie schmutzig waren und nach ihren Tieren rochen. Sie müssen so etwas wie „Unberührbare“ gewesen sein, deren trauriges Schicksal ich in Indien kennengelernt habe. Doch nicht den Theologen und den Mächtigen, sondern gerade ihnen wurde die Geburt Jesu von den Engeln verkündet. Sie waren am besten empfänglich dafür und machten sich sofort auf den Weg, um das göttliche Kind mit Maria und Josef zu sehen.

Ein Theologe hätte wahrscheinlich gesagt: „Da müssen wir erst einmal abwarten, ob das stimmt. Dieses Wickelkind im Futtertrog unterscheidet sich in nichts von anderen Babys. Lassen wir den Kleinen wachsen, und dann werden wir sehen, ob das der Messias ist.“ Die Hirten mögen etwas naiver und einfacher gewesen sein. Aber sie hatten das bessere Gespür für die Wahrheit dessen, was ihnen verkündet wurde.

Aus diesem Blickwinkel betrachtet, führt mich die Weihnachtsgeschichte zum Thema der Option für die Armen, die in der lateinamerikanischen Kirche so wichtig geworden ist. Die Art und Weise der Menschwerdung Gottes macht deutlich, daß diese Grundentscheidung nicht in erster Linie sozial motiviert ist, sondern daß sie von Gott selber herkommt. So zeigt die lateinamerikanische Theologie der Befreiung, daß der Gott der jüdisch-christlichen Tradition immer schon ein parteilicher Gott zugunsten der Armen und Mißhandelten in der Geschichte ist. Angefangen von der Befreiung des unterdrückten Volkes Israel über die Gesellschaftskritik der Propheten gegen Ausbeutung und Unterdrückung bis hin zur

Geburt Jesu in ärmlichen Verhältnissen und seiner Seligpreisung der Armen zieht sich diese Option wie ein roter Faden durch die ganze Bibel.

Daß die Option für die Armen das Herzstück des christlichen Glaubens überhaupt ist, beschreibt der salvadorianische Befreiungstheologe Jon Sobrino so: „Gott hat sich dieser Welt zugewandt, hat sich in unsere Geschichte hineinbegeben und ist Teil unserer Menschheit geworden im Schwachen und im Kleinen, in den Armen und Unterdrückten. Unser Gott ist ein fleischgewordener Gott, der sich zweifach erniedrigt hat: hinab zum Menschlichen und innerhalb dieses Menschlichen auch noch zum Schwachen und Armen."

Mit der Option für die Armen verbindet sich auch ein Orts- und Perspektivenwechsel in der Wahrnehmung der Wirklichkeit. Aus der Perspektive „von unten" kommt die Wahrheit einer Gesellschaft ans Licht; ihr wahrer Zustand zeigt sich an den Schwächsten. Zwar wurde in der Diskussion um die Option für die Armen immer wieder die Frage aufgeworfen, ob damit die Reichen von Gottes Liebe und der Sorge der Kirche ausgeschlossen seien. Um einem solchen Mißverständis vorzubauen, wurde vom kirchlichen Lehramt zur Option für die Armen die etwas tautologische Präzisierung „vorrangig, aber nicht ausschließlich" hinzugefügt. Erzbischof Oscar Romero hat in diesem Zusammenhang einmal bündig und treffend formuliert: „Wenn sie von den Armen ausgeht, wird es der Kirche gelingen, für alle da zu sein." Universal ist die Option für die Armen in dem Sinn, daß die Parteilichkeit zugunsten der Armen auf die umfassende Gerechtigkeit für alle zielt. Option für die Armen bedeutet also nicht Option gegen die Reichen, wohl aber gegen die Wirklichkeit der sozialen Sünde und die Strukturen der Unterdrückung und Ausbeutung.

Weihnachten ist die immer neue Einladung an uns, Gott dort zu suchen, wo er selber gesagt hat, daß er zu finden ist: bei den Kleinen, bei den Randexistenzen unserer Gesellschaft, bei denen, die in dieser Welt nichts zählen. Erzbischof Oscar Romero aus El Salvador hat dies in seiner Weihnachtspredigt im Jahr 1979 so zum Ausdruck gebracht: „Eigentlich müßte ich das Jesuskind nicht in den schönen Bildern unserer Krippen suchen. Ich müßte es bei den unterernährten Kindern suchen, die sich heute abend hingelegt haben, ohne etwas zum Essen zu haben. Bei den kleinen Zeitungsverkäufern, die mit ihren Zeitungen bedeckt dort in den Türeingängen schlafen. Bei dem kleinen Schuhputzer, der vielleicht gerade genug verdient hat, um seiner Mama ein Geschenk zu machen.

Oder, wer weiß, bei dem Zeitungsverkäufer, der nicht genug Zeitungen verkauft hat und furchtbar ausgeschimpft werden wird von seinem Rabenvater oder seiner Rabenmutter. Ach, wie traurig ist bei uns das Leben der Kinder. Das alles nimmt Jesus in dieser Nacht an."

Vor kurzem erzählte mir eine Großmutter, wie ihre fünfjährige Enkelin sie mit der Frage bedrängte, wo sie denn vor ihrer Geburt gewesen sei. Die Großmutter wußte da auch keine rechte Antwort. „Du warst halt einfach noch nicht da", erklärte sie dem Kind. Doch die Kleine wollte sich mit dieser Antwort nicht zufriedengeben. „Vielleicht war ich irgendwo versteckt", meinte sie. Die Großmutter fand diese Idee nicht schlecht. Doch das Mädchen bohrte weiter: „Wo war ich dann versteckt?" Die Oma wußte wieder nicht weiter. Plötzlich sagte die Fünfjährige: „Jetzt weiß ich es, Oma. Ich war in Gott versteckt." Die Großmutter war die Theologin Dorothee Sölle, und sie meinte: „Besser und tiefer kann das auch ein Theologe, eine Theologin nicht sagen." Letztlich also sind es die Kinder und die einfachen Menschen, die Gott und damit auch dem Weihnachtsgeheimnis am nächsten kommen.

Martin Maier

Aus China stammt der folgende Text, den ich Ihnen in diesen Tag und in dieses Jahr mit auf den Weg geben möchte:

„Ich sagte zu dem Engel,
der an der Pforte des neuen Jahres stand:
Gib mir ein Licht, damit ich sicheren Fußes
der Ungewißheit entgegengehen kann.
Er aber antwortete:
Geh nur hinein in die Dunkelheit,
und leg deine Hand in die Hand Gottes!
Das ist besser als ein Licht
und sicherer als ein bekannter Weg."

Epiphanie – Erscheinung des Herrn (6. Januar)

Epiphanie – Hochfest der Erscheinung des Herrn. Es gibt immer noch viel Rätselraten und auch Widersprüche um den historischen Hintergrund dieses Festes. Wer waren sie wirklich, die wir da einmal als Könige, das andere Mal als Weise, als Magier oder als Sterndeuter serviert bekommen? – Woher kamen Sie eigentlich – die Palette der Möglichkeiten reicht von Afrika, über die Mongolei, Indien, und vor allem Persien wird immer wieder genannt? – Eindeutig ist nur: Sie waren Fremde und sie kamen von weit, wenn es sie überhaupt gegeben hat, was ja auch nicht so ganz gesichert ist. Mir täte es leid, wenn es sie nicht gegeben hätte, denn ich finde es wunderbar, wie schon ganz am Anfang des Lebens Jesu die weite Welt ins Spiel kommt und nicht nur die Welt, auch der Kosmos mit seinem Sternenboten.

Eine der hübschesten Legenden um die drei Könige habe ich vor Jahren in der Kirche von Hah im Tur' Abdin, einem Bergland im Osten der Türkei, gehört, wo es bereits im ersten Jahrhundert nach Christi Geburt christliche Klöster und Gemeinden gegeben hat. Die Kirche, ein wertvoller Kuppelbau, trägt den Namen El Hadr, Jungfrau Maria; und von dem Platz, an dem sie erbaut wurde, erzählt man sich: Auf dem Rückweg von Betlehem sind die Könige mit ihrem Gefolge hier vorbeigekommen und haben Rast gehalten, bevor ihre Wege sich trennen würden. Sie saßen zusammen und redeten über all das, was sie gesehen und erlebt hatten und betrachteten ehrfürchtig die Windel des Jesus-Kindes, das Maria ihnen als Andenken mitgegeben hatte. Was tun mit dieser Windel? – sie wollten sie nicht teilen, sie nicht zerstören. Und so haben sie das Stückchen Stoff in einer Schale verbrannt und dabei ihre Gebete gesprochen und Gott gepriesen, der ihnen diese wunderbare Begegnung in Betlehem geschenkt hat. Im Anschluß an diese feierliche Zeremonie haben sie die Asche gerecht geteilt, und siehe da, in jedem der kleinen Döschen mit der Asche zeigte sich das Antlitz des Jesuskindes. Dieses Wunder hat sie veranlaßt, die Kirche von Hah zu stiften.

VON DER WEITE DES GLAUBENS.

Jesus wurde in der Stadt Betlehem in Judäa geboren, als König Herodes in Jerusalem regierte. Bald nach seiner Geburt kamen Sterndeuter aus dem Osten nach Jerusalem und fragten: „Wo finden wir das neugeborene Kind, den kommenden König der Juden? Wir haben seinen Stern aufgehen sehen und sind gekommen, um ihm zu huldigen."
Als König Herodes das hörte, geriet er in Aufregung und mit ihm ganz Jerusalem. Er ließ alle führenden Priester- und Gesetzeslehrer zu sich kommen und fragte sie: „Wo soll der versprochene König geboren werden?" Sie antworteten: „In der Stadt Betlehem in Judäa. Denn so hat der Prophet geschrieben: Du Betlehem im Land Juda! Du bist keineswegs die unbedeutendste Stadt in Juda, denn aus dir wird der Mann kommen, der mein Volk Israel schützen und leiten soll."
Daraufhin rief Herodes die Sterndeuter heimlich zu sich und fragte sie aus, wann sie den Stern zum erstenmal gesehen hätten. Dann schickte er sie nach Betlehem und sagte: „Geht hin und erkundigt euch genau nach dem Kind, und wenn ihr es gefunden habt, gebt mir Nachricht! Dann will auch ich zu ihm gehen und ihm huldigen."
Nachdem sie diesen Bescheid erhalten hatten, machten sich die Männer auf den Weg. Der Stern, den sie schon bei seinem Aufgehen beobachtet hatten, ging ihnen voraus. Genau über der Stelle, wo das Kind war, blieb er stehen. Als sie ihn dort sahen, kam eine große Freude über sie. Sie gingen in das Haus, fanden das Kind mit seiner Mutter Maria, warfen sich vor ihm nieder und huldigten ihm. Dann breiteten sie die Schätze aus, die sie ihm als Geschenk mitgebracht hatten: Gold, Weihrauch und Myrrhe. In einem Traum befahl ihnen Gott, nicht noch einmal zu Herodes zu gehen. So reisten sie auf einem anderen Weg in ihr Land zurück.

(Die Gute Nachricht)

In dem Buch, „*Die Gute Nachricht*", einer von der Stuttgarter Bibelgesellschaft herausgegebenen Übertragung des Neuen Testaments, ist dieser Text aus dem Matthäusevangelium mit dem Satz überschrieben: „Fremde huldigen dem kommenden König" –

knapp und unsentimental, und das ist gut. Um die Entkitschung dieses Festes geht es auch P. Joop Roeland, Priester in der Dompfarre St. Stephan und als solcher auch Rektor von St. Ruprecht und immer noch unüberhörbar holländischer Herkunft.

KOMMENTAR

Den drei Königen begegnete ich zum ersten Mal in Wien, vor vielen Jahren. Es war mein erstes Jahr in Wien. Die Weihnachtszeit war nicht ohne eine gewisse Einsamkeit. Und nun, während eines einsamen Spaziergangs durch die Stadt, standen sie auf einmal da: drei Sternsinger, drei Könige. Den Brauch des Sternsingens gab es in meiner niederländischen Heimat nicht. Das war für mich etwas Neues und sehr Liebenswürdiges.

Auf liebenswürdige Weise ist die Volksfrömmigkeit vieler Jahrhunderte mit dem heutigen Evangelientext umgegangen. Als etwas Märchenhaftes, vor allem Kinderherzen Berührendes hat man den Text gelesen und ausgelegt. Aus Sterndeutern wurden drei Könige gemacht: ein weiser, alter König; ein anderer, der viel von Leiden weiß; und ein schwarzer, der an jene schwarzen Athleten der Olympischen Spiele erinnert. Ist es also eine Kindergeschichte, die von Kindern als Sternsinger nachzuspielen wäre?

Wer das ganze Kapitel bei Matthäus liest, weiß: So harmlos ist die Geschichte nicht, denn sie endet mit Kindermord und hat damit auf einmal eine schauerliche Aktualität. Der österreichische Autor Julian Schutting fragte einmal bitter: Was ist das für eine Religion, bei der Kindermord am Anfang steht?

Dennoch glaube ich, daß es nicht nur Verharmlosung und Infantilisierung ist, wenn heute in unseren Wohnungen drei Könige zu den Hirten gestellt werden. Wenn sogar ein Kamel dazukommt, obwohl diese in österreichischen Wohnungen nicht üblich sind. Denn was passiert da? – Das häusliche, manchmal zu kuschelige Weihnachtsfest bekommt eine andere Dimension: eine große Weite. Das Zimmer wird ein Zimmer mit Aussicht. Ein Fenster in die Welt öffnet sich. Gerade um diese Weite geht es in dem Matthäus-Text, wobei der Evangelist die Augen nicht verschließt vor all dem, was es an Bösartigkeit und Grausamkeit im menschlichen Herzen geben kann.

Um die Weite des heutigen Evangeliums über die Sterndeuter zu bedenken, möge man sich an eine andere Weihnachtsgeschichte erinnern, an jene, die am Heiligen Abend gelesen wird: die Geburt

Jesu aus dem Lukas-Evangelium. Bei Lukas geht die Botschaft an die Stillen und Frommen im Land, an die Armen: Maria, Josef, die Hirten, später Simeon und Hanna. Matthäus erzählt eine ganz andere Geburtsgeschichte. Weder Lukas noch Matthäus bringen eine Reportage. An der Banalität einer Zeitungsnachricht kann man beide Geschichten nicht messen. Historisch betrachtet gibt es Ungereimtheiten und Widersprüche. Es geht hier aber um mehr als um eine Geschichte, mehr als um eine Reportage. Es geht um eine theologische Annäherungsweise des Weihnachtsgeheimnisses.

Bei Matthäus sind es nicht mehr die Stillen im Lande, sondern Sterndeuter, hochgebildete Leute, die zur intellektuellen Elite gerechnet wurden. Es sind nicht mehr fromme Leute aus Israel, die dem Messiaskind die Ehre erweisen, sondern heidnische Astrologen. Die Sterndeuter kommen aus der Ferne. Hier weitet sich der Blick über Israel hinaus, hinaus in die ganze Welt. Am Ende des Matthäus-Evangeliums lautet der Auftrag Jesu: Geht zu allen Völkern. – In dieser Anfangsgeschichte wurde der Schluß, das Ziel schon vorweggenommen, die Sterndeuter aus der Ferne sind die Vertreter der ganzen Welt.

Die Geschichte vom Weg der Sterndeuter ist eine Geschichte ohne Stallgeruch. Eine wichtige Zwischenstation auf dem Weg ist der Hof des Herodes in Jerusalem. Die heidnischen Gelehrten treffen sich hier mit den politischen und geistlichen Autoritäten Israels. Es sind wohl typische Intellektuelle, die nie einer Diskussion aus dem Weg gehen können. Darum kommen sie nur langsam voran. Aber auch hier spürt man den weiten Horizont dieser Geschichte. Ich denke, daß trotz aller märchenhaften Züge der Erzählung viele Menschen auch das meinen, wenn sie zu den Schafen Kamele stellen und zu den Hirten ihre sogenannten Könige: Zimmer mit Ausblick, ein Fenster in die Welt.

Über der ganzen Geschichte leuchtet ein Stern. Auch der Stern gibt der Geschichte seine Weite. Der Stern ist nicht irgendein märchenhafter Wunderstern oder gar ein Naturereignis, das wir heute noch nachrechnen können. Der Stern bezieht sich auf ein Wort des Sehers Bileam aus dem Buch Numeri, eines heidnischen Sehers. Gegen den Wunsch seines Auftraggebers, eines Israel feindlichen Königs, weissagte er den weltweiten Auftrag Israels: Ein Stern geht in Jakob auf.

Als erste haben die Sterndeuter den Weg der Völker angetreten. Sie bleiben ihrer ursprünglichen Vision treu, aber die Geschichte ist nicht nur eine Geschichte der persönlichen Gottsuche; sie meint die Gottsuche der ganzen Menschheit, die Sehnsucht einer ganzen Welt.

Und die Sternsinger heute? – Ich glaube, sie passen gut in die Weite dieser Geschichte hinein. Ihre Aktion ist weltweit. Sie sammeln, aber nicht für sich selbst. Sie sammeln für die Armen der Welt. Damit haben wir die Geschichte des Matthäus direkt vor der Haustür, die Weite dieser Geschichte und den Hinweis auf die Grausamkeit der Welt, die Millionen Kinder verhungern läßt.

Und der Stern? – Wo ist der Stern? Ich glaube, das sind die jungen Leute selbst. Ihr Lied leuchtet in die Weite der Zukunft.

Joop Roeland

Pater Joop hat von der Weite des Glaubens gesprochen, von den Boten der Ferne, die zur Krippe kamen, und von den Menschen in der Ferne, die unsere Hilfe, unsere Mitverantwortung brauchen, woran die jungen Menschen der Dreikönigs-Aktion alle Jahre wieder erinnern wollen.

Vor einigen Wochen habe ich einen von ihnen getroffen, den Katechisten Juan Hippo aus einem kleinen, in 3600 Meter Höhe gelegenen Andendorf in Ecuador. Der kleine Mann mit dem sonnengegerbten Gesicht eines indigenen Hochlandbewohners hatte eine eigene, ihm und seinem Volk entsprechende Sicht der drei Weisen anzubieten:

Er erzählt von einem historischen Dokument, das anläßlich des 500. Jahrestages der Eroberung Lateinamerikas von Vertretern der indigenen Völker erarbeitet worden ist und in dem unter anderem davon gesprochen wird, daß Gott in den armen Völkern mit seiner ganzen Liebe gegenwärtig ist und ihnen dabei hilft, den rechten Weg zu einer Veränderung zu finden: „Christus ist mitten in unseren Festen, mitten in unserer gemeinsamen Arbeit, mitten in unserem solidarischen Kampf für Gerechtigkeit, die unsere Familien und Gemeinden auf eine neue Basis stellen wird. In unserem Kampf manifestiert sich Christus; und wir, die wir ihm folgen, die wir ihn suchen, werden so selbst zu den drei Magiern. Das arme Volk erlebt als suchendes Volk Christus als den Erlöser, als den Befreier, denn er kommt zu den Armen, zu den Bedürftigen und zu denen, die ihn in ihrem Leben und in ihrem Kampf für Gerechtigkeit aufrichtigen Herzens suchen. Die Armen der Welt sind heute die drei Weisen, die die Zukunft der Welt sichern.“

Zweiter Sonntag nach Weihnachten

Die hohen Feste sind verrauscht, die Normalität des Alltags hat von den meisten wieder Besitz ergriffen, es sei denn, es sind sich diesmal ein paar weihnachtliche Urlaubstage ausgegangen. Wo immer ich Sie antreffe, ob zu Hause oder in einem kuscheligen Urlaubsquartier, ich wünsche Ihnen, dieses Jahr möge gut für Sie begonnen haben.

In der Einleitung zu den Meßtexten der katholischen Sonntagsliturgie stehen im Schott ein paar tröstliche Sätze: „Die guten Anfänge kommen aus der Stille, wie aus dunklen Bergen. Im unfaßbaren Schweigen spricht Gott sein Wort, den ewigen Sohn. Das Wort ist gesprochen, wird gesprochen, ewig und jetzt. Das Licht leuchtet, es rettet und richtet. Im Licht des ewigen Wortes steht unsere Zeit, auch dieses neu begonnene Jahr." – Dieses ewige Wort – das dürfen wir immer neu erfahren – steht aber nicht der Welt gegenüber, sondern es durchdringt sie, denn Gott ist in allem, und alles ist in Gott. Im Buch der Sprichwörter wird das Wort gleichgesetzt mit Gottes ewiger Weisheit. Die erste Lesung aus dem Buch Jesus Sirach bezieht sich darauf und stellt eben diese Weisheit in den Mittelpunkt des 24. Kapitels:

„Die Weisheit lobt sich selbst,
sie rühmt sich bei ihrem Volk:
Der Schöpfer des Alls gab mir Befehl;
er, der mich schuf, wußte für mein Zelt eine Ruhestätte.
Er sprach: In Jakob sollst du wohnen,
in Israel sollst du deinen Erbbesitz haben.
Vor der Zeit, am Anfang hat er mich erschaffen,
und bis in Ewigkeit vergehe ich nicht.
Ich tat vor ihm Dienst im heiligen Zelt
und wurde dann auf dem Zion eingesetzt.
In der Stadt, die er ebenso liebt wie mich, fand ich Ruhe,
Jerusalem wurde mein Machtbereich.
Ich faßte Wurzel bei einem ruhmreichen Volk,
im Eigentum des Herrn, in seinem Erbbesitz."

Und entsprechend diesem Lob der Weisheit steht im Zentrum des heutigen Evangeliums das Wort, das vor der Zeit, am Anfang steht.

Da wir diesen Prolog aus dem Johannesevangelium aber gerade vor wenigen Tagen, am Weihnachtstag, gehört haben, habe ich mich entschlossen, für heute auf die zweite Lesung zurückzugreifen, auf einen Ausschnitt aus dem Paulusbrief an die Epheser.

DARUM HÖRE ICH NICHT AUF, FÜR EUCH ZU DANKEN.

Eph 1,3–6.15–18

Preis und Dank sei Gott, dem Vater unseres Herrn Jesus Christus! Denn durch Christus hat er uns Anteil gegeben an der himmlischen Welt, durch ihn hat er uns mit der ganzen Fülle seiner Gaben beschenkt.
Er liebte uns schon, bevor er die Welt schuf.
Für ihn gehörten wir mit Christus zusammen vor aller Zeit.
So hat er uns dazu erwählt, sein Volk zu sein
und heilig und fehlerlos vor ihm zu stehen.
Aus freiem Willen entschloß er sich,
uns als seine Kinder anzunehmen –
durch Jesus Christus und im Blick auf ihn,
damit wir seine große Güte preisen,
seine Gnade, die er uns erwiesen hat
durch Christus, seinen geliebten Sohn.
Weil das so ist und weil ich von eurer Zuwendung zu Jesus, dem Herrn, und eurer Liebe zu allen Christen gehört habe, danke ich Gott unermüdlich für euch. Ich denke immer an euch, wenn ich bete. Und ich bitte den Gott unseres Herrn Jesus Christus, den Vater, dem alle Macht und Hoheit gehört, euch Weisheit zu geben, so daß ihr ihn und seine Weisheit erkennen könnt. Er öffne euch die Augen, damit ihr das Ziel seht, zu dem ihr berufen seid. Er lasse euch erkennen, wie reich er euch beschenken will und zu welcher Herrlichkeit er euch in Gemeinschaft mit seinem ganzen Volk bestimmt hat.

(Die Gute Nachricht)

Eva Schmetterer gehört seit Jahren der Batschunser Schwesterngemeinschaft der Frohbotschaft an, die sich, wie das im Namen schon zum Ausdruck kommt, vor allem der Auslegung und Verbreitung der Heiligen Schrift widmet. Die meiste Zeit ihres

Lebens und ihrer Arbeit verbringt sie allerdings nicht auf dem idyllischen Hügel in Vorarlberg, sondern wohnend in Wien und arbeitend in Linz, wo sie im Sozial- und Bildungsreferat der Diözese tätig ist. Sie hat sich nicht ganz leicht getan mit diesem Paulustext, der dem Leser ja auch nicht gerade eingängig entgegenkommt.

KOMMENTAR

Seit Wochen trage ich nun diesen Text mit mir herum und suche nach dem Knackpunkt, von dem her ich meinen heutigen Kommentar aufrolle.

Natürlich, der erste Teil dieser Lesung ist jedem Theologen und jeder Theologin vertraut – dieses Loblied auf den Heilsplan Gottes, wie es in der Einheitsübersetzung überschrieben ist. In der Exegese und der Dogmatik haben wir ihn gedeutet und untersucht, seziert und dann wieder zusammengesetzt. Ganze Systeme haben wir darauf aufgebaut – na, ich könnte wohl schon die geforderten sieben Minuten darüber reden. Aber genau das ist das Problem. Eine Rede *über* Gott, eine Rede, die allzuschnell von der Hand geht, kann das noch Gottesrede sein?!

Und dann – während ich meine allabendlichen Runden zu Fuß durch die Stadt drehe, schiebt sich immer mehr ein Vers aus dem heutigen Text in den Vordergrund, ein Vers, den ich eigentlich übergehen wollte; ein Vers, der stört, vielleicht, weil er die unüberwindbare Distanz zwischen den Anfängen und unserer Zeit heute so schmerzlich spürbar macht und der Sehnsucht, wieder ganz zu den Ursprüngen zurückzukehren, eine Absage erteilt.

Paulus, egal ob Du jetzt den Brief an die Epheser direkt selbst geschrieben hast oder nicht, im inneren Gespräch sind diese Zeilen entstanden, und so rufe ich Dich als Dialogpartner auf.

Paulus, Du schreibst: „Darum höre ich nicht auf, für euch zu danken, wenn ich in meinen Gebeten an euch denke; denn ich habe von eurem Glauben an Jesus, den Herrn, und von eurer Liebe zu allen Heiligen gehört."

Nein, Paulus, diese Freiheit, einen solchen Dank auszusprechen, kann ich heute nicht mehr mit gutem Gewissen für mich reklamieren. Den Korinthern gegenüber hast Du den entscheidenden Unterschied zwischen uns beiden einige Male deutlich gemacht: Du hast es nie in Anspruch genommen, Deinen Lebensunterhalt von Deinem apostolischen Auftrag her zu bestreiten. Du brauchtest Dir nicht Eigennutz vorwerfen lassen, oder daß Du in Wirklichkeit ganz andere Interessen verfolgt hast. Du hast anscheinend immer Deinen bürgerlichen Beruf als Zeltmacher ausgeübt und warst so gesehen unabhängig und frei. Wir aber, wir Theologen und Theologinnen von heute, wir sind faktisch durch die Bank BerufstheologInnen. Und unsere Verkündigung betreiben wir als KirchenfunktionärInnen. Wenn ich also für jene dankte, die zum Glauben gekommen sind, was würde da nicht alles mitgesagt werden! Mein Dank hätte den schalen Beigeschmack der Vereinsvertreterin, die ihre Genugtuung über das Wachsen des eigenen Besitzstandes nicht verbergen könnte. Mein Dank hätte den schalen Beigeschmack der Lohnabhängigen, die von den Steuerabgaben der Vereinsmitglieder bezahlt wird und für die ein Rückgang der Mitgliederzahl zunächst nichts über die Suche der Menschen nach dem Reich Gottes aussagt, sondern Sorge bedeutet, ob der eigene Job erhalten bleibt.

Nun gut, Paulus, vielleicht sind solche Störungen heilsam, wenn sie dazu dienen, bestehende Abhängigkeiten einmal zu reflektieren, und wahrscheinlich gehören solche Abhängigkeiten in der einen oder anderen Weise zu unserer konkreten menschlichen Existenz zu allen Zeiten.

Und trotzdem – mein Unbehagen über diese Deine Briefpassage bleibt. Und wenn ich dem nachspüre, dann zeigt sich mir als Grund dafür etwas wesentlich Tiefergehendes, ja vielleicht Dramatisches. Du schreibst also den Ephesern: „Darum höre ich nicht auf, für euch zu danken, wenn ich in meinen Gebeten an euch denke; denn ich habe von eurem Glauben an Jesus, den Herrn, und von eurer Liebe zu allen Heiligen gehört."

Nein, Paulus, so ein Satz ist für mich heute nicht mehr zu schreiben! Hier trennen uns wohl endgültig zweitausend Jahre Kirchengeschichte. Triumphalistisch und wertend klingt er in meinen Ohren. Gott für die danken, die in der Kirche sind – was schwingt da nicht alles für mich mit! Nein, ich will jetzt nicht das banale Gegenspiel „Gute Nicht-Christen – schlechte Christen" spielen. Aber ein Dank für die christlich Glaubenden käme mir als Verrat an all jenen Menschen vor, die mir nahestehen und die sich ausdrücklich nicht als Glaubende verstehen. Und das käme mir nicht deswegen so vor, weil ich so liberal und tolerant bin, daß mir alles gleich-gültig ist, sondern weil mir die Begegnung mit ihnen so oft Raum eröffnet, mich selbst als Glaubende zu bekennen.

Da ist zunächst einmal die merk-würdige Erfahrung, daß ich ihnen gegenüber viel authentischer meinen Glauben mit-teilen kann als so vielen Mitchristen und -christinnen. Vielleicht ist es gerade die Enthaltung von Gottes-vor-stellungen, die mir dies ermöglicht. Was ich von ihnen erfahre, ist Offenhalten – vielleicht Scheu?

Du, Paulus, konntest Deinen Ephesern noch von Gott und seinem Christus schreiben, ohne Gefahr zu laufen, daß für sie schon alles einordenbar, handhabbar geworden wäre. Aber wir heute haben die Texte schon zu oft gelesen, die Geschichten schon zu oft gehört. Wir wissen inzwischen schon, was es um Gott und seinen Heilsplan ist. „Gott" ist uns geläufig geworden – und banal.

Die Nicht-Glaubenden sind es mir in meinem Leben geworden, die das Unsagbare, das Nicht-Aussprechbare wieder haben aufleuchten lassen. Die Befreiungstheologen und -theologinnen haben mich gelehrt, daß die große Gottesfrage gerade nicht darin besteht zu fragen: „Gibt es Gott, oder gibt es ihn nicht?" Vielmehr entscheidet sich nach der Heiligen Schrift alles an der Frage, ob ich dem Götzendienst verfallen bin oder nicht. Wie aber verhindere ich, daß ein allzuoft benannter Gott ein gewußter Gott wird, und ein gewußter ein selbst entworfener?

Paulus, Du bittest in Deinem Brief, daß uns die Augen unserer Herzen mögen erleuchtet werden. Meine Erfahrung heute aber ist es, daß es gerade die Begegnung mit Nicht-Glaubenden ist, die mich ausrufen läßt: „Brannte nicht mein Herz?!" Im Nicht-Benennen wird letzte Offenheit bewahrt, und so sind sie vielleicht dem, was wir Gott nennen, so beunruhigend nahe.

Eva Schmetterer

Zum Hineinnehmen in ihren ganz persönlichen Sonntag noch ein paar Sätze des Kirchenvaters Origenes: „Jesus ist das Heil selbst. Das Heil: vorbereitet im Wort der Propheten, verkündet durch Jesu eigenes Wort; weitergegeben im Wort der Kirche. Es ist dasselbe, zu sagen, die Apostel verkünden den Erlöser, wie zu sagen, sie verkünden die Gaben des Heils. Denn Jesus hat es vom Vater her, Gabe zu sein, gute Gabe, Summe des Heils."

Taufe des Herrn

Mit dem Fest der Taufe des Herrn endet der weihnachtliche Festkreis, stärkt uns aber noch für den Verlauf des Jahres die väterliche Zusage: Du bist mein geliebter Sohn, du bist meine geliebte Tochter – denn so wie Jesus die Stimme aus den Wolken gegolten hat, so gilt sie uns. Ebenso, wie sie dem Erwählten in Jesajas Gottesknechtsliedern mehr als 600 Jahre vor Jesu Geburt gegolten hat:

„Seht das ist mein Knecht, den ich stütze;
das ist mein Erwählter, an ihm finde ich Gefallen.
Ich habe meinen Geist auf ihn gelegt,
er bringt den Völkern das Recht."

Aber es sind Eigenschaften an diesen Erwählten geknüpft, die auch wir nicht vergessen sollten, denn er hat nicht einen erwählt, der auf Nummer Sicher geht, der möglichst viele Güter anhäuft, der sich mit den Ellbogen eine Karrierestraße bahnt und über Leichen geht, sondern – so Jesaja wörtlich:

„Er schreit nicht und lärmt nicht
und läßt seine Stimme nicht auf der Straße erschallen.
Das geknickte Rohr zerbricht er nicht,
und den glimmenden Docht löscht er nicht aus.
Ja, er bringt wirklich das Recht.
Er wird nicht müde und bricht nicht zusammen,
bis er auf der Erde das Recht gegründet hat.
Ich, der Herr, habe dich aus Gerechtigkeit gerufen,
ich fasse dich an der Hand.
Ich habe dich geschaffen und dazu bestimmt,
der Bund für mein Volk
und das Licht für die Völker zu sein:
blinde Augen zu öffnen,
Gefangene aus dem Kerker zu holen
und alle, die im Dunkel sitzen,
aus ihrer Haft zu befreien."

Das wäre in der Tat ein Lebensprogramm auch für dieses Jahr, denn alles, was wir tun oder lassen, wirkt in der Welt. Wenn wir uns liebevoll dem Nächsten, der Nächsten zuwenden; wenn wir einem, dessen Gemüt verdunkelt ist, ein wenig Licht bringen; wenn wir einer, die zu frieren beginnt in dieser kälter werdenden Zeit, ein wenig Wärme um die Schultern legen; wenn wir aufstehen für mehr Recht und Gerechtigkeit und uns stark machen für die Schwachen: dann breitet sich der Schein der Liebe aus in der Welt. Es ist nun einmal nicht egal, wie wir, wie jeder und jede Einzelne von uns, unser Leben gestalten. Davon spricht letztlich auch die zweite Lesung des heutigen Sonntags aus dem ersten Johannesbrief:

1 Joh 5,1–9

Wer glaubt, daß Jesus der versprochene Retter ist, der ist ein Kind Gottes. Wer nun den Vater liebt, der liebt auch dessen Kind. Unsere Liebe zu den Kindern Gottes erkennen wir daran, daß wir Gott lieben und ihm gehorchen. Die Liebe zu Gott zeigt sich darin, daß wir tun, was er verlangt; und das ist nicht schwer. Denn alle Kinder Gottes können den Sieg über die Welt erringen. Durch unseren Glauben haben wir die Welt schon besiegt. Denn wer kann die Welt besiegen? Nur wer glaubt, daß Jesus der Sohn Gottes ist!
Jesus Christus kam zu uns mit dem Wasser seiner Taufe und mit dem Blut seines Todes. Er kam nicht allein mit dem Wasser, sondern mit Wasser und mit Blut. Der Geist bezeugt dies, und der Geist ist die Wahrheit. Es gibt also drei Zeugen: den Geist, das Wasser und das Blut. Die Aussagen dieser drei Zeugen stimmen überein. Wir glauben menschlichen Zeugen; aber das Zeugnis Gottes hat ein viel stärkeres Gewicht, denn es handelt sich um die Aussage, mit der Gott für seinen Sohn eingetreten ist.

(Die Gute Nachricht)

Im Evangelium hören wir die Schilderung der Taufe am Jordan durch Markus. Die wesentliche Stelle kennen Sie alle:

„In jenen Tagen kam Jesus aus Nazaret in Galiläa und ließ sich von Johannes im Jordan taufen. Und als er aus dem Wasser stieg, sah er, daß der Himmel sich öffnete und der Geist wie eine Taube auf ihn herabkam. Und eine Stimme aus dem Himmel sprach: Du bist mein geliebter Sohn, an dir habe ich Gefallen gefunden."

Auf diese Evangelienstelle, wie auf den Johannestext bezieht sich die Innsbrucker Religionspädagogin und Mutter von drei Kindern Martha Heizer.

KOMMENTAR

Sie irritiert mich ein bißchen, die Taufe Jesu. Warum läßt sich Jesus bloß taufen – was bedeutet das für ihn? Und: was heißt Taufe dann für uns?

Da fällt mir zuallererst ein, was mir im Laufe meines Lebens schon alles gesagt worden ist, was Taufe sei. Daß Gott mit dieser Zeremonie das Kind als das seine annimmt, das war das häufigste. Das habe ich nie recht verstanden. Da kommt ein Geschöpf Gottes zur Welt, aus Liebe von Gott gewollt – und dann muß es Gott noch einmal eigens als sein Kind akzeptieren? Und wenn es nicht getauft wird, gehört es etwa nicht zu Gott? Wie hat mir einmal ein Bischof erklärt? „Wenn so ein ungetauftes Kindlein sterben sollte, dann wollen wir ja nicht hoffen, daß es verdammt wäre; aber sein Zustand wäre sicher vergleichbar jenem bei einem Osterspaziergang, wenn das Wetter schlecht ist." – Jedes Kind kommt als großer Segen zur Welt, als geliebtes Geschöpf, und es gehört Gott, wie immer der heranwachsende und dann erwachsene Mensch damit umgehen wird. Mir kommt das so vor, als bräuchten auch die Eltern einen eigenen Ritus, um das Kind wirklich als das ihre anzunehmen …

Und bei der Taufe Jesu? Da sagt Gott deutlich: „Das ist mein geliebter Sohn." Heißt das: jetzt erst? Durch die Taufe? Oder schon immer? Was ist dann die Taufe?

Ein weiterer, häufig genannter Aspekt war jener, daß wir durch die Taufe von der Erbsünde befreit würden (nicht aber von deren Folgen). Was das genau bedeutet, klang mir dann immer recht spekulativ. Durchgeklungen ist vordergründig immer das, daß wir dem Bösen absolut ausgeliefert wären ohne die Taufe, daß das Böse durch die Taufe bekämpfbar wird, besiegbar sogar. Das hieße aber auch, daß wir zunächst ein Bündel Schuld sind, wenn wir die Welt betreten, schlecht und grundsätzlich sündig. Dazu paßte es dann auch, daß meine Mutter nach meiner Entbindung sich in der Sakristei „aussegnen“ lassen mußte, damit sie wieder zur Kommunion gehen durfte. Geburt war unrein, machte unrein.

Die „Weitergabe der sogenannten ‚Erbsünde‘ wurde und wird von der traditionellen Dogmatik auf eine Weise erklärt, die biologisch mißgedeutet werden kann. Durch die Zeugung werde dieser ‚schwarze Fleck auf der Seele‘ gleichsam von Mensch zu Mensch weitervererbt“ (Thomas Plankensteiner, Gottes entlaufene Kinder. Thaur 1996, S. 52). Und so hat man dann die Behauptung, daß der Mensch Maria grundsätzlich von der Erbsünde frei sei, auch wieder biologisch begründen müssen: „So wird im Zusammenhang mit Maria von einer ‚unbefleckten Empfängnis‘ gesprochen: sie könne nur deshalb ohne Erbsünde sein, weil bei ihrer Zeugung etwas ‚biologisch‘ Außergewöhnliches passiert sei, so daß der ‚schwarze Fleck‘ nicht weitervererbt wurde“ (ebd., S. 52). Heute gilt uns „Erbsünde“ als soziologische Selbstverständlichkeit: Die Verflechtung zwischen dem (Fehl-)Verhalten des Einzelnen und seinem gesellschaftlichen Umfeld, damit inbegriffen seiner Erziehung, ist uns längst klar geworden (ebd., S. 43).

Aber zurück zur Taufe Jesu. Die Taufe hat ihn nicht von der Erbsünde befreien müssen.

Petrus sagt über die Taufe Jesu, daß „Gott Jesus von Nazaret salbte mit Heiligem Geist und mit Kraft“, so daß dieser „durchs Land zog, Wohltaten spendend und alle heilend, die in der Gewalt des Teufels waren; denn Gott war mit ihm“ (Apg 10,38). Und im Johannesbrief lesen wir eine eigenartige Stelle: „Dieser ist es, der durch Wasser und Blut gekommen ist, Jesus Christus, nicht im Wasser allein, sondern im Wasser und im Blut. Und der Geist ist es, der Zeugnis gibt, weil der Geist die Wahrheit ist. Denn drei sind es, die Zeugnis geben: der Geist, das Wasser und das Blut, und diese drei sind eins.“

So undurchsichtig die Sprache dieser Stelle ist, erhellt sie mir doch einiges.

„Durch Wasser und Blut gekommen“ – natürlich denke ich da zuerst an eine Geburt. Als Mensch in die Welt gekommen, geboren von einer Frau.

Aber dann fällt mir gleich die Bedeutung von „Wasser“ in unserem religiösen Leben ein: Gott ist die Quelle lebendigen Wassers. Jesus sagt (Joh 4,14): „Wer von dem Wasser trinkt, das ich ihm geben werde, wird in Ewigkeit nicht mehr durstig sein, sondern das Wasser, das ich ihm geben werde, wird in ihm zu einer Quelle von Wasser werden, das ins ewige Leben sprudelt." Das Jesus also „im Wasser gekommen" ist, sehe ich als Hinweis auf sein Menschsein und auf sein Gott-Sein.

Aber „in Gott sein, aus Gott geboren sein, Gottes Liebe vollendet in sich haben, ewiges Leben haben – das verwirklicht sich nur im ‚Blut'" (Hermann-Josef Venetz). Auch hier verstehe ich das Bild wieder doppelt: Das Blut weist hin auf die konkrete Menschlichkeit, Körperlichkeit Jesu und auf die Erlösungstat Jesu durch seinen Tod, das Blut, das uns reinigt von jeder Sünde (1 Joh 1,7).

Und schließlich „Geist": In dem von Gott gegebenen Geist, dem „Geist der Wahrheit", erkennen wir Jesus als den Sohn Gottes. Dieser Geist ermöglicht uns das Bekenntnis und das christliche Leben überhaupt. Dieser Geist läßt uns Zeugnis ablegen für Jesus Christus und seine Botschaft verkündigen. Das wiederum hat sehr direkt mit Gemeinde zu tun: Wem sollte ich Zeugnis ablegen und Jesu Botschaft verkündigen, wenn nicht anderen, wenn nicht in der und für die Gemeinde? Umgekehrt macht meine Glaubenserfahrung, meine Geisterfahrung in der Gemeinde meinen Glauben an die Wahrheit der christlichen Botschaft wieder sicherer. Ein Wechselspiel.

So komme ich schließlich mit meinen Überlegungen wieder zur Taufe zurück. Ich verstehe Taufe als die Bestätigung, daß ich zu Gott gehöre und Gott zu mir. Das ist auch bei der Taufe Jesu in spektakulärer Weise passiert. Außerdem bedeutet das Sakrament der Taufe auch die erfahrbare Zusage, daß Gott mir beistehen wird in meinem Leben, „Quelle lebendigen Wassers" für mein konkretes Leben sein wird, mir die Schuld nimmt, mich allerdings auch selbst hineinnimmt in das Erlösungsgeschehen, ohne Leid („Blut") ist dieses Leben nicht zu leben – und daß mir der Geist der Wahrheit zugesagt ist, auf den ich hören kann und der mich fähig macht, die Botschaft von unserem menschenfreundlichen Gott und seinem Reich zu verkündigen. So kann ich schließlich die Bedeutung, die die Taufe für Jesus hatte, auch auf mich, auf uns alle übertragen.

Martha Heizer

In uns Menschen ist immer beides, das Helle und das Dunkle, das Gute und das Böse, das Wilde und das Sanfte; und nur wenn wir uns dem Geist Gottes öffnen, seine Liebe in uns wachsen lassen, wird es uns gelingen, das Dunkel, das Böse, das Wilde zu besiegen und das Gute zum Leuchten zu bringen. Von P. Joop Roeland, der ja auch immer wieder gerne zur Feder greift, habe ich kürzlich einen Text in die Hand bekommen, der das Duale in uns umgreift.

„Manchmal erwacht ein Wolf in uns
und heult mit den Wölfen.
Raubgier heult in uns,
Wolfsgier heult in uns
in der Nacht.
Nachtangst verbreiten wir,
gewalttätig, ohne Erbarmen.

Dann wieder bist du geworden
wie ein Lamm:
verwundbar,
wehrlos,
in den Augen ein wenig Traurigkeit,
aber das Herz voll Sanftmut.

Dieses Tier in mir,
Wolf und Lamm,
wird je Frieden sein?

Ein Wunsch für dich:
in deinem Herzen
eine kleine Wiese,
wo Wolf und Lamm zusammen weiden,
eine kleine Wiese,
wo Frieden ist."

Zweiter Sonntag im Jahreskreis

Der weihnachtliche Festkreis ist geschlossen, und wir treten mit dem zweiten Sonntag im Jahreskreis wieder in die Normalität des Kirchenjahres ein. Es beginnt mit einer verheißungsvollen Botschaft:

WIR HABEN DEN MESSIAS GEFUNDEN ...

... den Gesalbten Gottes, den so lange ersehnten Retter und Erlöser der Welt. Das ist ein guter Anfang, meine ich. Hoffentlich sind unsere Augen klar, ist unsere Seele sensibel genug, daß es auch uns gelingen kann, Jesus immer wieder im Antlitz unseres Nächsten zu finden, denn in irgendeiner, uns meist unbekannten Weise ist jeder und jede erwählt und berufen, zu sehen, zu finden. Die erste Lesung aus dem Buch Samuel erzählt uns von einer anderen, viel älteren Berufungsgeschichte, die aus jener Zeit stammt, als in Israel das Königtum entstanden ist. Es geht um den späteren Richter und Propheten Samuel, den seine Mutter schon früh dem Dienst am Heiligtum von Schilo geweiht hat. Er schläft im Tempel, dort wo die Bundeslade steht. Er ist noch ein Jüngling, als er eines Nachts erwacht, weil er meint, die Stimme seines Herrn, des Hohepriesters Eli, zu hören. Gehorsam steht er auf, geht zu Eli und sagt: „Hier bin ich." Eli aber entgegnet: „Es ist nichts, ich habe dich nicht gerufen, geh und leg dich wieder schlafen." Dreimal geschieht dies, immer wieder meint er sich gerufen und immer wieder schickt Eli ihn zurück, denn, so heißt es wörtlich:

„Samuel kannte den Herrn noch nicht, und das Wort des Herrn war ihm noch nicht offenbart worden."

Als der junge Mann zum dritten Mal vor Eli tritt, begreift dieser, daß es wohl der Herr gewesen sein muß, der Samuel gerufen hat, und er sagt zu dem Jungen: „Wenn er dich wieder ruft, dann antworte: Rede, Herr, dein Diener hört."

So geschieht es auch. Der Herr kommt und ruft wie die vorigen Male: „Samuel, Samuel!" Und Samuel antwortet, wie ihm gesagt worden war: „Rede, Herr, dein Diener hört!"

Und dann endet diese Textpassage mit dem einfachen Satz:

„Samuel wuchs heran, und der Herr war mit ihm und ließ keines von all seinen Worten unerfüllt."

Samuel wuchs zu einem gerechten Richter, zu einem prophetischen Seher und Gottesmann heran, der im Auftrag Gottes auch die beiden ersten Könige Israels salbte, zuerst Saul und später David.

Etwas verknüpft den Propheten Samuel mit Jesus, dem Messias. Es ist das Lied Hannas, Samuels Mutter, das diese anstimmt, als sie den gerade der Brust entwöhnten Knaben ins Heiligtum von Schilo bringt und so, einem Gelübde folgend, dem Dienst am Herrn weiht. Sie singt wie später Maria ihr Magnifikat:

„Mein Herz ist voll Freude über den Herrn,
große Kraft gibt mir der Herr.
Niemand ist heilig, nur der Herr;
denn außer dir gibt es keinen Gott;
keiner ist ein Fels wie unser Gott,“

Und später:

„Der Bogen der Helden wird zerbrochen,
die Wankenden aber gürten sich mit Kraft.
Die Satten verdingen sich um Brot,
doch die Hungrigen können feiern für immer.
Der Herr macht tot und lebendig.
Der Herr macht arm und macht reich,
er erniedrigt, und er erhöht.
Den Schwachen hebt er empor aus dem Staub
und erhöht den Armen, der im Schmutz liegt;
er gibt ihm einen Sitz bei den Edlen,
einen Ehrenplatz weist er ihm zu.
Der Herr hält Gericht bis an die Enden der Erde.
Seinem König gebe er Kraft
und erhöhe die Macht seines Gesalbten.“

Und dieser Gesalbte wird Jahrhunderte später zuerst von den Hirten, dann von den Sterndeutern und von Simeon und nach seiner Taufe durch Johannes von jenen einfachen Männern, die er zu seinen ersten Jüngern machte, als der erwartete Messias erkannt.

Joh 1,35–42

Am nächsten Tag war Johannes mit zwei von seinen Jüngern an derselben Stelle. Als er Jesus vorbeigehen sah, sagte er: „Dieser ist das Opferlamm Gottes." Die beiden hörten es und gingen Jesus nach. Jesus drehte sich um, sah, daß sie ihm folgten, und fragte: „Was sucht ihr?" Sie antworteten: „Wo wohnst du, Rabbi?" – Rabbi bedeutet Lehrer. – „Kommt, dann werdet ihr es sehen!" antwortete er. Sie gingen mit ihm, sahen, wo er wohnte, und verbrachten den Rest des Tages mit ihm. Es war ungefähr vier Uhr nachmittags.
Einer von den beiden, die die Aussage von Johannes gehört hatten und Jesus gefolgt waren, hieß Andreas. Er war der Bruder von Simon Petrus. Als er bald darauf seinen Bruder Simon traf, sagte er zu ihm: „Wir haben den versprochenen Retter gefunden." Dann nahm er ihn mit zu Jesus. Jesus sah ihn an und sagte: „Du bist Simon, der Sohn von Johannes. Du wirst einmal Kephas genannt werden." Kephas ist das hebräische Wort für Petrus (Fels).

(Die Gute Nachricht)

„Ich glaube an die Liebe" heißt ein kleines Bändchen des spanischen Claretiners P. Josef Cascales, und dort finde ich gleich am Anfang einen für ihn typischen Text: „Das Christliche wird man nur richtig verstehen, wenn man es mit den Augen der Liebe betrachtet, und nur richtig erfassen, wenn man es mit dem Herzen erlebt." P. Josef Cascales, der Leiter der österreichischen Cursillo-Bewegung, wird uns heute das Evangelium auslegen.

KOMMENTAR

Im heutigen Evangelium lesen wir:
„Wir haben den Messias gefunden." Was fangen wir mit diesem Satz an? Könnten uns diese Worte nicht an die Worte Nietzsches in seinem Zarathustra erinnern: „Wir haben das Glück erfunden, sagen die letzten Menschen und blinzeln"?

Was heißt Messias? Ursprünglich ist es ein hebräisch-aramäisches Wort, griechisch „Christos" (latinisiert „Christus"), und bedeutet

„der Gesalbte". Was fängt aber der heutige Mensch mit „Salbung" und „Gesalbten" an? Der Gesalbte war bei den Hebräern der öffentlich Anerkannte und Berechtigte, einen großen Auftrag bei der Führung des Volkes zu übernehmen. *Der* Messias, der endgültige Messias würde der endgültige Retter, der endgültige Erlöser sein. Retter, Erlöser, Heiland ... sind diese Worte nicht zu Worthülsen geworden? Haben die Frommen aus diesen Worten nicht Frömmlerisches gemacht?

Der bekannte katholische Theologe und Bibelwissenschaftler Herbert Haag schlägt vor, den heutigen Menschen mit einem Erlösungswort anzusprechen, das Saft und Kraft hat. Er schreibt: „Es ist sehr überraschend, daß Jesus im Neuen Testament nie Erlöser genannt wird ... Der Tod Jesu erwirkt den Menschen die *Freiheit*. Um diese Freiheit geht es im Grunde auch in allen anderen ‚Ich bin gekommen'-Worten. Wenn Jesus sagt: ‚Ich bin gekommen, das Verlorene zu suchen und zu retten', ‚Ich bin als Licht gekommen', ‚Ich bin gekommen, um für die Wahrheit zu zeugen', ‚Ich bin gekommen, damit sie das Leben haben', ‚Ich bin gekommen, um Feuer zu bringen' – Feuer, Licht, Wahrheit, Leben – leben im Licht der Wahrheit, leben im Feuer des Geistes: was ist das anderes als leben in einer unerhörten Freiheit? Erlöst sein heißt nichts anderes als frei sein" (*Den Christen die Freiheit*, S. 50). Soweit Herbert Haag.

Die Tatsache ist nun, daß alle Menschen sich auf dieser Welt fürs erste als unerlöst erleben, daß alle Menschen Erlösung, Lösung vieler Probleme und Fragen im Leben brauchen. Alle Menschen sehnen sich nach Befreiung! Für die Hebräer war das Wort Shalom (wörtlich übersetzt: Friede) ein Wort des Heimwehs nach dem verlorenen Paradies. Und wir Christen beten und singen seit Jahrhunderten im Salve Regina: „Zu dir rufen wir, verbannte Kinder Evas."

Vielleicht hat man mit der Verbannung auf dieser Erde zu sehr das Pessimistische betont. So hat uns Gott nicht verbannt, daß wir weit weg und verlassen von ihm wären. In der Hinsicht jedenfalls stimmt das Wort „Verbannung", daß wir nicht in einer heilen Welt leben. Dafür hat es unter den Menschen zuviel Haß, zuviel Krieg, zuviel Mißverständnis, zuviel Krankheit, zuviel Leid ... zuviel Naturkatastrophen, zuviel Elend gegeben. Der Verbannte sehnt sich nach Heimat! Und alle verbannten Kinder Evas sehnen sich mehr oder weniger bewußt, mehr oder weniger schmerzlich nach dem messianischen Zeitalter, nach Befreiung von Haß, Unterdrückung, Angst ...

In der Geschichte der Menschheit sind genug Gestalten aufgetreten mit dem Versprechen, den Menschen das Messianische zu bringen, sei es der Hinduismus mit der Bhagadvagita oder Buddha oder Mose oder Christus oder Mohammed ... Und Nietzsche steht da als Inbegriff der Selbsterlösung. Er kann mit der Demut nichts anfangen, die die Befreiung von anderen erwartet; das ist für Nietzsche „Sklavenmoral". Er zieht für sich die „Herrenmoral" vor. Im vergangenen Jahrhundert – bis in unsere Tage hinein – haben viele das Messianische von der Wissenschaft erwartet. Doch die Wissenschaft hat uns in unseren Tagen beängstigend ernüchtert: man denke nur an Tschernobyl und seine Folgen.

Nun erwartet der heutige Mensch mehr und mehr das Messianische, sein Paradies, vom Wohlstand. – Bei einem Cursillo in einem Wiener Gefängnis sagte mir ein junger Strafgefangener: „Ich stamme von einer reichen Familie, ich habe im Wohlstand gelebt, ich habe alles gehabt, was ich wollte! Ich hatte dieses Leben satt. Ich mußte ein anderes Leben führen. Leider bin ich den falschen Weg gegangen, deshalb sitze ich jetzt hier." Und so oder ähnlich reden viele.

„Wir haben den Messias gefunden", sagte Andreas zu seinem Bruder Petrus, wie wir es im heutigen Sonntagsevangelium gehört haben.

„Wir haben den Messias gefunden", so sagt der Christ, und deshalb ist er Christ. Wirklich? Warum provoziert uns Nietzsche mit seinem Wort: „Bessere Lieder müßten sie (die Priester) mir singen, daß ich an ihren Erlöser glauben lerne: erlöster müßten mir seine Jünger aussehen."

Wann ist der Mensch, auch der Christ, wirklich erlöst? Der Jugendseelsorger Pujades hat den Spruch geprägt: „Ich suchte mich selbst und fand mich nicht! Ich suchte Gott und fand ihn nicht. Ich ging zu meinem Nächsten, und wir trafen uns zu dritt." Die Erlösung, die Befreiung ist die Beziehung vom Ich zum Du in der Umarmung Gottes. Messias, Befreier, Retter ist der Jesus des Evangeliums. Und die Quintessenz des Evangeliums ist die Bergpredigt, ja das Evangelium Christi ist nur richtig zu verstehen von der Bergpredigt her.

Die Bergpredigt können wir zusammenfassen in drei Punkten:

1. Lieben, immer lieben, immer mehr lieben, sogar dann, wenn der große Grund käme – die Feindschaft –, um nicht zu lieben. So hat Christus geliebt.

2. Ein Leben in der Freude aus dieser Liebe. Die Krönung der Liebe ist ja die Freude! Wenn Jesus anwesend ist, kann nur Freude

herrschen ... „Solange der Bräutigam anwesend ist, gibt es keine Traurigkeit“ (so heißt es im Matthäus-Evangelium, 9,15).

3. Die Freiheit! Das heißt ganz konkret, die Möglichkeit für Geist, Seele, Herz (und soweit wie möglich auch für den Leib), sich in den unendlichen Weiten, die zu Gott führen, zu bewegen. Gott ist Weite.

Vom griechischen Wort „Christos“ her wurden die Gläubigen bald „Christianer“ (Christen) genannt. Hätte man das hebräisch-aramäische Wort dafür genommen, so hießen jetzt die Christen die „Messianer“. Vielleicht würde uns dieses Wort noch klarer machen, daß der Christ – der Messianer – die Erlösung, die Befreiung, die Beglückung weiterzutragen hat.

Bei einem Mittagessen in Benares mit einem Professor an der Hindu-Universität sagte mir dieser: „Wir Hindus verehren auch einen christlichen Heiligen sehr, den heiligen Franz von Assisi!“ Hat damit dieser Professor nicht ausgedrückt: „Wir haben auch den Messias gefunden“? Könnten wir nicht wenigstens ein kleiner Franz von Assisi sein?

Josef Cascales

Dritter Sonntag im Jahreskreis

Die katholischen Meßtexte des 3. Sonntags im Jahreskreis zeigen uns Jesus, der nach dem gewaltsamen Tod des Täufers nach Galiläa zurückkehrt und an den Ufern des Sees Genesareth seine ersten Jünger beruft. Aus den Fischern, die er von ihren Netzen und Booten holt, will er Menschenfischer machen. Als wie schwierig sich die Realisierung dieses Vorhabens erweist, wieviel Unverständnis und Fehlverhalten es da im Laufe der Zeit zu beseitigen gibt, das zeigt uns der gesamte gemeinsame Weg durch das Land bis hinauf nach Jerusalem.

Auch die erste Lesung aus dem Buch Jona erzählt uns von so einer schwierigen Berufungsgeschichte, indem sie uns die liebenswerte Figur des verstockten Jona vor Augen führt. Dieser, der etwa in der Zeit des vierten oder dritten vorchristlichen Jahrhunderts gelebt hat, wird vom Herrn angerufen, um die Menschen in der großen Stadt Ninive vor dem drohenden Strafgericht der Zerstörung zu warnen und zur Umkehr aufzurufen. „Jona“, so heißt es, „machte sich auf den Weg; doch er wollte nach Tarschisch fliehen, weit weg vom Herrn.“ Wir erfahren nicht, was seine Gründe sind, ob ihm der Auftrag zu groß oder zu gefährlich erscheint oder ob er einfach zu bequem ist, den Willen des Herrn zu erfüllen. Tatsache ist: Er flieht, er findet ein Schiff, zahlt die Passage und wähnt sich sicher vor dem Zugriff des Herrn. Dieser aber schickt einen gewaltigen Sturm, der den Seeleuten das Beten lehrt. Jona aber kriecht in den Bauch des Schiffes, verschließt Herz und Ohren und schläft ein. Der Kapitän findet ihn und stellt ihn zur Rede. Seine verworrenen Antworten lassen mehr und mehr den Verdacht aufkommen, Jona könnte Schuld an dem Zorn des Herrn tragen. Nach langem Hin und Her werfen sie ihn ins Meer, und siehe: der Sturm beruhigt sich. Und dann kommt die berühmte Geschichte mit dem Fisch, in dessen Bauch Jona drei Tage und Nächte verbringt und in demütigem Gebet zu seinem Herrn zurückkehrt. Nachdem er im Dunkel des Fischbauches den davidischen Psalm 22: „Gott, mein Gott, warum hast du mich verlassen“ gebetet hat, heißt es lapidar: „Da befahl der Herr dem Fisch, Jona ans Land zu speien.“ – Und erst jetzt, nach diesen harten Lehren, ist Jona bereit, dem neuerlichen Ruf des Herrn zu folgen und nach

Ninive aufzubrechen. Er erfüllt seinen Auftrag erfolgreich, denn nach drei Tagen kehren der König und das ganze Volk von Ninive um zum Herrn und tun Buße.

Wir Menschen sind schon eine verstockte Bande, denn wie oft muß der Ruf des Herrn an uns ergehen, wie oft muß er bei uns anklopfen, welche Um- und Irrwege nehmen wir oft auf uns, nur um uns seinem Willen zu entziehen. Und auch wenn mancher, wie Simon, Andreas und die Zäbädeussöhne, gleich hört und mitkommt, so kommen die Proteste und Umwege halt später an jeder nur möglichen Wegkreuzung.

In welcher Phase jeder und jede von uns sich auch gerade befindet, auf der Flucht oder auf innerem Rückzug, sicher ist, daß er auch jeden und jede von uns zu Menschenfischern in seinem Namen machen möchte.

ICH WERDE EUCH ZU MENSCHENFISCHERN MACHEN.

Mk 1,14–20

Nachdem man Johannes ins Gefängnis geworfen hatte, ging Jesus nach Galiläa und verkündete im Auftrag Gottes: „Es ist soweit: Jetzt will Gott seine Herrschaft aufrichten und sein Werk vollenden. Ändert euer Leben und glaubt diese gute Nachricht!“
Als Jesus am See von Galiläa entlangging, sah er zwei Fischer, die gerade ihr Netz auswarfen, Simon und seinen Bruder Andreas. Jesus sagte zu ihnen: „Geht mit mir! Ich mache euch zu Menschenfischern.“ Sofort ließen sie ihre Netze liegen und folgten ihm.
Als Jesus ein kleines Stück weiterging, sah er zwei andere Brüder, Jakobus und Johannes, die Söhne von Zebedäus. Sie waren gerade im Boot und setzten die Netze instand. Jesus forderte sie auf, ihm zu folgen; und sie ließen ihren Vater Zebedäus mit den Gehilfen im Boot zurück und gingen mit ihm.

(Die Gute Nachricht)

Auf dem Rückweg von den Kärntner Priestertagen im Bildungshaus *Sodalita* in Tainach nahe der slowenischen Grenze habe ich am Stadtrand von Klagenfurt im Kloster Habach Station gemacht, um mich dort auch mit so einem Menschenfischer zu treffen. Pater Otto Strohmaier, der Abt der Benediktiner-Abtei St. Lambrecht, hatte dieses Haus der Schwestern vom Guten Hirten vorgeschlagen, die dort seit vielen Jahren ein Heim und Ausbildungsstätten für Mädchen aus problematischen sozialen Verhältnissen führen.

Pater Otto kommt seit bald 25 Jahren immer wieder hierher, um mit den Mädchen von Gott und über den Glauben zu reden, ihnen zuzuhören, ihnen Mut zu machen und Hoffnung zu schenken, und er gesteht: „Ja, ich kann nur sagen, ich mag diese armen Geschöpfe. Ich entdecke, daß sie in dieser Hinsicht vielleicht sogar offener sind für das, was Christsein bedeutet, als irgendwelche Wohlstandskinder. Natürlich muß man sehr einfach werden. Ich finde es faszinierend, immer auch die Sprache dieser Jugendlichen zu suchen und auch Anteil zu nehmen an ihren Geschicken. Sie erzählen mir, wo sie herkommen, oft wirklich schreckliche Geschichten. Ich nehme da wirklich Anteil und habe immer wieder mit Einzelnen gute Kontakte. Sie schreiben mir dann. Man lebt da einfach irgendwie mit. Ich glaube, es geht dann fast von selber, daß man auch jene Art zu sprechen, mit ihnen umzugehen, findet, die ankommt und die sie auch verstehen können."

„Haben sich die Probleme dieser jungen Mädeln und jungen Frauen in diesen zwanzig Jahren in irgendeine Richtung verändert?" frage ich. Seine Antwort: „Mir scheint doch. Das höre ich ja auch von den Erzieherinnen und Schwestern, daß die Schicksale, aus denen sie herauskommen, noch schlimmer werden. Was ich auch merke ist, daß sie heute oft behinderter, geistig schwächer sind als früher. Sie sind angeschlagener, wenn man so sagen darf, ärmer eigentlich. Ich empfinde das eben als eine Chance, daß man wirklich die Welt und die Not, die es gibt, also furchtbare Verhältnisse oft, kennenlernt, weiß um das, was diese armen Gesichter ausdrücken. Es sind ja oft so traurige Gesichter. Also wenn man denen ins Gesicht schaut, merkt man keine Freude. Sie sind schon voll von Leid. Sie tun einem einfach leid, und ich versuche halt Freude hineinzutragen und sie ein bisserl fröhlich zu machen. Das ist mein Ziel." –

Diese Freude aus dem Glauben zu vermitteln, das versucht er auch zu Hause, in seinem Kloster St. Lambrecht, vor allem dann, wenn er mit verschiedensten Menschen quasi als Form der Meditation Ikonen malt. Mit dem Kopf allein kann man nicht glauben, davon ist P. Otto überzeugt, und durch das Wort allein nicht den Glauben verkünden. Glauben will Gestaltung, will durch Herz und

Hände gehen. Nun die Gedanken, die sich der Abt von St. Lambrecht zum heutigen Evangelium von den Menschenfischern gemacht hat.

KOMMENTAR

Selbst Politiker werden in letzter Zeit aufmerksam auf das Vordringen der Sekten und weisen hin auf ihre Gefährlichkeit und ihre raffinierte und manchmal zudringliche Art zu werben und vor allem junge Menschen in ihre Fangnetze zu bekommen. Man kann sich des Eindruckes nicht erwehren, daß hier nicht selten Menschen regelrecht eingefangen werden sollen.

„Menschen fangen“, davon hat doch auch Jesus gesprochen: „Ich werde euch zu Menschenfischern machen“ und an anderer, ähnlicher Stelle: „Von nun an wirst du Menschen fangen.“

Man braucht eigentlich nur die Art Jesu ansehen, wie er mit den Menschen umgeht, um zu merken, wie sehr er die Freiheit der Menschen respektiert, wie er niemand in seine Nachfolge drängt, eher Unbedachte, Zudringliche zurückhält und dazu auffordert, sich einen Schritt der Nachfolge sehr gut vorher zu überlegen. Dennoch gibt es den Auftrag für die Seinen, Menschen zu fangen. Was meint er nun damit? Daß Jesus so formuliert, kommt vom Bild des Fischens, von dem er eben gerade ausgeht.

Er will sagen:

Ihr macht es euch zu leicht, wenn ihr meint, man solle die Menschen einfach sich selbst überlassen. Heute wisse doch jeder, was für ihn das Richtige ist, und schließlich werde jeder doch nur nach seiner eigenen Facon selig. Es genügte, wenn ihr jene betreut, die „noch“ zu euch kommen.

Ihr versteht mich aber ebenso falsch, wenn ihr euch und meine Botschaft den Menschen aufdrängt und sie raffiniert, mit Drohungen oder Verlockungen einzufangen trachtet. Wenn ihr über die Menschen mit frommen Sprüchen herfallt und das große Gericht schon für morgen ankündigt.

Vielmehr sollt ihr wissen, daß ihr einen Auftrag für die Menschen habt, die um euch sind und die ihr erreichen könnt. Wenn ihr meine Jüngerinnen und Jünger geworden seid, wenn euch aufgegangen ist, welch ein Glück es für einen Menschen bedeutet, mich entdeckt zu haben und mit mir zu leben, dann könnt ihr diese Erfahrung unmöglich nur für euch behalten. Dann dürft ihr euch nicht in eine fromme Kuschelecke zurückziehen. So wie ein Arzt, der *das* Mittel gegen Krebs entdeckt hat und diese Entdeckung unmöglich für sich behalten kann und darf, so könnt ihr unmöglich schweigen und es für euch behalten, wenn ihr mich wirklich gefunden habt.

Wenn jemand meint, mich entdeckt zu haben für sein Leben, dann werde ich nur dann für ihn auch in Zukunft lebendig bleiben, wenn er mich weitergibt, wenn er, so gut es ihm möglich ist, seine Erfahrung anderen vermittelt und nicht für sich behält. Das kann unter Umständen für ihn eine schwere Last bedeuten, weil er nicht weiß, wie er seine innere Gewißheit weitersagen soll. Wenn ich aber in ihm lebendig bin, dann wird er nicht müde werden, bis er einen Weg findet, mich weiterzuschenken. Er wird nicht mit frommen und abgedroschenen Sprüchen daherkommen, sondern jene Sprache suchen und finden, die die Menschen von heute verstehen.

Er wird wahrscheinlich die Entdeckung machen, daß heute nicht die Massen zu gewinnen sind, wohl aber, daß dieser und jener, diese und jene ansprechbar ist und ein Ohr hat für sein Wort, wenn es glaubwürdig ist. Er wird sich über jeden einzelnen freuen, der gewonnen werden konnte für das Evangelium. Er wird damit rechnen, daß jeder einzelne so Gewonnene selbst wieder jemanden gewinnen wird und seine Entdeckung nicht für sich behalten wird können.

Bevor ihr redet, werdet ihr aus meinem Geist leben und beten. Ihr werdet so miteinander umgehen, daß man sich euch gerne anschließt, weil ihr einander in Achtung, Toleranz und Güte begegnet. Ihr werdet so, vor allem Reden, allein durch euer Dasein einladend und gewinnend sein. Wenn ihr dies alles aber nicht lebt, dann wird all euer Reden umsonst sein.

Wenn ihr Menschen gewinnen wollt, dann müßt ihr auch ein gesundes Maß an Selbstvertrauen haben. Ihr braucht euch nicht einschüchtern zu lassen und so tun, als ob es heute eine Schande wäre, ein Christ zu sein und der katholischen Kirche anzugehören. Mit derselben Selbstverständlichkeit, mit der andere ihre Gottlosigkeit und ihre sonstigen Ansichten über Gott und die Welt vertreten, vertretet ihr eure Glaubensüberzeugung: unaufdringlich, aber klar und eindeutig. Eurem Auftreten muß man anmerken, daß es für euch eine befreiende und beglückende Realität ist, in dieser Zeit ein Christ zu sein. Vor allem muß von euch Freude ausgehen.

Es könnte dann sein, daß ihr manchmal höchst überrascht seid davon, wie ihr „ankommt“, wie man euch mit Ohr und Herz zuhört, wie ihr Betroffenheit bewirkt, vielleicht auch leidenschaftliche Ablehnung. Auf jeden Fall aber, wie ihr Menschen zum Nachdenken bringt und vor Entscheidungen stellt.

Ihr werdet staunen, welche Kraft in eurem Tun und in eurem Wort mitunter wirksam wird. Dankbar werdet ihr dann feststellen, daß Gott und die Sache Jesu immer noch höchste Aktualität besitzen und Menschen immer noch für diesen Jesus zu gewinnen sind.

Abt Otto Strohmaier

„*Ich werde euch zu Menschenfischern machen.*" Unter diesem Motto hat P. Otto Strohmaier, der Abt von St. Lambrecht, versucht, uns allen Mut zu machen, zu unserem Glauben zu stehen und ihn so zu bekennen, so zu verkünden, daß andere Menschen Lust bekommen, sich der Botschaft Jesu Christi mit dem Herzen zu öffnen. In eher verdüsterten Kirchenzeiten wie im heutigen Europa ist es von besonderer, oft existentieller Bedeutung, die Ansteckungschance des Glaubens lebendig zu halten. Das ist nicht die Aufgabe des Papstes, der Bischöfe und des Klerus, sondern die Aufgabe jedes und jeder Getauften. Glaube wird nur in der Weitergabe von einem zum anderen lebendig.

Vierter Sonntag im Jahreskreis Darstellung des Herrn

Nur knappe zwei Wochen von der österlichen Bußzeit entfernt, scheint uns mit dem Fest der Darstellung des Herrn im Tempel von Jerusalem noch einmal der Glanz der Weihnachtszeit herüber. Dieses Fest am 40. Tag nach der Geburt in Betlehem wurde von den Gemeinden in Jerusalem wohl schon seit Anfang des fünften Jahrhunderts begangen, und zwar, wie die Pilgerin Aetheria berichtet, „mit der gleichen Freude" wie Ostern. Kerzenweihe und Lichterprozession kamen erst später in Rom dazu, wo das Fest eher als Marienfest verstanden und zu „Maria Lichtmeß" wurde, während es in der Ostkirche als „Fest der Begegnung" bezeichnet wurde: Der Messias kommt in seinen Tempel und begegnet dem Gottesvolk des Alten Bundes, in den beiden Gestalten des frommen und gerechten Simeon und der Prophetin Hanna.

Dort wo in unseren Kirchen noch die Tradition der Lichterprozession hochgehalten wird, stimmen Priester und Gläubige während der Prozession den Lobgesang des greisen Simeon an, das Kernstück des heutigen Textes aus dem Lukas-Evangelium:

„Nun läßt du, Herr, deinen Knecht,
wie du gesagt hast, in Frieden scheiden.
Meine Augen haben das Heil gesehen,
das du vor allen Völkern bereitet hast,
ein Licht, das die Heiden erleuchtet,
und Herrlichkeit für dein Volk Israel."

DAS AUSSERGEWÖHNLICHE IM GEWÖHNLICHEN FINDEN.

Daß der Herr in seinen Tempel kommt, kündet schon das Erste Testament im Buch Maleachi an, wenn es dort heißt:

„So spricht Gott, der Herr:
Seht, ich sende meinen Boten;
er soll den Weg für mich bahnen:
Dann kommt plötzlich zu seinem Tempel
der Herr, den ihr sucht,
und der Bote des Bundes, den ihr herbeiwünscht."

Vierzig Tage nach der Geburt war die Zeit der Unreinheit für Mutter und Kind vorüber, die im Gesetz Moses festgelegt ist. Da brachten die Eltern das Kind in den Tempel nach Jerusalem, um es Gott zu weihen. Denn im Gesetz heißt es: „Wenn das erste Kind, das eine Frau zur Welt bringt, ein Sohn ist, soll es Gott gehören." Zugleich brachten sie das vorgeschriebene Reinigungsopfer dar: ein Paar Turteltauben oder zwei junge Tauben.
Damals lebte in Jerusalem ein Mann namens Simeon. Er war fromm und hielt sich treu an Gottes Gesetz und wartete auf die Rettung Israels. Er war vom Geist Gottes erfüllt, und der hatte ihm die Gewißheit gegeben, er werde nicht sterben, bevor er den von Gott versprochenen Retter mit eigenen Augen gesehen habe. Simeon folgte einer Eingebung des heiligen Geistes und ging in den Tempel. Als die Eltern das Kind Jesus dorthin brachten und es Gott weihen wollten, wie es nach dem Gesetz üblich war, nahm Simeon das Kind auf die Arme, pries Gott und sagte:

„Herr, nun kann ich in Frieden sterben;
denn du hast dein Versprechen eingelöst!
Mit eigenen Augen habe ich es gesehen:
Du hast dein rettendes Werk begonnen,
und alle Welt wird es erfahren.
Allen Völkern sendest du das Licht,
und dein Volk Israel bringst du zu Ehren."

Die Eltern Jesu wunderten sich über das, was Simeon von dem Kind sagte. Simeon segnete sie und sagte zu der Mutter: „Dieses Kind ist von Gott dazu bestimmt, viele in Israel zu Fall zu bringen und viele aufzurichten. Es wird ein Zeichen Gottes sein, gegen das sich viele auflehnen und so ihre innersten Gedanken verraten werden. Dich aber wird der Kummer um dein Kind wie ein scharfes Schwert durchbohren."
In Jerusalem lebte auch eine Prophetin. Sie hieß Hanna. Sie war die Tochter Penuëls aus dem Stamm Ascher. Sie war schon sehr alt. Sieben Jahre war sie verheiratet gewesen, und seit vierundachtzig Jahren war sie Witwe. Sie verließ den Tempel nicht mehr und diente Gott Tag und Nacht mit Fasten und Beten. Auch sie kam jetzt hinzu und pries Gott. Sie sprach

über das Kind zu allen, die auf die Rettung Jerusalems warteten.
Als Maria und Josef alles getan hatten, was das Gesetz des Herrn vorschreibt, kehrten sie mit Jesus nach Galiläa in ihre Heimatstadt Nazaret zurück.

(Die Gute Nachricht)

Unüberhörbar aus unserem westlichsten Bundesland kommt die Stimme unserer heutigen Kommentatorin. Im Kern des Wirkens der Gemeinschaft der Frohbotschaft Batschuns steht die Bibel, stehen die Bücher des Alten und des Neuen Testaments, die die Schwestern in zahlreichen Seminaren, Kursen, Gesprächsrunden den Menschen nahezubringen und ihr Wissen wie ihren Glauben zu vertiefen suchen. Sr. Hildegard Lorenz steht seit etlichen Jahren dieser Gemeinschaft vor.

KOMMENTAR

Wir begegnen heute dem greisen Simeon. Es ist wunderbar, was er in dieser Gnadenstunde im Tempel erlebt, als ihm die Verheißung ganz Israels, das Versprechen Gottes an alle Völker, der Retter und Messias, ans Herz, in den Arm gelegt ist. Noch wunderbarer aber scheint es mir zu sein, daß er unter vielen Kindern, die täglich in den Tempel getragen werden, dieses eine Kind als Licht, als rettendes Geschenk erkennt. Warum kann er im Gewöhnlichen das so Außergewöhnliche finden? Was ist das für ein Mensch, der eine innere Gewißheit haben kann, daß er nicht sterben wird, ehe seine Augen das Heil gesehen haben? Gründe zur Resignation wird er so viele gesehen haben wie alle seine Zeitgenossen; Not, Enttäuschungen nicht weniger als alle anderen. Und dennoch glaubt Simeon an eine Hoffnung für dieses irdische Leben, für diese tränendurchfurchte und notgeplagte Welt. Wie und wodurch bringt er es fertig, gegen allen Augenschein die Hoffnung nicht zu verlieren und durch das Dunkel auf ein Licht zu warten?

Lukas, der Schreiber dieses Evangeliums, gibt uns – wenn ich es recht zu sehen vermag – einige sehr bedenkenswerte Hinweise. Der erste Satz dieser kunstvoll gestalteten Erzählung sagt uns, daß die Eltern des kleinen Jesus dabei sind, ein Gesetz zu erfüllen; und der letzte Vers weist darauf hin, daß sie alles nach dem Gesetz des Herrn ans Ziel gebracht haben. Die Erfüllung des Gesetzes ist für Lukas also der Rahmen, in dem Außergewöhnliches zu erzählen ist. Die Heilsgeschichte, das Leben in Fülle, entsteht demnach nicht aus dem Nichts, sondern aus dem alltäglichen und gesetzestreuen Leben. Es ist aber zu beachten, daß das Heil, das Leben in Fülle, zwar in diesem Rahmen aufkeimt, die Bewegung selbst aber erst durch den Geist Gottes entsteht, wenn er Simeon antreibt, gerade jetzt in den Tempel zu gehen. Gesetz und Geist stehen sich gegenüber und sind zugleich ineinandergefügt.

Von Simeon selbst wird erzählt, daß er gerecht und fromm sei, was soviel heißt wie, in guter Beziehung zu sein zu sich, zu seinen Mitmenschen und auch zu Gott. Und er ist ein Wartender, ein hoffender, ein offener Mensch. Vielleicht kann man sagen, daß er einer der „Stillen im Lande" war, der für Israel zum Inbegriff aller Tröstung werden sollte. Von ihm ist zu lernen, lange zu schweigen, um einmal reden zu können.

Und Simeon hat Wurzeln in der Thora, denn was er aus der Erinnerung seines Glaubens der jungen Mutter sagt, knüpft an die Verheißung des Propheten Jesaja an. Dort hören wir, daß Israel kein geschlossener Raum sorgloser Geborgenheit sein wird, niemals – so wenig wie heute die Kirche. Der Lebendige Gott ist nicht nur ein Fels des Heils. Er ist auch ein Stein des Anstoßes. Dieses Bild verdichtet sich noch durch jenes vom Schwert, welches das Herz Marias durchdringen wird. Sie wird den Weg des Sohnes mitgehen bis hin zur Vollendung. Der Anteil der Mutter wird Sorge sein.

In dieser wunderbaren Erzählung kommt noch eine Gestalt vor, der im allgemeinen wenig Beachtung geschenkt wird. In nur drei Versen enthüllt sich eine sehr, sehr kostbare Perle, die mich schon lange fasziniert. Es ist die Rede von Hanna, der Prophetin, die eine Tochter Penuëls ist und hochbetagt. Sie war ständig im Tempel, sie diente Gott Tag und Nacht. Auch sie ist vom Geist erfüllt – eine andere Formulierung für Prophetin –, und auch sie ist genau in diesem Augenblick beim Kind, und auch sie findet das Außergewöhnliche im ganz Gewöhnlichen. Im Unterschied zu Simeon redet sie zu allen – nicht nur zu den Eltern des Kindes –, zu allen Sehnsucht tragenden Menschen.

Was ist ihr Geheimnis? Warum ist sie zur rechten Zeit am rechten Ort, woher hat sie die Gabe der Aufmerksamkeit und den Mut zu allen zu reden?

Lukas streut ganz feine Goldfäden ein, die eine interessante Spur weisen. Zum ersten heißt sie Hanna und erinnert damit an die lange

Jahre unfruchtbar gewesene Hanna, die Mutter des Propheten Samuel, der für Israel eine Wende einleitete. Der Name sagt etwas zum Wesen der Person. Hanna ist also eine Wegbereiterin, eine Gnadenträgerin – nicht aus eigener Stärke, sondern aus der Fähigkeit, dennoch offen und hoffend zu sein.

Sie lehrt uns, „adventliche Menschen", Erwartende, Lauschende, Fragende, Forschende, Hörende, Ausschauende zu sein. Es ist ein großes Geschenk, wenn ältere Menschen diese Haltungen heute als Frucht eines langen Lebens einbringen. Denn viele von uns haben das Lauschen verlernt. Nelly Sachs, die große jüdische Dichterin deutscher Sprache, mahnt mit eindringlichen Worten, wenn sie schreibt:

„Preßt, o preßt der Zerstörung Tag
An die Erde das lauschende Ohr,
Und ihr werdet hören, durch den Schlaf hindurch
Werdet ihr hören,
Wie im Tode
Das Leben beginnt."

Hanna ist eine Tochter Penuëls. Und Penuël heißt übersetzt: Angesicht Gottes. Als Jakob, die große Gestalt an den Wurzeln Israels, eine ganze Nacht lang mit einem Unbekannten kämpfte und schließlich das Angesicht Gottes erahnte, nannte er den Ort Penuël, denn, so lesen wir im ersten Buch der Bibel, „ich habe Gott von Angesicht zu Angesicht geschaut und habe mein Leben gerettet". Es mag wohl ein Hinweis sein, daß uns in Hanna eine Frau begegnet, die viel gekämpft und erlitten, aber niemals aufgegeben hat und gerade deshalb nun in einem Kind das Angesicht Gottes und den Retter für das ganze Volk erkennt. Es ist die Frucht ihres Lebens.

Hanna ist an die 84 Jahre. Sieben davon ist sie verheiratet gewesen. Diese Zahlen verbergen Wichtiges, wie es uns in der Sprache der Bibel öfter begegnet. Sieben mal zwölf ist 84. Sowohl Sieben als auch Zwölf weisen auf Fülle hin, auf einen Lebensweg, der von Etappe zu Etappe gelebt wurde, auf dem Hanna ringend mit den dunklen Seiten des Lebens reif wurde und ihre inneren Augen klarsichtig wurden. Hanna ermuntert uns, niemals aufzugeben, sondern in neuer Weise anzufangen.

Der Tempel, in dem sich Hanna ständig aufhält, ist für mich schließlich ein zusammenfassendes Bild für ihre prophetische Sendung: Wo Hanna ist, ist Gott spürbar.

Ich möchte heute allen älteren Menschen danken, die in schlichter und einfacher Weise ihre Lebensfrucht einbringen und so helfen, daß wir das Außergewöhnliche im ganz gewöhnlichen Leben finden können.

Hildegard Lorenz

„Hanna lehrt uns“, wie Sr. Hildegard Lorenz meinte, „adventliche Menschen zu werden, Wartende, Lauschende, Horchende, Fragende, Suchende.“ Wem es aber gelingt, so bin ich überzeugt, in dieser Weise gegenwärtig, auf Zukunft hin orientiert horchsam zu werden, der wird auch ein österlicher Mensch, der seine Auferstehung bereits in sich trägt.

Fünfter Sonntag im Jahreskreis

Es ist in Mode gekommen, sich immer und immer wieder nach dem Sinn des Lebens zu fragen, nach dem Woher und Wohin, nach dem Warum. Schon einem Lehrer in der Volksschule kann es passieren, daß so ein Knirps ihn mit todtraurigen Augen anschaut und meint: „Ich weiß überhaupt nicht, wozu ich auf der Welt bin, was das alles für einen Sinn haben soll.“ – Das sind Zeichen einer Luxusgesellschaft – so kann man es immer wieder hören, daß wir, die wir in relativem Wohlstand leben, uns eben den Luxus leisten können, uns diese Sinnfragen zu stellen. – Dom Erwin Kräutler, unser Bischof am Xingu, sagte damals, als wir gemeinsam in Amazonien unterwegs waren und die Flüsse entlanggefahren sind von Gemeinde zu Gemeinde: „Nicht ein einziges Mal ist es mir in all den Jahren passiert, daß mir ein Mann oder eine Frau die Frage nach dem Sinn des Lebens gestellt hat. Für diese armen Menschen hier ist das Leben an sich Sinn. Ihr Kampf um das eigene und das gemeinschaftliche Überleben, ihr Kampf gegen die Unterdrückung und Ausbeutung, gegen die Marginalisierung und ihr tiefer Glaube füllen ihr Leben bis an den Rand.“ – Das ist nicht nur in Brasilien so, sondern in all den verrandeten Gesellschaften des Südens.

Aber auch wenn es ein Luxus sein mag, so ist es immerhin noch besser, sich manchmal die Frage zu stellen, wozu man lebt, was man mit seiner Lebenszeit anfangen soll, als stumpf und lustlos vor sich hin zu leben und damit die zugemessene, die geschenkte Zeit zu vergeuden. Aus dem Buch Hiob kennen wir den Satz: „Schneller als ein Weberschiffchen eilen meine Tage dahin, der Faden geht aus, sie schwinden dahin. Denk daran, daß mein Leben nur ein Hauch ist. Nie mehr schaut mein Auge Glück.“

Wenig Sinn macht sicherlich ein Leben, das nur um das eigene gehätschelte Ich kreist, das sich zufrieden gibt mit Essen und Trinken, mit Wachen und Schlafen, mit Arbeit und Muße. Gott, der uns ins Leben gerufen hat, erwartet mehr von uns. Er erwartet, daß wir uns um andere Menschen kümmern und zwar nicht nur um jene in der eigenen Familie, sondern um die, die uns und unsere Hilfe brauchen. Er erwartet, daß wir uns in die Gesellschaft, in die er uns gestellt hat, einbringen. Er erwartet, daß wir mit unseren Talenten wuchern, unsere Charismen, unsere Gnadengaben, zum

Wachsen und zum Blühen bringen, daß wir hungern und dürsten nach Gerechtigkeit, seine Schöpfung bewahren und den Frieden tun. Wenn wir uns immer wieder in das Leben Jesu vertiefen, werden wir lernen, was zu tun ist, denn er war der Mensch in der Geschichte, der uns vorgelebt hat, wie Gott uns gemeint hat: Jesu Leben war ein Leben im Dienst, im Dienst an den Mitmenschen, im Dienst am Wort.

ALLE SUCHEN DICH.

Mit Jesus, mag da einer sagen, mit Jesus kann ich mich nicht vergleichen, das wäre vermessen. Richtig, aber es geht ja nicht darum, sich mit ihm zu vergleichen, sondern Maß an ihm zu nehmen. Er hat nicht immer nur die großen, spektakulären Dinge getan, sondern auch die kleinen, die einfachen Dinge der Nächstenliebe, wie wir aus dem heutigen Evangelium erfahren, als er ans Bett der Schwiegermutter von Petrus trat und sie an der Hand faßte und aufrichtete. Manchmal geht es wirklich nicht um mehr, als einen anderen Menschen an der Hand zu nehmen und ihn aufzurichten, um ihn zu heilen.

Mk 1,29–39

Danach verließen sie die Synagoge und gingen in das Haus von Simon und Andreas. Auch Jakobus und Johannes kamen mit. Im Haus erfuhr Jesus, daß Simons Schwiegermutter mit Fieber im Bett lag. Er ging zu ihr, nahm sie bei der Hand und richtete sie auf. Das Fieber verschwand, und sie bereitete für alle das Essen.
Am Abend, nach Sonnenuntergang, brachte man alle Kranken und Besessenen zu Jesus. Die ganze Stadt hatte sich vor dem Haus versammelt. Jesus heilte viele Menschen von den verschiedensten Krankheiten und trieb viele böse Geister aus. Er ließ die bösen Geister nicht zu Wort kommen; denn sie wußten, wer er war.
Am nächsten Morgen verließ Jesus lange vor Sonnenaufgang die Stadt und zog sich an eine abgelegene Stelle zurück. Dort betete er. Simon und die anderen Jünger gingen ihm nach und fanden ihn. „Alle wollen dich sehen“, sagten sie. Jesus antwortete: „Wir müssen in die umliegenden Dörfer gehen, damit ich auch dort die Gute Nachricht verkünde. Denn dazu bin ich

gekommen." So zog Jesus durch ganz Galiläa. Er sprach in den Synagogen und trieb die bösen Geister aus.

(Die Gute Nachricht)

Aber was uns diese Evangelienperikope noch zeigt, ist, daß jeder, der sich von Gott und den Nächsten in Dienst nehmen läßt, noch etwas anderes braucht, nämlich den Raum der Stille, den Raum des Gebets, des Hinhörens auf Gottes Willen. Aus diesem Raum der Stille lebt auch P. Jakob Mitterhöfer, der Rektor der Ordenshochschule St. Gabriel, der das heutige Evangelium kommentiert.

KOMMENTAR

Alle suchen dich." Das Markus-Evangelium schildert heute den ersten öffentlichen Auftritt des jungen Rabbi aus Nazaret. Es ist zugleich der dramatische Beginn des Evangeliums, indem es beschreibt, wie die Menschen in Bewegung geraten. Es deutet auch die Enttäuschung der Jünger darüber an, daß Jesus seinen Erfolg nicht ausnutzt. „Alle suchen dich" klingt, als Simon und seine Gefährten Jesus am folgenden Morgen an einem einsamen Ort beim Gebet aufstöbern, wie ein Vorwurf.

Der „Heilige Gottes", warum suchen ihn alle? Es ist die machtvolle Predigt Jesu: „Er verkündete das Evangelium Gottes und sprach: Die Zeit ist erfüllt, das Reich Gottes ist nahe. Kehrt um, und glaubt an das Evangelium." Dieses Wort ist machtvoll: „... denn er lehrte wie einer, der Vollmacht hat." Und die Menschen staunen: „Hier wird mit Vollmacht eine ganz neue Lehre verkündet." Markus wagt es, das Wort Jesu dem machtvollen Wort des Schöpfers am Beginn der Bibel gleichzusetzen. Jesu Wort ist machtvoll wie das Wort des Schöpfers; es vermag die Menschen zu heilen, die von bösen Geistern Besessenen und alle Kranken. Die Menschen geraten außer sich, sie erleben: „Das Reich Gottes ist da!"

Jesus ist ein großer Prophet. Die Armen begreifen als erste, wer dieser Jesus wirklich ist. Markus schildert diese Erkenntnis dramatisch: „In der Synagoge saß ein Mann, der begann zu schreien: Ich weiß, wer du bist; du bist der Heilige Gottes." Der „Heilige Gottes" muß der verheißene Messias sein. Einst schrie das Volk zu seinem

Gott, hier schreit der Arme zu Jesus. Und wie Gott das Schreien seines Volkes gehört hat (wir erinnern uns an Ägypten), hört jetzt der „Heilige Gottes" diesen Schrei, und „er heilte viele, die an allen möglichen Krankheiten litten, und trieb viele Dämonen aus". Wie einst ihre Väter vor der machtvollen Gegenwart Gottes erschraken, erschrecken jetzt die Menschen vor der Gegenwart des „Heiligen Gottes", staunen und geraten in Unruhe.

Schon das erste Auftreten Jesu versetzt die Menschen in Aufregung. Markus geht dem Ursprung des „Heiligen Gottes" weiter nach. Er berichtet, daß sich Jesus an einen einsamen Ort zurückzieht. Jesus schöpft aus einer anderen Quelle. Die Gedanken Gottes sind nicht die Gedanken der Menschen. Am „einsamen Ort" weilt Jesus bei Gott. Dort, nur dort, können ihn die Jünger von damals und aller Zeiten finden. Jesus ist der von Gott Gesandte. Seine Sendung gilt allen Menschen; sie duldet keinen Aufschub: „Laßt uns anderswohin gehen, ... damit ich auch dort predige ..."

Das Neue beginnt „in aller Frühe". Später wird berichtet, daß auch die Auferstehung Jesu „in aller Frühe" erfolgen wird. Der „frühe Morgen" ist nicht mehr der Sabbat. Markus deutet an, daß der Sabbat, der Tag des Herrn, durch einen „neuen" Tag des Herrn ersetzt wird. Zugleich hebt er warnend den Zeigefinger. Noch ist es dunkel. Die Helle des Tages steht noch aus. Das Reich Gottes hat begonnen, es muß aber zuerst verkündet werden, damit es wachsen und zur Vollendung reifen kann.

Nicht nur der Sabbat wird erneuert, auch die Synagoge: „Sie verließen die Synagoge und gingen zusammen mit Jakobus und Johannes in das Haus des Simon und Andreas." Markus zählt viele Namen auf: Es ist die ganze Jüngergemeinschaft, die von der Synagoge in das Haus des Petrus übersiedelt. Die Glaubensgemeinschaft hat ein neues Haus, das „Haus des Petrus", es ist die junge Kirche. Vor ihrer Tür versammelt sich die ganze Stadt. Die Kirche ist der Ort, wo Jesus wirkt. Sie ist „Kapharnaum", der „Ort des Trostes", wie Kapharnaum in der Übersetzung heißt.

„Alle suchen dich", alle drängen zum „Ort des Trostes". Doch die Menschen liegen fiebernd darnieder. „Fieber" bezeichnet den Menschen in seiner Hilflosigkeit und Erlösungsbedürftigkeit. Ein Symbol für diese Menschen ist die Schwiegermutter des Petrus. Die Gemeinde nimmt sich ihrer an: „Sie sprachen mit Jesus über sie." Und „Jesus geht zu ihr, faßt sie an und richtet sie auf". Die Gemeinde handelt wie Jesus: Sie spricht keinen abstrakten Trost zu oder faselt frommes Blabla daher, sondern heilt. Markus verwendet das Wort „aufrichten". Dasselbe Wort gebraucht er, wenn er von der Auferstehung Jesu spricht. Die Heilung ist „Auferstehung". Linderung von Krankheitssymptomen genügt nicht. Heilung setzt an der Wurzel, im tiefsten Wesen des Menschen an.

Das Mittel der Gemeinde zur Heilung sind die Sakramente. Wenn die Gemeinde Sakramente spendet, wendet sie sich den Menschen zu, bittet für sie, faßt sie an und richtet sie auf. Die Heilung selbst wirkt das machtvolle Wort Jesu, welches der Gemeinde anvertraut ist. Wie wissen wir aber, ob Heilung erfolgt ist? Ein untrügliches Zeichen dafür ist das Dienen. Wie die Schwiegermutter sofort, nachdem Jesus sie aufgerichtet hatte, diente, ebenso wird der Mensch durch die Sakramente zum Dienen geheilt. Allen, die Heilung suchen, wird gesagt: Heilung besteht darin, sich zum Dienst am Nächsten erwecken zu lassen. Das Evangelium gibt keine Ratschläge, wie wir unseren Biorhythmus verbessern können, und es ist keine Kummerecke für unsere Seelenbalance. Der Mensch kann Heilung finden, wenn er sich dienend dem Mitmenschen zuwendet.

Simon und seine Gefährten mußten beim Rabbi Jesus in die Schule gehen, um den Menschen vor ihrer Tür helfen zu können, und auch wir müssen in diese Schule gehen, wie wir überall erfahren können. Ich habe das Wunderfieber, das die Menschen schüttelt, vor drei Jahren im Libanon erlebt. Der Missionar und Wunderheiler P. Tardiff hielt in Beirut vor laufenden Fernsehkameras Heilungsgottesdienste. Wie bei der Erzählung des Markus ist das ganze Land in Bewegung geraten. Viele Menschen gestanden ein, daß sie nicht die Eucharistiefeier interessierte, sondern der Teil hinterher: die heilende Handauflegung. Dieses Fieber nach Heilung hat viele Ersatzformen, angefangen von esoterischen Verheißungen bis hin zu astrologischem Unsinn der Horoskope, welche wir zur Jahreswende wieder ausgiebig erlebt haben. Viele religiöse Bewegungen ziehen durch Heilungsversprechen große Menschenmassen an. Wenn diese Heilungsbewegungen nicht zum Dienen, zur Mitmenschlichkeit führen, sind sie nur religiöse Ersatzformen.

In unserer Zeit ist das Jesusfieber ausgebrochen. Der Bücherboom über Jesus ist gewaltig. Manche dieser Bücher erwecken den Eindruck, daß es ihnen nicht um Jesus und den Glauben, sondern um Sensation geht. Wenn dem so ist, machen sie Jesus bloß zu einem Phantasieprodukt auf dem Supermarkt der Beliebigkeit. Aus China wird berichtet, daß Religion einfach nicht auszurotten ist. Ein Religionsfieber ist dort ausgebrochen. Menschen, besonders Studenten interessieren sich brennend für Gott, für das Christentum und gelangen zu echter Bekehrung. Traurig und nachdenklich muß uns stimmen, daß das religiöse Fieber in unseren Breiten nicht oder nur selten zur Kirche führt. Wir müssen bekennen, daß auch eine Kirche herausfallen kann, ihre Verkündigung und Sakramente unwirksam bleiben können, wenn sie einen Bereich des menschlichen Lebens ausklammert. Das Konzil vor dreißig Jahren hat das erkannt. Es hat wieder mit Nachdruck an die Diakonia, den konkreten Dienst am Menschen und an der Gesellschaft, als Wesensaufgabe der Kirche erinnert. Wir wissen auch, daß sich an dieser Frage die nachkonziliaren Geister gespalten haben.

Jesus ist kein Magier. Seine Heilung ist kein Theater und kein Blabla. Die Frohbotschaft vom Reich Gottes sagt uns, daß Gott seine Welt nicht im Stich läßt. Er mischt in der Welt mit und hört den Schrei der gequälten Menschen.

Jakob Mitterhöfer

Im Schott finde ich abschließend einen Text von Frère Roger Schütz aus Taizé: „Das Evangelium in seiner ursprünglichen Frische ist Warten auf Gott, ist Leben aus der Dynamik des Heute. Es ist ständige Rückkehr zu den Quellen. Es ist Versöhnung.“ – Würden wir, um zu dieser ursprünglichen Frische des Evangeliums zurückzufinden, eine zweite Bekehrung auf uns nehmen? – Ein solcher Neuanfang ist freilich um so schwerer zu vollziehen, als die Gewohnheiten, die wir im Lauf der Jahre angenommen haben, und unser Lebensstolz sich dem Geist der Armut, dem Geist des Dienstes und dem Warten auf Gott widersetzen. Der Lebensstolz bildet einen Spalt, durch den alle Frische des Evangeliums versickert. Nehmen wir jedoch diese Bekehrung an, mit allem, was sie einschließt, so wird Christus in uns einziehen und unser Herz und unseren Verstand erfüllen.

Erster Fastensonntag

Die Fastenzeit erinnert uns an die lange Zeit, die das Volk Israel durch die Wüste gewandert ist. Als die Menschen hungerten und dürsteten, da schuf Gott ihnen Wasser aus dem Felsen und sandte ihnen das Manna und einen Schwarm Wachteln. Die Fastenzeit erinnert uns an die lange Zeit, die Jesus in der Wüste verbrachte, um sich nach der Taufe am Jordan ganz auf seine Berufung einzulassen, seinen Weg zu erkennen. Sein Hunger und sein Durst waren selbstgewählt, und doch kamen die Engel und dienten ihm. Wie das Volk und wie Jesus nicht ganz alleine gelassen wurden, so sollen auch wir jene nicht allein lassen, die unserer Hilfe, unserer Zuwendung, unseres Teilens bedürfen. Freiwilliges Fasten reinigt und heilt; freiwillige Armut macht reich und schenkt Freiheit; erzwungener Hunger, durch ausbeuterische Strukturen verursachte Armut, in der heute die Mehrheit der Menschen leben muß, quält, entwürdigt jene und hält uns den Spiegel der Schuld vor die Augen.

Der Ruf zur Umkehr ist eine Berufung zur Heimkehr, Heimkehr zur Gerechtigkeit, Heimkehr zum Frieden, Heimkehr zum Lebensrecht der Schöpfung, Heimkehr in die von Gott geschaffene und vorgegebene Harmonie, ins Gleichgewicht, das wir gerade in den vergangenen Jahrzehnten so gründlich und nachhaltig gestört haben mit einem falschen, natur- und menschenverachtenden Wirtschaftssystem. Kommen wir zur Besinnung, solange es noch Zeit ist.

DIE ZEIT IST ERFÜLLT, DAS REICH GOTTES IST NAHE.
KEHRT UM UND GLAUBT AN DIE GUTE NACHRICHT.

Mk 1,12–14

Gleich danach trieb der Geist Gottes Jesus in die Wüste. Dort blieb er vierzig Tage und wurde vom Satan auf die Probe gestellt. Er lebte mit den wilden Tieren zusammen, und die Engel Gottes versorgten ihn.

Nachdem man Johannes ins Gefängnis geworfen hatte, ging Jesus nach Galiläa und verkündete im Auftrag Gottes: „Es ist soweit: Jetzt will Gott seine Herrschaft aufrichten und sein Werk vollenden. Ändert euer Leben und glaubt diese gute Nachricht!"

(Die Gute Nachricht)

Aus dem Haus der „Gemeinschaft der Frohbotschaft" auf einem Hügel über der Vorarlberger Gemeinde Batschuns kommt auch die Stimme der Kommentatorin des heutigen Evangeliums. Erst im vergangenen Jahr promovierte Christiane Koch zum Doktor der Theologie und ist seither im Bildungshaus Batschuns tätig.

KOMMENTAR

Ich mute Ihnen an diesem Sonntagmorgen im Februar ein kleines Gedankenexperiment zu, das Sie entführt in jene Zeit des Jahres, in der viele Menschen die Sehnsucht nach der großen weiten Welt packt. Irgendeine Kraft in uns drängt uns und verlangt danach, wieder einmal allen Alltag und alle Alltäglichkeit hinter uns zu lassen und hinauszuziehen, hinaus in die unbekannte Weite oder auch in eine bereits vertraute, befreiende Umgebung, hinaus in Wälder und Berge, an Seen, ans Meer oder auch hinaus in fremde Städte, deren geheimnisvolle Gerüche uns neugierig machen. Was auch immer wir suchen, es ist ein Stück unabhängiger und unverplanter Lebensraum, der offen vor uns liegt, um in jedem Augenblick neu von uns entdeckt und in Freiheit gestaltet zu werden.

Auch Jesus treibt es, wie das heutige Evangelium zu berichten weiß, hinaus in so einen offenen und leeren Lebensraum, hinaus in die Ödnis der Wüste. Auch in ihm erwacht jene Kraft, die ihn dazu drängt, den galiläischen Alltag zu verlassen und einfach einmal frei und unbestimmt seinen Tag zu leben. Und die Erfahrungen, die Jesus in dieser Zeit der Unabhängigkeit und der Selbstüberlassenheit macht, dürften vielen von uns, wenn wir rückblickend auf so manche erwartungsvoll herbeigesehnte Urlaubstage schauen, nicht allzu fremd sein. Denn oft sind es doch gerade die von Verpflichtungen und Verantwortung freien Tage, die uns einerseits mit einem wohligen Glücksgefühl erfüllen und dem Himmel nahe sein lassen und uns andererseits mit unserer eigenen Willensschwäche und verwöhnten Laxheit konfrontieren. Und genau diese Erfahrungsmomente benennt die kurze, summarische Notiz des

Markus-Evangeliums auch als zentrale Erfahrungsmomente der Wüstenzeit Jesu. In die für die Bibel typischen bildhaften Ausdrucksweisen „vom Satan versucht“ und „von den Engeln bedient“ kleidet der biblische Schriftsteller das Erschrecken Jesu angesichts der Wahrnehmung der menschlichen Schwächen und Abgründe und sein Erleben von Zufriedenheit und einem himmlischen Glücksgefühl.

Doch manchmal, mitten drin im Genießen des Freiraums oder auch im Ringen um geglückte Erfülltheit der geschenkten Tage, tauchen die altvertrauten Bilder auf, und immer häufiger im Verlauf der Tage und Wochen meldet sich der Gedanke an daheim. Da sind all die Gesichter der Menschen, die mir lieb und teuer sind und deren Profile sich in mein Erinnern eingeprägt haben; da sind Konfliktsituationen, die ich gelöst oder ungelöst hinter mir gelassen habe und die mich scheinbar doch begleiten; und da sind Räume und Landschaften, die mein Leben und meinen Alltag bestimmen und in denen ich jetzt fehle. Für Jesus mag ein solches Gesicht, das in der Zeit seines Wüstenaufenthaltes immer wieder in seinem Inneren auftaucht, wohl das Johannes des Täufers sein, mit dem er nun schon eine Zeitlang unterwegs war und der ihm zum Freund, vielleicht zum besten Freund wurde. Aber auch seine eigene Familie, sein Elternhaus in Nazaret und die Landschaften und Menschen Galiläas sind, denke ich, Bilder von Geborgenheit und Heimat, die Jesus in seinem Herzen trägt und die ihm gerade in der Einsamkeit der Wüste wie unsichtbare, wertvolle Perlen sind.

Und dann kommt der Tag des Heimwegs, der von gemischten Gefühlen geprägt ist. Da sind die erwartungsvolle Vorfreude auf das Heimkommen und der Traum von der Rückkehr der Geborgenheit neben einer unbestimmten Angst, die weiß, daß die Zeit in meiner Abwesenheit nicht still gestanden ist und daß Dinge und Menschen sich verändern; da sind die Bilder vom Bahnsteig oder von der Ankunftshalle des Flughafens, in denen sich vielleicht einige jener Gesichter wiederfinden, die ich die ganze Zeit hindurch in mir getragen habe – Bilder, in denen ich aber vielleicht auch vergeblich nach einem vertrauten Gesicht suche, das mich erwartet …

Was mag Jesus beschäftigen auf seinem Rückweg von der Wüste? Sicher steigt beim Gedanken ans Heimkommen in die vertraute Umgebung, beim Gedanken daran, von Menschen erwartet und in die Arme genommen zu werden, auch in ihm eine fast unrealistische Vorfreude und drängende Sehnsucht auf, die einhergeht mit der berechtigten Angst und der Sorge darum, wie sich die Dinge, etwa die

Schwierigkeiten, in denen sich Johannes der Täufer befand, in der Zwischenzeit entwickelt haben.

Schließlich verdichten sich Erleichterung und Traurigkeit, alles Sehnen und Hoffen, aber auch alle Sorge und aller Schmerz im Moment des Heimkommens, der so oft schon im Augenblick des Erlebens Enttäuschung ist. Enttäuschung, die unwillkürlich zu Tränen wird, zu reinigenden Tränen, die mein Heimkommen dennoch verklären und es zu Augenblicken ungetrübter Wahrhaftigkeit machen. So ein Augenblick ungetrübter, göttlicher Wahrhaftigkeit muß das Heimkommen – wie immer es geschah – auch für den aus der Wüste zurückkehrenden Jesus gewesen sein. Es war äußerlich betrachtet sicher kein allzu glücklicher Moment, denn Johannes wurde in der Zwischenzeit den politischen Verantwortlichen, welche diesen als gefährlichen Gegner empfanden, übergeben – Johannes und Jesus sind sich, nach dem Bericht des Markus-Evangeliums, nie mehr begegnet. Trotzdem muß das Zurückkommen Jesu, sein Heimkommen nach Galiläa für ihn eine einschneidende Erfahrung sein, denn aus ihr heraus formuliert Jesus jenes Wort, das uns der Evangelist Markus als erstes direktes Wort Jesu überliefert und dessen zentrale Aussage im Grunde eine Aufforderung zur Heimkehr ist. „Kehrt um!", das heißt doch – Macht euch auf den Rückweg! Kommt heim! In Anlehnung an den von ihm selbst gerade durchlebten Prozeß des Heimkommens versucht Jesus also den Menschen anfanghaft etwas von dem zu vermitteln, was er mit der „Basileia", dem „Königreich bzw. Königtum" und der „Heilsbotschaft" Gottes meint.

„Erfüllt ist die Zeit, und genaht das Königtum Gottes!" Heimkehr kann nicht unwillkürlich, ob es paßt oder nicht und aus allem herausgerissen geschehen, wirkliche Heimkehr verlangt einen guten, ja den besten Zeitpunkt. Einen Zeitpunkt, in dem Freiheit und Sehnsucht sich finden und die Einsamkeit zur Freundin wird. Und dieser Zeitpunkt zur Heimkehr in das Reich Gottes ist durch die Menschwerdung Jesu für uns alle eröffnet. Denn in der Menschwerdung Jesu ist das Königtum Gottes genaht bzw. uns ein Stück entgegengekommen, ist eine Annäherung Gottes geschehen und damit eine Erhellung und Aufklärung jeder erlebbaren Wirklichkeit. In seinem Menschsein ist uns die Heilsbotschaft Gottes zugesagt, die uns glauben lehrt, daß alle irdisch-menschliche Wirklichkeit von Gott her als Heilswirklichkeit gedacht ist. Es gibt keine Stunde und keinen Augenblick, die davon ausgenommen sind, Heilswirklichkeit zu sein. Diese Botschaft rückt jede Phase meines

Lebens in ein neues Licht und macht die Gegenwart, ja jeden Moment meines Tages, zum unverzichtbaren Teil meiner Heilsgeschichte.

Im Bewußtsein dieser Heilsbotschaft kann der Heimweg beginnen. Mit neuer Aufmerksamkeit und neugieriger Wachheit für das je Hier und je Jetzt wird dies ein spannender Weg sein, der mich auf dem Rückweg weiterführt, auf dem Rückweg in meine eigenen, zum Teil kraftvoll, zum Teil zögernd gesetzten und zum Teil schon verblaßten Spuren, in denen mein Suchen nun zum Finden und meine Unerfülltheit zur Kraft werden.

Der Weg ins Reich Gottes – ein Heimweg.

Lassen Sie mich das Schlußwort wieder einer großen Literatin erteilen, Hilde Domin, die es versteht, diese für mich faszinierende und wahrhaft anziehende Aussage des heutigen Evangeliums in einem Bild einzuholen, wenn sie schreibt:

Am Haus meiner Kindheit
blühte
im Februar
der Mandelbaum.

Ich hatte geträumt,
er werde blühen.

Am Haus meiner Kindheit
blühte
im Februar
der Mandelbaum.

Ich hatte geträumt,
er werde blühen.

Christiane Koch

Ein Gedicht aus Indien, einen Wort gewordenen Traum vom Gottesreich möchte ich Ihnen mitgeben in diesen Sonntag und in die österliche Bußzeit:

„Wir wollen nicht mehr länger warten,
und ihr könnt uns nicht mehr stoppen.
Wir stehen am Rande des neuen Jahrtausends,
hinter uns der Regen, vor uns neue Zeichen.
Die Angst schmeckt bitter auf unseren Zungen.
Es ist nichts übrig, das wir verlieren können oder gewinnen:
Brot, reine Luft, Frieden.
Eine Frauenstimme singt irgendwo in der Nähe:
Die Ernte läßt sie im Stich.
Magische Worte auf einem Blatt Papier. Wir wollen verstehen:

Eine Wunde, die heilt.
Ein Kind, ein gewolltes.
Ein Gefangener frei.
Die Unantastbarkeit des Körpers geachtet.
Die Arbeit gleich und gerecht bezahlt.
Keine Hand erhoben, außer zu grüßen.
Sicher die Innenräume, das Herz, das Haus, das Land.
Land so stark, daß es keine gesicherten Grenzen mehr braucht.
Und überall Lachen und Tanzen
und jeder besorgt um den andern.
Kein Traum mehr – irgendwann,
ein weltlicher Himmel im Jetzt –
ist das dann DEIN REICH?"

Zweiter Fastensonntag

Es wird viel gekriselt in dieser Zeit. In der Gesellschaft, aber auch in der Kirche ist der Begriff Krise zu einem häufig und immer häufiger verwendeten Terminus geworden. Und in der Tat, wegleugnen kann man sie nicht, die Krise. Kirchenkrise, Glaubenskrise, Gotteskrise. Ich glaube weniger, daß Gott in die Krise geraten ist, obwohl dies mehr als verständlich wäre, wenn er uns so zuschaut, wie wir uns und seine Schöpfung zurichten. Aber das mit der Glaubenskrise, das wird wohl zutreffen: Wir in der Kirche trauen uns und ihm nichts mehr zu. Wir verlassen uns nicht mehr auf das Unfaßbare der Liebe Gottes, wähnen alles mit unserem kleinen Verstand ausloten und erklären zu können, und wenn das irgendwo nicht mehr geht, dann lassen wir es einfach, ziehen uns in uns selbst zurück und bejammern die Krise. Er aber, unser Schöpfer, baut auf unser Vertrauen zu ihm, will, daß wir uns auf ihn einlassen, damit er wirksam werden kann in unserem Leben.

Abraham – auf den wir uns in unserer christlichen Tradition als unseren Stammvater berufen – war da von einem anderen Zuschnitt. Er hörte Gottes Stimme, die zu ihm sprach: „Nimm deinen Sohn, deinen einzigen, den du liebst, Isaak, geh in das Land Morija, und bring ihn dort auf einem Berg, den ich dir nennen werde, als Brandopfer dar."

Abraham schrie nicht auf ob dieser Ungeheuerlichkeit, daß Gott ihn dazu bringen wollte, jenen Sohn zu opfern, den er selbst ihm geschenkt hatte in seinem und Saras hohem Alter. Das mußte doch in seinen Ohren total absurd geklungen haben. Er aber vertraute seinem liebenden Gott, war sicher, daß er eine so schreckliche Tat niemals zulassen würde, wußte in seinem Herzen, daß er nur die Unbedingtheit, die Kraft seines Glaubens prüfen wollte, und machte sich auf den Weg. Aber Gott ließ ihn weit, ließ ihn bis fast ans Ende gehen. Erst als er den mit einem scharfen Messer bewaffneten Arm über dem geliebten Sohn erhob, hörte er den Engel Gottes seinen Namen rufen: „Streck deine Hand nicht gegen den Knaben aus, und tu ihm nichts zuleide! Denn jetzt weiß ich, daß du Gott fürchtest; du hast mir deinen einzigen Sohn nicht vorenthalten."

Den Glauben eines Menschen wollte er prüfen, aber er wollte ihn nicht schuldig werden lassen am eigenen Fleisch und Blut. Was er aber dem Menschen Abraham ersparte, mutete er sich selber zu auf der Schädelstätte über Jerusalem, denn er hatte schon das Kreuz im Blick, als er sich auf dem Berg der Verklärung vor den Propheten des Alten Bundes und den Jüngern offen zu ihm bekannte.

DIES IST MEIN GELIEBTER SOHN, AUF IHN SOLLT IHR HÖREN.

Mk 9,2–10

Sechs Tage später nahm Jesus die drei Jünger Petrus, Jakobus und Johannes mit sich und führte sie auf einen hohen Berg. Sonst war niemand bei ihnen. Vor den Augen der Jünger ging mit Jesus eine Verwandlung vor. Seine Kleider wurden so leuchtend weiß, wie es keiner auf der Erde machen kann. Auf einmal sahen sie Elija und Mose bei Jesus stehen und mit ihm reden. Da sagte Petrus zu Jesus: „Wie gut, daß wir hier sind, Lehrer! Wir wollen drei Zelte aufschlagen, eins für dich, eins für Mose und eins für Elija." Aber er wußte gar nicht, was er sagte, denn er und die beiden anderen waren vor Schreck ganz verstört. Da kam eine Wolke und warf ihren Schatten über sie. Eine Stimme aus der Wolke sagte: „Dies ist mein Sohn, dem meine ganze Liebe gilt; auf ihn sollt ihr hören!" Dann aber, als sie um sich blickten, sahen sie niemand mehr, nur Jesus war noch bei ihnen.
Während sie den Berg hinunterstiegen, befahl ihnen Jesus: „Sprecht mit niemand über das, was ihr gesehen habt, bis der Menschensohn vom Tod auferstanden ist!" Sie griffen dieses Wort auf und fingen an zu erörtern, was denn das heiße, vom Tod auferstehen.

(Die Gute Nachricht)

Karl Rottenschlager, der Gründer und Leiter der Emmausgemeinschaft St. Pölten, stellt in seinem Evangelien-Kommentar auch einen Bezug zum Alten Testament her – aber nicht zur Gestalt des Abraham, sondern zu Mose.

Die Verklärungsszene des heutigen Evangeliums entstand vermutlich in Anlehnung an die Mose-Geschichte des Alten Testaments. Im Buch Exodus heißt es: „Als nun Mose auf den Berg stieg, bedeckte die Wolke den Berg. Und die Herrlichkeit des Herrn ließ sich auf dem Sinai nieder ...“ (Ex 24). Bei allen Gemeinsamkeiten zwischen der Verklärungsgeschichte und der Erzählung vom Bundesschluß am Sinai – die Unterschiede sind nicht zu übersehen:

– Jesus wird, im Gegensatz zum Propheten Mose, „Mein geliebter Sohn“ genannt.
– Mose führte das Volk aus der Sklaverei Ägyptens heraus, Jesus wird zum Anführer ins ewige Leben der Auferstehung.

Gerade im Kontrast und in der Abhebung zur Mose-Geschichte wird Jesus als Sohn Gottes ins Zentrum gestellt, um das Überbietende und Neue seiner Sendung zu bezeugen. Es geht um eine visionäre Vorwegnahme und Vorahnung der Vollendung des Weges Jesu in Gottes Auferstehungsherrlichkeit.

Daß die beiden Prophetengestalten Mose und Elija mit Jesus reden, soll ein Doppeltes zum Ausdruck bringen: Sie bezeugen für das Judentum den kommenden messianischen Heilsbringer, und sie sind Vorläufer des Messias. Jesus wird als der lang ersehnte, endzeitliche Heilsbringer ausgerufen, auf den die Glaubenden hören sollen.

Hilflosigkeit, Niederfallen und Furcht sind die Reaktionen der Jünger – sie bringen die Betroffenheit jener zum Ausdruck, die mit dem Göttlichen in Berührung kommen. Mit den Jüngern wird die Gemeinde belehrt, daß der Menschensohn viel leiden, verworfen und getötet werden muß. Doch am Horizont leuchtet die Verheißung auf: „Nach drei Tagen wird er auferstehen.“ – Die Kernaussage, mit der Markus auch uns heute treffen möchte, lautet: Jesus ist Gottes geliebter Sohn, der nicht im Tode bleibt, sondern zur Herrlichkeit bei Gott berufen ist.

Der Blick auf den Verklärten ist ein Anruf, auch an Jesus als den Gekreuzigten noch zu glauben und ihm zu folgen. Der Evangelist will ermutigen, in Drangsalen und Verfolgungen nicht schwach zu werden.

Die Lehre für die Gemeinde ist, daß zur Faszination der Weggemeinschaft mit Christus auch Widerspruch, Ablehnung und lebensbedrohliche Situationen gehören können. Die Verklärungsszene ist letztlich nur von Ostern her verstehbar: Der dem Tod Entrissene ist der Sohn Gottes, der Messias und Herr der Geschichte. Er allein kann alles wandeln. In Ihm bricht sich das Reich Gottes Bahn: in seinem Wort, in seinem Schweigen, in seinen Wundertaten ebenso wie in seiner Leidensgeschichte. Liebe war seine Passion ...

Doch die Passion Jesu setzt sich fort in allen, die heute leiden. In der Begegnung mit den Aussätzigen unserer Tage ließ Gott auch mich verstehen, daß es keinen bevorzugten Ort gibt, wo Gott wohnt. Überall ist heiliger Boden. Ausgerechnet in der sogenannten schlechten Gesellschaft, durch meinen Dienst unter den Gefangenen in Stein, ging mir auf: Alles in meinem Leben ist Teil der Passion Jesu. Doch alles in meinem Leben ist auch Teil der Auferstehung Jesu.

Die Geschichte der Offenbarung Gottes findet zweifelsohne in Christus ihren Höhepunkt. „Doch das große Geheimnis des Christentums ist", nach einem Wort von Teilhard de Chardin, „nicht das Erscheinen, sondern die Transparenz Gottes im Universum ... Nicht der Strahl, der streift, sondern der Strahl, der durchdringt. Nicht die Epiphanie, sondern die Diaphenie Jesu". Dieses Durchscheinen Gottes in allen Dingen, dieses Durchschimmern einer verborgenen Gegenwart, die alles eint, trägt und verwandelt, ist das Geheimnis, aus dem auch ich lebe.

Robert z. B. war zehn Jahre in Haft, meist wegen Delikten, die er in alkoholisiertem Zustand verübte. Da er die vereinbarte Therapie nicht antrat, mußte ich ihn aus der Emmausgemeinschaft entlassen. Er bedrohte mich daraufhin massiv, und wir trennten uns unversöhnt. Vier Monate später besuchte mich ein völlig veränderter Robert. Er entschuldigte sich für seine Beschimpfungen und meinte: „Ich habe inzwischen eingesehen, daß ich es ohne Entwöhnungskur nicht schaffe. Ich bin bereits in stationärer Behandlung."

In einem Lied, das die Jugendlichen gerne bei den internationalen Taizé-Treffen singen, heißt es: „Christus, Dein Licht verklärt unsere Schatten. Lasse nicht zu, daß das Dunkel zu uns spricht." Im meditativen Singen dieses Liedes ging mir auf, daß wir im Schauen auf das Antlitz Christi selbst verwandelt werden. Ziel unserer christlichen Existenz ist es ja, in das Bild Christi verwandelt zu werden, so daß jeder von uns Christus auf einmalige Weise widerspiegelt. Dort, wo diese Wandlung in Christus zu greifen beginnt, können sogar tiefe Wunden heilen und zu Quellen der Liebe werden.

Daß diese Gemeinschaft mit Christus nichts mit Duckmäusertum zu tun hat, sondern sehr viel mit Gerechtigkeit, Frieden und – wenn nötig – auch mit gewaltfreiem Widerstand, hat z. B. Nobelpreisträger Carlos Belo, Bischof von Osttimor, unter Einsatz seines Lebens bewiesen.

Oder Ruth Pfau: Sie kämpft seit 40 Jahren in Pakistan erfolgreich gegen Lepra an. Sie widersteht dem Terror islamischer Fundamentalisten und engagiert sich für die Menschenrechte. Während einer Begegnung mit ihr wurde mir klar: Diese Ärztin und Ordensfrau ist von einer unzerstörbaren Hoffnung, von der Kraft der Liebe Christi getragen, einer Kraft, die offenbar alle Widerstände überwindet. Darum konnte sie auch sagen: „Der Mensch ist zum Glück geboren. Im Kleinen läßt sich die Welt verändern, schon jetzt … Auch wenn meine Erfahrung tausendfach dagegen spricht, meine Hoffnung weiß – ja, weiß es –, das letzte Wort wird Liebe sein."

Faszinierend und gleichzeitig beschämend ist für mich, wie sehr oft Menschen anderer Religionen oder Weltanschauungen im Geist der Seligpreisungen handeln. Harry Wu z. B. war Opfer der Laogai, der berüchtigten chinesischen Arbeitslager. Nach insgesamt 19 Jahren Haft flüchtete er in die USA. Seither ist er wiederholt illegal nach China eingereist, um die Leiden seiner Landsleute zu dokumentieren und der Weltöffentlichkeit bekanntzumachen. Dabei wurde er neuerlich verhaftet. In seinem Buch „Wer schweigt, wird schuldig" schreibt er: „Eines Tages wird das Wort Laogai so bekannt sein wie die Begriffe Holocaust und Gulag. Irgendwann wird es ein Laogai-Museum geben, in dem unsere Kinder von der chinesischen Leidensgeschichte erfahren."

In Begegnungen mit Verantwortlichen von Emmausgemeinschaften anderer Erdteile, aber auch in der Begleitung von Ausgegrenzten in unserem Land darf ich immer wieder Zeuge dafür sein, daß die Auferstehung Christi heute geschieht. Ich weiß, daß mein Erlöser lebt.

Und ich weiß, daß Gott ausnahmslos jedem Menschen – täglich neu – versichert: Du bist mein geliebter Sohn! Du bist meine geliebte Tochter! An dir habe ich meine Freude!

Ich wünsche uns allen, mit den Worten von Klaus Hemmerle, neue Augen:

„Osteraugen,
die im Tod bis zum Leben,
in der Schuld bis zur Vergebung,

in der Trennung bis zur Einheit,
in den Wunden bis zur Herrlichkeit,
im Menschen bis zu Gott,
in Gott bis zum Menschen,
im Ich bis zum Du
zu sehen vermögen.
Und dazu alle österliche Kraft!“

Karl Rottenschlager

Dritter Fastensonntag

Die Texte der katholischen Messe an diesem dritten Fastensonntag des Lesejahres B verdeutlichen die ganze Spannung, in der jene stehen, die sich Christen nennen. Die erste Lesung aus dem Buch Exodus zeigt uns Jahwe, den Gott des Sinai, der Mose sein Gesetz diktiert und von sich sagt: „Ich, der Herr, dein Gott, bin ein eifersüchtiger Gott." Die Zweite Lesung aus dem ersten Brief, den Paulus an die Gemeinde von Korinth geschrieben hat, verweist auf ein ganz anderes Gottesbild, auf den Gott, der sich in Jesus klein gemacht und auf dem Kreuz über Golgotha aufs Äußerste erniedrigt hat: für die Juden ein Ärgernis, für die Heiden eine Torheit. Und im Evangelium nach Johannes schließlich sehen wir einen Jesus, dem nichts Mildes und Gütiges anhaftet, sondern der mit der Geißel die Händler aus dem Tempel treibt.

Der ägyptische Jesuit P. Henri Boulad hat in der Reihe „Aufbrüche" im vergangenen Advent über das bei Paulus beschriebene Ärgernis des christlichen Gottes meditiert. Unter anderem sagte er damals: „Das Mysterium der Inkarnation dieses ins Fleisch gefahrenen Gottes, der sich in eine Menschengeschichte hineinbegibt, widerspricht der jüdischen und der philosophischen Gotteskonzeption. Dieser gedemütigte, gekreuzigte Gott muß für einen jüdischen wie einen muslimischen Geist unbegreifbar bleiben. Aber auch viele, wenn nicht sogar die meisten Christen hängen noch dem alttestamentlichen oder dem griechischen Gottesbild an; und leider hat auch die Kirche diese Revolution bis heute versäumt, die Bilder des Evangeliums offenkundig verdrängt. Sie benutzt bis heute Begriffe, die auf einen Herrschergott zielen, auf einen orientalischen Potentaten, einen unendlich fernen, allmächtigen, eifersüchtigen Gott, vor dem man erzittern muß, wie der Gott des Sinai. Der Gott Jesu Christi ist genau das Gegenteil. Er ist ein leidender, ein gedemütigter, ein Gott-mit-uns. Das ist die wichtige Offenbarung, aber eben eine, die skandalisiert. Die Juden erwarten Zeichen, und die Griechen suchen Weisheit. Wir aber predigen einen gekreuzigten Gott, und das ist für die Juden ein Skandal und für die Griechen eine Torheit." – Soweit P. Henri Boulad, der seine Meditation mit einem spontan formulierten Gebet abschloß: „Herr, laß mich begreifen, daß ich durch die Hinwendung zu Jesus mein eigenes

Geheimnis entdecken und dazu beitragen kann, daß die Geschichte einen anderen Verlauf nimmt und endlich dorthin geht, wo universelle Geschwisterlichkeit gelebt werden kann. Das aber wird nur möglich sein, wenn alle Menschen den Weg annehmen, den du in Jesus gegangen bist. Die Geschichte ändert ihr Gesicht, wenn Menschen dein Geheimnis entdecken, den Skandal, das Ärgernis des christlichen Gottes."

DER EIFER FÜR DEIN HAUS VERZEHRT MICH.

Joh 2,13–25

Als das Passafest näherkam, ging Jesus nach Jerusalem. Im Tempel fand er Händler, die Ochsen, Schafe und Tauben verkauften; auch Geldwechsler saßen dort an ihren Tischen. Da machte er sich aus Stricken eine Peitsche und trieb alle Rinder und Schafe aus dem Tempelbezirk. Er stieß die Tische der Geldwechsler um und warf ihre Geldstücke auf den Boden. Den Taubenverkäufern befahl er: „Schafft das hier weg! Macht aus dem Haus meines Vaters keine Markthalle!" Später erinnerten sich seine Jünger an das Wort in den heiligen Schriften: „Die Liebe zu deinem Haus verzehrt mich wie ein Feuer."
Die führenden Männer fragten ihn: „Woran können wir erkennen, daß du so etwas tun darfst? Gib uns einen Beweis!" Jesus antwortete ihnen: „Reißt diesen Tempel nieder, und in drei Tagen werde ich ihn wieder aufbauen!" Sie hielten ihm entgegen: „Für den Bau dieses Tempels wurden sechsundvierzig Jahre gebraucht, und du willst ihn in drei Tagen wieder aufbauen!"
Mit dem Tempel meinte Jesus aber sich selbst. Als er später vom Tod auferstanden war, erinnerten sich seine Jünger an dieses Wort. Da glaubten sie den heiligen Schriften und dem, was Jesus selbst ihnen gesagt hatte.
Während sich Jesus das Passafest über in Jerusalem aufhielt, sahen viele die Wunder, die er tat, und faßten Vertrauen zu ihm. Aber Jesus hielt sich zurück, weil er sie alle durchschaute. Über die Menschen brauchte ihm keiner etwas zu sagen, denn er wußte genau über sie Bescheid.

(Die Gute Nachricht)

„Kein Zuckerwasser-Christus ist das, kein Süßholzraspler. Dieser Abschnitt aus dem Evangelium reißt unsere braven Bilder von einem harmlosen Jesus von den Wänden und Altären" – so begann P. Anton Rotzetter, der streitbare Kapuziner aus der Schweiz vor drei Jahren seinen Evangelienkommentar am dritten Fastensonntag. Auch der Steylermissionar und Theologieprofessor P. Gottfried Vanoni versucht nicht ihn zu schönen, wenngleich er sich eher den im Evangelium zitierten Stellen aus dem Alten Testament zuwendet und immer wieder die Frage stellt: „Was hätte Jesus mit Hilfe des Alten Testaments bei uns Christen zu kritisieren?"

KOMMENTAR

Wer mit dem Leben Jesu, wie es die Evangelien darstellen, einigermaßen vertraut ist, wird bei der Lektüre des Johannesevangeliums vielleicht doch überrascht sein. Denn während die übrigen Evangelien die sogenannte Tempelreinigung mit Jesu Lebensende verbinden, stellt sie das Johannesevangelium an den Beginn des öffentlichen Lebens Jesu. Auf das Familienfest im heimatlichen Galiläa, die Hochzeit zu Kana, folgt wie ein Paukenschlag Jesu Angriff auf den Tempel in der Hauptstadt Jerusalem. Was sich bei den übrigen Evangelien erst langsam herauskristallisiert, steht bei Johannes von Anfang an fest: Dieser Jesus ist keine harmlose Gestalt. Seine Parole heißt nicht: „Religion als Privatsache". Jesus ruft die Königsherrschaft Gottes aus. Wenn die Menschen Gott als König anerkennen, wird das nicht ohne soziale, politische und ökonomische Konsequenzen bleiben. Es muß zu Umbrüchen in der menschlichen Gesellschaft führen. Denn Gott fordert den ganzen Menschen in all seinen Lebensbereichen.

Johannes zieht die Tempelreinigung an die Spitze des öffentlichen Lebens Jesu, weil er erkannt hat: Der Angriff auf den Tempel war der folgenreichste Auftritt Jesu. Er traf damit den Nerv des Judentums Palästinas. Der Tempel war ja mehr als ein religiöses Zentrum. Er verschaffte der priesterlichen Aristokratie viele Einkünfte. Aber auch ein Großteil der Jerusalemer Bevölkerung lebte vom Tempel. Die vielen Pilger belebten das Gastgewerbe. Tausende Familien lebten von der Großbaustelle Tempel. „Sechsundvierzig Jahre wurde an diesem Tempel gebaut", sagen die Juden im Evangelium (Joh 2,20). Man wird noch fast vierzig Jahre weiterbauen. Wegen dieser Verknüpfung mit sozialen und wirtschaftlichen Belangen war die Tempelfrage brisanter als die Messiasfrage.

Durch Jesu Angriff auf den Tempel ausgerechnet zur Zeit des Paschafestes stand vor allem der römische Prokurator unter Zugzwang. Weil viele Menschen aus den aufruhranfälligen Schichten Jesus folgten, beschloß Pilatus, an Jesus das Exempel der Kreuzigung zu statuieren. Seine kritischen Tempelworte konnte er als formale Rechtsgrundlage für Verbrechen gegen die Staatssicherheit benützen (vgl. Clemens Thoma, Das Messiasprojekt).

Nun zieht Johannes nicht einfach nur die Tempelreinigung an die Spitze des Evangeliums, er spitzt auch sonst alles auf die Tempelfrage zu. Dadurch erscheint Jesus kämpferischer als in den übrigen Evangelien. Johannes redet plakativ von *den* Juden als den Gegnern Jesu. Alles läuft auf einen Bruch mit dem Judentum hinaus. Nach den anderen neutestamentlichen Zeugnissen war dies jedoch nicht die Situation der ersten christlichen Gemeinden. Die Mitglieder der Urkirche nahmen noch wie selbstverständlich am Tempelgottesdienst teil. Bei Johannes ist die Zerstörung des Tempels durch die Römer im Jahre 70 nach Chr. vorausgesetzt. Ich höre eine leise Schadenfreude und viel Polemik heraus.

Wie soll man damit umgehen? Eines ist klar: Mag man auch für die Polemik zum damaligen Zeitpunkt Verständnis aufbringen – nach fast 2000 Jahren Geschichte zwischen Juden und Christen darf manches im Johannesevangelium nicht mehr kommentarlos stehenbleiben. Mir half ein Blick auf die alttestamentlichen Zusammenhänge, aus denen die drei Bibelzitate stammen, welche die Evangelisten in die Darstellung der Tempelreinigung eingeflochten haben. Die Zitate können helfen, einen Mittelweg zu finden zwischen einer Anknüpfung an die jüdische Tempeltradition und dem Bruch mit ihr. Sie können uns Christen helfen, das Neue Testament nicht judenkritisch zu lesen, sondern christenkritisch.

Erstes Zitat: „Mein Haus soll ein Haus des Gebetes für alle Völker sein" (Mk 11,17 = Jes 56,7). Das Gotteswort aus der Zeit nach dem babylonischen Exil gewährt Menschen Einlaß in den Jerusalemer Tempel, denen er in vorexilischer Zeit verwehrt war. Die Leiden des Exils haben Israel weit denken gelehrt: „Der Fremde [...] soll nicht sagen: Sicher wird der Herr mich ausschließen aus seinem Volk. Der Verschnittene soll nicht sagen: Ich bin nur ein dürrer Baum. Denn so spricht der Herr: [...] Mein Haus wird ein Haus des Gebets für alle Völker genannt" (Jes 56,3–7). Wenn Jesus dieses Wort bei Jesaja zitiert, dann wendet er sich nicht gegen die jüdische Tradition, sondern gegen eine zu enge Auslegung dieser Tradition. Bei Ausgrabungen im Tempelareal wurde eine Inschrift folgenden Inhalts gefunden: „Kein Fremdstämmiger darf in das um das Heiligtum herumführende Gitter und Gehege eindringen. Wer dabei ergriffen wird, muß sich selbst die Folge zuschreiben: den Tod." Was würde Jesus bei uns Christen mit Hilfe des Alten Testamentes kritisieren? Vor der Gewissenserforschung wäre es gut, Ausgrabungen innerhalb christlicher Areale vorzunehmen.

Zweites Zitat: „Ist denn dieses Haus, über dem mein Name ausgerufen ist, eine Räuberhöhle geworden?" (Mk 11,17 = Jer 7,11). Das Zitat stammt aus einem Gotteswort, das Jeremia seinen Zeitgenossen überbringen mußte und das ihm das Todesurteil eingebracht hat; auf Intervention einiger Ältester, denen tempelkritische Worte früherer Propheten in Erinnerung waren, ist er dann freigelassen worden. Das Gotteswort richtet sich gegen selbstsicheres Vertrauen auf religiöse Einrichtungen: „Vertraut nicht auf die trügerischen Worte: Der Tempel des Herrn, der Tempel des Herrn, der Tempel des Herrn ist hier! Denn nur wenn ihr euer Verhalten und euer Tun von Grund auf bessert, wenn ihr gerecht entscheidet im Rechtsstreit, wenn ihr die Fremden, die Waisen und Witwen nicht unterdrückt, unschuldiges Blut an diesem Ort nicht vergießt und nicht anderen Göttern nachlauft zu eurem eigenen Schaden, dann will ich bei euch wohnen hier an diesem Ort" (Jer 7,4–7). Wiederum: Was hätte Jesus mit Hilfe des Alten Testamentes bei uns Christen zu kritisieren?

Drittes Zitat: „Der Eifer für dein Haus verzehrt mich" (Joh 2,17 = Ps 69,10). Jesu Jünger erinnern sich an Psalm 69. Er gehört zu den im Neuen Testament am meisten zitierten Psalmen. Es ist das Gebet eines Menschen, der wegen seines gottgefälligen Lebens verfolgt wird: „Deinetwegen erleide ich Schmach, und Schande bedeckt mein Gesicht. Entfremdet bin ich den eigenen Brüdern, den Söhnen meiner Mutter wurde ich fremd. Denn der Eifer für dein Haus hat mich verzehrt; die Schmähungen derer, die dich schmähen, haben mich getroffen" (Ps 69,8–10). Am Ende des Psalms wird deutlich, in welchem Sinn der Verfolgte für das Haus Gottes geeifert hat: „Ich will den Namen Gottes rühmen im Lied, in meinem Danklied ihn preisen. Das gefällt dem Herrn mehr als ein Opferstier, mehr als Rinder mit Hörnern und Klauen. Schaut her, ihr Gebeugten, und freut euch; ihr, die ihr Gott sucht: euer Herz lebe auf! Denn der Herr hört auf die Armen, er verachtet die Gefangenen nicht" (Ps 69,32–34). Ähnlich wie viele andere alttestamentliche Texte richtet sich der Psalm gegen einen aufwendigen Opferkult, bei dem die, die nichts zu bieten haben, die sich keine Wallfahrt und keine Opfertiere leisten können, das Nachsehen haben: die Armen und Geringen. Wiederum: Was würde Jesus bei uns Christen mit Hilfe des Alten Testamentes kritisieren? Vielleicht nicht unbedingt einen aufwendigen Kult, wohl eher eine Religiosität, die den Alltag aus dem Glauben heraushält. Jesus ist keine harmlose Gestalt. Er eifert für ein Christsein „mit ungeteiltem Herzen“.

Gottfried Vanoni

Die drastischen Gesten und Worte, die uns Johannes von Jesus überliefert, zielen natürlich auf die Reinhaltung des Hauses, auf die Heiligung des Tempels. Aber indem Jesus sich selbst, seine eigene Person in das Bild vom Tempel einbringt, verweist er auch auf uns, auf jede menschliche Person, die zum Tempel Gottes werden soll, rein gehalten und geheiligt – und das ist einmal mehr die Einladung zur Umkehr, zur Umkehr aus dem Glauben. Und hier noch einmal P. Henri Boulad: „Wenn wir den Teufelskreis von Macht und Gewalt, von Egoismus und Haß durchbrechen, kann sich alles ändern und wir können in eine andere, in eine neue Geschichte eintreten. Diese Geschichte, die an sich mit Jesus begonnen hat, hat den Menschen den Weg der Liebe gezeigt, den Weg wirklicher Humanität. Wir haben es allerdings versäumt, ihn zu gehen.“

Diese Feststellung Henri Boulads birgt allerdings auch eine Chance in sich, nämlich jene, uns endlich aufzumachen und in die richtige Richtung zu gehen, die Umkehr zur Liebe zu wagen.

Noch einmal hat der Vater den Sohn bezeugt, bevor der Weg ins Tal sich öffnet, der ihn hineinführen wird in die letzte Bewährung, in die Tiefe einer letzten Auseinandersetzung mit seinen Gegnern und mit seiner eigenen Angst. Diese Gestalt des Schmerzes, des leidenden Gottesknechtes, wo kann ich ihr heute begegnen? Wohl nicht im gotischen oder barocken Innenraum der Kirchen, auch nicht in der Stille moderner Meditationsräume. Ich begegne ihr nur dort, wo er ist: im geringsten, im ärmsten, im ausgestoßensten meiner Brüder, in der getretensten, geschändetsten meiner Schwestern.

Vierter Fastensonntag

Selbst Steine sind nicht, was sie waren, und werden nicht sein, was sie sind. Unbändige Lebenskräfte aus dem Inneren unserer Mutter Erde haben die Gebirge auf- und umgefaltet. Vulkane in den Tiefen des Meeres haben Inseln geboren und sie auf die Reise durch die Ozeane geschickt. Neulich konnte man in eindrucksvollen Bildern die Geburt und Wanderschaft der karibischen Inselwelt und die Entstehung der zentralamerikanischen Landbrücke sehen. Solche und ähnliche Prozesse bestimmten nicht nur die Vergangenheit der Erdgeschichte, sondern setzen sich fort. Nur merken wir Menschen nur selten etwas davon, weil unsere Zeit zu kurz bemessen ist. Pflanzen- und Tierarten entstehen, mutieren, verwandeln sich mit der Änderung von Lebensbedingungen. Und wenn heute weniger Arten entstehen als zerstört werden, so liegt dies weniger im ewigen „Stirb und Werde" der Natur, sondern an den Zerstörungskräften, die wir Menschen mit unseren Stoffströmen in die Natur einbringen.

Und bei uns Menschen? – Mensch sein heißt, immer noch Mensch werden. Wir bleiben nicht, was wir waren, und werden anders, als wir heute sind. Die Dynamik des Lebens durchpulst uns von der Geburt bis zu unserem Tode. Aber nicht nur unsere Körperzellen sind ständigen Veränderungen unterworfen, sondern auch das, was den inneren Menschen angeht. Unser Geist, unsere Seele haben jeden Tag die Chance, sich zu verändern und weiter zu wachsen, aus sich heraus zu wachsen, sich selber zu übersteigen auf Gott und unsere Vollendung zu.

Das hat auch der Apostel Paulus im Blick, wenn er an die Epheser schreibt: „Gott, der voll Erbarmen ist, hat uns, die wir infolge unserer Sünden tot waren, in seiner großen Liebe, mit der er uns geliebt hat, zusammen mit Christus wieder lebendig gemacht. Dadurch, daß er in Christus Jesus gütig an uns handelte, wollte er den kommenden Zeiten den überfließenden Reichtum seiner Gnade zeigen."

Sich dieser Gnade Gottes bedingungslos anzuvertrauen, ohne unsere Menschenhände untätig in den Schoß zu legen, darin liegt die größte Lebenschance für jeden, der sich diesem Immanuel, diesem Gott-mit-uns zuwendet und ihn zur Mitte seines Lebens macht. Für ihn gibt es ihn nicht, diesen Tod vor der Zeit, dieses egoistische Vor-sich-hin-Brüten, dieses Alles-Zusammenraffen, Alles-Festhalten, dieses erbärmliche Anklammern. Er kann der vollen Freiheit der Kinder Gottes teilhaftig werden und wachsen wie ein Rosenstrauch zur Frühlingszeit.

Gott liebte die Menschen so sehr, daß er seinen einzigen Sohn hergab. Nun wird jeder, der sein Vertrauen auf den Sohn Gottes setzt, nicht zugrunde gehen, sondern ewig leben.

In der Perikope vom 4. Fastensonntag aus dem Johannesevangelium geht es um ein tiefschürfendes Lehrgespräch, das Jesus mit Nikodemus, einem der damals führenden Männer Israels, in der Tiefe einer Nacht geführt hat. Wörtlich heißt es: „Eines Nachts kam Nikodemus zu Jesus und sagte zu ihm: ‚Wir wissen, daß Gott dich gesandt und dich als Lehrer bestätigt hat. Nur mit Gottes Hilfe kann jemand solche Taten vollbringen, wie du sie tust.‘ Jesus antwortete: ‚Ich versichere dir: nur wer von Neuem geboren ist, wird Gottes neue Welt zu sehen bekommen.‘“

Eine Weile noch geht der Dialog zwischen dem Alten und dem Jungen hin und her, Frage und Antwort, Antwort und Frage. Und dann kommt Jesus auf den zentralen Punkt, in dem er sich und seine letztendliche Berufung erkennt:

Joh 3,14–21

Jesus sagte zu Nikodemus: „Mose richtete den Pfahl mit der bronzenen Schlange sichtbar in der Wüste auf. Genauso muß auch der Menschensohn erhöht werden. Dann wird jeder, der ihm vertraut, durch ihn das ewige Leben finden. Gott liebte die Menschen so sehr, daß er seinen einzigen Sohn hergab. Nun wird jeder, der sein Vertrauen auf den Sohn Gottes setzt, nicht zugrunde gehen, sondern ewig leben. Gott sandte ihn nicht in die Welt, um die Menschen zu verurteilen, sondern um sie zu retten. Wer sich auf den Sohn Gottes verläßt, der wird nicht verurteilt. Wer sich aber nicht auf ihn verläßt, der ist schon verurteilt, weil er Gottes einzigen Sohn ablehnt. So wird das Urteil vollstreckt: Das Licht ist in die Welt gekommen, aber die Menschen hatten die Dunkelheit lieber als das Licht; denn ihre Taten waren schlecht. Jeder, der Böses tut, haßt das Licht und bleibt im Dunkeln, damit seine schlechten Taten nicht sichtbar werden. Aber wer der Wahrheit gehorcht, kommt zum Licht; denn das Licht macht sichtbar, daß er mit seinen Taten Gott gehorsam war.“

(Die Gute Nachricht)

Die Großbuchstaben O und T stehen hinter seinem Namen. Bei uns in der Rundfunksprache heißt das OT und steht für Originalton, also das, was wir als andere Stimme oder als Geräusch in unsere Manuskripte einbauen und von Band zuspielen. Bei P. Ewald Volgger steht dieses OT für Ordo Teutonico. Er ist Priester des Deutschen Ordens und lebt in einem Ordenshaus in Bozen, das schon vor einiger Zeit sein 800jähriges Bestehen gefeiert hat. Und zwischen dem Begegnungszentrum im sogenannten Weggensteiner Turm und der katholischen Fakultät in Brixen, an der er Liturgiewissenschaften unterrichtet, spannt sich der Arbeitsbereich des Südtirolers, der uns heute das Evangelium auslegt.

KOMMENTAR

Nikodemus: ein Mensch, ein Kundiger des jüdischen Glaubens, einer, der in seiner persönlichen Nacht, in seinem Noch-nichtverstehen-können, zum Rabbi Jesus kommt und das Gespräch mit ihm sucht. Er möchte in seiner persönlichen Glaubensauseinandersetzung und in der Begegnung mit dem, was Jesus verkündet hat, weiterkommen. Offensichtlich hat das, was Jesus zu sagen und was er getan hat, ihn in seinem Denken – auch in seiner Glaubensüberzeugung – in Frage gestellt.

„Wahr ist's“, so will Jesus seinem Gesprächspartner sagen, „daß jemand aus dem Wasser und dem Geist neu geboren werden muß.“ Nikodemus konnte nämlich nicht verstehen, wie ein altgewordener Mensch eine neue Geburt erfahren könnte. Das Gespräch, das die beiden miteinander führen, will den Zuhörern sagen, daß es neben der natürlichen Geburt aus dem Mutterschoß auch eine geistige Neugeburt geben kann, durch die der Mensch sich in ein neues Verhältnis zu sich selbst und zu Gott erfährt. Angesprochen ist dabei, was in der Taufe der Christen, im Initiationsgeschehen in die kirchliche Gemeinschaft, sich ereignet.

Im Gespräch des Nikodemus mit Jesus, das bewußt in die Nachtzeit hingesetzt ist, um zu sagen, daß hier Klarheit und Erhellung geschaffen werden muß, d. h. ein Erkenntnisprozeß anlaufen wird, klärt sich, daß es die Augen des Glaubens, die Augen des Herzens braucht, um zu verstehen. Es gilt nämlich, aus einer neu entstehenden und gewachsenen Beziehung zu Jesus zu erkennen, wer Jesus ist, was seine Botschaft ist und was diese seine Botschaft für unser Leben bedeutet. Jesus stellt sich dem Nikodemus als der vom Himmel Herabgestiegene, als der Sohn für die Menschen, vor. Das wäre das Ziel seines und unseres Erkennens, in Jesus den zu begreifen, der uns die Augen auf Gott hin öffnen kann.

Nun gibt der Evangelist Johannes folgendes aus der jüdischen Glaubensgeschichte zu bedenken. Jeder gläubige Jude wußte um die Erfahrung der Israeliten auf dem Weg zum Schilfmeer. Das Volk war der Wüstenwanderung überdrüssig geworden, es murrte und wünschte sich ins Sklavenhaus Ägypten zurück. Daraufhin schickte der Herr Giftschlangen, auf deren Bisse hin die Menschen starben. Der Not ausgesetzt, erkannten die Israeliten ihr Unrecht, es reute sie, und sie baten den Mose, bei Gott dafür einzustehen, daß sie verschont und befreit bleiben mögen vor weiteren Plagen. Mose, der nun zum Gott ihres Lebens betete, sollte eine anzufertigende Schlange auf eine Fahnenstange heften. Jeder, der zu dieser Schlange aufblicken werde, würde verschont und am Leben bleiben. Und dem war dann so. So bedeutete in Israel diese Begebenheit aus ihrer Geschichte, daß man dem rettenden und helfenden Tun Jahwes trauen darf.

Das Johannes-Evangelium schließt daraus im typologischen Vergleich, daß so auch der Sohn für die Menschen, Jesus, erhöht werden müsse, damit jeder an ihn Glaubende unendliches Leben habe. Denn Gott hat die Welt so sehr geliebt, daß er seinen einzigen Sohn dafür gibt. Darin soll Rettung und Erlösung der Menschen geschehen.

Nun ist zu fragen, was das näherhin bedeutet: Rettung – Erlösung.

Auf die Frage, wer Jesus ist, sagt das Johannes-Evangelium: Jesus verkündet die Liebe des Vaters; er führt ganz auf ihn hin. So ist Jesus in seiner Person das Zeichen des Vaters, wie die Schlange in der Wüste ein Zeichen des Vertrauens für Jahwe war. So wie die Schlange in der Wüste erhöht wurde, so sollte Jesus erhöht werden zum Vater, dem Gott des Lebens und der Menschen. Das hat sich ereignet in der Liebeshingabe Jesu am Kreuz. Am Kreuz hat der

Vater ihn verherrlicht, d. h. wieder hineingenommen in die ewige Existenz hinter der Schwelle des menschlichen Todes, in seine ursprüngliche Seinsweise. In diese ewige Existenz, in diese neue Seinsweise beim „Vater" sollte jedes menschliche Leben münden können, denn das ist seine Bestimmung. So hat Jesus die Auferstehungswirklichkeit verkündet und eröffnet.

Absicht und Wesen Jesu war und ist es, uns hineinzunehmen und hinzuführen in ein besonderes Vertrauensverhältnis zu seinem Abba-Vater, das er durch seine Ganzhingabe am Kreuz bestätigte. Dieses Vertrauensverhältnis hat er aufgebaut durch seine Begegnung mit den Menschen, vor allem mit den Schwachen, Armen und Notleidenden, für die er authentische Interpretation der Barmherzigkeit Gottes geworden war. Die Art und der Inhalt seiner Botschaft ist zugleich die Garantie, ihm und dem „Vater" glaubend vertrauen zu können. Jesus wollte uns Anteil geben an der Wirklichkeit seines Gottesverhältnisses.

Dieses Licht, nämlich Jesu helfende und rettende Botschaft menschlichen Lebens, zu erkennen, ist uns geschenkt und aufgetragen. Darin ereignet sich auch das angesprochene Gericht. Wenn wir Menschen es nicht verstehen, den Traum Gottes von den Menschen zu verwirklichen, wenn wir es übersehen, dem Gott unseres Lebens zu trauen und dadurch das Leben nach seinem geoffenbarten Wort zu gestalten, laufen wir Gefahr – und es gibt Belege genug dafür –, daß menschliches Leben im Großen wie im Kleinen der Hartherzigkeit, der gegenseitigen Gleichgültigkeit, ja sogar der buchstäblichen Wertlosigkeit ausgeliefert ist. Viele Formen der Finsternis greifen dann um sich. Das Licht aber kam in die Welt, um das Finstere zu verdrängen.

Die Vierzig-Tage-Zeit vor Ostern ist eine sakramentale Zeit. Sie ist von Gott geschenkt, damit wir durch den jährlichen Vollzug voranschreiten mögen im Erkennen des Geheimnisses Christi, so daß wir uns anklammern können an seiner liebevollen Anziehungskraft. Darin ereignet sich Umkehr.

Herr, unser Gott,
du hast in deinem Sohn
die Menschheit auf wunderbare Weise mit dir versöhnt.
Gib deinem Volk einen hochherzigen Glauben,
damit es mit froher Hingabe dem Osterfest entgegeneilt.
Darum bitten wir durch Jesus Christus.

(Tagesgebet)

Der Sinn der Vierzig-Tage-Zeit ist ein dreifacher: Die Taufkandidaten werden auf die Tauffeier in der Osternacht vorbereitet; die bereits Getauften erinnern sich ihrer Taufberufung und geben dem Geheimnis der Taufe wieder neue Kraft in ihrem Leben; die Sünder, die sich einer schweren Schuld bewußt sind, gehen einen Weg der Umkehr, der mit der Buß- und Versöhnungsfeier unmittelbar vor dem Osterfest endet. In dieser Zeit sollen sich die Gläubigen auch ihrer karitativen Berufung neu bewußt werden.

Dieser dreifache Aspekt der österlichen Vorbereitungszeit will das Vertrauensverhältnis mit Gott durch den auferstandenen Herrn in der Kraft der Beziehung festmachen und neu bestärken. Die Erinnerung an die Taufe durch die Lesungen in den Gottesdiensten, dann aber durch die entsprechenden katechetischen Hinführungen zur Taufe und zur Osternacht selbst läßt in uns wieder neu entdecken, was das persönliche Verhältnis zu Christus in unserem Leben bewirkt und bedeutet. Durch die Taufe sind wir aus dem Mutterschoß der Kirche neu geboren: Dieses Geheimnis beschäftigte den Nikodemus. Das Taufbecken erkennen wir symbolisch als den Mutterschoß der Kirche. Durch die Salbung kommt zum Ausdruck, daß wir mit dem Heiligen Geist, der Kraft der Beziehung, beschenkt sind; im Zeichen des Lichtes ist uns Christus überantwortet worden, damit wir selbst lichtende und leuchtende Menschen seien; das weiße Kleid bringt zum Ausdruck, daß wir die Haltung Christi angezogen haben und diese im Leben bezeugen wollen als unseren Beitrag zur Bewahrung der Schöpfung, für Gerechtigkeit und Frieden und zum Aufbau sozialer Strukturen. Das ist unsere Verantwortung, um dem Licht Raum zu geben in einer Welt, in der das Finstere seine Macht ausübt.

Nicht Gericht, sondern Rettung ist der Auftrag Jesu: der Person und dem Wesen Jesu nicht zu trauen bedeutet, sich auszuschließen aus dem Geschenk des Glaubensverhältnisses: der Rettung im Jetzt. Wenn Christus uns von Gott her unendliches Leben vermitteln wollte, dann ist damit nicht der Vertröstungsinhalt „Ewiges Leben“ gemeint. Hier und heute schon sollten wir anteilnehmen und anteilgeben, was uns verheißen ist als Gabe des Glaubens. Die Wirklichkeit unendlichen Lebens hat jetzt schon seine Auswirkung, es prägt die Gestaltung menschlichen Lebens, in dem wir Christus Raum geben. Im uneingeschränkten, unbedingten Vertrauen, das Gott ganz Raum gibt, liegt Jesu heilend-befreiende Ausstrahlungskraft. Solches vom Lebensbeispiel Jesu her ermöglichte Glauben und Vertrauen macht uns frei von lähmenden Blockierungen im Kleinen und im Großen.

Ob es dem Nikodemus deutlich geworden ist? – Dem erhöhten Herrn, dem Christus, der uns durch den Tod vorausgegangen ist hinein in eine neue Lebensqualität und Lebensgarantie, zu vertrauen läßt die Menschen nicht zugrunde gehen, sondern die Liebe seines und unseres Gottes erahnen und bezeugen. Gott ist treu, er wird das Gute, das er auch in „Dir“ begonnen hat, vollenden (vgl. 1 Thess 5,24). Das zu erkennen wird eine geistige Neugeburt sein.

Ewald Volgger

Ein Wort von Hans Urs von Balthasar möchte ich Ihnen mit in diesen Tag und in diese Fastenwoche geben: „Jeder ist, was er ist, ein Geliebter des ewigen Gottes, trotz allem, was er mir zu sein scheint. Im Glauben sehe ich hinter jedem die Liebe des Menschensohnes, und vielleicht desto mehr, je mehr dieser für ihn zu tragen hatte.“

Fünfter Fastensonntag

Der fünfte und letzte Fastensonntag ist angebrochen, und die dunklen Stunden in Gethsemani, der verzweifelte Schrei über Golgotha, aber auch das Halleluja des Ostermorgens sind zum Greifen nahe gerückt. Auch in den Texten der heutigen katholischen Sonntags-Liturgie ist diese Nähe spürbar. Die erste Lesung aus dem Buch Jeremia verweist auf den neuen Bund, den Jahwe durch Jesus, den Christus, mit seinem Volk schließen wird. Die Zweite Lesung aus dem Paulus-Brief an die Hebräer zeigt den Gekreuzigten und Auferstandenen als den Urheber allen Heils: „Als Christus auf Erde lebte, hat er mit lauten Schreien und unter Tränen Gebete und Bitten vor den gebracht, der ihn aus dem Tod retten konnte, und er ist erhört und aus seiner Angst befreit worden. Obwohl er der Sohn war, hat er durch Leiden den Gehorsam gelernt: zur Vollendung gelangt, ist er für alle, die ihm gehorchen, der Urheber des ewigen Heils geworden."

Er, der Verwandelte, wird später in den Kreis seiner Jüngerinnen und Jünger treten und ihnen einen Frieden zusprechen, den die Welt nicht kennt. Ebenso hat er eine andere Dimension des Gehorsams gelebt als jene, die Gesellschaft und Kirche uns da und dort abverlangen wollen, indem sie uns gerne als willenlose Befehlsempfänger hätten. Er hat gegen die Autoritäten des Staates und des Tempels Widerstand geleistet, zivilen Ungehorsam geübt, gerade weil er auf den Vater hörte, sich ganz seinem Willen anheimgab. Das ist von seinen Jüngern damals und heute gefordert: widerständig zu sein in ungerechten Strukturen, aufzustehen gegen lebensbedrohende Zerstörung und gleichzeitig aufmerksam hinzuhören auf die Stimme, mit der der Schöpfer das Gesetz des Lebens in uns eingepflanzt hat, und die Stunde anzunehmen, wenn er uns ruft.

DIE STUNDE

Die Stunde des Anrufes Gottes, um diese geht es im Leben Jesu, aber auch im Leben jedes und jeder Einzelnen – um die Stunde der Ganzhingabe, die Stunde der Entscheidung.

Joh 12,20–33

Unter denen, die zum Fest nach Jerusalem gekommen waren, um Gott anzubeten, befanden sich auch einige Nichtjuden. Sie gingen zu Philippus, der aus Betsaida in Galiläa stammte, und sagten zu ihm: „Wir möchten gerne Jesus kennenlernen." Philippus sagte es Andreas, und sie gingen beide zu Jesus. Er antwortete ihnen: „Die Stunde ist gekommen! Jetzt wird die Herrlichkeit des Menschensohns sichtbar werden. Ich sage euch: Das Weizenkorn muß in die Erde fallen und sterben, sonst bleibt es ein einzelnes Korn. Aber wenn es stirbt, bringt es viel Frucht. Wer sein Leben liebt, der wird es verlieren. Wer aber sein Leben in dieser Welt geringachtet, wird es für das ewige Leben bewahren. Wer mir dienen will, muß denselben Weg gehen wie ich, und wo ich bin, wird mein Diener dann auch sein. Mein Vater wird jeden, der mir dient, auszeichnen. Mir ist jetzt sehr bange. Was soll ich tun? Soll ich sagen: ‚Vater, laß diese Stunde an mir vorbeigehen?' Aber ich bin doch gekommen, um sie durchzustehen. Vater, bring deinen Namen zu Ehren!" Da sprach eine Stimme vom Himmel: „Ich habe meinen Namen schon zu Ehren gebracht und werde es wieder tun." Die Menge, die dort stand, hörte die Stimme, und einige sagten: „Es hat gedonnert!" Andere meinten: „Ein Engel hat mit ihm gesprochen." Aber Jesus sagte zu ihnen: „Diese Stimme rief nicht meinetwegen, sondern euretwegen. Jetzt fällt die Entscheidung über diese Welt. Jetzt wird der Herrscher dieser Welt gestürzt. Wenn ich von der Erde erhöht werde, will ich alle zu mir holen." Mit diesem Wort deutete er an, welche Todesart er erleiden sollte.

(Die Gute Nachricht)

Roman Kühschelm, Dozent und außerordentlicher Professor am Institut für neutestamentliche Bibelwissenschaft an der katholisch-theologischen Fakultät der Universität Wien. Der Weinviertler Bauernsohn aus Ulrichskirchen besuchte eine Internatsschule, studierte Theologie und Anglistik, ist verheiratet und Vater von drei Kindern. In seiner Homilie zum heutigen Evangelium läßt er seine Gedanken um den Begriff „Die Stunde" kreisen, diese wichtige, alles entscheidende Stunde.

Ich hab' geglaubt, mein letztes Stündlein hat geschlagen", sagen wir, um die Empfindung in einer äußersten Angst- und Notsituation auf den Punkt zu bringen. – Dem Jesus des Johannesevangeliums schlägt kein Stündlein, sondern „die Stunde". Sie ist endgültig „gekommen". Das bedeutet eine Wende im vierten Evangelium. Bisher hieß es immer, daß Jesu Stunde *noch nicht* gekommen war. Jetzt aber, da gottesfürchtige „Griechen" ihn sehen wollen, jetzt „ist die Stunde gekommen, daß der Menschensohn verherrlicht wird". Jesu Wort ist zunächst keine Antwort auf das Verlangen der „Griechen", es klingt fast wie eine Ausflucht. Aber offenbar muß noch etwas geschehen, bevor dem Wunsch der frommen Heiden entsprochen werden kann. Und das ist das Ereignis der „Stunde". In dieser Stunde geht es um den „Menschensohn". Das ist bei Johannes der irdische Jesus, dessen Geheimnis darin liegt, daß er von Gott kommt und wieder zu Gott erhöht wird. Und in dieser „Stunde" geht es um seine „Verherrlichung". – Aber wieso? Zunächst ist mit „Stunde" doch wohl sein Leiden, sein Tod, sein Ende im Blick. Es ist vom Absterben des Weizenkorns die Rede, vom Leben-Verlieren, von der Erschütterung, vom Gerettet-Werden aus der Stunde, vom Sterben am Kreuz. Doch dieses Sterben ist sogleich als „Verherrlichung" gesehen: Es „bringt viele Frucht", es führt „zum ewigen Leben", zur Ehrung durch den Vater. Und dieses Paradox gilt auch für jeden, der Jesus nachfolgt. Alle üblichen Bewertungen von Gewinn und Verlust verkehren sich, weil sich in dem einen, dem „Menschensohn", erwiesen hat, daß der Tod zum Leben führt, daß er nicht Erniedrigung, sondern Verherrlichung ist, nicht totale Vereinsamung, sondern bleibende Gemeinschaft. Solche Aussagen sind natürlich nur von Ostern her möglich, vom Wissen, daß in Jesu Auferstehung sich der Tod in Leben verwandelt hat, daß der Sohn in die Herrlichkeit Gottes aufgenommen worden ist. Im Wissen um Ostern läßt der vierte Evangelist schon den irdischen Jesus, der an der Schwelle seines Sterbens steht, sein Geschick in letzter Tiefe deuten: als Verherrlichung.

Daher ist auch die Stunde der Todesangst Jesu in Getsemani, die Johannes schon an dieser Stelle berichtet, wie verwandelt. Bei Markus (14,35 f) heißt es: „Er warf sich auf die Erde nieder und betete, daß die Stunde, wenn möglich, an ihm vorübergehe. Er sprach: Abba, Vater, alles ist dir möglich. Nimm diesen Kelch von mir! Aber nicht, was ich will, sondern was du willst ..." Johannes weiß zwar um Jesu „Erschütterung“, doch formt er die Bitte um Rettung in eine Überlegung um: „Und was soll ich sagen: Vater rette mich aus dieser Stunde?“ Und darauf folgt sogleich die Vergewisserung: „Aber deshalb bin ich in diese Stunde gekommen.“ Die Stunde ist das Ziel seines ganzen Wirkens. Und da sie zugleich die Stunde der Verherrlichung ist, kann die Bitte auch nur lauten: „Vater, verherrliche deinen Namen!“ Der Name meint die Person, und indem der Vater sich selbst verherrlicht, verherrlicht er zugleich den Sohn. Das bestätigt die vom Himmel ergehende Stimme, die an Taufe und Verklärung in den anderen Evangelien erinnert: „Ich habe verherrlicht“, nämlich im bisherigen Wirken Jesu; „und ich werde wieder verherrlichen“, nämlich in der Stunde seines Leidens und Todes; vielleicht ist auch die weitergehende „Verherrlichung“ in der nachösterlichen Gemeinde mitgemeint. – Die Menge hat davon etwas mitbekommen, aber nichts verstanden. Sie teilt sich in die Gleichgültigen, die das Erlebte auf ein Naturphänomen reduzieren („Es hat gedonnert“), und in die Unbeteiligten, die darin eine Privatoffenbarung Jesu sehen, die sie nichts angeht („Ein Engel hat mit ihm gesprochen“). Sie haben weder die Stunde als Geschehen zwischen Sohn und Vater begriffen noch das Signal verstanden, daß mit der „Stunde“ Jesu die Wende für diese Welt gekommen ist.

Das erklärt das anschließende Doppelwort Jesu: Die „jetzt“ erfolgende „Stunde“ seines Sterbens und seiner Verherrlichung bedeutet das „Gericht“, d. h. das Ende dieser alten „Welt“, die – mythisch vorgestellte – Entmachtung, den Hinauswurf ihres satanischen Beherrschers. Ähnlich formuliert Jesus schon im Lukasevangelium (10,18): „Ich sah den Satan wie einen Blitz vom Himmel fallen.“ In Jesu Wirken, besonders im Geschehen der Stunde, ist die Macht der Finsternis und des Todes gebrochen, ist endgültig die Rettung der Menschen entschieden, ist der Anfang eines neuen Lebens gesetzt. Das zweite Wort entfaltet das: „Und ich, wenn ich von der Erde erhöht bin, werde alle zu mir ziehen.“ Der von der Erde Erhöhte ist vordergründig der wie ein Verbrecher am aufgerichteten Kreuz Gehenkte, eigentlich aber der in seinem Sterben zu Gott Erhöhte, in Macht Inthronisierte. Dieser wird alle, die sich glaubend auf ihn einlassen, an sich ziehen, in seine innigste personale Nähe nehmen und damit in die unzerstörbare Gemeinschaft mit Gott, die ihm selbst geschenkt wurde. Er wird sie „alle“ dabei aber auch zu einer neuen Gemeinschaft untereinander verbinden. Die „Stunde“ des Kreuzestodes Jesu ermöglicht damit, was die frommen Griechen am Beginn des Textes ersehnten: die

Gemeinschaft mit Jesus für alle. Wie der Evangelist am Schluß kommentiert, deutet Jesus damit die Art seines Todes als Sterben am Kreuz an, zugleich aber die ganze Reichweite dieses Todes.

Es gibt kaum einen Text des Johannesevangeliums, der in derartiger Dichte Entscheidendstes zusammenfaßt und die „Stunde“ Jesu, auf welche das ganze Evangelium zuläuft, in ihrem vollen Gehalt erschließt. Das macht ihn schwer verständlich. – Der Text läßt sich vielleicht auf die paradoxe Formel bringen: Im Tod ist Leben. In der tiefsten Erniedrigung, im Kreuz, ist Verherrlichung. In der äußersten Ohnmacht ist weltverändernde Macht. – Aber können wir das so einfach annehmen? Ist nicht der Tod das schreckliche Ende? Ist er nicht der Abbruch aller Gemeinschaft? Stürzt er nicht in Trauer, Enttäuschung und Verzweiflung? Und ist das Kreuz als Symbol der Gewalt nicht etwas Widerwärtiges, Abstoßendes? Muß man sich nicht gegen Kreuz und Tod mit allen Mitteln wehren? – Unsere Erfahrung ist richtig. Es hat gar keinen Sinn, Angst, Trauer und Entsetzen zu überspielen und vor lauter Auferstehung den Tod zu übersehen. Und das Kreuz von sich aus hat wirklich nichts Erhebendes an sich. – Aber auch Jesus war in seiner Stunde „erschüttert“ und hatte Angst vor dem Tod. Er ist freilich nicht weggelaufen. Durch das Aushalten seiner „Stunde“, durch sein Sterben am Kreuz, das sich in Herrlichkeit vollendete, hat er den Tod überwunden, die Macht der Finsternis gebrochen und Leben in neuer Gemeinschaft ermöglicht. Seit dieser entscheidenden „Stunde“ sind Kreuz und Leid verwandelt. Seit das schmachvolle Sterben des am Kreuz Erhöhten zur machtvollen Erhöhung wurde, ist im Tod das Leben.

In diesem Glauben machen wir neue Erfahrungen. Wir sind erschüttert über den Tod eines geliebten Menschen, doch nicht wie solche, die keine Hoffnung haben. Wir zittern vor unserem eigenen Sterben und erfahren uns doch im letzten geborgen. Wir spüren die drückende Last unseres täglichen Kreuzes und wissen, daß es uns nicht erdrücken wird. Im Hinschauen auf Jesu „Stunde“, die sich in Auferstehung und Verherrlichung vollendet hat, gewinnen wir einen neuen Blick, der uns die Not unseres Lebens und Sterbens ertragen läßt. – Solcher Glaube macht aber nicht egoistisch, als ginge es nur um unsere eigene Rettung. Solcher Glaube macht nicht blind und unempfindlich für das Leid und die Not der Welt rund um uns. Solcher Glaube läßt uns das Kreuz, das Leid und den Tod nur noch deutlicher sehen, weil wir davor nicht mehr weglaufen müssen. Der Glaube, daß in der Stunde Jesu die Macht des Bösen gebrochen und ein letztes Angenommensein geschenkt worden ist, treibt uns an, immer wieder den Mitmenschen hier und jetzt erfahrbar zu machen, daß der Tod schon seine Macht verloren hat, die Strukturen des Bösen überwunden sind, daß Leben in Fülle, beglückende Gemeinschaft mit Gott und untereinander greifbare Realität geworden sind. Angst, Leid, Kreuz und Tod werden uns weiterhin erschüttern, aber wir werden sie zusammen überwinden, weil Jesus, der Menschensohn, sie endgültig überwunden hat.

Roman Kühschelm

Ich bin kürzlich auf einen Text der evangelischen Schriftstellerin und Theologin Dorothee Sölle gestoßen, den ich Ihnen in diesen fünften Fastensonntag hinein mitgeben möchte, weil es auch darin letztlich um diese Stunde geht, auf die es ankommt:

> „Je mehr du in die Liebe hineinwächst, das ist die Botschaft Jesu, desto verletzlicher machst du dich. Du wirst einfach angreifbarer, wenn du sichtbar geworden bist oder wenn das von Gott in dir aufleuchtet. Wenn du dein Leben verteilst, statt es zu horten, dann wird das große Licht in dir sichtbar. Zwar gehst du in die Einsamkeit hinein, verlierst oft Freunde, einen Lebensstandard, einen Beruf oder eine sichere Karriere, aber zugleich veränderst du dich. Und das Kreuz, dieses Zeichen der Isolierung, der Schande, des Verlassenseins, wird in diesem Prozeß der Baum des Lebens, ohne den du gar nicht mehr sein magst. Das tote Marterholz fängt an zu grünen.
> Das Leben wählen heißt, das Kreuz umarmen. Es heißt, das Kreuz, die Schwierigkeiten, die Erfolglosigkeit, die Angst, allein dazustehen, in Kauf zu nehmen. Wir haben euch nie einen Rosengarten versprochen. Das Kreuz umarmen heißt heute, in den Widerstand hineinzuwachsen. Und das Kreuz wird grünen und blühen."

Soweit der Text von Dorothee Sölle mit ihrem heute überlebensnotwendig gewordenen Aufruf zum Widerstand gegen ein tödliches Wirtschaftssystem mit seinen vielen Toden: dem Wettbewerbstod, dem Aufstiegstod, dem Spekulationstod, dem Elendstod, dem Auto- und Chemietod, dem Schweigetod, in dem wir und die anderen ersticken.

Palmsonntag

„Hosanna dem Sohn Davids!
Gepriesen, der kommt im Namen des Herrn,
der König Israels.
Hosanna in der Höhe!"

So haben sie, wie uns die Schrift sagt, damals gerufen, die Bewohner Jerusalems und die zahlreichen Pilger, die aus dem ganzen Land gekommen waren, um das Pascha-Fest in der heiligen Stadt zu feiern. Sie wollten den jungen Rabbi aus Nazaret sehen, von dem sie all diese Wunderdinge gehört hatten, der so viele Kranke geheilt und Tausende mit fünf Broten und drei Fischen satt gemacht hatte, der über den See gewandelt war und Sturm und Wogen besänftigt hatte. Ihn, ihn wollten sie nun zu ihrem neuen König machen, damit er sie anführe und vom Druck der Fremdherrschaft befreie.

Einige Tage vor dem Pascha hatte Jesu weltlicher Ruhm seinen Zenit erreicht und gleichzeitig schon überschritten, denn die Mordpläne der Mächtigen waren schon geschmiedet. Nur eine kurze Weile liegt zwischen dem „Hosanna" und dem „Kreuzige ihn". Heute reitet er auf einem Esel über Zweige und Blumen und über die auf dem Weg ausgebreiteten Kleider seiner Bewunderer, und nur wenige Tage später werden die Soldaten ihm seine Kleider vom Leib reißen, um ihn zu geißeln, zu bespucken und zu Tode zu foltern – ihn, der sich in seiner Gottes- und Menschenliebe ganz entäußert und all ihre Schuld und Sünde mit hinaufnimmt auf das Schandholz über Golgotha.

Heute aber ist er noch unterwegs, auf seinem letzten Weg nach Jerusalem.

Mk 11,1–10

Als sie sich Jerusalem, Betfage und Betanien am Ölberg nähern, sendet er zwei seiner Jünger und sagt ihnen: Geht in das Dorf da, euch gegenüber. Und gleich wenn ihr hineinkommt, findet ihr ein Füllen angebunden, auf dem noch nie einer der Menschen gesessen. Macht es los und bringt es her.

Und spricht jemand zu euch: Was macht ihr da? So sprecht: Mein Herr braucht es, und er sendet es gleich wieder hierher. Und sie gingen und fanden das Füllen ans Tor gebunden, außen am Weg, und machten es los. Einige der dort Stehenden sagten zu ihnen: Was macht ihr da, daß ihr das Füllen losmacht? Und sie sprachen zu ihnen, wie Jesus gesprochen hatte. Und man ließ sie weg. So bringen sie das Füllen zu Jesus, werfen ihre Obergewänder darüber, und er setzte sich darauf. Und viele breiteten ihre Obergewänder auf den Weg, andere Büschel, die sie auf den Feldern geschnitten. Und die voranzogen und die folgten, schrien:

Hosanna!
Gepriesen, der kommt im Namen des Herrn!
Gepriesen, das kommt:
das Königtum unseres Vaters David!
Hosanna in den Höhen!

(Übertragung: Fridolin Stier)

Auch in der heutigen Palmsonntagsliturgie ist die Nähe zwischen Jubel und Leid gegeben. Nach dem Evangelium, das wir eben gehört haben, folgt die traditionelle Palmprozession. Dann kommen die beiden Lesungen, das dritte der Gottesknechtslieder aus dem Buch Jesaja und jene Stelle aus dem Paulus-Brief an die Philipper, in der es heißt:

„Christus Jesus war Gott gleich,
hielt aber nicht daran fest, wie Gott zu sein,
sondern er entäußerte sich
und wurde wie ein Sklave
und den Menschen gleich.
Er erniedrigte sich
und war gehorsam bis zum Tod,
bis zum Tod am Kreuz.“

Unmittelbar nach diesen Schrifttexten folgt die Passion in der Fassung des Evangelisten Markus. Unser heutiger Kommentator, der Grazer Liturgiewissenschaftler Philipp Harnoncourt, hat jene Stelle ausgewählt, in der Jesus vom Verrat durch einen der Jünger spricht: „Als es Abend wurde, kam Jesus mit den Zwölf. Während sie nun bei Tisch waren und aßen, sagte er: Amen, ich sage euch, einer von euch wird mich verraten und ausliefern, einer von denen, die zusammen mit mir essen. Da wurden sie traurig. Einer nach dem anderen fragte ihn: Doch nicht etwa ich? Er aber sagte noch einmal:

EINER DER ZWÖLF, EINER VON EUCH,
EINER, DER MIT MIR AM TISCH SITZT,
EINER, DER MIT MIR AUS EINER SCHÜSSEL ISST,
WIRD MICH VERRATEN.

Und er fuhr fort: Der Menschensohn muß zwar seinen Weg gehen, wie die Schrift über ihn sagt: doch wehe dem Menschen, durch den der Menschensohn verraten wird. Für ihn wäre es besser, wenn er nie geboren wäre."

KOMMENTAR

Wir alle kennen die üblichen Mechanismen der Entschuldigung, die sofort einsetzen, wenn etwas Schlimmes vorgefallen ist: Schuld sind immer „die Anderen".

Auch bei der Lektüre und Auslegung der Heiligen Schrift haben wir uns an solche Muster der Selbstrechtfertigung gewöhnt: Die Anderen – die Feinde, die Bösen, die Pharisäer, die Juden – haben alles angestellt, was Jesus erleiden mußte. Wir aber, wir gehören natürlich zu den Guten, den Heiligen, den Glaubenden. Wir sind jedenfalls unschuldig!

Da ist zum Beispiel *Judas Iskariot.* Obgleich einer der zwölf Apostel, wird er angesehen wie ein Abtrünniger, wie einer, der nicht mehr zu den Jüngern Jesu gehört. Da sind *die Juden.* Sie sind gemäß traditioneller Auslegung die verstockten Feinde Jesu und Gegner der Christen; sie haben doch den Tod Christi gefordert! Die *Hohenpriester,* die *Schriftgelehrten* und die *Ältesten des Volkes,* dazu noch die *Pharisäer,* also die ganz Scheinheiligen, ... sie haben nichts anderes im Sinn, als Jesus und die Jünger, die zu ihm stehen, zu verurteilen. Mit ihnen wollen wir nichts zu tun haben!

Wir täuschen uns jedoch auf eine gefährliche Weise selbst, wenn wir alles Üble immer bei „den Anderen" sehen und uns ganz selbstverständlich und beruhigt zu jenen zählen, die gut sind, die ja an Jesus glauben und von ihm endgültig erlöst sind.

Kein Evangelist zeigt so deutlich wie Johannes auf, daß es nicht „die Anderen" sind, die Jesus ablehnen, sondern *die Eigenen, die*

Freunde, die Seinigen. „Er kam in sein Eigentum, aber die Seinen nahmen ihn nicht auf." So steht es schon im ersten Kapitel des Johannes-Evangeliums. Bei keinem anderen Evangelisten wird die Schuld am Tod Jesu so deutlich *den Juden* angelastet wie bei Johannes: „... die Juden aber schrien: Kreuzige ihn!" Dabei wird aber immer wieder übersehen, daß Johannes selbst Jude ist, – wie übrigens alle anderen Apostel und auch Jesus selbst Juden waren und immer Juden geblieben sind. Der Jude Johannes bekennt also in seinem Evangelium: Er kam zu *uns,* und *wir* haben ihn nicht aufgenommen. Hier wird nichts „den Anderen" zugeschoben.

Auch im Markus-Evangelium wird unabweisbar deutlich – wir haben es ja vorhin gehört –, daß es nicht „die Anderen" sind, die Jesus zu Fall bringen, sondern seine Freunde; solche, die zu ihm gehören, die in ganz familiärer Nähe zu ihm stehen. Mit unüberhörbarer Hartnäckigkeit weist der Evangelist Markus darauf hin, daß der Verrat Jesu im Kreis seiner Jünger seinen Ausgang nimmt: „Judas Iskariot, einer der Zwölf, ging zu den Hohenpriestern, denn er wollte Jesus an sie ausliefern."

Auch Jesus selbst läßt am Abend vor seinem Leiden nicht den geringsten Zweifel daran, daß der Verrat im engsten Kreis seiner Freunde beginnt.

Sie sind bereits beim Essen, als Jesus sagt: „Einer von euch wird mich verraten!" Und er fügt geradezu provozierend hinzu: „einer, der mit mir am Tisch sitzt". Natürlich will es keiner sein. Entrüstet sagt einer um den anderen: „Doch nicht etwa ich?!" Jesus aber bleibt bei einer Redeweise, die den Verräter nicht aus dem Jüngerkreis ausgrenzt: „Einer von euch zwölf, der mit mir aus einer Schüssel ißt." Das tun sie doch alle! Alle essen sie mit ihm aus einer Schüssel, und sie tun dies Tag für Tag, denn sie gehören ja zu ihm.

Nachdem sie gegessen haben, sagt er von ihnen, und zwar von allen: „Ihr werdet *alle* an mir irre werden!" Wieder weisen sie das entrüstet von sich, und Simon Petrus, der besser sein will als alle anderen, beteuert: „Und wenn alle an dir irre werden, *ich nicht!*" Jesus bleibt bei seiner Aussage, die das Böse in seiner unmittelbaren Nähe angesiedelt sieht. Er sagt zu Petrus: „Amen, ich sage dir, noch ehe der Hahn in dieser Nacht zweimal kräht, wirst du mich dreimal verleugnen." Petrus beteuert beharrlich: „Und wenn ich mit dir sterben müßte – ich werde dich nie verleugnen!"

Nur wenig später, im Garten Getsemani, lassen ihn drei Apostel, die ihm besonders nahestehen – Petrus, Jakobus und Johannes –, in seiner Todesangst allein. Sie schlafen! „Könnt ihr denn nicht eine

Stunde mit mir wachen?" Zu Petrus, der eben erst seine Treue bis in den Tod gelobt hat, sagt Jesus: „Simon, du schläfst?"

Inzwischen kommen die Soldaten, um Jesus festzunehmen. Zu Judas, der Jesus küßt, um den Soldaten zu zeigen, wen sie festnehmen sollen, sagt Jesus mit nicht zu überhörender Bitterkeit: „Mit dem Zeichen des Freundes verrätst du den Menschensohn!" Und wenig später wird berichtet: „Da verließen ihn alle Jünger und flohen."

Im Hof des Gerichtshauses wird Simon Petrus dreimal darauf angesprochen, daß er doch zu Jesus, dem Galiläer, gehöre. Er aber streitet dies dreimal ab: „Ich kenne diesen Menschen nicht!"

Angesichts dieses beschämenden Berichts steht uns Christen jegliche Überheblichkeit schlecht an!

Übertragen wir einmal diesen Passionsbericht in die Gegenwart: Wer sind denn heute die Jünger Jesu, die mit ihm zu Tisch sitzen, vielleicht sogar Tag für Tag?, die mit ihm aus derselben Schüssel essen?, denen er das Brot bricht und den Kelch reicht? – Wer sind heute *die Seinen?* Ist der Bericht vom bösen, verräterischen Tun, das wir so schnell und selbstgerecht „den Anderen" in die Schuhe schieben, nicht ein Spiegel, in welchem wir uns selbst – sehr beschämend – erkennen müssen?

Unter uns, den heutigen Jüngern und eucharistischen Mahlgenossen Jesu, sind die Verräter, die gedankenlosen Schläfer, die mit dem Kuß des Freundes Jesus ausliefernden, die in die Dunkelheit fliehenden, die ihren Retter und Bruder verleugnenden Christen. Er kommt – heute wie damals – zu *den Seinen,* aber *die Seinen* nehmen ihn nicht an! Und wir beteuern heute – wie damals die Zwölf –: „Ich bin es doch nicht!", und mit Simon Petrus: „Und wenn ich mit dir sterben müßte, ich werde dich nicht verleugnen!" Auch uns übermannt der Schlaf, wir lassen Jesus schmählich im Stich, und wir erliegen der Feigheit: „Jesus? Den kenne ich nicht! ... Mit dem hab ich doch nichts zu tun!"

Wir sollten uns nicht schämen zuzugeben, daß wir Christen, ja daß die christlichen Kirchen in ihrem Glaubens- und Lebenszeugnis nicht gut dastehen. Es trifft zwar sicher zu, daß die Kirche in der Kraft des Geistes Gottes das Werk Christi – die Rettung der Menschheit und der gesamten Schöpfung – weiterträgt bis ans Ende der Zeiten und bis an die Grenzen der Erde; aber nichts und niemand gibt uns das Recht, uns selbst für erlöst zu halten. Kein Anspruch ist gerechtfertigt, Erlösung schon zu besitzen und sich über „die Anderen" zu erheben. Für die Jünger Jesu – heute wie damals – ist die Verantwortung groß, den Glauben an Jesus Christus nicht nur zu bekennen, sondern auch glaubwürdig und authentisch im Leben zu bezeugen. Es bleibt aber auch die Gefahr groß, sich auf die Jüngerschaft allein zu verlassen. Wir sind doch schließlich alle anständige Christen! Das kann fatale Folgen haben.

Gerade als Jünger Jesu, die zu ihm gehören als seine Tischgenossen, die mit ihm essen und trinken, müßten wir besonders sensibel werden und auch feinfühlig bleiben für unser Versagen und unsere Bequemlichkeit, für unsere Untreue und unsere Feigheit. Gerade im Kreis der Apostel und Jünger Jesu – heute wie damals – nistet sich das Böse ein. Wir haben keinen Grund, uns für gerecht zu halten und die Schuld am Unheil in der Welt immer bei „den anderen" zu entdecken. Nur wenn wir uns unserer Erbärmlichkeit bewußt bleiben, gilt auch uns die tröstende Verheißung:

Selig die Armen, die Hungernden und Dürstenden nach Gerechtigkeit,
die Barmherzigen und die Friedensstifter,
die Sünder, die umzukehren bereit sind,
denn ihnen wird der Herr gnädig das Heil schenken!

Unsere Bitte um Wachsamkeit darf nie verstummen!

Philipp Harnoncourt

Ostersonntag

„Halleluja.
Der Herr ist auferstanden,
er ist wahrhaft auferstanden.
Halleluja."

Diesen Eröffnungsvers des Festgottesdienstes am Ostersonntag möchte auch ich Ihnen zusagen an diesem frühen Morgen, auch wenn ich etwas weiter entfernt bin als sonst. Mir läuten diesmal die Osterglocken in der Heiligen Stadt Jerusalem, und ich kann für die Menschen dieser zerrissenen Stadt nur von Herzen hoffen, daß ihnen endlich Auferstehung wird aus Haß und Zwietracht, aus Gewalt und Terror, den einen wie den anderen. Mich schmerzt diese Stadt immer noch und immer mehr, gerade weil ihre Mauern das Ostergeheimnis des Lebens selbst geborgen haben; gerade weil die Botschaft von der Überwindung des Todes hier ihren Ausgang nahm; weil es hier war, daß er in die Mitte seiner verstörten Jüngerinnen und Jünger getreten ist und ihnen den Frieden zugesprochen hat, jenen Frieden, den die Welt nicht geben kann. Haß ist überall schlimm, Krieg, Bürgerkrieg, Bruderkrieg ist überall entsetzlich; aber hier, so fühle ich es, ist das Entsetzen noch tiefer, reibt man sich noch mehr an den Gesichtern der Verzweiflung, des Schmerzes und der scheinbaren Ausweglosigkeit. Aber hier spürt man auch tiefer die Notwendigkeit der Botschaft, die Notwendigkeit, daß Auferstehung geschehen kann, damals, heute und jeden Tag.

Darum mache ich meine Hoffnung auch an den Worten des Apostels Paulus fest, die er an die Gemeinden in Korinth geschrieben hat: „Ihr wißt, daß ein wenig Sauerteig den ganzen Teig durchsäuert. Schafft mir den alten Sauerteig weg, damit ihr neuer Teig seid. Ihr seid ja schon ungesäuertes Brot; denn als unser Paschalamm ist Jesus Christus geopfert worden. Laßt uns also das Fest nicht mit dem alten Sauerteig feiern, nicht mit dem Sauerteig der Bosheit und Schlechtigkeit, sondern mit den ungesäuerten Broten der Aufrichtigkeit und Wahrheit."

Das wünsche ich für die Menschen in Jerusalem, in Israel, in allen Gebieten der Erde, in denen Krieg und Gewalt, Elend und Not herrschen; das wünsche ich aber auch für Sie alle, damit auch in Ihren Herzen Auferstehung werden kann.

ER SAH UND GLAUBTE.

Joh 20,1–9

Am ersten Wochentag aber, früh – noch dunkel war es – kommt Maria aus Magdala zum Grab und erblickt den Stein vom Grab weggenommen. Sie läuft also und kommt zu Simon Petrus und zu dem anderen Jünger, dem Jesus Freund war, und sagt zu ihnen: Den Herrn haben sie aus dem Grab genommen, und wir wissen nicht, wo sie ihn hingelegt haben. Also zogen Petrus und der andere Jünger hinaus und gingen zum Grab. Die beiden liefen zugleich. Der andere Jünger aber lief schneller – Petrus voraus – und kommt als erster zum Grab. Und er bückt sich hinein und erblickt die Leinentücher liegen – hinein aber ging er nicht. Nun kommt – ihm folgend – auch Simon Petrus. Und er ging ins Grab hinein. Und er schaut: Die Leinentücher lagen da, aber das Schweißtuch, das auf seinem Kopf war, lag nicht bei den Leinentüchern, sondern abseits, zusammengewickelt an einem Platz. Dann kam auch der andere Jünger herein, der als erster ans Grab Gekommene; er sah und glaubte. Allerdings hatten sie die Schrift noch nicht verstanden, daß er von den Toten auferstehen müsse.

(Übertragung Fridolin Stier)

So erzählt der Evangelist Johannes im 20. Kapitel in den Versen 1–9 die Geschichte vom Morgen des ersten Tages der Woche, den wir als Ostersonntag feiern.

Ein hoher Festtag, ein hoher Gast, ein hoher Raum im erzbischöflichen Palais in Wien mit seiner berühmten Uhr, die sich mit ihrem Silberklang in jedes Gespräch mischt, das dort geführt wird. Auch bei der Aufnahme mit Erzbischof Christoph Schönborn hat sie sich an einer Stelle ganz zart eingemischt.

Christus ist auferstanden!" Diese Worte sind der Gruß der Ostkirche am Ostermorgen und in der ganzen Osterzeit. Wer mit diesen Worten begrüßt wird, antwortet: „Er ist wahrhaft auferstanden!"

„Ist Christus nicht auferweckt worden, dann ist auch unsere Predigt nichtig, und nichtig euer Glaube" lesen wir im ersten Korintherbrief (1 Kor 15,14). An der Auferstehung Jesu hängt also unser ganzer Glaube und damit alles, was wir aus dem Glauben tun und lassen. „Er ist wahrhaft auferstanden" ist so etwas wie eine „Kurzformel" unseres Glaubens. Wie aber sollen wir ein Ereignis „verstehen", das alle unsere menschlichen Erfahrungen sprengt, das über alle uns bekannten Ereignisse hinausgeht? Dazu kommt als weitere Schwierigkeit, daß die verschiedenen Evangelienberichte über das Geschehen am Ostermorgen und danach starke Unterschiede aufweisen, die nicht leicht zu harmonisieren sind. Wer Exegese studiert, stößt schnell auf diese Fragen.

Freilich: Größer, stärker als alle Schwierigkeiten ist das Licht des Ostermorgens, das seither leuchtet. Da ist zuerst das einhellige Zeugnis vom leeren Grab. „Es ist an und für sich kein direkter Beweis. Daß der Leichnam Jesu nicht mehr im Grab lag, ließe sich auch anders erklären" (Katechismus der Katholischen Kirche, 640). Andererseits muß man klar sagen: Ohne das leere Grab wäre es sinnlos, von der Auferweckung oder Auferstehung Jesu zu reden. Der bekannte Wiener Judaist Prof. Kurt Schubert sagt, „daß sich die Botschaft von der Auferstehung Jesu in Jerusalem keinen Tag lang hätte halten können, wenn nicht tatsächlich ein leeres Grab Jesu gezeigt worden wäre".

„Er sah und glaubte" wird uns im heutigen Evangelium von Johannes, dem Lieblingsjünger, berichtet. Doch was sah er? Woran glaubte er? Wer sieht, braucht doch nicht zu glauben. Was man sieht, kennt man, weiß man. Glauben richtet sich auf das Unsichtbare. Glauben heißt, sagt der Hebräerbrief: „Feststehen in dem, was man nicht sieht". Im Osterevangelium aber heißt es: sehen und glauben. Bei der Auferstehung folgt das Glauben aus dem Sehen. Ohne dieses Sehen wäre der Glaube blind, bodenlos. Ohne das Sehen der Apostel, der Frauen beim Grab wäre unser Glaube ohne Fundament. Und dennoch ersetzt das Sehen der ersten Zeugen weder ihnen noch uns den Glauben. Was sahen sie, und was glaubten sie?

Petrus und Johannes schauen und gehen ins leere Grab. Sie sehen „die Leinenbinden liegen". Das Grab ist leer. Die erste Reaktion ist die der Maria von Magdala: „Man hat den Herrn aus dem Grab weggenommen." Doch das, was Petrus und Johannes sehen, läßt diesen Schluß nicht zu. Hätte man ihn weggenommen, so wäre er mit den Leinenbinden weggetragen worden oder man hätte die Leiche aus den Leinenbinden ausgewickelt, wie Lazarus, als er aus dem Grab kam, als Jesus sagte: Befreit ihn von den Leinenbinden!

Hier war etwas anderes: Die Leinenbinden, die Grabtücher lagen da. Dürfen wir dieses Zeugnis des Evangelisten wohl so verstehen: Sie lagen da, unverändert, so wie sie den Leichnam umhüllt hatten, nur waren sie leer, der Leichnam war nicht mehr da, nicht ausgewickelt, nicht fortgetragen, sondern: „Er ist nicht da", wie die Engel nach Lukas sagen?

Er sah und glaubte. Was er sah, war unerklärlich mit „normalen Maßstäben", nach natürlichen Vorgängen. Was Johannes sah, bewirkte in ihm den ersten Schritt zum Glauben.

Jesus hatte zu ihnen von seiner Auferstehung gesprochen, aber sie hatten es ebensowenig verstanden wie seine Ankündigung, daß er leiden werde. Beides war eine Überforderung: Daß der Messias leiden sollte, das begriffen sie nicht: Befreien, siegen, herrschen, triumphieren soll er und mit ihm das auserwählte Volk. Doch es kam ganz anders: Der Messias, Christus, wurde ausgeliefert und gekreuzigt. Auch von „Auferstehen am dritten Tag" hatte Jesus gesprochen. Doch auch hier waren ihre Erwartungen ganz anders. Sie hatten an den Jüngsten Tag, an das Ende der Zeiten, das Endgericht gedacht, und es kam ganz anders: Jesus ist von den Toten auferstanden! Noch begriffen sie die Schrift nicht, sagt Johannes. Jesus ist nicht wieder zum Leben erweckt worden wie Lazarus. Jesu Auferstehung ist anders. Was glaubte also Johannes, als er das Grab sah?

Zuerst: daß Jesus lebt. Aber nicht irgendwie, nicht wie ein Scheintoter, der dann nach Indien gegangen wäre, wie Sensationsstories uns das immer wieder verkaufen wollen. Johannes sah und glaubte. Mit der Auferstehung Jesu beginnt eine neue Zeit, seine Auferstehung ist das Siegel auf alles, was er gesagt und getan hat.

Weder das leere Grab noch die Erscheinungen damals nach Ostern genügen freilich, zu erklären, was seither in allen Generationen der Kirche erfahren wird: daß der Herr lebt. Ohne diese lebendige Glaubenserfahrung wäre das Zeugnis der damaligen ersten Zeugen nicht mehr als eine historische Kuriosität. Ohne das fortdauernde und immer neue Wirken des Heiligen Geistes gäbe es keine Kirche, kein Zeugnis von der lebendigen Gegenwart Jesu mitten unter uns.

Aber wie steht es mit diesem Zeugnis? Ist nicht rund um uns und oft auch in uns die Nacht so dicht, daß vom Ostermorgen kein Schimmer in sie dringt? Keine noch so schöne Osterpredigt kann hier überreden. Wie der Ostermorgen die Jünger in Angst und Trauer und Ausweglosigkeit fand, so ist auch für uns Ostern nur als Geschenk erfahrbar. Wir sehen den Herrn nicht, aber wir sehen, daß die Kirche nicht im Grab bleibt, daß sie lebt, weil er lebt!

Bischof Reinhold Stecher schreibt von einem solchen Erlebnis: Ostern im Jahr 1945, in der bitteren Not des Kriegsendes in Norwegen – der unerwartete Klang einer Kirchenglocke: Ostermorgen („Ein Singen geht über die Erde“, Innsbruck 1993, S. 10–11).

Mein Osterwunsch an Sie alle ist, daß uns der Klang der Osterglocken bis in die Herzmitte unseres Lebens berührt mit der Gewißheit: „Er ist wahrhaft auferstanden!“

Erzbischof Christoph Schönborn

Johannes sah und glaubte. Maria von Magdala lief durch die Gassen Jerusalems, um den anderen die Botschaft zu bringen: Ich habe den Herrn gesehen. Das ist ein wesentlicher Teil des Ostergeheimnisses; den tieferen und vielleicht noch wesentlicheren Teil aber hat ein Theologe unserer Zeit in die Worte gefaßt: „Er, der für mich am Kreuz gestorben ist, lebt als Auferstandener in mir.“ Das ist die gute Nachricht, die über 2000 Jahre Geschichte bis heute herüberleuchtet und mir und Ihnen allen die Gewißheit schenken möge: „Ich bin nicht allein, ich bin geliebt.“

Ostermontag

Ostermontag, biblisch gesehen, ein Tag des Um- und Aufbruches, ein Tag der tausend Fragen, der Unsicherheit und Verwirrtheit. Die einen wissen, glauben zu wissen, sind sich aber doch nicht ganz sicher, ob sie dem Unerhörten wirklich trauen können. Die anderen gehen hinaus, rennen einfach weg, um sich im Gehen Klarheit zu verschaffen. Die meisten aber sitzen hinter verschlossenen Türen und ängstigen sich; denn selbst wenn es wahr sein sollte, daß er aus dem Tod ins Leben zurückgekommen ist, wissen sie nicht, wie jene reagieren werden, die Jesus getötet hatten und all dem ein Ende machen wollten. Verstörtheit liegt über diesem Tag in und um Jerusalem. Verstörtheit, Angst, Unsicherheit herrscht in dieser Stadt immer noch, und heute vielleicht mehr als je zuvor.

Auch die Texte, die für die heutige Feiertagsliturgie besonders reichlich zur Auswahl stehen, sind nicht so klar gegliedert, drücken ebenfalls aus, daß man nicht so ganz genau weiß, wie man mit dem Unfaßbaren umgehen soll.

Da gibt es als Erste Lesung die Pfingstrede des Apostels Petrus, als er erstmals öffentlich für Jesus als den Gekreuzigten und Auferstandenen einstand. Aber wie wir wissen, liegt zwischen diesem und jenem Tag eine Spanne von 50 Tagen, hatte man also wieder Tritt gefaßt dank des Mutmachers. Die Zweite Lesung stammt aus dem ersten Paulusbrief an die Korinther, das älteste schriftliche Zeugnis von der Auferstehung, das etwa im Jahre 55, also vor den anderen Osterberichten der Evangelien, verfaßt worden ist. Damaskus lag hinter Paulus, also konnte auch er sicher sein.

Für das Evangelium stehen zwei Stellen zur Wahl: die Emmausperikope nach Lukas, in der Verstörtheit und letztlich Sicherheit am deutlichsten werden, die ganze Spannung spürbar wird. Eine Stelle aus dem Matthäus-Evangelium führt uns hingegen wieder an den Ostermorgen zurück, zu den Frauen einerseits, aber auch zu den Wächtern und ihrem Erschrecken, als sie festgestellt hatten, daß der wohlbehütete Leichnam aus dem Grab verschwunden war. Und wir erfahren, daß die Ältesten der Stadt mit Bestechung reagieren, als sie die Nachricht erhalten. Gegen Geld sollten die Soldaten erzählen: „Seine Jünger sind in der Nacht gekommen, und haben ihn gestohlen, während wir schliefen."

Irgendwo ist das alles kein Wunder, denn die Botschaft von der Auferstehung war in der Tat so ungeheuerlich, daß sie Verwirrung stiften mußte. Und nur die unmittelbare Nähe des Auferstandenen, sein Bild, seine Gesten, seine Stimme konnten Gewißheit von der guten Nachricht vermitteln: Er lebt! Oder wie die Emmausjünger es formulierten: „Brannte uns nicht das Herz, als er unterwegs mit uns redete und uns den Sinn der Schrift erschloß – Der Herr ist wahrhaftig auferstanden."

Große Ereignisse, die sich dem schnellen Begreifen entziehen, müssen verunsichern; und manchmal wünschte ich mir, daß bei uns nicht alles so festgefügt und sicher erschiene in den kirchlichen Innenräumen, sondern wir uns auch zuweilen ver-unsichern ließen. Das regt zum Nach-denken, zum Nach-fühlen an und macht uns wach. Und wach sollten wir sein, am Morgen dieses Tages.

EIN HELLER TAG GEGEN DIE TRAUER DER WELT.

Ich habe für diesen Tag ein wenig hin und her gelesen in dem reichhaltigen Angebot, mich aber dann für unseren heutigen Kommentator Gottfried Bachl für die dreifache Rede aus der Apostelgeschichte entschieden; und er hat den Vorschlag angenommen.

Apg 2,14.22b–33

Am Pfingsttag stellte sich Petrus samt den Elf hin, erhob seine Stimme und tat laut kund: Ihr Männer, Juden und Bewohner Jerusalems alle! Das sei euch zu wissen getan, und nehmt zu Gehör meine Worte! Jesus, den Nazoräer – einen Mann, von Gott euch ausgewiesen durch kraftvolle Taten und Wunderdinge und Zeichen, die Gott durch ihn getan hat in eurer Mitte, wie ihr wißt – diesen, nach festgesetztem Ratschluß und Vorkenntnis Gottes Preisgegebenen, habt ihr durch die Hand von Gesetzlosen hingehängt und hingemordet. Ihn hat Gott auferstehen lassen, des Todes Stricke lösend, da es nicht möglich war, daß er in seinem Griff bliebe.
Denn David sagt über ihn:

Ich sah den Herrn vor mir allezeit;
denn zur Rechten ist er mir,
daß ich nicht wanke.
Ob dem ward fröhlich mein Herz
und jubelte meine Zunge.

Denn auch mein Fleisch wird gebettet auf Hoffnung hin.
Doch du wirst mein Leben
nicht in der Totenwelt im Stich lassen
und nicht zugeben, daß Verderben sehe dein Heiliger.
Du tatest Wege des Lebens mir kund,
erfüllen wirst du mich mit Fröhlichkeit
vor deinem Angesicht.

Ihr Männer, Brüder! Es ist gestattet, mit Freimut zu euch vom Ahnvater David zu sprechen: Auch er starb und ward begraben, und seine Gruft gibt es bei uns bis zum heutigen Tag. Als Prophet nämlich und des Wissens, daß Gott ihm eidlich zugeschworen, einen aus der Frucht seiner Lende auf seinen Thron zu setzen, hat er vorschauend von der Auferstehung des Messias geredet:

Weder in der Totenwelt ward er im Stich gelassen,
noch sah sein Fleisch Verderben.

Diesen Jesus hat Gott auferstehen lassen – des sind wir alle Zeugen. Zur Rechten Gottes nun erhöht und Empfänger geworden der Verheißung des Heiligen Geistes vom Vater her, hat er ihn ausgegossen – das erblickt und hört ihr nun.

(Übertragung: Fridolin Stier)

KOMMENTAR

Unabhängig davon, was es draußen für ein Wetter hat, ist der Ostermontag seit eh und je ein Tag des schönsten Sommers, weil er mit heller Stimmung in die schwarze Dämmerung des Todes einbricht. Das Lesestück aus der Apostelgeschichte, das eben zu hören war, klingt freilich dafür ziemlich unscheinbar. Es enthält einfache Worte und ist außerdem aus Zitaten zusammengesetzt. Trotzdem, die schlichten Sätze sagen alles, was die Lebensfreude trägt, die den christlichen Glauben erfüllt.

Das Stück gehört zu den Texten, an denen auch die Form der Komposition beachtet werden muß, weil in ihr schon ein Teil der Botschaft enthalten ist, für die er geschrieben wurde. Was wir gehört haben, ist in dreifacher Anrede aufgebaut. Da ist zuerst Lukas, der Verfasser der Apostelgeschichte und des dritten Evangeliums. Er spricht in direkter Rede. Aber er erzählt und läßt einen anderen reden: Petrus, den Mann aus dem engsten Kreis um Jesus; und Petrus selbst gibt noch einmal einem anderen das Wort: dem Beter des Psalms 16 aus dem Alten Testament. Es spricht nicht eine einzelne Stimme zu uns, sondern wir vernehmen drei ineinander verschachtelte Stimmen. Das ist gewiß die Absicht des Verfassers, der mit dieser Dreistimmigkeit zeigen will, daß die Überlieferung in allen zeitlichen Dimensionen von Jesus spricht: wie er aus dem Tod gekommen ist.

Petrus, einer von denen, die mit Jesus gegangen sind, spricht für die *Jesuszeit;* der Psalmenbeter, einer von denen, die auf Jesus zugegangen sind, spricht für die *Vorjesuszeit;* und aus Lukas, dem Schreiber, der von Jesus ausgeht, spricht die *Nachjesuszeit.* Er, dem die ganze Anordnung zu verdanken ist, redet auch mit dem Mund der anderen und sagt: „Was ihr hört, ist nicht mein zufälliger Einfall, nicht eine da oder dort verstreute Idee, sondern die symphonische Überzeugung von der Durchbrechung des Todes. Sie hat in der biblischen Gottesgeschichte um sich gegriffen und ist zum Kerngedanken der Hoffnung geworden. Und mit Jesus ist das geschehen."

Die drei österlichen Redner sagen zuerst, was mit Jesus *nicht* geschehen ist, obwohl es irgendwie zum normalen Gefühl gehört, das den Tod umgibt: Jesus ist kein Besitz des Todes geworden, im Wortlaut: „Gott gibt ihn nicht der Unterwelt preis, und sein Leib schaut die Verwesung nicht."

Der zweite Teil dieser Behauptung klingt für das aufmerksame Gehör absurd. Denn was könnte Jesus zu sehen bekommen, wenn er die Verwesung schauen sollte? Es geht um seine eigene, nicht um die anderer Menschen, die natürlich zu beobachten ist. Die Antwort muß lauten: Jesus sieht sein eigenes Totsein. Das hört sich unsinnig an, aber der Todeszustand kann wohl nur in solchen Sätzen beschrieben werden.

Das Altertum hat davon in einer Art gesprochen, als sei es möglich, daß die Verstorbenen ihren eigenen Zustand betrachten, wie es die Totenklage, die in einem altägyptischen Grab gefunden wurde, nahelegt: „Wie traurig ist das Hinabsteigen in das Land der Stille ... Das Haus der Bewohner des Westens ist tief und dunkel. Es hat keine Tür, keine Fenster, kein Licht, um es zu erleuchten, keinen Nordwind, um das Herz zu erquicken. Die Sonne geht dort nicht auf, sondern sie liegen jeden Tag in Dunkelheit ... Abgeschieden sind die im Westen, und ihr Dasein ist Elend. Man verabscheut es, zu ihnen zu gehen. Keiner kann von seinem Ergehen erzählen, sondern er ruht an einem Platz ewiglich in Finsternis." Es ist, als könnte der Tote sehen, daß er *niemand* mehr ist. Aber wer niemand mehr ist, kann der überhaupt noch etwas sein? Die Todesbetrachtung, die Begleiterin des menschlichen Lebens von Anfang an, geht also einen Schritt weiter und sagt: Der Tote sieht, daß er *nichts* mehr ist. Er kann nicht nur nichts sehen, keine Gegenstände mehr vor sich haben, sondern er sieht nicht, der Blick findet nicht statt, das Auge ist nicht mehr, und mit dem Auge ist auch das Herz, der Geist, der in ihm schaut, verschwunden.

Dazu sagen Lukas, Petrus und der Psalmist: „Es war unmöglich, daß Jesus vom Tod festgehalten wurde, daß er für immer in diesem Niemandsein, in diesem Nichtssein gefangen blieb." Unmöglich, sagen sie und meinen sicher nicht eine physikalische Unmöglichkeit nach der Art, wie man sagen kann: Diese Stahlplatte wird nie rostig werden, dieser Berg fällt nicht um, der Atlantische Ozean trocknet nicht aus, dieses Eis kann nicht schmelzen, als befände sich Jesus in einem unveränderlichen Aggregatzustand. Denn im Evangelium liegen Tod und Leben in einer anderen Kraft, die sich in Freiheit bewegt und Freiheit ist.

So spricht es nicht von einem unzerstörbaren Zustand, an den kein Zersetzungsprozeß herankann, sondern von der Treue, von der Gewißheit, daß die Macht des Lebens zum Leben steht. Gott wird das Leben nicht im Stich, nicht einfach vergehen lassen. Die Bewegung, die er einmal in Gang gesetzt hat, führt in den Horizont, in dem die Entdeckung aller Entdeckungen gemacht wird: die Liebe, die Lust an jemandes Dasein aus keinem anderen Grund, als weil es da ist. Es wäre der ärgste Verrat, der überhaupt geschehen kann, in das Verschwinden des geliebten Menschen einzustimmen; es wäre immer eine Stimmung von Verrat dabei, wenn es auch Schwäche wäre, müde Einstimmung in die Auflösung. Das hat Gott vor sich aufgehen lassen, davon ist etwas in ihm, und daher ist es unmöglich, daß Jesus einfach verfault. Deshalb hat Ludwig Wittgenstein mit Recht in seinem Buch „Vermischte Bemerkungen" geschrieben: „Man kann vielleicht sagen: Nur die Liebe kann die Auferstehung glauben. Oder: Es ist die Liebe, was die Auferstehung glaubt. Man könnte sagen: Die erlösende Liebe glaubt auch an die Auferstehung."

Die drei österlichen Redner sagen noch ein anderes: Jesus konnte vom Tod nicht *festgehalten* werden. Er war also in den Tod hineingeraten, sonst hätte das Wort keinen Sinn. Die Todeserfahrung wurde nicht überhaupt so von ihm ferngehalten, daß er von vornherein dagegen immunisiert gewesen wäre. Wenn wir auch gar keine Möglichkeit haben, uns diese letzten Vorgänge in anschaulichen Ereignissen oder Bildern vorzustellen, soviel ist den Sätzen der Apostelgeschichte zu entnehmen, daß Jesus mit Leib und Seele hineingereicht hat in die Niemandsregion, in den Nichtsbereich des Todes. Er hat die Drohung des Verschwindens an sich herangelassen. Wenn er sie überwältigt hat – Paulus spricht vom Sieg über die Todesmacht –, dann geschah das von innen her, wie ein Mensch seine leere, traurige Seele verwandeln kann durch die Kraft, die ihm aus dem Einfall eines Freudenlichtes zuwächst.

Warum diese Zäsur sein muß im Leben, wissen wir nicht; aber gewiß ist, daß der Tod *die* Liebesprobe ist, wie es keine andere gibt. Gott wollte sie an diesem ungewöhnlichen Jesus bestehen, und an ihm für alle. So arbeitet das Licht der Welt an der Gestalt des Menschenlebens, die in unseren Augen zerbricht, wenn gestorben wird. So arbeitet das Wort Gottes am Fleisch, und daher wird Jesus das Leben genannt, die große Verläßlichkeit Gottes.

Gottfried Bachl

„Bleibe bei uns, denn es wird bald Abend. Der Tag hat sich schon geneigt. Und als er mit ihnen bei Tisch war, nahm er das Brot, sprach den Lobpreis, brach das Brot und gab es ihnen. Da gingen ihnen die Augen auf, und sie erkannten ihn."

Das ist die zentrale Botschaft des heutigen Tages, die Sie in diesen Tag und durch die nachösterliche Woche begleiten möge.

Zweiter Sonntag der Osterzeit

Zweiter Sonntag der Osterzeit, nach unserer Tradition der sogenannte Weiße Sonntag und vielfach immer noch der Sonntag der Erstkommunion, der weißen Kleider und Blütenkränze. Ich weiß nicht, was Kinder heute so im Erstkommunionunterricht lernen, welches Zipferl Glauben ihnen da in ihre jungen Herzen gelegt wird, in einer zunehmend säkularisierten Zeit, zumindest was Europa angeht. Wenn sie nur das verstehen lernten, was heute in der Ersten Lesung aufleuchtet, wäre das schon eine ganze Menge, denn diese Stelle aus der Apostelgeschichte steht im totalen Widerspruch zum Zeitgeist des Egoismus und Konkurrenzdenkens und würde wahrhaft Christliches zum Blühen bringen, zu einem anderen Weg ermutigen.

Ich fürchte nur, daß ihnen gerade dies verschwiegen wird, weil es eben nicht im Megatrend liegt, denn Lukas schreibt: „Die Gemeinde der Gläubigen war ein Herz und eine Seele. Keiner nannte etwas von dem, was er hatte, sein Eigentum, sondern sie hatten alles gemeinsam. Mit großer Kraft legten die Apostel Zeugnis ab von der Auferstehung Jesu, des Herrn, und reiche Gnade ruhte auf ihnen. Es gab auch keinen unter ihnen, der Not litt. Denn alle, die Grundstücke oder Häuser besaßen, verkauften ihren Besitz, brachten den Erlös und legten ihn den Aposteln zu Füßen. Jedem wurde davon so viel zugeteilt, wie er nötig hatte."

Das liest sich ja wirklich wie ein Überlebensrezept gegen den ökonomischen Wahnsinn des neoliberalen Kapitalismus mit seinen wirkmächtigen Entsolidarisierungsstrategien. Mit diesem Text könnten wir Solidarität wieder lernen, dieses neue Wort für Liebe, wie Johannes Paul II. es sagt. Er weiß, daß es ohne Gerechtigkeit keinen Frieden gibt. Und von Frieden hören wir heute auch im Evangelium, wenn der Auferstandene wieder in den Kreis seiner Jüngerinnen und Jünger tritt und ihnen seinen Frieden zuspricht, wie am ersten Tag der Woche.

WIE MICH DER VATER GESANDT HAT,
SO SENDE ICH EUCH.

Und der Vater sandte ihn nicht, um die Welt zu richten, sondern um die Welt zu retten, wie wir wissen. Und so sendet auch Jesus seine

Jüngerinnen und Jünger damals wie heute, nicht um die Welt zu zerstören oder die Zerstörung zuzulassen, sondern um zu hungern und zu dürsten nach der Gerechtigkeit und den Frieden zu tun; nicht um Dinge anzuhäufen, an denen das Blut der Hungernden klebt, sondern um den Nächsten aufzurichten und ihm Liebe zu erweisen. Das aber können Menschen nur leisten, wenn sie aus der Mitte des Glaubens leben, wenn sie dorthin gekommen sind, wo sie mit dem zweifelnden Thomas aus vollem Herzen sagen können: Mein Herr und mein Gott.

Joh 20,19–31

Als es nun Abend war an jenem ersten Wochentag – und die Türen dort, wo die Jünger waren, aus Furcht vor den Juden verriegelt – kam Jesus, trat in die Runde und sagt zu ihnen: Friede euch! Und als er das gesprochen, zeigte er ihnen die Hände und die Seite. Freuten sich da die Jünger, daß sie den Herrn sahen. Nun sprach Jesus zu ihnen abermals: Friede euch! Wie der Vater mich gesandt hat, so schicke auch ich euch. Und als er das gesprochen, hauchte er sie an, und sagt zu ihnen: Empfanget heiligen Geist! Welchen ihr die Sünden nachlaßt, denen sind sie nachgelassen; welchen ihr sie behaltet, denen sind sie behalten.

Thomas aber, einer der Zwölf – der „Zwilling" genannte – war nicht bei ihnen, als Jesus kam. Nun sagten ihm die anderen Jünger: Wir haben den Herrn gesehen. Er aber sprach zu ihnen: Wenn ich nicht in seinen Händen das Abbild der Nägel sehe, meinen Finger in die Stelle der Nägel lege und meine Hand in seine Seite lege, glaube ich nie und nimmer. Und nach acht Tagen – seine Jünger waren abermals drinnen, auch Thomas bei ihnen – kommt Jesus bei verriegelten Türen, trat in die Runde und sprach: Friede euch! Darauf sagt er zu Thomas: Führ deinen Finger hierher und sieh meine Hände. Und führ deine Hand her und leg sie in meine Seite. Und sei nicht ungläubig, sondern glaubend. Hob Thomas an und sprach zu ihm: Mein Herr und mein Gott! Sagt Jesus zu ihm: Weil du mich gesehen, bist du glaubend geworden. Selig, die nicht gesehen und doch geglaubt haben.

Nun hat Jesus noch viele und andere Zeichen vor seinen Jüngern getan, die nicht in diesem Buche aufgeschrieben sind.

Diese aber sind aufgeschrieben, damit ihr glaubend bleibt, daß Jesus der Messias ist, der Sohn Gottes. Und damit ihr als Glaubende Leben habt in seinem Namen.

(Übertragung: Fridolin Stier)

Für dieses und das Evangelium des kommenden Sonntags, das uns ebenfalls in eine dieser intimen nachösterlichen Begegnungen zwischen den Jüngern und ihrem verwandelten Meister führt, habe ich P. Martin Maier gebeten, sich Gedanken zu machen, jenen deutschen Jesuiten, den es immer wieder an die Ränder zieht, an denen die Armen so oft dem Geheimnis des Glaubens näher sind als wir in unseren Breiten und kirchlichen Kernzonen.

KOMMENTAR

Beim Katholikentag 1984 in München gab es ein Forum der zornigen alten Männer in der Kirche. Einer dieser zornigen alten Männer war der inzwischen verstorbene Jesuitenpater Mario von Galli, der manchen noch als mitreißender Redner und Konzilsberichterstatter in Erinnerung ist. Eine junge Frau stellte damals Mario von Galli die Frage: „Was würde Jesus wohl machen, wenn er heute wieder in diese Welt kommen und seine Kirche erleben würde?" Galli rollte mit seinen Augen, wie nur er das konnte. Nach einer längeren Stille antwortete er mit einer Gegenfrage: „Ist er etwa heute nicht mehr in der Welt?"

In dieser kleinen Geschichte wird für mich etwas von der Mitte des österlichen Glaubens deutlich. Jesus der Auferstandene ist in unserer Welt und in unserer Geschichte gegenwärtig. Doch um welche Art der Gegenwart handelt es sich dabei? Am liebsten würden wir doch wie die Jünger mit ihm reden wollen und wie Thomas ihn berühren wollen. Diese unmittelbare Erfahrung seiner Gegenwart ist uns nicht geschenkt. Hat er sich also nicht doch aus dieser Welt verabschiedet? Ich meine, unser heutiges Evangelium enthält einige Spuren, wie wir auch heute die Gegenwart Jesu erfahren können.

Bei allen Berichten von den Erscheinungen des Auferstandenen ist auffällig, daß ihn die Jünger und Jüngerinnen nicht sofort erkennen. Maria von Magdala verwechselt ihn mit dem Gärtner, und erst als er sie mit der vertrauten Stimme beim Namen anredet, fällt es ihr wie Schuppen von den Augen. Die Jünger vom Emmaus waren schon eine ganze Weile mit ihm gemeinsam auf dem Weg, doch sie erkennen ihn erst beim Brotbrechen. In unserem Evangelium zeigt Jesus seine verwundeten Hände und seine Seite, und erst dann heißt es, daß die Jünger ihn sahen und sich freuten. Auch die Erscheinungen des Auferstandenen gingen nicht mit einer spontanen Sicherheit einher. Wenn wir einmal vom Sonderfall des heiligen Paulus absehen, dann setzten die Begegnungen mit dem Auferstandenen schon eine Beziehung mit dem irdischen Jesus voraus, und sie schlossen immer auch die Dimension des Glaubens mit ein.

Trotzdem bleibt ein Unterschied zwischen den Erscheinungen Jesu bei seinen Jüngern und Jüngerinnen und seiner Gegenwart in unserer Welt heute. Die Erscheinungen waren unmittelbarer. Die Gegenwart Jesu heute ist eine vermittelte, und zwar über das Wort der Bibel, über die Kirche und ihre Sakramente und nicht zuletzt über Menschen mit einer besonderen Bevorzugung der Armen.

Eine erste Weise, wie wir Jesus begegnen können, ist im Wort der Heiligen Schrift, wie es uns besonders in den Evangelien überliefert ist. Der Gründer meines Ordens, der heilige Ignatius von Loyola, lädt in seinen geistlichen Übungen dazu ein, Jesus durch Betrachtungen von Schrifttexten für einen persönlich lebendig werden zu lassen. Er spornt dazu an, die Phantasie und die Vorstellungskraft einzusetzen, um sich in die Geschichten der Evangelien regelrecht hineinzuversetzen. Er rät, sich selber mit einer der Personen zu identifizieren, die Jesus begegnen, und sich mit ihm zu unterhalten, wie man sich mit einem Freund unterhält. Ziel der intensiven Gebetsschule der Exerzitien ist, Jesus immer besser kennenzulernen, um ihm nachzufolgen.

Eine zweite Weise der Gegenwart Jesu durch die Geschichte hindurch ist die in der Gemeinschaft seiner Jünger und Jüngerinnen, in der Kirche. Das zeigt sich auch schon in den Erscheinungen, die in der überwiegenden Mehrzahl in der Gemeinschaft der Seinen erfolgen. So hatte er es ja auch vorausgesagt: „Wo zwei oder drei in meinem Namen versammelt sind, da bin ich mitten unter ihnen." Auch in unserem heutigen Evangelium heißt es, daß die Jünger versammelt waren. Der christliche Glaube sieht in der Tradition des heiligen Paulus die Kirche als den lebendigen Leib Christi in der Welt. Dabei ist der bevorzugte Ort der Begegnung mit ihm die Feier der Eucharistie, wo er sich in den sakramentalen Zeichen von Brot und Wein gegenwärtig macht. Wenn wir dieses Brot und diesen Wein miteinander teilen, dann wachsen wir zum Leib Jesu zusammen. Dies deutet auch Johannes im heutigen Evangelium an, wenn er die zweite Erscheinung acht Tage später beschreibt, also wieder an einem Sonntag, wo die urchristliche Gemeinde zur Feier des Herrenmahls zusammenkam.

Eine dritte Weise der Gegenwart Jesu in dieser Welt ist die in den armen, den benachteiligten und verwundeten Menschen. Der Auferstandene zeigt selber seine Wunden, und er unterstreicht damit zum einen, daß er als der irdische, gekreuzigte und als der auferstandene Herr derselbe ist. Zum anderen hatte Jesus in seiner großen Gerichtsrede deutlich gemacht, daß er sich ganz und gar identifiziert mit den Armen, den Hungrigen, den Durstigen, den Kranken, Gefangenen und Flüchtlingen.

So sieht die Theologie der Befreiung in den Opfern dieser Welt den geeignetsten Ort, um Jesus dem Auferstandenen zu begegnen. Mein Freund, der salvadorianische Theologe Jon Sobrino, hat in dieser Sicht viel über das gekreuzigte Volk als die Fortsetzung des leidenden Jesus in der Geschichte geschrieben. Derzeit arbeitet er am zweiten Teil einer neuen Christologie, in dem es um die Auferstehung Jesu geht. Wir haben uns im vergangenen Sommer darüber unterhalten, daß seiner Meditation über das gekreuzigte Volk im ersten Teil eine Meditation über das auferstandene Volk im zweiten Teil entsprechen müßte. Denn auch in der Geschichte gibt es bei aller Ungerechtigkeit und allem Kreuz auch immer wieder lebendige Erfahrungen von Auferstehung. Erzbischof Oscar Romero hatte kurz vor seiner Ermordung ahnungsvoll gesagt: „Wenn sie mich umbringen, werde ich im salvadorianischen Volk auferstehen." Bei der Feier des Friedens nach zehn Jahren Bürgerkrieg im Jahr 1992 hing von einem der Türme der Kathedrale von San Salvador ein großes Spruchband, auf dem wie eine bekräftigende Antwort auf den Satz von Erzbischof Romero zu lesen war: „Monseñor, Du bist in Deinem Volk auferstanden."

Schließlich können wir dem auferstandenen Jesus auch in uns selber begegnen. In unserem heutigen Evangelium heißt es: „Nach diesen Worten hauchte er sie an und sprach zu ihnen: Empfangt den heiligen Geist." Dies erinnert ganz deutlich an den lebensspendenden Atem, den Gott dem Adam bei der Erschaffung des Menschen eingehaucht hat. Diese Geisthauchung erscheint fast wie eine künstliche Beatmung: Jesus haucht in seine Jünger und Jüngerinnen seinen neuen Lebensatem ein und schenkt ihnen damit ein neues Leben. So sagt der heilige Paulus: „Nicht mehr ich lebe, sondern Christus lebt in mir." Mit dieser Geisthauchung verbindet sich die

Vollmacht zur Sündenvergebung. Was bisher nur er gemacht hat, dürfen und sollen nun auch die Jünger tun: Sünden vergeben.

Die Geisthauchung verbindet sich mit der Sendung: „Wie mich der Vater gesandt hat, so sende ich euch." Wir sollen in dieser Welt das tun, was Jesus getan hat: die Liebe und Menschenfreundlichkeit Gottes gegenwärtig machen, uns den Leidenden und den Ausgestoßenen zuwenden. Wir sollen ein „alter Christus", ein anderer Christus werden. Am schönsten habe ich das bei der heiligen Therese von Lisieux ausgedrückt gefunden. Sie schreibt:

> Christus hat jetzt keinen Leib auf Erden
> außer unserem,
> keine Hände
> außer unseren,
> keine Füße
> außer unseren.
>
> Unsere Augen sind es,
> durch die das Mitleiden Christi
> auf die Welt schaut.
> Unsere Füße sind es,
> mit denen er herumgeht, Gutes zu tun.
> Unsere Hände sind es,
> mit denen er sein Volk segnen wird.

Martin Maier

Auch wir, Sie und ich, auch wir gehören zur Menge der Erkauften, der durch ihn Erlösten. Das kann gewußt werden, aber empfunden werden kann es nur dann, wenn wir vor unserem Gewissen als Menschen bestehen können, die sich mit Recht Christen nennen und nicht aus Anmaßung. Und das hat etwas damit zu tun, was wir mit unseren Händen, mit unseren Füßen, mit unseren Augen tun. Wenn unsere Glieder seine Glieder sind, mit denen er seinem Volk Gutes tut und es segnet, dann haben wir Ostern verstanden.

Dritter Sonntag der Osterzeit

Am heutigen Dritten Sonntag der Osterzeit hören wir jene Stelle aus dem Lukas-Evangelium, in der vom Erschrecken der Jünger die Rede ist. Gerade als die beiden aus Emmaus zurückgeeilten Jünger ihre Geschichte von der Begegnung mit Jesus erzählten, trat der Auferstandene plötzlich in den Kreis der ängstlich Versammelten und sprach ihnen den Frieden zu.

Ich selbst erlebte die Osternacht dieses Jahres in Queibe, einem palästinensischen Dorf nahe Jerusalem, einem jener beiden Orte in den Hügeln von Judäa, in denen bis heute die Emmaus-Tradition gepflegt wird. Es war also nicht schwer, sich in dieser Stunde des Überganges von der Nacht zum Tag in die angstvolle Situation von damals zurückzuversetzen. Das noch dazu an einem tatsächlich angstschwangeren Morgen, da die Spannungen zwischen Palästinensern und Israelis einen neuen Siedepunkt erreicht hatten und gewalttätige Auseinandersetzungen quasi unausweichlich schienen. Die Palästinenser gedenken an jedem 30. März sechs Toter und zahlreicher Verletzter, die im Jahr 1976 bei der gewaltsamen Landnahme durch die Israelis zu Opfern geworden sind. Der 30. März ist so zum „Tag der Erde" geworden, und man wußte, daß angesichts der jüngsten Entwicklungen an diesem Tag ein Funke genügen würde, um die aufgestaute Angst in Gewalt umschlagen zu lassen. Sein Friede, der von hier seinen Ausgang nehmen sollte, ist heute weiter denn je entfernt. Dieses Wissen lag auch wie ein tiefer Schatten über dem Halleluja unseres Ostermorgens bei der schlichten Feier in einem Kloster der Salvatorianerinnen mitten in Seinem Heiligen Land.

DA SAGTE ER ZU IHNEN: WAS SEID IHR SO BESTÜRZT? WARUM LASST IHR IN EUREM HERZEN SOLCHE ZWEIFEL AUFKOMMEN?

Lk 24,35–48

Die beiden Jünger berichteten, was auf dem Weg geschehen, und wie er ihnen beim Brechen des Brotes kenntlich geworden. Aber während sie davon redeten, trat er selbst in ihre Runde und

sagt zu ihnen: Friede euch! Eingeschüchtert aber und furchterfüllt wähnten sie, einen Geist zu schauen. Und er sprach zu ihnen: Was seid ihr durcheinander und warum steigen Bedenken in euren Herzen auf? Seht meine Hände und meine Füße: Ich bin es selbst! Betastet und seht: Ein Geist hat ja nicht Fleisch noch Bein, wie ihr an mir es schaut. Und als er das gesprochen, zeigte er ihnen die Hände und die Füße. Aber noch waren sie ungläubig vor lauter Freude und staunten nur. Er sprach zu ihnen: Habt ihr etwas zu essen da? Sie gaben ihm einen Teil gebratenen Fisch und von einer Honigwabe. Und er nahm und aß vor ihren Augen und die Überbleibsel gab er ihnen.
Er sprach nun zu ihnen: Das sind meine Worte, die ich euch gesagt habe, als ich noch mit euch zusammen war: Es muß alles erfüllt werden, was in des Mose Gesetz und in den Propheten und Psalmen über mich geschrieben ist. Dann erschloß er ihren Sinn zum Verstehen der Schriften und sprach zu ihnen: So ist geschrieben: Der Messias soll leiden und auferstehen von den Toten am dritten Tag. Und es soll verkündet werden in seinem Namen: Nachlaß der Sünden wirkende Umkehr allen Völkern – beginnend von Jerusalem aus. Ihr seid dessen Zeugen.

(Übertragung: Fridolin Stier)

Weil diese beiden intimen Geschichten der ersten nachösterlichen Begegnungen zwischen den Jüngerinnen und Jüngern und ihrem verwandelten Meister innerlich eng zusammengehören, war ich der Meinung, daß sie sozusagen in eine Hand gehören. Darum wird, wie am vergangenen Sonntag, auch heute der deutsche Jesuit P. Martin Maier das Evangelium auslegen und es nach bewährter Manier in unser eigenes, heutiges Leben hereinholen.

KOMMENTAR

Von Angst und Schrecken, Bestürzung und Zweifel ist im heutigen Evangelium die Rede. Das sind alles andere als österliche Gefühle der Freude und des Jubels. Was ist passiert? Die Schriftstelle schließt unmittelbar an die Begegnung der beiden Jünger mit dem Auferstandenen auf dem Weg nach Emmaus an. Dort hatten die

Jünger Jesus doch beim Brotbrechen wiedererkannt, und das Herz hatte ihnen gebrannt. Derselbe Jesus löst nun Angst und Schrecken aus. Offensichtlich wollten und konnten sie seine Auferstehung noch nicht wahrhaben. Zu nahe war noch der Schrecken des Kreuzes, der alle ihre Hoffnungen zerstört hatte.

Jesus geht sehr behutsam und einfühlsam mit den Angstgefühlen seiner Jünger und Jüngerinnen um. Er greift in seinen Fragen diese Gefühle zuerst einmal auf und läßt sie damit zu. „Was seid ihr so bestürzt? Warum laßt ihr in eurem Herzen solche Zweifel aufkommen?" Sie halten ihn für einen Geist, für ein Gespenst, wie in der Nacht auf dem See, als er auf dem Wasser gehend zu ihnen gekommen war. Er zeigt ihnen seine verletzten Hände und Füße, läßt sich von ihnen berühren, damit sie sich überzeugen können, daß er es doch ist. Damit baut er ihnen eine Brücke von der Katastrophe des Kreuzes in eine neue Zukunft.

Die Erfahrung der Auferstehung Jesu kam für die Jünger und Jüngerinnen offensichtlich wie ein Blitz aus dem heiteren, oder besser verdunkelten Himmel. Sie brauchten Zeit, um das Fürchterliche zu verarbeiten, was da geschehen war. Auferstehung war der Weg, den sie gemeinsam gingen. Nach und nach lernten sie den grausamen Tod Jesu im Licht der Bibel zu verstehen und zu deuten. Jesus „öffnet ihnen die Augen für das Verständnis der Schriften". So verstehen sie, daß etwa die Lieder Jesajas vom leidenden Gottesknecht prophetisch über das Leiden Jesu sprechen. Sie erinnern sich, daß Jesus selber in seinen letzten Monaten immer häufiger davon geredet hatte, daß er gekreuzigt werden würde. Damals hatten sie das verdrängt, nicht hören wollen. Jetzt erschließt sich ihnen – wenn auch langsam –, daß Leiden und Sterben Jesu keine unvorhergesehenen Katastrophe waren, sondern die Erfüllung des göttlichen Heilsplans.

Mir scheint, daß dieser Umgang des Auferstandenen mit der Furcht und dem Zweifel der Seinen einen Weg zeigt für den Umgang mit Enttäuschung und Scheitern in unseren eigenen Lebensentwürfen. Die Jünger und Jüngerinnen hatten mit ihrem ganzen Leben auf Jesus gesetzt, waren rückhaltlos auf seinen Ruf der Nachfolge eingegangen. Sie hatten ihr Hab und Gut verkauft, so wie er das wollte. Sie hatten ihre Angehörigen verlassen, für die sie Verrückte waren. Gab das grausame Ende Jesu nun nicht jenen Recht, die sie vor diesem Wanderprediger gewarnt hatten? Sie hatten alles auf eine Karte gesetzt, und – so schien es – verloren.

Jetzt waren sie langsam dabei, sein und ihr Scheitern zu verarbeiten. Und plötzlich steht er wieder vor ihnen. Da sind ihre Reaktionen von Furcht und Zweifel zuerst einmal verständlich. Nein, sie wollten nicht, daß die ganze Geschichte wieder von vorne anfing. Wer konnte denn garantieren, daß sie nicht wieder in einer neuen Katastrophe endete?

Mir fällt hier ein Mann ein, der innerhalb weniger Jahre schon zum dritten Mal seine Arbeitsstelle verloren hat. Sein Selbstvertrauen ist zerstört. Er glaubt nicht mehr an sich. Er möchte diese Unsicherheit und dieses Scheitern nicht noch einmal mitmachen müssen. Als ihm überraschend eine neue Stelle angeboten wird, die eigentlich ganz seinen Fähigkeiten und Hoffnungen entspricht, verschließt er sich dieser Chance. Er kann sich gar nicht mehr freuen, sondern stellt sich gleich vor, daß auch dieser neue Anlauf wieder schiefgehen kann, ja wird.

Oder ich denke an eine Frau, die zum wiederholten Male in Beziehungen schmerzlich enttäuscht wurde. Als ein Mann eine neue Beziehung mit ihr sucht, fällt es ihr sehr schwer, sich darauf einzulassen. Sie möchte das, was sie an Schmerzen und Enttäuschung erlebt hat, nicht noch einmal mitmachen müssen.

Wenn Ostern und Auferstehung etwas mit unserem Leben zu tun haben, dann heißt das doch, daß durch Enttäuschungen und Scheitern hindurch ein neuer Anfang möglich ist. Damit wird das Schmerzliche und Dunkle nicht einfach weggewischt, so wie die Auferstehung auch das Kreuz nicht weggewischt hat. Der Auferstandene zeigt den Jüngern und Jüngerinnen die Male seiner Wunden. Doch langsam weichen Angst und Schrecken Freude und Staunen.

Dieser neue Anfang hat, wie Jesus am Ende unseres heutigen Evangeliums sagt, auch wesentlich mit der Vergebung zu tun. Vielleicht geht es dabei zuerst einmal darum, sich selber seine Fehler und sein Scheitern zu vergeben. Doch es geht auch darum, sich von Gott vergeben zu lassen, Geschehenes geschehen sein zu lassen und einen neuen Anfang zu wagen.

Der indische Jesuit Anthony de Mello greift in seinem Buch „Die Fesseln lösen“ einen Satz aus dem ersten Korintherbrief auf: „Die Liebe trägt das Böse nicht nach“ (1 Kor 13,5). Er bringt diesen Satz in einen Zusammenhang mit dem göttlichen Gericht: „Manchmal sage ich den Leuten: ‚Sie werden sicherlich enttäuscht sein, wenn Sie einmal dort oben ankommen und feststellen werden, daß es keine Sünde gibt, die Gott nicht vergeben könnte.‘ … Wie finden Sie das?

Es gibt kein Buch, in dem die Sünden vermerkt werden. Und wissen Sie was? Gott führt kein Sündenregister, keine Listen. Er sieht uns in diesem Augenblick und umfängt uns mit einer bedingungslosen Liebe."

Ostern und Auferstehung heißt, diese Wahrheit über das göttliche Gericht in unser jetziges Leben hineinwirken zu lassen. Ostern und Auferstehung heißt, daß es auch durch die wiederholten Erfahrungen des Scheiterns in unserem Leben neue Hoffnungen und Chancen gibt. Ostern heißt, daß die Hoffnung nicht totzukriegen ist, weil Gottes Liebe nicht totzukriegen ist. Vielleicht wird es so auch uns möglich, daß wir auf unsere Erfahrungen des Scheiterns zurückblicken und sagen können: Das hatte doch seinen Sinn, auch wenn ich ihn damals nicht gesehen habe. Gott ist auch in die Sackgassen meines Lebens mitgegangen. Er hat durch diese Sackgassen hindurch neue Wege eröffnen können.

Martin Maier

Mit Wilhelm Bruners aus Jerusalem will ich diese Sendung ausklingen lassen: „Der Ruf des lebendigen Gottes ist die Bedingung und der Beginn jeden neuen Lebens. Es bedarf aber auch der Antwort, der Auferstehung. Die aus den Gräbern Gerufenen müssen den zweiten Schritt tun: Auferweckt liegt es an ihnen, ob sie auferstehen. Israel ist Zeichen dieser immer wieder neuen Auferstehung. Oft gestorben und verscharrt in den Gräbern der Welt, hat es sich stets neu erhoben und ist zum Lebenssymbol für die Welt geworden. Hinter jener Welt, die Menschen glauben mit dem Tod beenden zu können, öffnet der biblische Gott einen Horizont, in dem die Toten frei von Grabsteinen und Verbrennungsöfen leben."

Vierter Sonntag der Osterzeit

Vierter Sonntag der Osterzeit, Frühlingszeit, Blütenzeit. Die Sonne besinnt sich wieder ihrer wärmenden Kraft, und das tut uns wohl. Wir spüren wieder stärker, daß wir leben, daß wir lebendig sind, atmen wieder tiefer durch.

Es sind auch gute, helle, wärmende Bilder, die uns die heutigen Schrifttexte zeigen. Die Apostelgeschichte weist auf die vom Heiligen Geist erfüllte Gestalt des Petrus, der nicht mehr feige und furchtsam, sondern sehr bestimmt vor die Führer und Ältesten des Volkes tritt und sagt: „Wenn wir heute wegen einer guten Tat an einem kranken Menschen darüber vernommen werden, durch wen er geheilt worden ist, so sollt ihr alle und das ganze Volk Israel wissen: Im Namen Jesu Christi, den ihr gekreuzigt habt und den Gott von den Toten erweckt hat. Durch ihn steht dieser Mann gesund vor euch. Er – Jesus – ist der Stein, der von den Bauleuten verworfen wurde, und zum Eckstein geworden ist."

Heilkraft ist ihm und den anderen zugewachsen, und sie üben sie großzügig aus im Namen des auferstandenen Herrn. Er hat sie verwandelt, hat aus den zitternden, verängstigten Gestalten der ersten nachösterlichen Geschichten wortgewaltige und mutige Verkünder der Botschaft gemacht, damit auch wir erkennen können, worin unsere Berufung liegt, was er auch von uns vertrauensvoll erwartet.

Und in der Zweiten Lesung erhebt sich Johannes in seinem ersten Brief über das Heute, über den Alltag und schreibt an seine Brüder und Schwestern visionäre Zeilen – Zeilen, die weitertragen: „Seht, wie groß die Liebe ist, die der Vater uns geschenkt hat: Wir heißen Kinder Gottes, und wir sind es. Die Welt erkennt uns nicht, weil sie ihn nicht erkannt hat. Jetzt sind wir Kinder Gottes. Aber was wir sein werden, ist noch nicht offenbar geworden. Wir wissen, daß wir ihm ähnlich sein werden, wenn er offenbar wird; dann werden wir ihn sehen, wie er ist."

Nicht nur die Schwestern und Brüder der ersten Christengemeinden durften sich als Söhne und Töchter des einen Vaters verstehen, auch wir dürfen es, wenn wir mit Blick auf Jesus, unseren Herrn und Bruder, als Liebende in dieser Welt leben, offen für ihn, offen füreinander und für die Menschen, die uns begegnen. Darum geht es, und das hat er seinen Jüngerinnen und Jüngern in den Tagen und Wochen nach der Auferstehung deutlich gemacht, wie er zum guten Hirten, zur guten Hirtin für die anderen zu werden. In diesem Sinn Hirt und Hirtin zu werden, dafür braucht es keine Weihe, dazu genügt die Taufe.

ICH KENNE DIE MEINEN, UND DIE MEINEN KENNEN MICH.

Wie Jesus das genau meinte, das erzählt er im Gleichnis vom guten Hirten, wie Johannes es aufgezeichnet hat.

Joh 10,11–18

Jesus sprach: Ich bin der gute Hirt. Der gute Hirt setzt sein Leben ein für seine Schafe. Der Lohnknecht – der ja kein Hirt ist, dem die Schafe zu eigen gehören – schaut, wie der Wolf kommt, verläßt die Schafe und flüchtet. Und der Wolf raubt und versprengt sie. Denn, wer Lohnknecht ist, kümmert sich nicht um die Schafe. Ich bin der gute Hirt. Und ich kenne die Meinen, und die Meinen kennen mich – so wie mich der Vater kennt, und ich den Vater kenne. Und mein Leben setze ich ein für die Schafe. Noch andere Schafe habe ich, die nicht aus dieser Hürde sind. Auch die muß ich führen, daß meine Stimme sie hören, und eine Herde werde – ein Hirt. Darum liebt mich der Vater: Daß ich mein Leben einsetze, damit ich es abermals nehme. Keiner entreißt es mir, sondern selber – von mir aus – setze ich es ein. Ich habe Vollmacht, es einzusetzen; und ich habe Vollmacht, es wieder zu nehmen. Diese Weisung empfing ich von meinem Vater.

(Übertragung: Fridolin Stier)

Mit dem Bild vom Hirten haben viele Menschen in unserer modernen technisierten und naturfernen Welt so ihre Probleme, verständlicherweise. Der Mann, der uns heute das Evangelium auslegt, hat diese Schwierigkeiten nicht, da dieses Bild in seine Kindheit paßt, die er als vorletztes von sieben Kindern einer slowenischen Bauernfamilie im Kärtner Unterland verbracht hat. Nach dem Philosophie- und Theologiestudium in Klagenfurt und Salzburg war Jurij Buch in verschiedenen Kärntner Pfarren als Kaplan tätig und betreute die Kärntner Jungschar als Seelsorger.

KOMMENTAR

Kenne ich die Meinen? – Ich soll doch auch ein möglichst guter Hirt sein. Aber bei drei Pfarren und 5000 Seelen – wie man früher so schön sagte –? Oft fühle ich mich eher als Verwalter, Nahversorger, als Kirchenbeamter. Die Zeit ist knapp. Man muß reduzieren, straffen, einteilen. Das führt zu Oberflächlichkeit, ich weiß. – Bei dieser Weise zu arbeiten, zu der wir heute gezwungen sind, können wir fast niemand mehr wirklich kennen. Kennen bedeutet: sich einlassen, hinhören, Zeit nehmen, den Weg mitgehen. Eben wie ein Hirt behutsam führen, sich aber auch führen lassen, denn die Schafe wissen oft um den besseren Weg, haben den besseren Riecher.

Die nächste Frage: Will das überhaupt noch jemand? Ist in unserer Zeit noch Platz für Hirten – bei unserer Massenproduktion? Von allem ist genug da, schnell zum Hernehmen und Wegwerfen. Für jedes Problem eine schnelle Lösung. Sind nicht alle nur auf Fertig- und Billigstprodukte aus? Bequem zu erreichen muß es sein und billig, das ist das Ausschlaggebende. Sind Hirten, sofern es sie noch gibt, ein Auslaufmodell, das in unserer Zeit nicht mehr gebraucht wird?

Warum laufen aber dann Massen irgendwelchen selbsternannten Führern nach? Warum sind dann so viele auf der Suche nach jemandem, bei dem sie sich anlehnen können, der ihnen die Probleme abnimmt, und sei es nur, daß er sie auf andere abwälzt? Das Bedürfnis nach Hirten scheint groß zu sein. Nur: Wirkliche, gute Hirten sind schwer zu finden – auch in der Kirche.

Wir scheinen das Vertrauen unserer „Schäfchen“ verloren zu haben. Vertrauen ist in diesem Zusammenhang für mich überhaupt der zentrale Wert. Zu lange haben wir unsere Mitglieder als Schäfchen oder gar als dumme Schafe verkauft. Anstatt sie auf saftige Weiden zu führen, haben wir sie in eingezäunten Hinterhöfen gehalten – schön bewahrt und gesichert mit hohen Zäunen und Mauern. Wir haben sie mit Fertignahrung abgespeist, vorgekaut, aber trotzdem schwer verdaulich oder gar ungenießbar. Dabei gar nicht aus unedlen Motiven: die Welt birgt jede Menge Gefahren für Leib und Seele. Davor muß man Menschen doch bewahren, beschützen – durch Gebote und Abgrenzungen. Als Bauernsohn weiß ich aber, daß man das Vieh nicht zu lange auf einem Fleck grasen lassen kann, er wird schnell überweidet und dadurch zerstört.

Die Angst vor der Freiheit des Christenmenschen scheint noch immer groß zu sein. Die Aufgabe des Hirten ist es, die Schafe auf neue Weiden zu führen – schon auch zu sichern, besonders in der Nacht – aber immer wieder hinauszuführen. Auch auf die Gefahr hin, daß eines verlorengeht, das man dann mühsam suchen muß, auch wenn draußen Gefahren lauern. Das Leben ist draußen auf der Weide, nicht in der Koppel – da ist nur der nötige Ruhepol. Und der Hirte muß wohl zuerst selbst vertrauen können, dann erst kann er Vertrauen erwecken. Er muß sich von der Furcht befreien, die ihn hindert, Neues zu wagen.

Dieses Vertrauen scheint mir bei uns in der Kirche oft abzugehen. Wir wollen alles absichern, reglementieren, kontrollieren – und vergessen, daß Gott auch noch irgendwo vorkommen soll. Theoretisch haben wir ihn im Mittelpunkt stehen. Im konkreten Handeln sieht es jedoch anders aus. Da ist so viel Kleinlichkeit, so viel Mißtrauen, Verdächtigungen, Kleinmut und Enge – wo uns doch das Wort gegeben ist: „Ich bleibe bei euch alle Tage bis ans Ende der Welt!" oder im heutigen Text: „Ich gebe mein Leben für meine Schafe!" Sollte uns das nicht Mut machen, unsere Angst ab- und Vertrauen aufzubauen? Das Wort Hirt ist bei uns zu sehr durch die Bischöfe besetzt. Aber Christus ist *der* Hirt, dem wir zu folgen haben – und der sollte doch mehr Mut machen, zur Zeit wohl noch besonders.

Lange Zeit waren wir in der Kirche der Meinung, den Priestermangel durch Organisation wettzumachen (einige meinen es immer noch!). Vertrauen läßt sich jedoch nicht organisieren, schon gar nicht durch Teilzeitjobs von „Profis" von 8 bis 12 oder von 13 bis 17 Uhr. Vertrauen wächst im Miteinander-auf-dem-Weg-sein – rund um die Uhr. Es wird unter uns viel geredet über persönlichen Freiraum, geschützte Zeiten, in denen man für niemand erreichbar ist, und freie Tage. Man spürt aber zuwenig vom freudigen, selbstlosen Engagement, oder besser: von dem alten biblischen Wort: Dienen. Die Menschen haben kaum noch das Gefühl, daß wir für sie da sind, daß sie in uns einen Ansprechpartner haben. Sicher hat jeder ein Recht auf Freizeit. Aber wenn Dienst in der Kirche nur noch ein Job ist wie jeder andere, verliert der Glaube seine Glaubwürdigkeit. Außerdem: Wieviel Freizeit hat eine Mutter, die für ihre Kinder da ist? Geht uns vielleicht neben der Zeit auch die Liebe ab?

„Ich gebe mein Leben hin für meine Schafe ... aus freiem Willen!" – Der Einsatz kostet Kraft, Substanz. Es ist nicht immer einfach. Wenn wir uns auf Jesus berufen, müssen wir dies in Kauf nehmen. Diese Hingabe macht einen Hirten erst vertrauenswürdig. Einem solchen Hirten kann man folgen.

Ich komme zur Eingangsfrage zurück: Kann ich noch Hirt sein bei der erdrückenden Fülle an Aufgaben? Wenn ich meine, der einzige Hirt weit und breit zu sein, sicher nicht. Wenn ich aber weiß, daß jede und jeder berufen ist, das Hirtenamt in seinem Bereich auszuüben, daß jede/r zugleich Führer/in und Geführte/r ist, kommt die zentrale Hirtengestalt, Christus, wieder zum Vorschein – nämlich in jedem von uns. Wir müssen nur davon überzeugt sein und uns furchtlos dafür einsetzen, dann werden wir die Strukturen der Kirche früher oder später aufbrechen und dahingehend ändern, daß nicht mehr sie, die Strukturen, im Mittelpunkt stehen, sondern Er, der nicht gekommen ist, um zu herrschen, sondern um zu dienen.

Bei der Pfarrgemeinderatswahl haben wir uns geweigert, willige Mitarbeiter einer willkürlichen Auslese auszusetzen. Wir haben einfach alle, die gewillt sind mitzumachen, zur Mitarbeit eingeladen – in allen drei Pfarren an die 100 Personen, die jetzt in bis zu acht Arbeitskreisen ihren Dienst tun wollen. Die Bestrafung, nicht Pfarrgemeinderat heißen zu dürfen, sondern „nur" Pfarrarbeitskreis, wurde uns zum Segen: Eigentlich entspricht uns Arbeitskreis eher, und dann scheint uns, daß wir von einer Interessensvertretung – welche Interessen außer denen Jesu sollten wir eigentlich vertreten? – zu einem Mitarbeiterinnen- und Mitarbeiterkreis von verantwortlichen Christinnen und Christen mutiert sind, die wissen, daß sie der Gemeinschaft etwas schuldig sind. Das sind nun fast 100 Hirtinnen und Hirten, die bereit sind, von ihrem Leben etwas her- bzw. hinzugeben. Da kann sich schon etwas bewegen.

Sicher bedarf es einiger, die vorangehen. Das dürfen aber keine ängstlichen Maurer sein, auch keine gleichgültigen Platzhalter, sondern mutige Geister, die sich den Blick nach vorne nicht verstellen lassen, die keine Angst vor dem Scheitern und ein unendliches Vertrauen in das Wirken Gottes in dieser Welt und in jedem Menschen haben.

Oft genügt ein kleines Zeichen, das Vertrauen und Mut schenken und zum Nachfolgen ermuntern kann.

Ich werde das Bild nicht vergessen: Patriarch Pavle in Beograd an der Spitze einer Prozession – oder war es eine Demonstration? –, sehr klein von Gestalt, hervorgehoben nur durch sein liturgisches

Gewand. Aber mir ist er riesengroß erschienen. – So stelle ich mir Hirten vor: an der Spitze des Volkes und mit dem Volk, das in Not ist, richtungweisend – und vor allem: ohne Angst. Da marschiert Gott mit und macht den Kleinsten riesengroß.

Jurij Buch

Lassen Sie mich diese „*Erfüllte Zeit*“ mit einem Text von Johannes Paul II. schließen: „Wenn der Mensch die Sehnsucht nach Glück, die ihm das Herz verbrennt, stillen möchte, dann muß er seine Schritte zu Jesus hinlenken. Christus ist nicht weit von ihm. In Wahrheit ist unser Leben hier auf Erden ein ständiges Begegnen mit Christus: mit Christus, gegenwärtig in der Heiligen Schrift als Wort Gottes; mit Christus, gegenwärtig in seinen Dienern als Lehrer, Priester und Hirten; mit Christus, gegenwärtig im Nächsten und insbesondere in den Armen, den Kranken, den Ausgestoßenen, die seine leidenden Glieder sind; mit Christus, gegenwärtig in den Sakramenten, in denen sich sein Heilswirken fortsetzt; mit Christus, dem Gast in unserem Herzen, in dem er wohnt, in dem er sein göttliches Leben mitteilt.“

Fünfter Sonntag der Osterzeit

In den Evangelienperikopen vom vierten und vom heutigen fünften Sonntag der Osterzeit greift Jesus zu sehr bodenständigen, den Menschen seiner Zeit vertrauten Bildern aus dem Bereich der Landwirtschaft. Hörten wir am vergangenen Sonntag vom guten Hirten, so begegnen wir heute dem Bild vom Weinstock und den Rebzweigen. Der Weinstock und die Reben sind für Jesus Gleichnisse seiner selbst und seiner Jüngerinnen und Jünger, die durch ihn mit dem Winzer, mit dem Vater verbunden sind und nur in dieser Verbindung Frucht bringen können.

Diese Gleichnisse, diese Bildreden blieben durch Erzählungen in den ersten Christengemeinden lebendig, wurden ins Leben umgesetzt und konnten so später die Grundlagen, das Basismaterial für die Evangelisten abgeben, die diese Geschichten sammelten, um sie für ihre Gemeinden und für später aufzuschreiben.

Auch Saulus, der Christenverfolger der ersten Stunde, der noch bei der Steinigung des Stephanus nicht nur anwesend war, sondern auch die Kleider des Delinquenten hielt, kam nach seiner Bekehrung mit diesen Jesus-Geschichten in engste Berührung, griff seinerseits diese Bilder auf und erzählte sie weiter. Die Jüngergemeinde war anfangs skeptisch und mißtrauisch gewesen; sie fürchtete sich sogar vor diesem Mann, den sie ja als Feind Jesu erlebt hatte. Aber sein mutiges Auftreten im Namen Jesu, wie die Apostelgeschichte es beschreibt, hat sie langsam von der Echtheit der Bekehrung dieses jungen Mannes überzeugt.

Wörtlich heißt es in der von Lukas niedergeschriebenen Geschichte der ersten Gemeinden: „Er ging bei ihnen in Jerusalem ein und aus, trat unerschrocken im Namen des Herrn auf und führte auch Streitgespräche mit den Hellenisten, griechisch sprechenden Juden, die ihn nicht akzeptieren wollten, sondern ihm nach dem Leben trachteten. Als die Brüder das merkten, brachten sie ihn nach Cäsarea hinab und schickten ihn von dort nach Tarsus. Die Gemeinden in ganz Judäa, Galiläa und Samarien hatten nun Frieden: sie wurden gefestigt und lebten in der Furcht vor dem Herrn. Und sie wuchsen durch die Hilfe des Heiligen Geistes."

Jesu Leben und Wirken, sein Leiden, sein Tod, seine Auferstehung und die Geschichten, die er seinen Freunden und dem Volk erzählt hatte, die Bilder, mit denen er ihnen das Reich Gottes nahebringen wollte – das war der rote Faden ihrer Verkündigung und ihres gemeinsamen Lebens.

GETRENNT VON MIR KÖNNT IHR NICHTS VOLLBRINGEN.

Und das ist sie, die Geschichte vom Winzer, vom Weinstock und von den Rebzweigen, in der sich die Apostel und die schnell wachsenden Gemeinden wiederfinden konnten, wie wir uns in ihnen wiederfinden sollten.

Joh 15,1–8

Ich bin der wahre Weinstock, und mein Vater ist der Winzer. Jede Rebe an mir, die keine Frucht trägt: Die reißt er weg. Und jede, die Frucht trägt: Die reinigt er, daß noch mehr Frucht sie trage. Schon seid ihr rein – kraft des Wortes, das ich zu euch gesagt habe. Bleibt in Eins mit mir, und ich in Eins mit euch. Wie die Rebe aus sich nicht Frucht tragen kann – es sei denn, sie bleibe am Weinstock – so auch ihr nicht; es sei denn, ihr bleibt in Eins mit mir. Ich bin der Weinstock, ihr seid die Reben. Wer in Eins mit mir bleibt, wie ich in Eins mit ihm: Der trägt viel Frucht. Denn ohne mich vermögt ihr nichts zu tun. Wenn einer nicht in Eins mit mir bleibt, so wird er hinausgeworfen wie die Rebe und verdorrt. Und die sammelt man und wirft sie ins Feuer; und sie verbrennt. Wenn ihr in Eins mit mir bleibt, und meine Worte in euch bleiben, so erbittet, was ihr wollt, es wird euch geschehen. Dadurch wird mein Vater verherrlicht, daß viel Frucht ihr tragt und meine Jünger werdet.

(Übertragung: Fridolin Stier)

Hans Peter Lang ist zwar kein Weinbauer, und doch liegt ihm als Forstexperte das Bild vom Weinstock nicht fern. Schon sein Vater war in der Forstwirtschaft tätig und vererbte ihm durch sein Beispiel die Liebe zum Wald. Heute ist der dreifache Familienvater Dozent für Waldbau an der Universität für Bodenkultur und Leiter eines Forstbetriebes im niederösterreichischen Wieselburg, wo er eine der bedeutendsten Samenbanken eingerichtet hat. Hans Peter Lang ist aber nicht nur ein Wald-Mensch, sondern schon seit vielen Jahren in die Spiritualität der charismatischen Erneuerung eingebunden und seit kurzem auch als ihr verantwortlicher Leiter auf Österreich-Ebene tätig. Ich kenne ihn seit vielen Jahren und weiß, daß das eine sehr geglückte Kombination geworden ist, die Füße fest am Boden, die Seele dem Geist zugewandt.

KOMMENTAR

Im Alten Testament, und zwar im Buch Jesaja, erzählt der Prophet von einem Weinberg, einem Weinberg auf einer fruchtbaren Höhe. Trotz edelster Reben und bester Pflege brachte dieser Weinberg nur saure Trauben. Und der Prophet klagt: „Ja, der Weinberg des Herrn der Heere ist das Haus Israel, und die Männer von Juda sind die Reben, die er zu seiner Freude gepflanzt hat." – „Er hoffte auf Gerechtigkeit; doch siehe da, der Rechtlose schreit." Jesaja fährt fort: „Was der Herr tut, beachten sie nicht; darum muß mein Volk in die Verbannung, denn es hat keine Erkenntnis." – Solange das Volk Israel auf Gott hört, sich ihm zuwendet, geht es ihm gut. Der innere Friede und die Sicherheit nach außen schwinden jedoch rasch, wenn die Israeliten falschen Göttern nachlaufen, dem persönlichen Reichtum und dem Vergnügen, den Göttern der Nachbarn und wechselnden militärischen Allianzen.

Von Jesaja hörten wir: „Der Weinberg des Herrn der Heere ist das Haus Israel." – Aus diesem Haus Israel kommt Jesus, der Christus, der von sich sagt: „Ich bin der wahre Weinstock, und mein Vater ist der Winzer." – Und er sagt weiter: „Ich bin der Weinstock, und ihr seid die Reben." – Das heißt für mich: Ich darf an ihm wachsen, mit ihm leben, werde von ihm versorgt und ganz von dem durchdrungen, was von ihm kommt. Das anzunehmen ist mir nicht leicht gefallen. Ich habe lange gebraucht, in dieses Leben mit ihm, dem Weinstock, wirklich alles von mir, mich ganz und gar einzubeziehen: den Beruf, mein Geld, alles, von dem ich glaubte, daß ich es aus meiner Kraft geschaffen hätte.

Jesus verheißt uns: „Jede Rebe, die Frucht bringt, reinigt mein Vater, damit sie mehr Frucht bringt." – Vielleicht ist es Ihnen manchmal auch so ergangen wie mir: Ich habe manche Dinge im Leben ohne viel Fragen oder Hinhören auf Gott begonnen. Manches davon ist sichtbar gewachsen, aber echte Frucht ist aus solchem Beginnen selten gewachsen. – „Getrennt von mir könnt ich nichts vollbringen."

Das heutige Evangelium trägt in der Einheitsübersetzung die Überschrift: *Die Bildrede vom Fruchtbringen.* Allein sechsmal ist in den ersten acht Versen von diesem *Fruchtbringen* die Rede. Schon daraus mag bei manchen von uns ein Leistungsdruck abgeleitet werden, den wir in unserer heutigen Gesellschaft nur zu gut kennen. Wenn dieser dann auch noch einen frommen Mantel bekommt, könnte das noch schlimmer sein als sonst. Das drängt uns dazu, wir selber müßten alles tun. Die Erziehung unserer Tage in dieser Gesellschaft ebnet diesen Gedanken des Leisten-Müssens aus eigener Kraft immer mehr den Weg. Wir werden dann leicht zu *Machern,* die nicht mehr hören, nicht mehr spüren können, was unter den vielen drängenden Problemen von Gott her Vorrang hat. Können solch bedrängte Reben reiche Frucht bringen? – „Getrennt von mir könnt ihr nichts vollbringen."

Was vollbringen wir heute als Gesellschaft in unserer kleinen und großen Welt? – Was würde ein Prophet Jesaja heute zu uns sagen, angesichts des Heeres der Rechtlosen, etwa in Brasilien, der Ausgegrenzten, der heute als überflüssig eingestuften Alten und Arbeitslosen bei uns? – Er würde wohl genauso wie im anfangs zitierten Lied vom Weinberg uns zuzurufen daß der Rechtlose schreit. Wann gewinnen wir wieder in seinem Sinn Erkenntnis; wann erkennen wir, was die *Zeichen der Zeit* sind, was Gott heute von uns will?

Ich habe von guten Freunden immer wieder gehört: „Angst ist ein schlechter Ratgeber, Angst ist nicht von Gott." – Ja, es wird auch mir oft angst angesichts der Entwicklungen auf dieser Erde. Als Naturwissenschaftler gebe ich ihr wenig Chancen, recht lange mit diesem Stil des Wirtschaftens zu überleben.

Als Glaubender aber weiß ich, was Gott tun kann. Ich bin sicher, daß gerade in der Not unserer Tage Gott neue *Davids* schenken wird, Menschen, die ergriffen sind vom Geist Gottes und wie der junge David bereit sind, Verantwortung zu übernehmen. Sie werden die *Goliaths* unserer Zeit besiegen, die uns Zukunft und Hoffnung zu rauben drohen. Sie werden eins sein mit dem Weinstock im Wort und im Brot, aber auch untereinander. Sie wissen: „Getrennt von mir könnt ihr nichts vollbringen." – Jesus verheißt uns: „Mein Vater wird dadurch verherrlicht, daß ihr reiche Frucht bringt und meine Jünger werdet."

Jünger werden bedeutet für viele von uns, außergewöhnliche Dinge vollbringen zu müssen. Also schon wieder Leistungsdruck. Aber darum geht es Jesus nicht. Das Lebensgeheimnis eines Jüngers ist sein Hingegebensein an Jesus, den Christus, und meist ist das

Kennzeichen eines solchen Lebens in Gott die Unaufdringlichkeit. Eine wirkliche Nachfolge Jesu kann nur in der Verbundenheit mit ihm gelebt werden: „Getrennt von mir könnt ihr nichts vollbringen."

Hans Peter Lang

Vor einigen Jahren habe ich den ägyptischen Jesuiten P. Henri Boulad gebeten, die Gleichnisse Jesu neu, auf die heutige Welt bezogen zu formulieren. Es waren sieben Gleichnisse, die ich auswählte. Auch jenes vom Weinstock war darunter. Zum Abschluß seiner neuen Bildrede, die er im Bereich der Massenmedien angesiedelt hatte, formulierte er damals die Jesusworte neu.

„Als ich damals sagte, ich sei der Weinstock und ihr seid die Reben, wollte ich damit veranschaulichen, daß die gegenseitige Zugehörigkeit und Abhängigkeit der menschlichen Individuen der Völker und Nationen dank dieser organischen Verbindung besteht, die ich bin. Ich lebe und agiere im Tiefenbewußtsein eines jeden Menschen. Doch nicht alle Herzen wissen es.

So wiederhole ich: Jenseits aller Strukturen und Superstrukturen, jenseits der begrüßenswerten Weltorganisationen und der straffen technischen Verknüpfung durch die Massenmedien und jenseits der beständigen Angebote an Symposien und Kongressen, Seminaren, Tagungen und Konferenzen fehlt es der Welt immer noch an einer alles verbindenden Seele.

Ich bin die Seele dieser Welt, denn ich bin ihr inneres Leben. Ich bin das wahre verbindende Gewebe, die organische Struktur. Ich schaffe eure Einheit, nach der ihr euch alle sehnt."

Sechster Sonntag der Osterzeit

Am heutigen sechsten Sonntag der Osterzeit geht es vor allem um eines: um die Liebe, um die liebevolle Wechselbeziehung zwischen dem Vater und dem Sohn, in die auch die Jüngerinnen und Jünger hineingenommen sind und die aus diesem Beziehungsgeflecht die Kraft schöpfen, die sie dazu befähigt, einander zu lieben und diese Liebe auch auf jene Menschen überfließen zu lassen, die ihnen begegnen. Wir wissen, wie schwer es für Menschen ist, wirklich echt und hingebungsvoll zu lieben, die selber in ihrem Leben, vor allem am Anfang ihres Lebens, nicht das Glück hatten, in der sie umhüllenden elterlichen Liebe das so nötige Urvertrauen zu erfahren, das erst liebesfähig macht. Solche Menschen bleiben bis an ihr Ende meist irgendwie gezeichnet, unsicher, mißtrauisch und leer, wenn nicht an irgendeinem Knotenpunkt des Lebens das Gnadengeschenk einer reinen Liebe sie herausholt aus ihrer Einsamkeit. Daher ist die Zusage Gottes so unendlich tröstlich, und es ist heilsam zu wissen, daß er mit seiner Liebe uns immer umfängt und daß wir letztlich nie, auch nicht durch Schuld und Sünde, aus seiner Liebe ganz herausfallen können.

Die Zweite Lesung ist heute aus dem ersten Johannesbrief genommen, und die zitierte Stelle sagt uns die Liebe Gottes ganz deutlich zu:

„Wir wollen einander lieben, denn die Liebe ist aus Gott, und jeder, der liebt, stammt von Gott und erkennt Gott. Wer nicht liebt, hat Gott nicht erkannt, denn Gott ist die Liebe. Die Liebe Gottes wurde unter uns dadurch offenbar, daß Gott seinen einzigen Sohn in die Welt gesandt hat, damit wir durch ihn leben. Nicht darin besteht die Liebe, daß wir Gott geliebt haben, sondern daß er uns geliebt und seinen Sohn als Sühne für unsere Sünden gesandt hat."

Wenn in diesen Zusammenhang als erste Lesung jene Stelle aus der Apostelgeschichte gestellt wird, in der Lukas von der Bekehrung des römischen Hauptmannes Kornelius in Cäsarea berichtet, so soll dies wohl heißen, daß auch diese Bekehrungsgeschichte mit Liebe zu tun hat. Es hat in dieser ersten Zeit nach der Ausgießung des Geistes sicherlich zahlreiche Bekehrungs- und Taufgeschichten gegeben, denn Petrus und die anderen Apostel waren ja unermüdlich landauf, landab unterwegs, um nichts als dieses zu befördern. Die Geschichte von Kornelius ist der ausführlichste Einzelbericht und hat wohl deshalb einen besonderen Stellenwert. Er liegt dort, wo auch auf die Heiden in Cäsarea der Heilige Geist herabkam, damit die Apostel und ihre Begleiter begreifen sollten, daß Jesus nicht nur für die Juden, sondern für alle Menschen gestorben und auferstanden ist, daß also alle Menschen in seine Liebe hineingenommen sind.

LIEBT EINANDER, DANN BLEIBT IHR IN MEINER LIEBE.

Joh 15,9–17

Wie mich der Vater geliebt, so habe auch ich euch geliebt. Bleibt in meiner Liebe. Wenn meine Weisungen ihr wahrt, dann bleibt ihr in meiner Liebe – wie ich meines Vaters Weisungen gewahrt, und in seiner Liebe bleibe. Das habe ich zu euch gesagt, daß meine Freude in euch sei und eure Freude sich vollende. Das ist meine Weisung: Liebt einander, wie ich euch geliebt! Größere Liebe hat keiner, als wer sein Leben gibt für seine Freunde. Ihr seid meine Freunde, wenn ihr tut, was ich euch weise. Nicht mehr Knechte nenne ich euch, denn der Knecht weiß nicht, was sein Herr tut. Euch aber habe ich Freunde genannt, denn alles, was ich gehört von meinem Vater her: Euch habe ich es kundgetan. Nicht ihr erwähltet mich, sondern ich erwählte euch. Und ich habe euch bestellt, daß ihr hingeht und Frucht tragt und eure Frucht bleibt; auf daß, was ihr vom Vater erbittet, er euch gebe – in meinem Namen. Das weise ich euch: Liebt einander!

(Übertragung: Fridolin Stier)

Die Innsbrucker Religionspädagogin und Theologin Martha Heizer hat sich zu dieser zentralen Botschaft des Johannes-Evangeliums so ihre Gedanken gemacht, an deren Anfang eine schlichte Liebeserklärung steht.

KOMMENTAR

Ich liebe ihn sehr, diesen Jesus von Nazaret. Ich liebe ihn mit meinen Kräften, eingeschränkt und beileibe nicht uneigennützig. Aber ein Leben ohne ihn mag ich mir nicht vorstellen.

Es ist eine mühsame Liebschaft. Ich kann ihn mit meinen Sinnen nicht erfassen, nicht hören, nicht sehen, nicht fühlen. Es gibt Höhepunkte, Hoch-Zeiten, Tabor-Erlebnisse, aber das Normale sind die trockenen Ebenen. Dennoch wünschen wir uns beide eine dauerhafte Beziehung. Jesus sagt: „Bleib in meiner Liebe." Wie um Himmels willen kann das gehen?

Er sagt auch gleich die Anweisung dazu, aber sie gefällt mir auf den ersten Blick nicht so recht. Er sagt: „Wenn ihr meine Gebote haltet, bleibt ihr in meiner Liebe, so wie auch ich meines Vaters Gebote gehalten habe und in seiner Liebe bleibe." Es erinnert mich an die Mutter meiner Freundin Barbara, die ihrer Tochter immer gesagt hat: „Du kannst alles von mir haben, solang du folgst." Und auch kleine Kinder fallen mir ein, die gern sagen: „Wenn du mir das nicht tust, mag ich dich nicht mehr."

Ich sehe schon (bei meinem zweiten Blick), Jesus geht es nicht um den Gehorsam an sich, sondern um die vollkommene Freude für mich, für uns. Und genau genommen nennt er ein einziges Gebot: daß wir einander lieben. Zweimal betont er es: „Das ist mein Gebot, daß ihr einander liebt, wie ich euch geliebt habe." Und: „Das ist mein Auftrag für euch: Liebt einander!" Er weiß genau: Gegen diese gegenseitige Liebe zu handeln stört unsere Lebensfreude. Jede Mißachtung dieses Gebots betrifft uns als einzelne und als Gemeinschaft. Jesus selber nimmt sich dabei eigenartig zurück. Er mißt unsere Liebe zu ihm an unserer Liebe zu unseren Mitmenschen.

Das fasziniert mich. Es läßt mich auch realistisch bleiben, denn dieses liebevolle menschliche Miteinander ist jederzeit überprüfbar, jede Abweichung ist spürbar. Ich kann mir dabei nichts vormachen.

So hindert mich dieses Gebot auch daran, mir einen „cosy Jesus" zu basteln wie das Goldene Kalb und mich mit ihm in eine Kuschelecke zurückzuziehen.

Dennoch will ich auch an der Liebe zu ihm selber festhalten. Wenn ich darüber nachdenke, wie das gehen soll bzw. wie es bisher gegangen ist und wie ich versuchen kann, das zu erklären, komme ich automatisch zu den Erfahrungen meiner „irdischen" Liebe. Was ich in meiner Ehe, die fast schon silbern ist, über die Liebe gelernt habe, muß doch übertragbar sein. Die Kriterien, die uns wichtig geworden sind, damit die Liebe dauern kann, müssen doch die gleichen sein. Schließlich ist Gott Mensch geworden, auch damit wir uns unsere Beziehung zu ihm menschlich vorstellen können.

Da ist zuerst einmal die miteinander verbrachte *Zeit.* Ja, ich weiß, das klingt abgedroschen, wie ein moralischer Appell, oft gehört, schwer zu verwirklichen. „Liebe ist eine Funktion von Zeit“: das stimmt aber wirklich. Natürlich steht unser mitteleuropäischer Alltag dazwischen, der Beruf, die Kinder, der Haushalt, und womöglich noch ein zusätzliches Engagement, und die Freizeitindustrie muß ja auch leben. Eine Beziehung nährt sich aber in der gemeinsam verbrachten Zeit. Das gilt auch für die Jesus-Beziehung. Ich bin draufgekommen, daß es dabei nicht nur um die „genutzte“ Zeit geht (ich kann im Bus und an der Kasse und im Warteraum die Zeit nützen und beten), es braucht auch die „gewidmete“ Zeit: tägliche Minuten, die ich einzig und allein IHM widme und nichts dazwischenkommen lasse. Das hilft, die Liebe warm zu halten.

Und dann die *Nähe,* die Tuchfühlung, fast möchte ich sagen: der Hautkontakt. Berührung. Natürlich kann ich Jesus nicht streicheln. Berührung muß also anders möglich sein. Berührt sein, angerührt sein von seiner Nähe, das ist möglich, aber nicht das Normale. Aber allein der Gedanke daran, daß Jesus mir nahe ist, läßt mich darüber nachdenken, was Jesus jetzt, in dieser konkreten Situation, mir wohl sagen will; läßt mich nachdenken darüber, wie es ihm wohl geht, jetzt mit mir und der Welt und überhaupt. Das fördert die Nähe und auch die Erkenntnis. Ich lerne ihn immer besser kennen dadurch. Und das fördert die Liebe.

Entscheidend ist auch der behutsame, aufmerksame, *heilsame Umgang* miteinander. Jesus geht auf diese Art mit mir um, das erfahre ich ständig. Und umgekehrt? Wie könnte ich „heilsam“ mit Jesus umgehen? Ist das nicht absurd? Ich glaube schon, daß das möglich ist – und wichtig. Ich weiß aber nicht, ob ich es gut genug erklären kann.

Jesus liebt die Menschen. Wer liebt, ist vom Glück und vom Unglück des/r Geliebten betroffen, angerührt, so, als wäre es das eigene Glück oder Unglück. So glaube ich, daß das Leid eines Menschen auch das Leid Jesu ist. Eine Darstellung in einem kleinen Bergkirchlein in der Nähe von Brixen in Südtirol macht das ganz deutlich: Das Herz Jesu ist noch am Kreuz angenagelt. Sein Herz, das bei den Menschen ist, leidet, weil die Menschen leiden.

So kann ich auch mit Jesus „heilsam“ umgehen, wenn ich das Leid eines Menschen zu mildern versuche. Eigentlich kann ich mich in meiner Liebe zu Jesus nie einfach ausruhen, solange Menschen unglücklich sind.

Damit schließen meine Überlegungen wieder bei der Aufforderung Jesu: Liebt einander, dann bleibt ihr in meiner Liebe.

Martha Heizer

Das Gebet, auch jenes, das keine Worte kennt und im stillen Hinhören, im Horchsam-Werden mündet, ist für Martha Heizer, wie sie sagt, jene Zeit, in der die Liebe zu Gott wachsen und reifen kann. Verweigern wir uns dieser Zeit, so kommt der Fluß ins Stocken und die Wiese der Liebe wird dürr.

Frère Roger Schütz, der Prior von Taizé, schreibt zum Thema Gebet: „Das Gebet, in dem wir in die Tiefen Gottes hinabsteigen, ist nicht dazu da, daß wir uns in unserer Haut wohler fühlen: Beten – nicht um irgendeines Gewinnes willen, sondern um als freie Menschen in die lebendige Gemeinschaft mit Christus hineinzufinden. Wenn der Mensch versucht, diese Gemeinschaft in Worte zu fassen, ist es bewußtes Beten. Es ist kein Privileg für einige wenige. Es ist ein Weg, der gangbar ist für die Jüngsten wie für die Ältesten. Im Gebet gewinnt unser Herz Klarheit und Durchsichtigkeit. Christus ist gegenwärtig."

Christi Himmelfahrt

Der erste der kirchlichen Mai-Feiertage ist angebrochen, das Hochfest Christi Himmelfahrt. In der ersten Lesung wird das Geschehen dieses Tages, aber auch das gesamte zeitliche Umfeld sehr lebendig und in der Sprache eines persönlichen Briefes von Lukas geschildert: „Im ersten Buch, lieber Theophilus, habe ich über alles berichtet, was Jesus getan und gelehrt hat, bis zu dem Tag, an dem er in den Himmel aufgenommen wurde. Vorher hat er durch den Heiligen Geist den Aposteln, die er sich erwählt hatte, Anweisungen gegeben. Ihnen hat er nach seinem Leiden durch viele Beweise gezeigt, daß er lebt; vierzig Tage hindurch ist er ihnen erschienen und hat vom Reich Gottes gesprochen."

Wie lange diese Zeitspanne der Lehre, der Vermittlung tiefster Geheimnisse und Weisheit wirklich gewährt hat, wissen wir nicht, denn 40 Tage, das ist ein biblisches Kürzel für viel, für die Fülle der Zeit. Und er hat sich wohl alle Zeit genommen, die es brauchte, um aus seinen ungebildeten und wohl auch ziemlich dumpfen und ängstlichen Jüngern echte, brennende Verkünder der Botschaft zu machen. Das war sicherlich ein Stück harte Arbeit.

Dann ist bei Lukas noch von einem gemeinsamen Mahl, wohl einem Abschiedsmahl die Rede, während dem er ihnen gebot, in Jerusalem zu bleiben und auf die angekündigte Verheißung des Vaters zu warten, denn: „Johannes hat mit Wasser getauft, ihr aber werdet schon in wenigen Tagen mit dem Heiligen Geist getauft." Und daraufhin ermahnte er sie noch und machte ihnen noch einmal ihre Bestimmung klar: „Ihr werdet meine Zeugen sein in Jerusalem, in ganz Judäa und Samarien und bis an die Grenzen der Erde."

Und dann schreibt Lukas an Theophilus: „Als er das gesagt hatte, wurde er vor ihren Augen emporgehoben, und eine Wolke nahm ihn auf und entzog ihn ihren Blicken. Während sie unverwandt ihm nach zum Himmel emporschauten, standen plötzlich zwei Männer in weißen Gewändern bei ihnen und sagten: Ihr Männer von Galiläa, was steht ihr da und schaut zum Himmel empor? Dieser Jesus, der von euch ging und in den Himmel aufgenommen wurde, wird ebenso wiederkommen, wie ihr ihn habt zum Himmel hingehen sehen."

Das Evangelium des heutigen Tages erzählt praktisch diese Geschichte noch einmal in der Version des Markus, und so habe ich in einem zeitlich weiten Sprung für heute die Zweite Lesung aus dem Paulusbrief an die Epheser ausgewählt, der das Pfingstereignis aufgreift und in die Zukunft projiziert.

DANN BILDEN WIR ZUSAMMEN DEN VOLLKOMMENEN MENSCHEN, DER CHRISTUS IST, UND WACHSEN IN DIE GANZE FÜLLE HINEIN, DIE CHRISTUS IN SICH UMFASST.

Eph 4,1–13

Ich ermutige euch nun – ich, der im Herrn in Fesseln Gelegte – einen Weg zu gehen, der des Rufes wert ist, womit ihr gerufen wurdet, in aller Niedrigkeit und Sanftmut; in Langmut, einander ertragend in Liebe; bereitwillig, die Einheit aus dem Geiste durch das Band des Friedens zu wahren: Ein Leib und ein Geist, wie ihr auch berufen wurdet zu einer Hoffnung durch den Ruf an euch – ein Herr, ein Glaube, eine Taufe; ein Gott und Vater aller, der da ist über allen und durch alle und in allen.
Doch einem jeden von uns wurde gegeben die Gnade nach dem Maß der Gabe des Messias. Darum heißt es:
Aufstieg er zur Höhe,
gefangen nahm er Gefangene.
Gaben gab er den Menschen.
„Aufstieg er" – was bedeutet das anderes, als daß er zuvörderst herabstieg in die Gegenden der Erde? Der „Herabgestiegene" – er ist auch der hoch über alle Himmel „Hinaufgestiegene", damit er das Allsamt erfülle. Und er selbst hat die einen als Sendboten gegeben, die anderen als Propheten, andere als Heilsboten, andere als Hirten und Lehrer, um die Heiligen für das Werk des Dienstes ins Rechte zu bringen, für den Aufbau des Messiasleibes, bis wir alle zur Einheit des Glaubens und der Erkenntnis des Sohnes Gottes gelangen, zum vollkommenen Mann, zum Vollalter der Fülle des Messias.

(Übertragung: Fridolin Stier)

Es war im Zuge gegenseitiger Besuche, daß ich Bischofsvikar Anton Berger – zuständig für Wien-Stadt und etwas, was sich Großstadt-Pastoral nennt – diesen Paulustext vorlegte und ihn um eine

Auslegung für den heutigen Festtag bat. Ich besichtigte seine neue Wohnung, bewunderte einen prachtvollen Ausschnitt des Stephansdomes, den seine Fenster freigeben, und natürlich ebenso seine Bücher, seine beachtliche Sammlung von Steinen und Versteinerungen und nahm das Versprechen mit, daß er sich mit dem Text auseinandersetzen würde. Die Aufnahme fand dann bei seinem Gegenbesuch in meiner neuen Bleibe statt. Während wir im ruhigsten Eck Platz genommen hatten, spielte die Sonne mit den Frühlingsboten auf meiner kleinen Terrasse, und ihre Reflexe tanzten auf den Bildern an meinen Wänden. Dann lehnte er sich zurück und ließ seinen Gedanken freien Lauf.

KOMMENTAR

Die heutige Lesung fängt eigentlich sehr berührend an. Paulus sagt: „Nun bitte ich euch als einer, der für den Herrn im Gefängnis ist." Hier steht ein Stück Lebenszeugnis vor uns. Eine solche Bitte kann wahrscheinlich nur einer aussprechen, der mit seinem Lebenszeugnis dahintersteht. Paulus hat bewiesen, daß er diese Weisungen geben kann, weil er mehrfach für den Herrn Verfolgung erlitten hat. Um was er bittet, ist sehr einfach. Er zeichnet das Bild der Urkirche. Wenn man aber ein wenig hineinhört, erkennt man: Das sind genau die richtigen Worte auch für heute, wenn er sagt: Lebt so, wie es sich für Menschen gehört, die Gott zu seinem Volk berufen hat. Paulus möchte uns daran erinnern, daß wir es uns nicht ausgesucht haben, sondern daß Gott uns eingeladen hat, uns zum Christsein berufen hat. Wir sind Christen, weil Gott uns das geschenkt hat. Aufgrund dieses Geschenkes sollen wir uns auch richtig und glaubwürdig verhalten. Die Verhaltensweisen, die Paulus aufzählt, sind ganz einfach: „Erhebt euch nicht über die anderen."

In jeder Pfarrgemeinde, in jeder Teilkirche gibt es immer wieder Leute, die gerne über die anderen herrschen, die gerne Einfluß haben, Macht ausüben, alles unter dem Deckmantel irgendeiner christlichen Aktivität. Das hat schon Paulus gewußt und uns gesagt: Erhebt euch nicht über die anderen, sondern seid immer freundlich und geduldig. Mich erschüttert es immer, wenn man hört, daß das Beste, was man über einen Priester sagen kann, ist, daß er menschlich ist. Wahrscheinlich gilt das ebenso für alle diejenigen, die in einer Pfarrkanzlei angestellt sind oder sonst Dienst in der Kirche machen. Was die gehetzten und verletzten Menschen heute von den Christen erwarten, ist diese Freundlichkeit und Geduld.

Wahrscheinlich müssen wir da sehr viel lernen, da wir heute in den Rückzugsgefechten eher geneigt sind, unsere Zähne zu zeigen, wenn irgendwann einmal die Leute „in unsere Gasse kommen“: sei es bei der Erstkommunion, bei der Taufe, der Ehe oder sonst. Da zeigen wir es ihnen dann. Aber in Wirklichkeit müßte es genau umgekehrt sein.

„Versucht, in Liebe miteinander auszukommen.“ Es wird heute immer wieder von der Konfliktkultur in der Kirche geredet, d. h. wir streiten, aber wir können es eigentlich gar nicht. Von einem liebevollen Streiten ist überhaupt nicht die Rede. „Bemüht euch darum, die Einheit zu bewahren, die der Geist Gottes euch geschenkt hat.“ Wir können die Einheit nicht machen. Der Geist Gottes ist derjenige, der sie uns gibt, und der Geist Gottes ist auch derjenige, der uns den Frieden schenkt, den wir brauchen, denn wir sind von Gott her füreinander da. Wir haben gehört: Jeder von uns hat seinen besonderen Anteil an den Gaben erhalten, die Christus in seiner Gnade ausgeteilt hat. Es liegt an den Verantwortlichen der Gemeinde, diese Gaben wahrzunehmen, sie miteinander zu verknüpfen, das Volk Gottes für seinen Dienst bereitzumachen und den Leib Christi aufzubauen.

Wahrscheinlich kann die Kirche nur dann da und dort sinnvoll überleben, wenn spürbar wird, daß sie im Glauben, aus der gemeinsamen Erkenntnis des Sohnes Gottes miteinander lebt. Damit ist sämtlicher Eigenbrötelei und sämtlichem Privatchristentum eine Absage erteilt. Nur gemeinsam können wir das werden, was wir werden sollen. Dann bilden wir zusammen den vollkommenen Menschen, der Christus ist, und wachsen in die ganze Fülle hinein, die Christus in sich umfaßt. Das ist dann die Kirche, die Gemeinde.

Aber wie beim Menschen ist es so: Er ist ja auch nicht ein strahlender Athlet – wenn, dann nur für eine kurze Zeit. Im Lauf des Lebens kommen verschiedene Wunden, Narben, Schwächen. Das macht den Menschen aus. Das macht auch die ganze Kirche aus. So dürfen wir darauf vertrauen, daß alle in der Kirche ihren Platz haben, die Starken und die Schwachen, je nach den Gaben, die der Geist Gottes ihnen zugeteilt hat. Gefragt ist – wie bei Paulus – unser Lebenszeugnis.

Man könnte sich jetzt Gedanken machen, was Lebenszeugnis in dem Zusammenhang für die Kirche heute bedeutet. Bei Paulus war es klar. Er hat den Auftrag gehabt, das Evangelium zu verkünden, sei es gelegen oder ungelegen, und er ist losgezogen. Und er hat es verkündet, wo er konnte und wo immer es möglich war. Er hat alle Nachteile auf sich genommen und hat damit die Weltkirche wesentlich mitbegründet. So muß wahrscheinlich die Kirche heute fragen, müssen sich die Verantwortlichen heute fragen, die Apostel, die Propheten und all die anderen, die der Geist hier ausgewählt hat – das sind jetzt Papst, Bischöfe, Priester und in den Gemeinden die Pfarrgemeinderäte usw.: Was braucht heute der Mensch – oder die Menschen – an dem Ort, wo wir leben? Was sind die Nöte der heutigen Zeit? Was kann ich da als christliche Antwort darauf sagen und tun? Das heißt, es besteht die Notwendigkeit, daß alle Verantwortlichen schauen, wie die Zeit heute ist in der Welt, wo die Kirche eben lebt, in unserer Pfarrgemeinde. Wie schaut es aus, wo sind die brennenden Fragen der Menschen, und wie kann ich eine christliche Antwort dort leben? Wir sagen es ja, aber die Leute wollen es sehen, und sie wollen mit uns mitleben, daß es ein sinnvolles Leben ist. Und da hängt es, weil wir vieles delegieren. Wir delegieren es an die hauptamtlichen oder ehrenamtlichen pfarrlichen G'schaftlhuber. Die sollen es machen. Das ist es nicht. Jeder einzelne Christ ist gefragt, und nur dieses ganz persönliche Lebenszeugnis ist glaubwürdig.

Anton Berger

Ein paar Zeilen von Anton Rotzetter für Sie mit auf den Weg durch diesen Tag:

„Jesus sagt uns:
Mir ist die Lebensmacht gegeben
im Himmel und auf der Erde.
Darum geht zu allen Völkern
und macht alle Menschen lebendig;
tauft sie
mit Wasser und Geist
mit Feuer und Flamme
mit Leben und Kraft."

Seine Zeugen sollen wir sein, die Verkünder seiner Botschaft durch unser Wort und unser Leben. Nicht mehr, aber auch nicht weniger ist unser Auftrag, unsere eigentliche Berufung, wenn wir uns Christen nennen wollen.

Siebter Sonntag der Osterzeit

Die Zeit, da der auferstandene Meister seine Jüngerinnen und Jünger gelehrt, ihnen Wissen und Weisheit vermittelt hat, ist zu Ende. Er ist von ihnen gegangen und zum Vater heimgekehrt, wie wir vor wenigen Tagen gehört haben. Er hat sie ermahnt, in Jerusalem zu bleiben und zu warten, bis die Verheißung erfüllt und sie mit Heiligem Geist getauft und ermächtigt würden, seine Sache in die Hand zu nehmen und zu Zeugen und Verkündern zu werden.

Die erste Lesung aus der Apostelgeschichte berichtet uns von solch einem ersten, selbständigen Akt, als es darum geht, für Judas einen Nachfolger zu finden. Mit Umsicht und in brüderlicher Gesinnung gingen sie ans Werk: „Und sie stellten zwei Männer als Kandidaten auf: Barsabbas und Matthias. Dann beteten sie: Herr, du kennst die Herzen aller, zeige, wen von den beiden du erwählt hast ... Dann gaben sie ihnen Lose; das Los fiel auf Matthias, und er wurde den elf Aposteln zugerechnet."

Was er von denen erwartet, die ihm nachfolgen, hatte Jesus ihnen allen vor seinem Abschied im Gebet nahegebracht, wie uns das Johannes-Evangelium vom heutigen siebten und letzten Sonntag der Osterzeit berichtet.

HEILIGER VATER, BEWAHRE SIE IN DEINEM NAMEN, DEN DU MIR GEGEBEN HAST, DAMIT SIE EINS SIND WIE WIR.

Joh 17,6a.11b–19

Ich habe zum Aufschein gebracht deinen Namen bei den Menschen, die aus der Welt heraus du mir gegeben hast. Bewahre sie in deinem Namen, den du mir gegeben hast, daß sie seien eins wie wir. Als ich bei ihnen war, bewahrte ich sie in deinem Namen, den du mir gegeben. Und ich wachte, und keiner von ihnen ist zugrunde gegangen – außer dem „Sohn des Untergangs" –, auf daß die Schrift erfüllt würde. Jetzt aber komme ich zu dir. Und das sage ich in der Welt, auf daß sie meine Freude in Fülle in sich haben. Ich habe ihnen dein Wort gegeben; und doch haßte sie die Welt, weil sie nicht aus der Welt sind, wie ich nicht aus der Welt bin. Ich bitte nicht, daß du sie herausholst aus der Welt, sondern sie bewahrst vor dem Bösen. Sie sind nicht aus der Welt, wie auch ich nicht aus der Welt bin. Heilige sie in der Wahrheit. Dein Wort ist Wahrheit. Wie du mich in die Welt gesandt hast, so habe auch ich sie in die Welt gesandt. Und für sie heilige ich mich selbst, auf daß auch sie seien in Wahrheit Geheiligte.

(Übertragung: Fridolin Stier)

Gustav Pirich, Pfarrer und Dechant in Hollabrunn, einer von denen, durch die man erfahren kann, daß ein Leitungsamt weniger mit Herrschaft als mit Dienst zu tun hat, legt uns dieses Herrengebet heute aus.

KOMMENTAR

Die Botschaft des Johannes-Evangeliums vom heutigen Sonntag läßt uns Jesus als Betenden erleben. Er hat seinen Jüngern nach dem Letzten Mahl die Füße gewaschen und ihnen aufgetragen, daß sie seinem Beispiel folgen und einander auch die Füße waschen sollten. Er hat sie daraufhin in den drei großen Abschiedsreden in das Geheimnis der Liebe Gottes eingeführt, das in seinem Leiden, Sterben und Auferstehen für die Menschen offenbar werden sollte. Dabei warnte er die Jünger aber auch vor einer Welt, die Gott widersteht, die ihr Nein gegen den Heilswillen Gottes aufrecht erhält; die das „Ich will nicht dienen“ zum Leitspruch ihres vermessenen Autonomieanspruches gemacht hat. Jesus spricht ganz offen über die Verfolgungen dieser menschlich-sündigen Weltwirklichkeit, denen die Seinen, also auch später die Christengemeinden, ausgesetzt sein werden, denn: „Wenn sie mich verfolgt haben, werden sie auch euch verfolgen“ (Joh 15,20). Alles ist daraufhin ausgerichtet, den Jüngern die unabwendbare Heils-Wirklichkeit seines Todes nahezubringen, sie zu trösten und ihnen einen zukunftsorientierten, hoffnungsvollen Ausblick zu geben. Der Evangelist versteht den Kreuzestod Jesu als Erhöhung, als ein Hingehen zum Vater und als eine notwendige Voraussetzung dafür, daß die erlösende Gegenwart Gottes der ganzen Welt zuteil werden kann.

Als einen Höhepunkt besonderer Art schließt sich an diese „Abschiedsreden“ ein Gebet des nun von seinen Jüngern scheidenden

Herrn an. Es ist ein großes Fürbittgebet Jesu an seinen Vater im Himmel. Jesus bittet jetzt um seine Verherrlichung zu jener Herrlichkeit, die er schon vor der Schöpfung beim Vater besaß. Doch das Ziel seiner Bitte sind die Menschen, die der Vater ihm gegeben hat, damit er ihnen ewiges Leben schenke. Wenn er jetzt von seinen Jüngern scheidet, dann enthüllt sich der eigentliche Sinn seiner Verherrlichung. In seinem Sterben werden die heilenden und heilbringenden Kräfte der Erlösung freigesetzt, die das Leben geben und es in Fülle geben. Aber die Jünger und alle Menschen, die an ihn glauben, bleiben im ständigen Widerspruch zu einer Welt, die sich Gott widersetzt. Daß die Seinen diesen Widerspruch aushalten können und die Glaubenstreue bewahren, darum bittet Jesus im besonderen. So bleibt dieses Gebet zeitlos und gewinnt für jede Generation der Getauften in der Geschichte der Kirche neue Aktualität.

Das bedeutet, daß wir, in der Gegenwart, genauso von diesem Gebet betroffen sind. Wir müssen uns jedoch heute die Frage stellen, ob wir als Kirche wirklich jener Bereich Gottes sind, in dem sich seine heilende und erlösende Wirklichkeit dieser Welt offenbart. Jesus betet doch darum, daß der Vater uns durch ihn selbst bewahre, damit wir eins sein können. Einssein als äußeres Zeichen einer tiefen, glaubenden Verbundenheit mit einem Gott, der sich in Jesus als eine dreifaltige Wirklichkeit dieser Schöpfung eröffnet hat. Wir sind durch Jesus in einen Lebensbereich göttlicher Liebe hineingestellt worden und sollten daraus leben, wie Jesus selbst in seinem irdischen Leben aus dieser Gegenwart Gottes gelebt hat. Das Merkmal der Einheit wird hier zum untrüglichen Zeichen dieses Lebensbereiches. Doch: Wie gefährdet ist gerade heute diese Einheit? Sie meint ja nicht uniformierte Einheitlichkeit; sie entfaltet ja ihre Struktur nicht auf der Wechselwirkung von Befehl und Gehorsam, sondern sie ist eine innere Selbstbestimmung aus dem tiefen Glauben heraus, in geschwisterlicher Einmütigkeit – trotz aller bestehenden Gegensätze – die erlösende Gegenwart des dreifaltigen Gottes in dieser Weltwirklichkeit aufleuchten zu lassen. Wenn heute innerkirchliche Auseinandersetzungen auf demselben Niveau ausgetragen werden, wie wir es in Politik und Wirtschaft täglich medial erleben können, dann wird diese eröffnete Gegenwart Gottes verdunkelt und pervertiert. Dann haben wir uns als Kirche aus dem Gebet Jesu herausgestohlen, und wie weit ist es dann noch bis zum Kontrastbild im Gebet Jesu, zum „Sohn des Verderbens“, den er trotz allen Behütenwollens verloren hat?

Ein weiteres Merkmal dieser Gegenwart Gottes ist die Freude. Jesus freut sich über seine Heimkehr zum Vater. Es ist eine Freude, die aus der Liebe kommt, und eine solche Liebe empfindet jedes Getrenntsein als schmerzlich. Jesus betet weiter darum, daß auch wir seine Freude in Fülle in uns haben können. Allein, mit welchem Gesicht ziehen wir Christen durch die Welt? Wollten wir einer Forderung Nietzsches entsprechen und erlöster aussehen, dann müßten wir eigentlich freudiger aussehen. Wiederum ist nicht eine Freude gemeint, die sich punktuell auf ein erhebendes Ereignis beschränkt, sondern jene begeisterte Haltung des Glaubens, die innovativen Schwung verleiht, tröstend und aufmunternd wirkt und in die vielen menschlichen Lebensfinsternisse Licht bringt, also lösend und erlösend wird. Fehlt uns dazu nicht sehr oft die Begeisterung am Leben, an den täglichen Lebensvollzügen? Das kommt vielleicht auch davon, daß wir weitgehend den Blick für die verborgenen Wirklichkeiten verloren haben; blind geworden sind für die kleinen und manchmal auch großen Wunder, die Gott in unserem Leben und in unserer Welt wirkt? Hat uns nicht ein gleichförmiger und gleich formender Trott erfaßt, der uns nicht mehr abhebt von dem täglich wiederkehrenden Gejammer der Massen über die Probleme der Zeit? Das soll ja nicht heißen, daß ein Christ blind sein muß für die vielfältigen Gegenwartsprobleme oder sie verdrängen müßte. Doch: Würde nicht aus der tiefen, begeisterten Freude, die Jesus uns vom Vater erbittet, ein entscheidend größerer Horizont an Lösungsmöglichkeiten entstehen? Wo das ausschließliche „Für mich" in den Hintergrund tritt und der Lebensauftrag Jesu „Für euch" zunehmende Gewichtung bekommt, wird eine Solidarität wachsen, die Probleme wesentlich leichter lösen hilft.

Doch das Hauptproblem und die Hauptgefahr spricht Jesus im heutigen Evangelium in dem Teil seines Gebetes an, wo vom Haß dieser Welt die Rede ist, der alle trifft, die an ihn glauben und aus diesem Glauben heraus leben. Freilich steht hinter diesen Worten zunächst die Erfahrung der Christengemeinden rund um den Evangelisten, die tatsächlich durch eine staatliche Verfolgungskampagne bedroht waren. Doch, wie wir schon angemerkt haben, Jesus spricht zeitlos. Neben versteckten und offenen Christenverfolgungen, die es heute in vielen Teilen dieser Welt gibt, kann jeder, der aus dem Glauben zu leben sucht, den Spott seiner Umwelt, die Verunglimpfung des Heiligen und die Herabwürdigung religiöser Werte erfahren. Anscheinend ist nichts mehr der Willkür menschlichen Lästerns entzogen; es gibt ja keine Tabus mehr und die sogenannte „Wertfreiheit" wird als die große Errungenschaft einer human-liberalen Weltanschauung gepriesen. Gerade darin aber, daß solche

Gefahrenmomente oft nicht sofort erkennbar sind, daß auch viele Christen auf diesem allgemein anerkannten, gesellschaftlichen Trend, daß nichts mehr heilig zu sein braucht, mitschwimmen, wird der Einfluß der sich verneinenden Welt noch subtiler und damit gefährlicher.

Andererseits erleben wir heute immer mehr den Trend, daß Menschen, auf der Suche nach alternativen Lösungen, aus dieser Welt ihrer Lebenswirklichkeit ausziehen wollen, ja geradezu daraus flüchten. Sie suchen dabei Gemeinschaften aller Art, die ihnen scheinbar eine heile Welt gegenüber dieser „bösen Welt" vermitteln. Sie suchen Abgrenzungen und grenzen sich damit selbst aus. Sie suchen Solidarität und gleichgesinnte Zugehörigkeit und entsolidarisieren sich von ihren angestammten Lebensbeziehungen und menschlichen Bindungen. Sie suchen Heil aus eigener Kraft und Selbst-Erlösung zu erzwingen und werden unter dem Vorwand der Ermöglichung radikalisiert und ausgebeutet. Zuletzt bleibt ein Trümmerhaufen menschlicher Existenz übrig, der kaum mehr in den angestammten Lebensbereich, den Gott für jeden Menschen bestimmt hat, zurückgeformt werden kann. Wenn wir diese Seite menschlicher Wirklichkeits- und Weltflucht betrachten, verstehen wir sicher viel besser, warum Jesus ausdrücklich darum betet, daß der Vater die Seinen nicht aus der Welt nehme, sondern sie vor dem Bösen bewahre.

Damit wird noch einmal klar, was mit Welt gemeint ist. Nicht die Schöpfung Gottes, die er uns anvertraut hat, nicht unsere kleinere oder größere Lebenswelt, in die hinein er uns berufen hat. Es ist jene menschliche Weltwirklichkeit, die vom Bösen beherrscht wird. Es ist jener Bereich des menschlichen Tuns, der den Krieg und die Gewalt als die Lösung der kleinen und großen menschlichen Probleme ansieht. Es ist jener Bereich der Sünde des Menschen, auf dessen Wegen sich die Massengräber der Ermordeten auftun und die zutiefst erniedrigten und verletzten Menschen den Mut am Leben verlieren. Hier haben die Lüge, der Betrug und die Korruption das Sagen, hier gilt das Recht der Skrupellosen und Hemmungslosen – einfach der Stärkeren.

Jesus will uns nicht aus einer solchen negativen Weltwirklichkeit evakuieren, deshalb bittet er um Bewahrung. Nehmen wir diese Bewahrung an, sind Achtung vor dem Heiligen, Liebe zum Nächsten und Opferbereitschaft für den Anderen unsere Zeichen dieser Annahme des Bewahrens durch den Vater, dann gehören wir wirklich nicht zu einer so gearteten, zerstörenden menschlichen Welt. Darin erkennen wir auch, daß Jesus nicht von dieser Welt gewesen ist; aber Gott hat sich in ihm für alle Menschen, und gerade dieser sündhaften Welt gegenüber, erlösend geöffnet. Das ist das unausrottbare Wort der Wahrheit Gottes, die heiligt. Nur darin kann der Glaube zur Tat werden, wenn sich jeder von uns aus seiner Taufberufung heraus bewußt zu denen begibt, die zu Jesus gehören, weil der Vater sie ihm gegeben hat. Einssein, Freude, Heiligung, Sendung Jesu gestaltet sich so als Einssein, Freude, Heiligung und Sendung der Seinen. Sie werden zu Zeichen der gegenwärtigen Liebe Gottes. Diese Liebe trägt uns. Im Heiligen Geist ist uns, zusammen mit der ganzen Schöpfung, ein unverwechselbares Ziel gesetzt: die Erfüllung in der Herrlichkeit Gottes, als Leben, das uns nicht mehr genommen werden kann.

Gustav Pirich

Pfingstsonntag

„Komm Heiliger Geist, erfülle die Herzen deiner Gläubigen und entzünde in ihnen, das Feuer deiner Liebe" – so klingt es in allen Kirchen der Welt an diesem Hochfest, an diesem Fest der Fülle und Erfüllung. Aber auch bei diesem Fest wird deutlich, wie unterschiedlich die jeweilige Sicht der Evangelisten ist. Während Lukas in der Apostelgeschichte die Ausgießung des Heiligen Geistes fünfzig Tage nach Ostern, am jüdischen Erntedankfest Schawuot, ansiedelt, nimmt Johannes die erste Erscheinung des Auferstandenen mit der Geistsendung zusammen, wenn er die Szene im verschlossenen Obergemach so beschreibt:

NACHDEM ER DAS GESAGT HATTE, HAUCHT ER SIE AN UND SPRACH ZU IHNEN: EMPFANGT DEN HEILIGEN GEIST

Nun, wir wissen alle, daß die Bibel, daß auch das Zweite Testament kein historisches Werk, kein Geschichtsbuch ist, sondern eine Sammlung von unterschiedlich gedeuteten Geschichten, in denen es um eine tiefere als die historische Wahrheit geht, geprägt von den unterschiedlichen Persönlichkeiten der Evangelisten. Wichtig ist, daß und nicht wann, wo und unter welchen Umständen der Geist Gottes in die Herzen der Menschen gelegt wurde und wird.

Joh 20,19–23

Als es nun Abend war an jenem ersten Wochentag – und die Türen dort, wo die Jünger waren, aus Furcht vor den Juden verriegelt – kam Jesus, trat in die Runde und sagt zu ihnen: Friede euch! Und als er das gesprochen, zeigte er ihnen die Hände und die Seite. Freuten sich da die Jünger, daß sie den Herrn sahen. Nun sprach Jesus zu ihnen abermals: Friede euch! Wie der Vater mich gesandt hat, so schicke auch ich euch. Und als er das gesprochen, hauchte er sie an, und sagt zu ihnen: Empfanget heiligen Geist! Welchen ihr die Sünden nachlaßt, denen sind sie nachgelassen; welchen ihr sie behaltet, denen sind sie behalten.

(Übertragung: Fridolin Stier)

Zu diesem letzten Satz des heutigen Evangeliums nach Johannes sagte mir Wilhelm Bruners in einem Gespräch, das ich am vergangenen Ostersonntag in Jerusalem mit ihm geführt habe, unter anderem Folgendes: „Wir haben es in der Tradition sehr häufig so gehört, als würde hier den Jüngern die Macht gegeben, Sünden nachzulassen und Sünden zu behalten. Auch ich bin noch in diesem Sinn ausgebildet worden, daß ich in den Beichtstuhl gehe und dort gewissermaßen auf dem Richterstuhl sitze. Deshalb mußte ich auch fragen – wie oft, wie lange, mit wem und so weiter, wie eben ein Jurist, ein Richter Fragen stellen muß, um zu einem gerechten Urteil zu kommen. Aber es geht letztlich nicht darum, daß man nachläßt oder nicht nachläßt, sondern darum, daß der Geist Gottes die Jünger hinaustreiben will, Sünden nachzulassen, Schuld zu vergeben. Und was heißt das anderes als den Frieden zu tun, den er ihnen zugesagt hat, Frieden in eine Seele, in ein Leben zurückzubringen? Und wer sollte das tun, wenn nicht jene, die an einen Gott glauben, der Sünden vergibt, und nicht an einen, der Sünden behält, auf Bestrafung besteht?"

Soweit Wilhelm Bruners. Jetzt aber hat P. Anton Rotzetter aus Altdorf in der Schweiz das Wort.

KOMMENTAR

Pfingsten – welches Fest!

1. Der diesbezügliche Bericht aus der Apostelgeschichte ist bekannt. Doch wer schon vermag das Unerhörte, das Revolutionäre des heutigen Tages noch wahrzunehmen?

- Ein Brausen wie von einem heftigen Sturm – ja, wo in aller Welt, in welcher Kirche, in welcher Pfarrgemeinde, in welchem Orden erlebt man ein solches Stürmen und Krachen? Statt dessen Leisetreten, gähnende Langeweile, Totenstille!
- Ein Getöse erhob sich, und die Massen strömten herbei – ja, wo denn gibt es noch solche Aufmerksamkeit erheischenden Ereignisse? Statt dessen fast überall „Lärm um nichts!" Und massenweiser Auszug aus den Kirchen!
- Feuer auf jedem Kopf, Leidenschaft in jedem Herzen, ein Ziehen und Brennen überall – ja, wo denn ist die kirchliche Gemeinschaft, wo das wärmende Feuer brennt? Statt dessen eisige Kälte und tiefster Winter an den meisten Orten!

- Bestürzung, Aussersichgeraten, Konsternierung – ja, wo denn löst der Heilige Geist noch solche Reaktionen aus? Schon eher ist es die Geistlosigkeit, die bestürzt und konsterniert.

Pfingsten ist – so müssen wir leider feststellen – sehr weit weg von der real existierenden Kirche! Ist Pfingsten heute vielleicht nur noch der Ausdruck für die Sehnsucht nach einer ganz anderen Kirche? Und müssen wir auf Pfingsten warten bis zum St. Nimmerleinstag?

2. Ich kann mich – offen gestanden! – mit einem anderen Bericht der Apostelgeschichte schon eher identifizieren. Paulus kommt eines Tages nach Ephesus. Da trifft er Jünger, also Christen, die vom Heiligen Geist noch nicht einmal gehört haben – mit anderen Worten: Paulus trifft da auf eine vorpfingstliche Kirche, auf eine geistlose Kirche. Beim genauen Hinschauen entdecken wir, dass es sich um Menschen handelt, die von Johannes getauft wurden. Dieser aber hatte ausdrücklich auf Jesus hingewiesen, der mit Heiligem Geist und mit Feuer tauft, und nicht nur mit Wasser!

Mit Schmerzen möchte ich angesichts der heutigen Kirche festhalten: Ach, so viele Gemeinden, so viele Amtsträger, so viele Christen sind nur mit Wasser getauft! Sie sind nicht getauft mit Heiligem Geist, nicht mit dem lodernden Feuer der lebendigen Liebe, nicht mit der entfesselten Leidenschaft Jesu für die gerechte Sache Gottes! Die Kirche ist weit von dem entfernt, was sie sein könnte! Sie ist als ganze und an den meisten Orten eine vorpfingstliche Gemeinde geblieben! Vom Heiligen Geist hat sie – so scheint es! – nicht wirklich gehört, geschweige denn hat sie ihn empfangen! Wieviele reden bloß vom Heiligen Geist, ohne jedoch eine wirklich geistliche, pfingstliche Erfahrung gemacht zu haben.

Ganz tragisch wird es, wenn der Heilige Geist ausgelöscht wird, wenn die in Ansätzen entstehende Pfingstkirche wieder in eine vorpfingstliche Gemeinschaft zurückversetzt wird – und das gerade durch sogenannte Geistliche, durch Amtsinhaber, durch Päpste, Bischöfe, Priester, welche ja ganz wesentlich Künder und Träger einer pfingstlichen Kirche sein sollten. – Nur ein Beispiel: Da haben sich Frauen während Jahren wöchentlich zu einem Gottesdienst zusammengefunden. Eine Gemeinschaft ist entstanden, die Geborgenheit und Halt gibt; lebendige und lebensnotwendige Beziehungen sind geknüpft worden; ein Gebäude steht, das auch in einer langen pfarrerlosen Zeit keinen Schaden genommen hat. Und dann kommt der neue Pfarrer und löscht mit seinem Machtgebaren den Heiligen

Geist; er verbietet den Frauen, weiterhin in der Kirche zusammenzukommen, um ihre liebgewordenen Gottesdienste zu feiern; er zerstört eine pfingstliche Gemeinde und führt zurück in eine vorpfingstliche Kirche: er tauft bloß mit Wasser, statt mit Feuer und Geist! – Solche Geschichten könnten endlos erzählt werden: Immer wieder wird die Kirche in vorpfingstliche Zustände zurückgeführt.

3. Dem gegenüber möchte ich mit Paulus allen Geistlichen zurufen: „Löscht den Geist nicht aus!“ (1 Thess 5,19). Seid, wonach ihr euch nennt: Geistliche – mit Feuer und Heiligem Geist Getaufte. Und allen Laien möchte ich mit der Heiligen Schrift zurufen: „Ihr alle seid Geistliche!“ Alle dürfen sich als Entflammmte Gottes verstehen, alle sollen Be-Geisterte sein, Christen, die mit Feuer und Heiligem Geist getauft sind: Niemand ist zu jung, keiner zu alt, keine zu klein und zu bedeutungslos: jeder Mann und jede Frau braucht nicht erst die Erlaubnis eines anderen Menschen, um das zu sein, zu tun und zu sagen, wozu der Geist des lebendigen Gottes ermächtigt.

Wenn man die Berichte der Apostelgeschichte genau anschaut, dann sind es vor allem zwei Dinge, die der Heilige Geist bewirkt:

Da ist zuerst einmal das, was ich *die ek-statische Persönlichkeit* nennen möchte: Der Mensch wird dem alltäglichen Trott entrissen. Er bekommt Tiefe und Weite, er wird unendlich offen für das Hintergründige und Letzte, für das Geheimnis Gottes. Das Selbstbewußtsein erwacht, das Gefühl, unaustauschbar, einmalig, gerufen und gemeint zu sein. Die Sensibilität nach innen wächst, neue Fähigkeiten und Bedürfnisse brechen auf: die Fähigkeit und das Bedürfnis, stehen zu bleiben und zu staunen, außer sich zu geraten, zu singen und zu jubeln; die Fähigkeit und das Bedürfnis, zu lieben und zu umarmen; die Fähigkeit und das Bedürfnis, mit allem, was lebt, verbunden zu sein; die Fähigkeit und das Bedürfnis, mit allen Geschöpfen mitzuleiden und sich mit allen zu freuen; die Fähigkeit und das Bedürfnis, mit allem und jedem, vor allem aber mit Gott zu sprechen; die Fähigkeit und das Bedürfnis, die menschliche Sprache nach unten und nach oben zu sprengen, eine ganze neue, andere Sprache zu sprechen; die Fähigkeit und das Bedürfnis, sich im mütterlich-väterlichen Geheimnis Gottes zu bergen.

Das zweite, was vom Heiligen Geist ausgeht, ist dann das, was ich die *prophetische Persönlichkeit* nenne: Der geisterfüllte Mensch lebt eben nicht mehr nur für sich selbst. Er wächst in eine universale Dimension hinein. Der geisterfüllte Mensch wird zum Für-

Sprecher und Zeugen des Reiches Gottes, zum Anwalt des Menschen, der Armen, der Kleinen, der Schwachen. Der geisterfüllte Mensch sagt nicht einfach das, was man sagt, sondern das, was von Gott her und im Blick auf das Menschsein des Menschen zu sagen ist. Er legt den Finger auf die Wunden der Gesellschaft: auf eine falsche Politik, auf eine falsche Ökonomie, auf Fehldeutungen der kirchlichen Tradition ebenso wie auf verkürzte Philosophien der Zeit, auf alles und jedes, was das Menschsein der Menschen hindert.

Das ist Pfingsten! Das könnte Kirche sein! Pfingstliche Kirche! Ich bin überzeugt: Einer solchen Kirche gehört die Zukunft! Und alle Welt braucht eine solche Kirche!

4. Der Abschnitt aus dem Johannesevangelium, der heute vorgelesen wird, sagt es auf seine Weise: Auch Johannes spricht von einer vorpfingstlichen Kirche.

Eine vorpfingstliche Kirche ist innerlich geprägt durch Angst und Furcht und nach außen durch verschlossene Türen! Wieviele Gruppen, Gemeinschaften, Gemeinden in der Kirche sind verschlossen? Wieviele Christen sind geprägt von einer engen Mentalität, von einem hermetisch abgeschlossenen Denken? Wieviele Gläubige und Bischöfe schotten sich ab gegenüber neuen Entwicklungen und Ereignissen, gegenüber anderen Menschen und Gruppen? Sie haben Angst. Fundamentalisten sind Gläubige, die Angst haben und hinter verschlossenen Türen leben. Sie haben, wenn sie sich denn Christen nennen, weder vom Auferstandenen noch vom Heiligen Geist gehört. Sie sind vorpfingstliche Kirche, sie hindern die Kirche, pfingstliche Kirche zu sein.

Der Evangelist Johannes gibt uns allerdings Hoffnung für eine solch vorpfingstliche Situation. Der auferstandene Christus vermag abgeriegelte Türen und dickste Mauern zu durchbrechen. Er kann sowohl die Angst vertreiben wie auch den Fundamentalismus, der daraus entsteht.

Ach, stünde der Auferstandene doch plötzlich da – in der Mitte der Kirche. Dann würde er auch uns seine Wunden zeigen, seine Verletzungen, sein Leiden. Das würde uns Mut machen, unsere Verwundbarkeit und unsere Verletzlichkeit anzunehmen: Wir würden uns dann nicht mehr hinter vermeintlich schützende Mauern zurückziehen, hinter Dogmen, Gesetze, Institutionen, Strukturen. Wir würden erkennen: Nicht Macht ist das Wesen des Auferstandenen, sondern Ohnmacht; nicht Glanz und Gloria führen die

Kirche zum Leben und zur Lebendigkeit, sondern das Mitleiden, die solidarische Verbundenheit, die Bereitschaft, für andere das Kreuz zu tragen. Wenn eine solche Sensibilität entsteht, ist der Geist Jesu bereits unzweifelhaft da, dann ist pfingstliche Kirche bereits eine erfahrbare Wirklichkeit. Österliche Freude kommt auf und neues Leben; man erfährt einen großen inneren Frieden, eine grundsätzliche Geborgenheit in Gott und in der Glaubensgemeinschaft; man erlebt den Hauch Jesu, ein göttliches Sendungsbewusstsein – eben all das, was die ek-statische Persönlichkeit ausmacht, von der ich eben gesprochen habe. Aber auch die prophetische Persönlichkeit wird begründet: die Fähigkeit, Brücken zu schlagen, Vergebung zu schenken, Versöhnung zu bringen, eine Welt zu bauen, die nicht mehr durch Ex-kommunikation und Ausgrenzung bestimmt ist, sondern durch eine allumfassende Kommunikation und durch universale Verbundenheit, in der alle Menschen und die ganze Schöpfung eingeschlossen sind.

Wirklich: Pfingsten – welch ein Fest!

Anton Rotzetter

Lassen Sie mich mit einem Gebet des Heiligen Augustinus schließen:

„Atme in mir, Heiliger Geist, daß ich Heiliges denke.
Treibe mich, du Heiliger Geist, daß ich Heiliges tue.
Locke mich, du Heiliger Geist, daß ich Heiliges hüte.
Hüte mich, du Heiliger Geist, daß ich deine Gabe nie mehr verliere.“

Pfingstmontag

Mit dem Pfingstmontag schließt sich der österliche Festkreis langsam. Für die Jüngerinnen und Jünger begann damals, als Jesus seine Mission erfüllt hatte und in die Liebe des Vaters heimgekehrt war, eine harte Zeit des Reifens und der ständig geforderten Bewährung. In der Ersten Lesung aus der Apostelgeschichte des Lukas werden wir darauf hingewiesen: „In jenen Tagen brach eine schwere Verfolgung über die Kirche in Jerusalem herein. Alle wurden in die Gegenden von Judäa und Samarien zerstreut, mit Ausnahme der Apostel. Aber die Gläubigen, die zerstreut worden waren, zogen umher und verkündeten das Wort."

Aus dem Fluch der Verfolgung – so könnte man sagen – ist Segen erwachsen, denn wenn sie alle in Jerusalem sitzen geblieben wären, einmütig und fromm in Dienst und Gebet versammelt, wie hätten die Menschen in Judäa und Samarien das Wort vernehmen und es annehmen können?

Wie diese, so gibt es viele Situationen und Geschichten in beiden Testamenten der Bibel, die uns zeigen, daß Kleinmut nicht angesagt ist, auch wenn der Wind einmal schärfer wird und die Luft rauher. Gerade aus solchen Dunkelheiten, auf denen ein Fluch zu liegen scheint, kann tausendfacher Segen erwachsen. Oft ist es auch in unserem Leben besser, mit dem Klagen zu warten und auf die Zeichen des Segens zu schauen.

Das Evangelium führt uns noch einmal in die Zeit der Gemeinsamkeit zurück, in die Zeit des gemeinsamen Weges nach Jerusalem:

IN JENER STUNDE RIEF JESUS, VOM HEILIGEN GEIST ERFÜLLT, VOLL FREUDE AUS: ICH PREISE DICH, VATER, HERR DES HIMMELS UND DER ERDE.

Lk 10,21–24

In eben dieser Stunde jubelte er im heiligen Geist und sprach: Hochpreise ich dich, Vater, Herr des Himmels und der Erde, daß du dieses vor Weisen und Klugen verborgen, Unmündigen aber enthüllt hast. Ja, Vater du, so hat es Gefallen gefunden vor dir. Alles ist mir von meinem Vater übergeben. Und keiner

kennt, wer der Sohn ist, denn der Vater – und keiner, wer der Vater ist, denn der Sohn, und je wem der Sohn es mag enthüllen.
Und zu den Jüngern gewandt – abseits – sprach er: Selig die Augen, die erblicken, was ihr erblickt. Denn ich sage euch: Viele Propheten und Könige begehrten zu sehen, was ihr erblickt – und sie sahen es nicht. Und zu hören, was ihr hört – und sie hörten es nicht.

(Übertragung: Fridolin Stier)

Kurz vor seiner pfingstlichen Abreise zu einer Wüstenwoche in einer Einsiedelei bei Assisi habe ich den Dekan der Ordenshochschule St. Gabriel, P. Jakob Mitterhöfer, noch mit dieser Stelle aus dem Lukas-Evangelium konfrontiert und ihn zu mir ins Studio gebeten.

KOMMENTAR

Die Herabkunft des Geist Gottes war von aufsehenerregenden Zeichen (wie Sturm, Sprachenwunder) begleitet, die von Außenstehenden als Betrunkenheit mißdeutet wurden. Heute, am zweiten Pfingsttag, lesen wir einen ganz wichtigen Abschnitt aus dem Lukasevangelium. Jesus stimmt, erfüllt vom Heiligen Geist und von Freude, vor seinen Zuhörern und seinen Jüngern ein Jubellied an. Lukas übermittelt uns dieses Jubellied, weil es den Vorhang zum Geheimnis Jesu ein wenig beiseite schiebt.

Jesus bricht in diesen Jubel aus, als er sich gerade am wichtigsten Wendepunkt seines Lebens befindet. Er ist auf dem Weg nach Jerusalem, wo er die Entscheidung der Führer Israels für die Annahme seiner Sendung erhofft. Lukas berichtet, daß Jesus „vom Heiligen Geist erfüllt“ dieses Gebet gesprochen hat. Lukas erinnert mit dieser Bemerkung an den Anfang der Sendung Jesu, als Jesus am Jordan die Taufe empfing. Dort am Jordan hat der Heilige Geist von Jesus Besitz ergriffen: „Während er betete, öffnete sich der Himmel und der Heilige Geist kam sichtbar in Gestalt einer Taube auf ihn herab, und eine Stimme aus dem Himmel sprach: Du bist mein geliebter Sohn.“ Was Lukas über das weitere Leben Jesu berichtet, geschieht unter der Führung des Geistes: Der Geist führt Jesus in die Wüste, wo er versucht wurde, hernach kehrt er „erfüllt von der Kraft des Geistes nach Galiläa zurück“ und beginnt dort die Predigt vom Reich Gottes. Im Gegensatz dazu sind die Menschen nicht bereit, im Wirken Jesu die Ankunft des Geistes Gottes zu erkennen. Die Auflehnung beginnt ausgerechnet in seiner Heimatgemeinde Nazaret. Als er nämlich erklärt, daß sich durch ihn die Verheißung der Herabkunft des Geistes Gottes erfüllt habe, um die Gefangenen zu befreien, die Blinden sehend zu machen und den Armen eine gute Nachricht zu geben, empfinden seine Landsleute diese Behauptung als Frevel.

Viele Jahre später, als die Gemeinde schon das Evangelium des Lukas kannte, hatte sie keinen Zweifel mehr, daß der Geist, von dem Jesus erfüllt war, der Geist Gottes selber ist. Das bedeutet: So wie der Mensch Jesus denkt und handelt, so denkt und handelt Gott selbst.

In der Apostelgeschichte arbeitet Lukas den Unterschied zwischen der Fülle des Geistes in Jesus und der Gemeinde heraus. Jesus hatte die Fülle des Geistes empfangen. Die Mitglieder der Gemeinde können diese ungeheure Fülle nicht fassen. Darum greift Lukas, wenn er das Kommen des Geistes auf die Gemeinde beschreibt, zum Bild der Feuerzungen, die sich auf die einzelnen Mitglieder verteilen. Jeder Einzelne empfängt nach seinem Fassungsvermögen aus der Fülle des Heiligen Geistes und ist doch ganz erfüllt. Das Bild von den Feuerzungen drückt zugleich aus, daß der Geist die einzelnen Mitglieder der Gemeinde wie Glieder des Körpers zu einem Leib verbindet. Der Heilige Geist ist somit nicht irgend etwas Abstraktes oder Neues, sondern der Geist Gottes, der Jesus in der ganzen Fülle zu eigen war. Die Feuerzungen als Symbol der Gaben des Heiligen Geistes machen uns zu geist-vollen Menschen.

Jesus denkt und handelt so, wie Gott selbst über die Welt denkt und in ihr handelt. Das bedeutet, daß nur Jesus offenbaren kann, wer Gott ist.

Nur Jesus kann Gott offenbaren. In seinem Gebet nennt Jesus Gott zuerst „Herr des Himmels und der Erde“. So lautete damals die übliche Umschreibung für Gott, den wir Menschen nicht sehen können, dessen Namen ein frommer Jude nicht einmal aussprechen durfte, von dem aber die Bibel von der ersten Seite an erzählt. Als zweites gewährt Jesus einen Blick in die innigste Beziehung zu Gott, die ihm allein eigen ist: „Niemand weiß, wer der Sohn ist, nur der Vater, und niemand weiß, wer der Vater ist, nur der Sohn und der, dem es der Sohn offenbaren will.“ Jesus allein *weiß*, wer der Vater ist, und der

Vater allein *weiß,* wer der Sohn *ist.* Ein Vergleich aus unserer menschlichen Erfahrung mag uns eine Ahnung über diese ungeheure Aussage Jesu vermitteln. Zwei Menschen können so im Gleichklang sein, daß die Grenzen der Personen aufgelöst erscheinen. Doch nur „beinahe", denn eine Person bleibt immer einer anderen unzugänglich. Mystiker erfahren gerade in der ihnen geschenkten Erleuchtung, wie weit sie von Gott getrennt sind. Jesus hingegen kann sagen, daß er *weiß,* wer der Vater ist, und daß der Vater *weiß,* wer er, der Sohn, ist. Eine solche Nähe hebt ihn auf die gleiche Stufe mit Gott.

Ein Mensch auf der gleichen Stufe mit Gott. Wir Christen bekennen dies unbekümmert im Glaubensbekenntnis. Kein anderer Religionsstifter wagte eine solche Behauptung. Den Vertretern der großen Religionen klingt diese Behauptung so unerhört, daß sie sich davon distanzieren, wie es zu Lebzeiten Jesu die Zeitgenossen getan haben.

Jesus geht in seinem Gebet sogar noch weiter: „Mir ist von meinem Vater alles übergeben worden." Er hat vom Vater die Macht, das innere Wesen Gottes zu offenbaren. Gerade dazu ist Jesus von seinem Vater in die Welt gesandt, um Ihn, Gott, zu offenbaren, und zwar „wem der Sohn es offenbaren will". Hier sind die Empfänger der Offenbarung angesprochen. Es sind diejenigen, die Jesu Predigt hören. Und es sind die Menschen, für welche Lukas das Evangelium geschrieben hat: damals war es für die Gemeinde, und heute sind es wir. Wenn wir das Evangelium lesen, sind wir nicht bloße Zuhörer, sondern Beteiligte. Diese Offenbarung Jesu ist Lukas so wichtig, daß er sogar den Zeitpunkt festhält: „In jener Stunde".

„Jener Stunde" ging die Aussendung der Jünger durch Jesus voraus. Sie sollten ihm in die Dörfer vorangehen und die Botschaft von der Ankunft des Reiches Gottes verkünden. Nun, *in jener Stunde,* sind die Jünger zurückgekehrt, und sie sind vom Erfolg ihrer Missionstätigkeit überwältigt: Die Menschen haben die Botschaft vom Reich Gottes angenommen; die Jünger haben Zeichen gewirkt wie Jesus selbst, sogar über die bösen Geister hatten sie Macht. Gerade diese *Stunde* ist es. „In jener Stunde" rief Jesus voller Freude über den Erfolg seiner Jünger aus: „Ich preise dich, Vater, ... weil du all das den Weisen und Klugen verborgen, den Unmündigen aber offenbart hast. Ja, Vater, so hat es dir gefallen."

Die „Weisen und Klugen" sind die Glaubenslehrer, die sich in den heiligen Schriften auskennen. Sie konnten die Offenbarung nicht annehmen; für sie war sie sogar ein Frevel. Die „Unmündigen" sind die Kinder; es sind die einfachen, ungebildeten Menschen, die Jünger Jesu. Sie können sich öffnen, sie können die Offenbarung annehmen.

Die „Unmündigen“ vermögen den Plan und das Denken Gottes zu verstehen; sie setzen Gott keine Grenzen, wie es die „Klugen und Weisen“ tun. Gott denkt anders als die Welt. Die Welt denkt von den Großen, Mächtigen, den Weisen her, die in ihren Augen etwas bedeuten. Gottes Plan ist anders, er kehrt die Ordnung der Welt radikal um. Und dafür preist Jesus Gott.

Diese Offenbarung ist *die große Stunde,* welche die Jünger jetzt erleben dürfen. Wieder setzt Lukas einen Akzent, indem er die Jünger heraushebt: „Jesus wandte sich an die Jünger und sagte zu ihnen *allein:* Selig sind die, deren Augen sehen, was ihr seht. Ich sage euch: Viele Propheten und Könige wollten sehen, was ihr seht, und haben es nicht gesehen; hören, was ihr hört, und haben es nicht gehört.“ Es ist eine Seligpreisung. Die Jünger sind selig zu preisen, denn sie glauben und erleben nun durch Jesus, was Propheten und Könige der Vorzeit sehen und hören wollten. Sie erleben die messianische Heilszeit.

Jesus fügt den Seligpreisungen der Bergpredigt (den Armen, Verfolgten, Trauernden, Weinenden, den Friedensstiftern ...) eine Seligpreisung hinzu: die Offenbarung und ihre Annahme im Glauben.

Jesus offenbart uns einen Gott, der uns nicht fern, sondern nahe sein will. Wie Jesus dürfen wir „wissen“, wie Gott ist, wie er denkt und welche Pläne er mit uns hat. Das ist der Grund, weshalb die Evangelien geschrieben wurden. Wir können noch so viele Spekulationen anstellen, Erneuerungsbewegungen preisen und zu Erscheinungsorten pilgern: wir können Gott nur erfahren, wenn wir uns an der Heiligen Schrift orientieren.

Jesus offenbart einen uns nahen und uns liebenden Gott. Dennoch verbannen wir Gott in die Ferne, halten ihn auf Distanz, als ob wir Sorge hätten, von ihm allzusehr in die Pflicht genommen zu werden. Mitunter pflegen wir weiterhin ein Gottesbild, das von Furcht geprägt ist. Aus Furcht vor dem richtenden Gott ziehen es dann viele Menschen vor, an eine Reinkarnation, an Wiedergeburten, zu glauben.

Der Heilige Geist schenkt uns die Gabe, Gott zu erfahren und zu schauen. Wir werden schon hier auf Erden in das Geheimnis, das Mysterium Gottes hineingenommen. Vom Mysterium kommt das Wort Mystiker. Vor diesem Wort „Mystiker“ schrecken auch viele Menschen zurück. Es klingt so abgehoben, elitär und auch weltfremd. Mystiker ist, wer eine Erfahrung von Gott macht. Das heutige Evangelium kann uns beruhigen: Ein Mystiker, wer sich auf Gott einläßt, ist nicht weltfremd, im Gegenteil, er gehört zu den

„Unmündigen und Kleinen"; das heißt, er hat Augen für seine Umwelt, für Recht und Ungerechtigkeit, er mischt sich ein. Ein echter Mystiker ist ein Aussteiger aus der bestehenden Gesellschaftsordnung.

Das Preislied Jesu, das er heute im Evangelium, vom Geist erfüllt, ausruft, ist voller Jubel. Uns, die wir ebenfalls den Heiligen Geist empfangen haben, ist es angemessen, ebenfalls eine optimistische Grundstimmung zu haben. Uns Christen ist nicht immer zum Lachen zu Mute, dennoch gibt es keinen wirklichen Grund, uns die Freude nehmen zu lassen.

Jakob Mitterhöfer

Ein Gebet aus dem 17. Jahrhundert soll Sie auf Ihrem Weg durch diesen Blütentag begleiten:

„Komm, Herr Jesus, lebe in mir,
in der Fülle deiner Kraft,
in der Lauterkeit deiner Wege,
in der Heiligkeit deines Geistes,
und bezwinge das Dunkle durch
das Licht deines Geistes."

Ich erinnere an Eugen Biser vom Pfingstsonntag vergangenen Jahres und seine Frage: Auferstehung wohin? – Auferstehung in die Liebe Gottes hinein und damit in sein Wesen und das aller Menschen, in denen er Wohnung nimmt.

Dreifaltigkeitssonntag

Im Namen des Vaters, des Sohnes und des Heiligen Geistes – das ist wohl das am häufigsten laut oder leise ausgesprochene Glaubensbekenntnis der Christen – millionenfach zu jeder Stunde rund um den Erdball. Wir bekreuzigen uns, sagen wir. Aber was denken, was fühlen wir dabei? Wissen wir, daß wir mit dieser oft gedankenlosen Anrufung der drei göttlichen Personen an eines der tiefsten Geheimnisse unseres Glaubens rühren, an die trinitarische Dynamik, die Vater, Sohn und Geist in gegenseitigem Geben und Nehmen verbindet?

Für die Sendereihe, *„Erfüllte Zeit“* stand die Dreifaltigkeit sozusagen am Anfang. Es war der erste Juni-Sonntag des Jahres 1993, als dieses Hochfest anstand; und ich war sehr froh, daß kurz vorher P. Henri Boulad in Wien gewesen war und ich mit ihm etwas zum Thema Dreifaltigkeit machen konnte. Ich wußte, daß es nicht leicht sein würde, jemanden zu finden, der sich mit diesem auch unter Christen und auch unter Priestern nicht allzu beliebten Fest auseinandersetzen würde. Für Henri Boulad hingegen war und ist die Trinität ein ganz zentrales Kapitel: „Die Dreifaltigkeit“, sagte er damals, „ist ein Geheimnis, in dem sich das Wesen Gottes ausdrückt. Es ist kein statisches Sein. Es ist ein Sein, das wie eine ewige, unversiegbare Quelle sich ewig verschenkend und verströmend hingibt, ohne je an den Grund zu kommen. Und der, den wir Sohn nennen, ist die ganze Seins-Fülle des Vaters, sein Ausdruck, seine Ganzheit, der, in dem der Vater sein eigenes Bild wiedererkennt. Und der Geist ist die Kraft, die den Vater dazu bringt, zu sprudeln und zu fließen. Der Geist ist die innere Dynamik dieses ewigen Strömens im Herzen des Vaters, der Antrieb zur Kommunion, zur Gemeinschaft.“

Gott als sich ewig verströmende und nie versiegende Quelle. Für mich ist das ein sehr schönes, weil sehr lebendiges Bild, ein Bild voll Kraft, voll Dynamik, voll innerer Spannung. Und diese Spannung, diese Dynamik der Liebe kommt heute auch in den Schrifttexten zum Ausdruck, die den Gottesdienst an diesem Dreifaltigkeits-Sonntag prägen. Es beginnt mit Mose, der zum Volk von der Größe Gottes spricht: „Hat je ein Volk einen Gott mitten aus dem Feuer im Donner sprechen hören? Oder hat je ein Gott es ebenso versucht, zu einer Nation zu kommen und sie mitten aus einer anderen herauszuholen? Heute sollst du erkennen und dir zu Herzen nehmen: Jahwe ist der Gott im Himmel droben und auf der Erde unten, keiner sonst."

Und in der Zweiten Lesung aus dem Brief an die Römer verweist Paulus vom Vater hin auf den Sohn durch den Geist: „Ihr habt den Geist empfangen, der euch zu Söhnen und Töchtern macht, den Geist, in dem wir rufen: Abba, Vater! So bezeugt der Geist selber, daß wir Kinder Gottes sind. Sind wir aber Kinder, dann auch Erben."

Und das Evangelium nach Markus nimmt alle zusammen: „Geht zu allen Völkern, und macht alle Menschen zu meinen Jüngern: tauft sie auf den Namen des Vaters und des Sohnes und des Heiligen Geistes."

WER VON GOTT NICHT WEISS, DASS ER DREIEINIG IST, WEISS NICHTS VOM CHRISTENTUM.

Mk 28,16–20

> *Die elf Jünger aber gingen nach Galiläa zu dem Berg, wo Jesus sie hinbestellt hatte. Und als sie ihn sahen, verneigten sie sich tief vor ihm; einige aber zweifelten. Da kam Jesus heran, redete mit ihnen und sagte: Mir ward gegeben alle Vollmacht im Himmel und auf der Erde. Geht nun und macht zu Jüngern alle Völker, sie taufend auf den Namen des Vaters und des Sohnes und des Heiligen Geistes, sie lehrend, alles zu wahren, was ich euch gewiesen. Und da! Ich bin mit euch durch das All der Tage bis zum Voll-Ende der Weltzeit.*

(Übertragung: Fridolin Stier)

Heuer wurde mir die Suche nach einer für den Dreifaltigkeits-Sonntag prädestinierten Person leicht gemacht. Vor wenigen Wochen erschien ein dickes, dunkelblau gebundenes Buch in den Auslagen der einschlägigen Buchhandlungen: Gisbert Greshake: *„Der dreieinige Gott"* – 500 geballte Seiten Dreifaltigkeit. Ein Telephonat nach Freiburg im Breisgau brachte Sicherheit und ein kurzer Aufenthalt in Wien die Stimme des bekannten Dogmatikers auf mein Band. Gisbert Greshake wurde 1933 in Recklinghausen geboren. Stationen seiner Karriere: Münster, Rom, Tübingen, dann zwölf Jahre Wien und seit 1985 Freiburg: Lehrstuhl für Dogmatik und ökumenische Theologie als Nachfolger von Karl Lehmann, dem derzeitigen Vorsitzenden der deutschen Bischofskonferenz. In Freiburg lebt er mit drei Kollegen in Wohngemeinschaft, und die Herren sind stolz darauf, auch den Haushalt ganz alleine zu bestreiten – bis auf das Bügeln der Hemden, gesteht Prof. Greshake lachend: „Das ist uns doch zu schwierig."

KOMMENTAR

Im Rückblick auf sein Leben hat Goethe gesagt: „Ich glaubte an Gott und die Natur und an den Sieg des Edlen über das Schlechte; aber das war den frommen Seelen nicht genug, ich sollte auch glauben, daß drei eins sei und eins drei; das aber widerstrebte dem Wahrheitsgefühl meiner Seele; auch sah ich nicht ein, daß mir damit auch nur im mindesten wäre geholfen gewesen."

Heute würde man das *so* gewiß nicht mehr formulieren. Aber findet man nicht weit verbreitet im Grunde die gleiche Einstellung: Ich glaube doch an Gott und daran, daß durch ihn alles gut ausgeht. Warum soll ich denn dann auch noch glauben, daß dieser Gott einer in drei Personen ist, daß drei eins und eins drei sind? An Gott glauben – das ist heute manchmal schon schwer genug, so daß ich auf detaillierte Zusatzauskünfte über sein inneres Leben, über dieses widersinnige „Ein Gott in drei Personen" gern verzichten kann! Vor allem aber: Was bringt mir das, was bringt uns das: an die Trinität glauben? Schon der große Kant hat gesagt: „Aus der Dreieinigkeitslehre läßt sich schlechterdings nichts fürs Praktische machen." Was ändert das schon für mein Leben, ob Gott nun ein, drei- oder x-faltig ist!? Kein Wunder, daß für nicht wenige Prediger die Glaubensverkündigung am heutigen Dreifaltigkeitssonntag die ungeliebteste des ganzen Jahres ist!

Und doch: Christen sind getauft im Namen und auf den Namen des drei-einen Gottes. In den Begleitworten des so oft vollzogenen Kreuzzeichens „Im Namen des Vaters und des Sohnes und des Heiligen Geistes" wird immer neu das zentrale Glaubensbekenntnis erneuert und im Gebet des „Ehre sei dem Vater und dem Sohn und dem Heiligen Geist" in Lobpreis, Dank und Anbetung verwandelt. Soll das alles bedeutungslos sein, überflüssig, frommes Theater oder nur ein spekulatives Gespinst der Theologen?

Nein, der Glaube an den drei-einen Gott ist die entscheidendste, folgenschwerste und für die christliche Lebenspraxis relevanteste

Glaubenswahrheit überhaupt. Das ließe sich nun für unzählige Bereiche unseres Lebens als Mensch und Christ zeigen. Ich kann daraus jetzt nur zwei Punkte ganz kurz andeuten.

Gott ist einer in drei Personen. Das bedeutet: der Gott, an den die Christen glauben, ist nicht eine einsame, in sich geschlossene, in sich selbst Seligkeit findende Person, sondern er ist communio, Gemeinschaft, Austausch. Der Schweizer Schriftsteller Kurt Marti hat das in dichterischen Worten so formuliert:

> „Gottes Sein blüht gesellig ...
> ist Gemeinschaft,
> vibrierend, lebendig,
> beziehungsreich ...
> Kein einsamer Autokrat jedenfalls,
> schon gar nicht Götze oder Tyrann,
> eine Beziehungskommune vielmehr,
> einer für den andern,
> ‚dreifach spielende Minneflut'.
> Mich stellt's jedenfalls auf,
> Gott als Beziehungsvielfalt zu denken,
> als Mitbestimmung, Geselligkeit,
> die teilt, mit teilt, mit anderen teilt:
> Die ganze Gottheit spielt
> ihr ewig Liebesspiel."

Gott also ist communio/Gemeinschaft. Diese Formulierung ist vielleicht ungewohnt, und sie kann auch gründlich falsch verstanden werden, etwa dann, wenn man sich darunter drei selbständige, in sich „geschlossene" Personen vorstellen würde, die sich zusammentun zu einer Art von „Göttergemeinschaft". Das ist natürlich ganz und gar nicht gemeint. Wir dürfen hier unsere menschliche Erfahrung nicht auf Gott projizieren. *Für uns* ist es so, daß Gemeinschaft erst entsteht, wenn bis dahin selbständige Personen in Beziehung zueinander treten und wenn sie im Vollzug ihrer Gemeinschaft selbständige Personen bleiben. So kann es *in Gott* nicht sein. In Gott sind nicht drei in sich geschlossene Personen, die aus ihrem Selbstsein heraus in Beziehung zueinander treten. Vielmehr ist die Einheit Gottes eine über allem Begreifen liegende, ursprüngliche Beziehungseinheit dreier Personen, die gerade darin ihren Selbstand haben, daß sie im Austausch des Lebens und der Liebe zueinander stehen.

Wir werden das nie völlig ergründen können und brauchen es auch nicht. Viel wichtiger ist die grundsätzliche Einsicht, daß Gott communio/Gemeinschaft ist, Liebe, sich verströmendes Leben.

Welche Bedeutung hat das für uns selbst? Dazu also nur zwei Hinweise:

(1) Wenn sich das eine göttliche Leben gerade im Austausch von drei verschiedenen Personen – von Vater, Sohn und Geist – verwirklicht, dann bedeutet dies: Einheit und Vielheit. Einheit und Vielheit sind gleich ursprünglich und gleich wichtig. Das ist nicht selbstverständlich. Denken wir nur an die Kirche: Bis heute gelten in ihr Einheit, Gleichklang, Uniformität mehr als Pluralität, Vielfalt, Variationsreichtum. Aber nicht nur in der Kirche! Es ist eine dauernde Versuchung jeder Gemeinschaft, bis in die Familien hinein, das Anderssein des andern *nicht* zu respektieren, anzunehmen, anzuerkennen. Es ist leichter und bequemer, alles über einen Kamm zu scheren, Vielfalt zu unterdrücken, Abweichler auszuscheiden, die Einheit über alles zu stellen. So streiten dann etwa die Alten gegen die Jungen und umgekehrt, die Progressiven gegen die Konservativen und umgekehrt, die Rechten gegen die Linken und umgekehrt. Und einer sucht jeweils den andern auf seine Seite zu ziehen oder dessen Anderssein zu eliminieren, alles damit endlich Einheit und so Harmonie und Ruhe herrschen.

Im Blick auf den drei-einen Gott aber zeigt sich, daß Einheit nur dann rechtens ist, wenn sie sich gerade in der Vielfalt vollzieht, in der Anerkennung des anderen, im Austausch mit anderen. Und Vielfalt ist dann rechtens, wenn sich das jeweilige Anderssein und damit der Variationsreichtum im gegenseitigen Schenken und Empfangen zur Einheit der Liebe zusammenfügt. Der drei-eine Gott gibt also gewissermaßen ein Modell dafür an, wie Einheit und Vielfalt sich zueinander verhalten, verhalten sollen.

(2) Als ich vor einigen Jahren für längere Zeit in Peru war, traf ich einen Indio, der nicht lesen und schreiben konnte, für unsere Begriffe also nicht sehr gebildet war. Und ausgerechnet er hat das Wesen des christlichen Glaubens auf fantastische Weise ins Wort gebracht: „Dios es comunión – Gott ist communio, und deshalb müssen wir Menschen communio werden!“ In dieser knappen Aussage kommt das Entscheidende über den Sinn unseres Lebens zum Ausdruck: Wir Menschen sind ja geschaffen als Bild Gottes, ihm ähnlich. Aber diese Ähnlichkeit ist erst anfanghaft. Gerade dafür ist uns nun Zeit, unsere Lebenszeit gegeben, daß wir das Bild Gottes, das wir ansatzweise sind, mehr und mehr in uns ausprägen, so daß

wir Gott ähnlicher werden. Wenn nun der drei-eine Gott Gemeinschaft ist, so bedeutet dies, daß wir präzise in dem Maß Gott ähnlicher werden, als wir mehr Gemeinschaft werden, als wir aus unserem Egoismus und Narzißmus ausbrechen und communiale, gemeinschaftliche und gemeinschaftsfähige Menschen werden. Nur ein gemeinschaftlicher Mensch entspricht dem communialen, gemeinschaftlichen Gott. Und nur so können wir einmal für immer im Leben Gottes mitspielen, wenn wir selbst Gemeinschaft geworden sind. Denn sonst wären wir ja ein Fremdkörper im Leben des Gottes, der selbst sein Leben als Gemeinschaft und in Gemeinschaft vollzieht. Genau das ist das letzte Testament Jesu, das letzte Anliegen Jesu, das er uns in den sogenannten Abschiedsreden hinterlassen hat: „Alle sollen eins sein, wie Du, Vater, in mir bist und ich in dir bin, so sollen auch sie in uns sein." Was der drei-eine Gott ist: Einheit und Gemeinschaft in der Liebe, das sollen wir werden, um einmal ganz am Leben Gottes teilzuhaben.

Das waren nur zwei kleine Hinweise für die Relevanz, die Lebensbedeutung des Glaubens an den drei-einen Gott. Klaus Hemmerle, der verstorbene Bischof von Aachen, hat einmal geschrieben: „Die ‚Revolution' des Gottesbildes, die durch den Glauben an … den dreifaltigen Gott in der Menschheitsgeschichte eingesetzt hat, ist kaum zu ermessen. Sie hat sogar unser eigenes, christliches Bewußtsein noch nicht bis zum tiefsten Grund durchdrungen. Daß Gott ganz und gar Mitteilung, sich verströmendes Leben, … lautere gegenseitige Hingabe ist, das dreht nicht nur das menschliche Bild von Gott um; es betrifft auch unser Selbstverständnis, unser Verständnis der Welt." Eben deshalb steht das Bekenntnis zum dreieinen Gott im Zentrum des christlichen Glaubens und der christlichen Glaubenspraxis. Und so trifft das Wort des großen Philosophen Hegel zu Recht zu: „Wer von Gott nicht weiß, daß er dreieinig ist, weiß nichts vom Christentum."

Gisbert Greshake

„Jedesmal, wenn ich die Herrlichkeit Gottes in mir erkenne und ihr Raum gebe, um sich in mir zu offenbaren, kann ich alles Menschliche zu ihr bringen, und alles wird verwandelt. Gott selbst, der Heilige Geist, betet in mir und rührt hier und jetzt die ganze Welt mit seiner Liebe an." – Dieses Wort von Henri J. M. Nouwen gebe ich Ihnen mit auf den Weg in diesen leuchtenden Frühlings-Sonntag, der die Schönheit von Gottes Schöpfung vor Ihnen aufleuchten lassen möge.

Fronleichnam

Ich begrüße Sie zu einem der schönsten kirchlichen Feste im Frühling, das mit seinen bunten Prozessionen zu einem Lieblingskind der Volksfrömmigkeit geworden und gerade in Österreich mit viel Folklore ausgestattet ist. Es war auch immer ein Fest für die Kinder, vor allem für jene, die kurz vorher ihre erste Heilige Kommunion gefeiert haben und nun mit ihren weißen Kleidern und Blütenkränzen das bunte Bild aufputzen, es zum Leuchten bringen. Auch heute werden sie wieder entlang der Felder und durch die Straßen und Gassen der Dörfer und Städte ziehen. Alles sehr schön, aber auch irgendwie anachronistisch in dieser nüchternen, hoch technisierten Zeit! Allerdings: Braucht nicht gerade eine solche Zeit Kontrastbilder, damit sie sich nicht zu ernst nimmt? –

Eine andere Frage ist für mich: Wie tief geht das bei denen, die da ziehen und vom Heiland und vom Lehrer singen, vom Brot und vom Blut? Steigt in ihrem Inneren mehr als ein bißchen Frömmigkeit auf? – Spüren sie noch etwas von dem tiefen Geheimnis des Festes, der Eucharistie, oder hat das alles eigentlich auch nur mehr Unterhaltungswert?

Was ein Geheimnis, was ein Mysterium ist, darüber schreibt der ägyptische Jesuit P. Henri Boulad, in seinem Buch *„Der mystische Leib"* unter anderem folgendes: „Ein Mysterium ist keine Sphinx, so sagt es die arabische Sprache, und es ist auch keine Wand, an die man anrennt, so wollen es die Intellektuellen. Ein Mysterium ist ein Meer, in das man eintaucht. Ich kann noch so weit ins Meer hinausschwimmen und noch so tief hinuntertauchen, es wird mir in seiner Weite und Tiefe immer überlegen sein – und das ist das Wunderbare. – Ein Mysterium ist nichts Rationales und nichts Irrationales, sondern etwas Überrationales, es grüßt uns herüber aus den Bereichen der Übernatur. Es ist mir demnach überlegen, es ist jenseits des Verstandes, doch nicht gegen mich gerichtet und somit auch nichts Verstandeswidriges. Folglich ist es nicht mangelnder Respekt, wenn wir unsere gottgegebene Intelligenz bemühen, um uns tiefer in Gott hineinzuarbeiten."

In diesem Sinn Mysterium, Geheimnis, ist das, was wir heute feiern. Generationen von Theologen versuchten durch alle Jahrhunderte hindurch, in dem Meer des eucharistischen Geheimnisses zu schwimmen und es zu ergründen. Doch es hat sich ihnen in seinem wahren Kern bis heute entzogen. Und diese letztendliche Unsicherheit hat dazu geführt, daß man die Eucharistie liturgisch eingekerkert und damit wohl auch in einem gewissen Sinn verfälscht hat.

Auch dazu eine Passage von P. Henri Boulad: „Bei all dem Positiven lauert aber doch eine Gefahr. Wir werden versucht, daß der Schöpfergott, von dem geschrieben steht, daß die Himmel der Himmel ihn nicht fassen können, von uns Menschen an einen bestimmten irdischen Ort gebannt und auf eine präzise irdische Stunde festgesetzt wird: die Stunde der Eucharistie. Ist das statthaft? Entzieht sich Gott nicht allem innerweltlichen Bemühen und allen Versuchen einer Fixierung durch den Menschen? Diese Versuchung ist so alt wie das Menschengeschlecht, es ist das religiöse Kultbedürfnis, einen materiellen Gegenstand lieben und verehren zu wollen und ihm göttliche Kräfte zuzuweisen. In dieser Hinsicht besteht durchaus auch für die Christen die Gefahr des Götzendienstes. Übertriebene Anbetungsfrömmigkeit mag dazu führen, daß sie Gott auf ein Objekt zusammenzieht, damit Menschenhände ihn zu fassen bekommen, ihn besitzen, über ihn verfügen wollen."

Und zu einer gewissen Vergötzung der konsekrierten Hostie ist es zu gewissen Zeiten und in gewissen Räumen der Kirche immer wieder gekommen. Da ist auch heute noch Vorsicht angesagt, damit Eucharistie nicht zu einem Rückfall in bestimmte Formen von Magie und Idolatrie verkommt. Dazu Henri Boulad: „Wenn sich der lebendige Gott unter den Gestalten von Brot und Wein real präsent macht, dann gewiß nicht dazu, daß wir uns seiner bemächtigen und unsere private Sache aus ihm machen, vor allem keinen sonntäglichen Talisman."

DAS IST MEIN LEIB.

Und so hat das damals begonnen, was wir heute feiern.

Mk 14,12–16

Am ersten Tag der Ungesäuerten Brote, da man das Pascha schlachtete, sagen seine Jünger zu ihm: Wohin willst du, daß wir gehen und herrichten, damit du das Pascha essen kannst? Und er sendet zwei seiner Jünger und sagt ihnen: Geht in die Stadt, und es wird euch ein Mensch begegnen, der einen Was-

serkrug trägt; ihm folgt. Und wo er hineingeht, da sprecht zum Hausherrn: Der Lehrer sagt: Wo ist meine Einkehre, da ich mit meinen Jüngern das Pascha essen kann? Und er wird euch ein großes Obergemach zeigen, mit Polstern belegt, fertig hergerichtet. Und dort richtet für uns zu. Und die Jünger zogen aus und kamen in die Stadt. Und da fanden sie es vor, wie er zu ihnen gesprochen hatte. Und sie richteten das Pascha.

(Übertragung: Fridolin Stier)

Der Steyler Missionspriester P. Franz Helm, Sohn eines Volksschullehrers aus dem Mostviertel, hat sich für den heutigen Festtag Gedanken zum Evangelium gemacht. Aufgrund seiner brasilianischen Vergangenheit ist es nur natürlich, wenn auch Bilder aus Lateinamerika in seine Betrachtungen einfließen.

KOMMENTAR

Das ist mein Leib" – Bei jeder Hl. Messe wiederholt der Priester diese Worte Jesu. Gläubige empfangen ehrfurchtsvoll den Leib Christi. Vor der himmlischen Speise im Tabernakel beugen sich die Knie, versinken die Menschen im Gebet. Und Fronleichnamsprozessionen sind seit Jahrhunderten eine öffentliche Kundgebung des Glaubens an die Gegenwart Gottes im Heiligen Brot.

Vielleicht erinnern Sie sich noch daran, wie ängstlich früher mit der konsekrierten Hostie umgegangen wurde. Nach der Wandlung behielt der Priester die Finger, die die Hostie berührt hatten, zusammen und nahm sie erst nach der Kommunionsausteilung und ihrer sorgfältigen Waschung wieder auseinander. Energisch verteidigten manche nach dem Zweiten Vatikanischen Konzil die Mundkommunion und versprachen denen, die sie mit der Hand empfingen, daß Gott sie strafen würde. „Die Hände werden ihnen noch abfallen", drohte ein besonders Frommer in meinem Heimatort damals.

Der Glaube an die Realpräsenz Christi im Altarsakrament bringt uns dazu, sorgsam mit noch so kleinen Partikeln der Hostie umzugehen. Oder mit den Tropfen des konsekrierten Weines. Vor langer Zeit soll ein Zisterziensermönch aus dem Kloster Heiligenkreuz den Wein samt einer Kreuzspinne, die nach der Wandlung in den Kelch gefallen war, ausgetrunken haben. Er starb daran. Ein Märtyrer der Eucharistie …

Hat dieses Extrem einer eucharistischen Frömmigkeit mit dem „Denkmal der Liebe Christi" zu tun, das wir in der Eucharistie verehren? Mit Gottes Bund in Jesu Fleisch und Blut? Wohl wenig. Wenn Jesus in Brot und Wein einen neuen Bund stiftet, dann soll das genauso wie der Sinai-Bund Leben und Freiheit für Gottes Volk bewirken. Der „Bund in meinem Blut" soll ein für allemal die tödlichen Opfer ablösen. Es braucht kein Menschenblut mehr vergossen zu werden und auch kein Blut von Böcken und Stieren wie damals am Sinai. Jesu Blut, sein Opfer, seine Ganzhingabe am Kreuz besiegelt einen ewigen, unaufhebbaren Liebesbund Gottes mit den Menschen.

Für wen soll Leben und Freiheit garantiert werden? Für die, die Sklaven waren in Ägypten, geknechtet wegen der Anbetung Jahwes. Für die, die Fronarbeit für Paläste und Monumente der Herrscher leisten. Für die, die auf dem Altar des „Gewinns um jeden Preis" geopfert werden. Für die Kinder, die eine Last für die Gesellschaft sind und deshalb ausgemerzt werden. Jesu Blut am Kreuz entspricht all dem vielen Blut, das die Opfer menschlicher Geschichte vergießen.

Die saubere, makellos weiße Hostie erinnert wenig an das blutige Kreuzesopfer Christi und an die Menschenopfer von heute. Der in ihr verehrte Leib Christi ist aber der dornengekrönte, geschundene Leib Christi am Kreuz. Unvergeßlich ist mir der zerfetzte Leib Christi an einem Kreuz in einer Kirche im Südtiroler Arntal: Der Künstler hatte die ganzen Schrecken des Dreißigjährigen Krieges in den Corpus hineingelegt. Er hat dabei das Leiden der Bevölkerung abgebildet. In Santarem am Amazonas wurde bei einem Fronleichnamsgottesdienst über dem Altar eine große Hostie aus Karton zusammengebaut. Auf jedem Stück stand der Name einer Basisgemeinde der Pfarre. Der Leib Christi, das sind wir – das war die Aussage.

Für den Apostel Paulus ist ja die Gemeinde der Leib Christi, und dieser ist das Haupt. Und vom Hl. Augustinus stammt der Ausspruch zur Kommunion: „Empfangt, was ihr seid, und seid, was ihr empfangt": Leib Christi.

Was hat es für Konsequenzen, wenn wir das ernst nehmen? Stellen Sie sich vor, wir Christen würden dieselbe ehrfürchtige Sorge, die wir um die „Partikel" der konsekrierten Hostie haben, den menschlichen Gliedern des Leibes Christi angedeihen lassen! Den kleinen und kleinsten Teilen dieses Leibes, die bedroht sind davon, zertreten zu werden.

Erzbischof Oscar Romero wurde einmal zu einer Kirche gerufen, die Soldaten besetzt hatten. Das Allerheiligste war noch in der Kirche, und ein Sakrileg sollte verhindert werden. Als Romero die Kirche betreten will, wird ihm der Zutritt verweigert. Er bleibt hartnäckig, tritt trotzdem ein und geht zum Altar. Da eröffnet ein Soldat lachend das Feuer auf den Tabernakel. Die Tür springt auf, das Ziborium fällt um, Hostien kollern heraus, auf den Boden. Entsetzt springt Romero hin, will die Hostien aufnehmen. Er wird mit Waffengewalt vertrieben. Da verläßt er die Kirche, geht zum Auto, zieht das liturgische Gewand an, macht das Kreuzzeichen und geht mit gefalteten Händen noch einmal in die Kirche. Die Dorfleute folgen ihm. Gewehre richten sich auf sie. Romero steht schützend vor den Leuten und erzwingt durch seine Entschlossenheit den Zutritt zum Altar. Bischof Romero bringt die konsekrierten Hostien in Sicherheit. Zugleich verliert er immer mehr seine persönliche Sicherheit, weil er sich genauso für das salvadorianische Volk einsetzt, wie er sich für den eucharistischen Herrn eingesetzt hat. Später wird er am Altar während des Meßopfers erschossen. Ein Märtyrer der Eucharistie.

Auf ihre Weise ist es auch die Schwester Cléia in Jacobina. Sie setzt sich für Straßenkinder ein. Partikel am Leib Christi, die geschändet werden. Mädchen prostituieren sich mit dreizehn Jahren für 12 Schilling, um Drogen kaufen zu können. Weil Cléia dagegen ankämpft, kommt sie in Konflikt mit den Männern, die die Mädchen sexuell ausbeuten, und mit der Drogenmafia. Jeden Sonntag feiere ich die Hl. Messe in der Lateinamerikanischen Gemeinde in Wien. Oft ist jene Peruanerin dabei, deren zehnjährige Tochter mit der Abschiebung bedroht ist. Laut Ansicht der Behörden ist das Mädchen illegal in Österreich. Wie kann es illegal sein, daß eine minderjährige Tochter bei ihrer Mutter ist? Ist das nicht der einzig richtige Platz für sie? Wie können wir Christen den Leib des Herrn verehren, ihn in der Monstranz durch unsere Straßen tragen und zugleich zulassen, daß er mit Füßen getreten und geschändet wird? Daß die schwächsten Teile an ihm unter die Räder kommen?

Ich träume davon, daß unsere Fronleichnamsprozessionen zu Protestmärschen werden gegen jeden Götzendienst, der den Leib Christi frevelt. Daß wir Christen die Dornengekrönten unserer Tage als Glieder am Leib Christi erkennen und in ihnen den Herrn verehren. Daß wir miteinander gläubig seine Auferstehung, seine Herrlichkeit herbeibeten und herbeikämpfen.

Franz Helm

Zum Abschluß noch einmal zurück zu Henri Boulad und seinem *„mystischen Leib“:* „Im Wunder des eucharistischen Mahles erfahren wir das einzigartige Zeichen einer einzigartigen göttlichen Geste, die in ihrer Vollkommenheit um jeden von uns wirbt. Die Eucharistie ist die Individualisierung einer kosmischen Liebe, die eben auch persönlich ist und dieses persönliche Verhältnis zwischen zwei Wesen besiegelt; es ist die Liebe des persönlichen Gottes zum einzelnen Menschen. So vollzieht sich diese mystische Hochzeit alle Minuten auf unserer Erde zur weltweiten Feier der Eucharistie, bevor sie sich einmal in aller Herrlichkeit und Fülle allen offenbaren wird.“

Neunter Sonntag im Jahreskreis

Die beiden großen Festkreise dieses Kirchenjahres liegen abgeschlossen hinter uns. Der weihnachtliche Festkreis des Vaters, der in Jesus Mensch geworden ist, der österliche Festkreis des Sohnes, der gelitten hat, gestorben und in uns hinein auferstanden ist. Mit dem großen Fest der Dreifaltigkeit wurde am letzten Sonntag all das abgerundet und gleichzeitig überhöht. Und heute treten wir mit dem neunten Sonntag neuerlich in den Jahreskreis ein und bleiben mit nur wenigen Ausnahmen beim Evangelisten Markus.

Als heiliges Zeichen über dem Eingangstor steht der Sabbat, der Tag des Herrn, für die Juden, unsere älteren Brüder, immer noch der Samstag und für uns der Sonntag, als erster Tag der Woche. An der Heiligkeit des Sonntags wird heute heftig getüftelt: Teile der Wirtschaft haben ihn ins Visier genommen, und viele Menschen sind der Ansicht, daß es ihnen egal ist, wann sie einen freien Tag haben. Mehr als ein arbeitsfreier Tag ist der Sonntag ja für viele nicht mehr, was in einer Zeit, da die Wirtschaft meint, daß die Menschen für sie da seien und nicht sie für die Menschen, gar nicht so sehr verwundert. Aber ich bin überzeugt davon, daß viele Menschen den Verlust des Sonntags sehr schnell merken würden, da der Sonntag ja nicht aus Willkür geboren wurde, sondern einem natürlichen Lebensrhythmus entspricht. Und wenn man diese Rhythmen stört – davon können alle Schichtarbeiter ein Lied singen –, stört man langfristig die eigenen Lebensgrundlagen.

Im 5. Kapitel des Buches Deuteronomium steht ein Herrenwort, das dem Sabbat gilt: „Achte auf den Sabbat: Halte ihn heilig, wie es dir der Herr, dein Gott, zur Pflicht gemacht hat. Sechs Tage darfst du schaffen und jede Arbeit tun. Der siebente Tag aber ist ein Ruhetag, dem Herrn, deinem Gott, geweiht. An ihm darfst du keine Arbeit tun: auch nicht dein Sohn und deine Tochter, dein Sklave und deine Sklavin, dein Rind, dein Esel und dein ganzes Vieh und der Fremde, der in deinem Stadtbereich Wohnrecht hat. Dein Sklave und deine Sklavin sollen sich ausruhen wie du."

Wie weit wir davon heute schon entfernt sind, kann man während der wärmeren Jahreszeit an allen Sonntagen sehen, so an den Rändern der Städte und draußen auf dem Land, wo Vater, Mutter, Sohn und Tochter und dazu noch Verwandte, Freunde oder billige ausländische Arbeiter im Schweiße ihres Angesichtes ans Häuselbauen gehn. Sie wissen oft über Monate nichts mehr von der Heiligung des Sonntags, da das Häuselbauen ja auch keine Zeit für die Kirche läßt. Aber das sind erst die Anfänge, und die sind freiwillig, im eigenen Interesse, ob eingebildet oder nicht.

Wie wird es aber erst dann in den Familien ausschauen, wenn die Firma des Mannes ihn am Sonntag einbehält und dafür am Dienstag freigibt und die Firma der Mutter den Sonntag für sich reklamiert und ihr den Donnerstag als freien Tag genehmigt? Was werden die Kinder an solch einsamen Sonntagen machen: noch mehr Fernsehen, noch mehr Computerspiele oder sonstige Tätigkeiten, die vom eigentlichen Leben ablenken? Während die Politiker schöne Worte für die Familien finden, weil man sich doch solche Sorgen um die Lebenszelle der Gesellschaft macht, wird heftig daran gearbeitet, ihr auch noch die letzte gemeinsame, die letzte Familienzeit zu rauben. Der Verlust des Sonntags wäre, wenn nicht mehr, in jedem Fall aber ein gravierender Verlust an Lebensqualität.

Aber, wie wir heute aus dem Evangelium erfahren, kann man auch der Sabbat-Heiligung zuviel tun.

DER SABBAT IST FÜR DEN MENSCHEN DA.

Mk 2,23–3,6

Und es geschah, daß er am Sabbat durch die Kornfelder dahinging. Und seine Jünger fingen an, im Gehen die Ähren zu rupfen. Da sagten die Pharisäer zu ihm: Sieh doch! Warum tun sie am Sabbat, was nicht erlaubt ist? Und er sagt zu ihnen: Habt ihr niemals gelesen, was David tat, als er etwas brauchte und hungrig war – er und seine Gefährten? Wie er unter dem Hohenpriester Abjatar in das Gotteshaus ging und die gottbestimmten Brote aß, die nur die Priester essen dürfen, und auch seinen Gefährten davon gab? Und er sagte zu ihnen: Der Sabbat ist gemacht um des Menschen willen, nicht der Mensch um des Sabbats willen. Herr ist also der Menschensohn auch über den Sabbat.

Und abermals kam er in eine Synagoge. Und dort war ein Mensch mit verdorrter Hand. Und sie lauerten ihm auf, ob er am Sabbat ihn heil machen werde – um ihn dann verklagen zu können. Und er sagt zum Menschen mit der verdorrten Hand: Auf, in die Mitte! Und zu ihnen sagt er: Ist es am Sabbat er-

laubt, Gutes zu tun oder Übles zu tun, Leben zu retten oder zu töten? Sie aber schwiegen. Da blickt er voll Zorn sie rundherum an, voll Trauer ob der Starre ihres Herzens und sagt zu dem Menschen: Streck die Hand aus! Er streckte sie aus – und wiederhergestellt ward seine Hand. Die Pharisäer gingen hinaus und wollten gleich mit den Herodianern einen Beschluß gegen ihn fassen, wie sie ihn zugrunde richten könnten.

(Übertragung: Fridolin Stier)

Nach Professor Greshake am vergangenen Sonntag kommt auch heute ein international bekannter, für die Hörerinnen und Hörer der *„Erfüllten Zeit"* aber neuer Mann zu Wort: der Schweizer Kapuziner, Missionstheologe und Autor vieler Bücher, P. Walbert Bühlmann, der in einem Studio in Zürich seinen Beitrag zum Sabbat-Gebot aufgenommen hat. Geboren ist P. Walbert Bühlmann 1916 in der Schweiz, war lange als Missionar in Tanzania tätig und lehrte dann als Dozent für Missionswissenschaft in Fribourg. Heute lebt er eher zurückgezogen in Olten in der Schweiz.

KOMMENTAR

Der Sabbat ist für den Menschen da ..." (Mk 2,27). Es lohnt sich, etwas über dieses Wort des heutigen Sonntagsevangeliums nachzudenken. Gegenwärtig gibt es alle Arten von Querdenkern, trouble-makers, Nonkonformisten, keineswegs zum Vergnügen der Autoritäten. Die einen suchen sich aus egoistischen Gründen durchzuboxen, sich zum Schaden der andern zu bereichern. Andere durchbrechen alle Gesetzesschranken, um politisch zweifelhafte Ziele zu erreichen. Wieder andere stellen durch ihr Handeln gewisse Normen in Staat und Kirche in Frage, um ein vertieftes, menschlicheres Denken durchzusetzen.

Zu dieser letzten Kategorie gehörte Jesus. Er hat das Sabbat-Gebot, das er ohne Zweifel kannte und grundsätzlich anerkannte, ostentativ in Frage gestellt, um den Menschen als Menschen in seiner Würde, in seinen Erwartungen ernst zu nehmen. Er tat das z. B. im Interesse seiner Jünger, die an einem Sabbat durch die Kornfelder gingen, Ähren abrupften und aßen. Und prompt meldeten sich die Gesetzeshüter bei Jesus: „Sieh dir an, was sie tun! Das ist doch am Sabbat verboten." Ebenso prompt erwiderte Jesus: „Der Sabbat ist für den Menschen da, nicht der Mensch für den Sabbat."

Jesus spielte aber den Advokaten nicht bloß zugunsten seiner Jünger, also aufgrund von Vitamin B, sondern auch zugunsten irgendeines Mannes, den er zufällig am Sabbat in der Synagoge mit einer verdorrten Hand antraf. Man könnte sagen: Er handelte schon damals gemäß den Menschenrechten „ohne Unterschied der Rasse, der Religion, des Standes, des Geschlechts". Nun, die gleichen Gesetzeshüter vermuteten, daß er ihn heile. Fast hofften sie es, um einen Grund zur Anklage gegen ihn zu finden. Jesus hielt jetzt nicht ängstlich zurück, im Gegenteil: „Er sah sie der Reihe nach an, voll Zorn und Trauer über ihr verstocktes Herz", und vor ihren Augen heilte er den Mann. Jene aber gingen hinaus und „faßten den Beschluß, Jesus umzubringen".

Zwei Welten: Jesus, der es mit allen Menschen gut meinte, und die Kaste der Gerechten, die durch ihr Verhalten zu Menschenverächtern wurden. Für sie galt nur: Gesetz ist Gesetz, möge der Mensch dabei verenden! Eigenartig: Solchen Menschen gegenüber wurde der sonst so gütige Jesus unerbittlich und schleuderte ihnen entgegen: „Weh euch, ihr Heuchler, ihr blinden Führer, ihr übertünchten Gräber ..." (vgl. Mt 23).

Jene Episode steht schon gleich am Anfang des Markus-Evangeliums (2,23–3,6). Der Konflikt zeichnete sich also gleich bei den ersten Auftritten Jesu ab und verschärfte sich bis zum tragischen Tod am Kreuz. Trotzdem hielt Jesus an seiner Botschaft von der Würde des Menschen fest und heilte auch andere Male am Sabbat. Es war für ihn klar, und er hat auch uns diese Einsicht hinterlassen, daß jedes Gebot, sogar das göttliche Gebot des Sabbat, sich in dem Augenblick aufhebt, seine Verbindlichkeit verliert, wo es hinderlich wäre, einem Menschen in Not zu helfen. „Der Sabbat ist für den Menschen da, nicht der Mensch für den Sabbat." Ein Ärgernis für die Gesetzeshüter. Sie brachten ihn um.

Sein Beispiel aber bleibt gültig für alle seine Jünger und Jüngerinnen. Glauben an den guten Gott aller Menschen, und diese Güte Gottes allen Menschen erfahrbar und damit glaubhaft machen, das ist die eigentliche und einzige Aufgabe der Christen bis heute. Und das auch mit allen Risiken, sogar gegenüber der eigenen Kirchenautorität.

Die Spannung zwischen Gesetzesbindung und Gewissensfreiheit ist heute aktueller denn je, da die Menschen inzwischen mündig geworden sind und nicht mehr einfach „blinden Gehorsam" üben.

Diese neue Entwicklungsstufe liegt sicher im Sinne Gottes – auch wenn Gewissensfreiheit natürlich leichtfertig mißbraucht werden kann und massiv mißbraucht wird. Aber Mißbrauch hebt den verantwortlichen Gebrauch nicht auf. Das kann im Staat zum zivilen Ungehorsam führen, z. B. bei Dienstverweigerung („Was wäre, wenn es Krieg gäbe, und niemand ginge hin?"), bei Kirchenasyl. Auch in der Kirche dürfen und sollen Christen im Notfall Zivilcourage anwenden, vorauseilenden Gehorsam üben, Dinge tun, die noch nicht vom Gesetz vorgesehen, aber doch höchst fällig sind, und auch durch Spannungen hindurch dafür sorgen, daß die schönen Aussagen des Zweiten Vatikanischen Konzils 1962–65 vom Heiligen Geist in allen Getauften, von Mitverantwortung, Glaubenssinn, Gewissensfreiheit, nicht in den Dokumenten stecken bleiben, sondern so oder so ins Leben umgesetzt werden. Der Heilige Geist, der Jesus zum Heilen am Sabbat inspirierte, wird auch uns zu solchem Tun ermutigen und ermächtigen.

Walbert Bühlmann

Um noch einmal zu P. Walbert Bühlmann zurückzukommen und sich einen kleinen Schritt weiter in sein Denken hineinzubegeben möchte ich die Schlußpassage eines Zukunftskapitels in seinem Buch „*Wer Augen hat zu sehen*" (Styria-Verlag, Graz 1989) zitieren: „Im 3. Jahrtausend werden die Kirchen einander achten, miteinander reden und gemeinsam Lösungen finden. – Das entspricht dem Zeitalter des Heiligen Geistes, der erneut seine Sprachengabe ausgießen und uns helfen wird, alle historischen Ausgrenzungen zu überwinden und uns in der Wende zu Gottes Weite heimisch zu finden. Das alles wurde angebahnt durch das Zweite Vatikanische Konzil, das sich letztlich als Konzil des 3. Jahrtausends erweisen wird. Der johanneische Frühling wird also nicht bloß eine schöne Episode bleiben und die johanneische Wende nicht nur eine kurze Periode eröffnet haben, sondern eine neue und lange Epoche, wie es damals die konstantinische Wende tat."

Im Augenblick schaut es nicht danach aus, aber ich möchte gerne diese helle Vision des zornigen Achtzigers mit meiner ganzen Hoffnungskraft annehmen und weitertragen.

Zehnter Sonntag im Jahreskreis

Jesus war nicht zimperlich, er hatte – wie wir heute im Evangelium hören – keine Berührungsängste mit dem Bösen, mit den Bösen und Unreinen. Da war er so ganz anders als die vielen Frommen aller Jahrhunderte, die in schützende Distanz zum Bösen gehen, den Unreinen in weitem Bogen ausweichen, um nur ja nicht in Ansteckungsgefahr zu geraten, um sich rein zu halten für den himmlischen Bräutigam. Jesus wußte, daß man nur dann das Böse bekehren, die unreinen Geister austreiben kann, wenn man sich ihm zuwendet, wenn man keine Angst davor hat, sich anzupatzen, sich auch einmal die Hände dreckig zu machen. Der keimfrei Fromme, der nur unter Gleichgesinnten atmen kann, mit denen er sich dann in geschützten Räumen ab- und die anderen ausschließt, hat wenig Anteil an diesem Jesus, der sich der Schlechtigkeit der Welt stellt, um sie zu heilen, der seinen Feinden aufrecht entgegentritt, um ihnen die Chance der Umkehr anzubieten.

WENN EIN REICH IN SICH GESPALTEN IST, KANN ES KEINEN BESTAND HABEN.

Mit seinen Handlungen am Sabbat und der Behauptung, daß der Sabbat für den Menschen da sei und nicht die Menschen für den Sabbat, hat Jesus sich mit den Phärisäern und Schriftgelehrten angelegt. Das hatte Folgen, denn die verwirrten und verunsicherten Schriftgelehrten gingen ihm nach, versuchten ihn zu stellen, ihn sozusagen auf frischer Tat zu ertappen. Ein erster Schritt in dieser Richtung war damals und ist auch heute noch der Versuch, dem anderen, dem Nonkonformisten, Sinnesverwirrung zu unterstellen; denn wenn einer verrückt, besessen ist, dann muß man ihn nicht mehr ernst nehmen.

Mk 3,20–35

Und er kommt ins Haus. Und abermals laufen die Leute zusammen, so daß sie nicht einmal Brot essen konnten. Als die Seinen es hörten, zogen sie aus, ihn zu greifen; denn es hieß, er sei außer sich geraten. Und die Schriftgelehrten, die von Jeru-

salem herabgestiegen waren, sagten: Den Beelzebul hat er! Und: Mit dem Anführer der Abergeister treibt er die Abergeister aus! Und er rief sie her und redete in Gleichnissen zu ihnen: Wie kann der Satanas den Satanas austreiben? Und: Wenn ein Königtum gegen sich selber sich spaltet, so kann jenes Königtum nicht bestehen. Und: Wenn ein Haus gegen sich selber sich spaltet, so wird jenes Haus nicht bestehen können. Und: Wäre der Satanas gegen sich selber aufgestanden und gespalten, so kann er nicht bestehen – am Ende ist es mit ihm. Nein, keiner kann ins Haus des Starken eindringen und ihm die Gefäße rauben, er hätte denn zuvor den Starken gefesselt; dann mag er sein Haus ausrauben. Wahr ists, ich sage euch: Alles wird den Menschenkindern nachgelassen, die Versündungen und die Lästerungen, wieviel sie lästern mögen. Wer aber gegen den Heiligen Geist lästert, bekommt auf Weltzeit hin keinen Nachlaß, sondern unendlicher Versündung ist er schuldig – das: weil sie sagten, er habe einen unreinen Geist. Und da kommen seine Mutter und seine Brüder. Und draußen stehend sandten sie zu ihm und ließen ihn rufen. Um ihn herum saßen Leute, und man sagt ihm: Da! Deine Mutter und deine Brüder und Schwestern draußen suchen dich. Er hebt an und sagt zu ihnen: Wer sind meine Mutter und meine Brüder? Und ringsum schaut er die im Kreis um ihn Sitzenden an und sagt: Da sind sie – meine Mutter und meine Brüder! Wer den Willen Gottes tut: Der ist mir Bruder und Schwester und Mutter.

(Übertragung: Fridolin Stier)

Vor ziemlich genau einem Monat, am letzten Sonntag der Osterzeit, hat Dr. Gustav Pirich, Pfarrer und Dechant in Hollabrunn im Weinviertel, uns jene Stelle aus dem Johannes-Evangelium ausgelegt, in der Jesus für seine Jünger zum Abba betet. Für heute hat er sich Gedanken zu dieser sehr kontrastierenden Stelle aus dem Markus-Evangelium gemacht, an die er mit der ihm eigenen strategischen Klarheit herangeht.

Der Evangelienabschnitt des heutigen Sonntags kann nur dann richtig verstanden werden, wenn sein Umfeld, das heißt die vorausgehenden Verkündigungsabschnitte des Markusevangeliums, wahrgenommen werden. Jesus hat in Galiläa eine sehr spektakuläre Lehr- und Heilungstätigkeit aufgenommen. Er läßt mit seinen eigenwilligen, die jüdischen Gesetzesvorschriften überbietenden Darlegungen über das Fasten und den Sabbat aufhorchen. Er hat sich Jünger erwählt und scheut nicht davor zurück, gegen alle Konventionen öffentliche Sünder, wie zum Beispiel einen Zöllner, in diesen Kreis aufzunehmen. Er heilt Krankheiten und treibt Dämonen aus, und das auch an einem Sabbat. Und er begründet sein Verhalten mit dem Auftrag Gottes und leitet seine Fähigkeiten aus göttlicher Vollmacht ab. Ist es da nicht verständlich, daß das Volk ihm nachläuft, daß die Menschen mit ihren Hoffnungen und Heilserwartungen ihn geradezu verfolgen, ihm und den Seinen bei Tag und Nacht keine Ruhe mehr geben? Ist es da zu verwundern, daß die religiöse Führung des Landes auf ihn aufmerksam wird; auf Ihn, der für sie die Gesetze bricht, ihre Vorstellungen vom Willen und Tun Gottes gotteslästerlich durchkreuzt, manches davon ad absurdum führt und das Volk mobilisiert?

Sein Ruf verbreitete sich im Land. Das muß doch auch für seine Familie peinlich gewesen sein. Läßt es sich doch viel leichter leben, wenn kein Familienmitglied in der gelehrten, wahrheitsbewußten religiösen Öffentlichkeit und ihren Protagonisten auffällt. So werden beide, die Familie und die religiöse Obrigkeit in Jerusalem, aufgescheucht. Die einen suchen ihn, um ihn mit Gewalt zur Räson zu bringen und ihn in den Schoß der Familie heimzuholen, und die anderen sind sich ihrer Sache so bewußt, daß sie meinen, wenn sie Jesu Worte und Taten mit dem Werk des Teufels in einen ursächlichen Zusammenhang bringen, dann könnten sie die Wirkung seines Auftretens abschmettern und die von ihm begeisterten Menschen zur Besinnung bringen. Zwei sehr gewichtige und existenzbestimmende Größen, Familie und religiöse Führung, treten also auf, um die Traditionen und das von Gott gegebene Gesetz wieder ins Lot zu bringen.

Wie aber reagiert Jesus auf diese Herausforderungen? Zieht er seinen Anspruch etwa zurück? Unterwirft er sich wieder den religiös-gesellschaftlichen Normen? Oder wird er gar zum Extremisten, zum Freischärler Gottes, der sich mit seinen Getreuen ins unwegsame Gebirge oder in die endlosen Weiten der Wüste zurückzieht, um von da aus den heiligen Krieg zu führen und Gottes Ansprüche in seiner Sendung mit menschlichen Mitteln der Gewalt durchzusetzen? Nichts von alledem. Im Gegenteil: Jesus schaut seinen Gegnern in die Augen und stellt sich in der direkten Konfrontation den Angriffen der Schriftgelehrten. Wie es seine Art ist, belehrt er sie in Form von Gleichnissen. Er beantwortet die niederschmetternde Unterstellung, daß er mit Hilfe des Anführers der Dämonen die Dämonen austreibt mit einer Frage, die sowohl logisch als auch aus der Erfahrung der Menschen negativ beantwortet werden muß: „Wie kann der Satan den Satan austreiben?“ Im Klartext: Wie kann der Satan etwas zuwege bringen, wenn er sich selbst im Gleichgesinnten bekämpft? Spricht Jesus aus seiner eigenen, menschlichen Lebenserfahrung, wenn er in einem Weisheitsspruch feststellt: „Wenn ein Reich in sich gespalten ist, kann es keinen Bestand haben“? Dasselbe wie für die größte Gemeinschaft eines Reiches gilt auch für die kleinste, die Familie. Ist es nicht um jede Gemeinschaft geschehen, deren Glieder gegeneinander auftreten und im zerstörenden Streit liegen?

Wird uns diese Wahrheit nicht sehr deutlich bewußt, wenn wir unsere eigene Lebenssituation oder die der heutigen gesellschaftlichen, politischen und auch kirchlich-menschlichen Situation ansehen und ernst nehmen? Nach der biblischen Botschaft der ersten Lesung des heutigen Sonntags aus dem Buch Genesis, das den paradiesischen Sündenfall zum Inhalt hat, liegt die tiefste und entscheidende Wurzel aller Uneinigkeit und menschlichen Gegensätzlichkeit in der Sünde, also in der bewußten Aufkündigung der tiefen Einheit mit dem Gott des Lebens; in der gezielt angestrebten Abnabelung vom Einheit stiftenden Geist Gottes durch ein „Ich will nicht dienen“. In dieser Gegenposition zum Gott des Lebens kann nur die Zerstörung des Geschaffenen, der Tod die logische Folge sein.

Aber fragen wir ruhig weiter. Was trieb die Schriftgelehrten damals und treibt genauso heute Menschen, die sich als religiös bezeichnen, zu jener Annahme, daß all das, was nicht in ihre Weltanschauung oder in ihr religiöses Konzept paßt, nur vom Bösen – vom Teufel – sein kann? Da spielen oft ganz triviale Ursachen eine Rolle. Zum Beispiel der Neid, daß andere einen größeren Erfolg haben; daß sich Menschen hilfesuchend jenen zuwenden, die das auch leben, was sie verkünden; daß Menschen begeistert sind von Gott und eine Lebensart wählen, die nicht in den Kontext der modernen Lebensart paßt. Es kann durchaus auch die Eifersucht sein, die ein vorschnelles, vernichtendes Urteil fällen läßt. Dabei bekommen Neid und Eifersucht im religiösen Bereich sehr oft auch noch das fromme Mäntelchen des Willens Gottes umgehängt, so daß sie auf den ersten Blick gar nicht wahrnehmbar sind und wie eine wohlmeinende Warnung zur Umkehr aussehen.

Vielfach, ja meistens steht hinter der Verteufelung schlicht und einfach eine fundamentale Angst: Angst vor Veränderung; Angst davor, daß sich mein so schön und kunstvoll gepuzzletes Gottesbild letztlich doch als ein Götzenbild meiner eigenen Wunschprojektionen erweisen könnte; Angst davor, daß mit einem Mal menschliche Machtstrukturen zusammenbrechen könnten wie die so starken, scheinbar stabilen und zäh mit aller Gewalt verteidigten Machtstrukturen des untergegangenen kommunistischen Imperiums. Hier war tatsächlich ein nur menschliches Ideologie-Reich in sich gespalten, geprägt von den Kennzeichen des gegenseitigen Sich-Umbringens und des Liquidierens aller Andersdenkenden. Dieses sich selbst zerstörende Reich konnte nur so lange bestehen, als es militante Bedrohung und Zerstörung nach außen tragen konnte und nicht in sich selbst den größten Feind erkannte, sondern ihn außerhalb der Grenzen suchte, wo er aber in Wirklichkeit gar nicht war.

Die Angst paart sich meistens mit der Hybris, dem vermessenen Stolz. Das sind dann jene Menschen, die sich in diesem Stolz über andere erheben und vorgeben, die Wahrheit zu besitzen, anstatt sie zu glauben und damit selbst der ständig suchenden Entfaltung dieses Glaubens unterworfen zu sein. All das sind die Zeichen und menschlichen Phänomene, die die Selbstzerstörung jeglicher Gemeinschaft anzeigen. Es sind Menschen, die nicht erkennen können oder auch nicht wollen, daß in Jesus das Reich Gottes in dieser Welt offenbar geworden ist, das, nun selbst unüberwindlich, die Überwindung des Satans und die endgültige Rettung der Menschen und der Schöpfung zum Ziele hat.

Doch Jesus steigert die Dramatik weiter und legt seinen mahnenden Finger auf eine bedrohliche Tatsache, die wir vielleicht mit unserem „Liebe-Gott-Denken“ und „Wir kommen alle alle in den Himmel“ aus unserem religiösen Vokabular verdrängt haben: die Sünde gegen den Heiligen Geist. Mit einem autoritativen, nicht eine andere Meinung bestätigenden Amen, das auch auf die ureigenste Rede Jesu verweist, leitet der Herr seine warnende Mahnung ein. Alle Sünden, alle Lästerungen können vergeben werden, wenn der Mensch sich in Reue und Demut wieder Gott zuwendet. Die Sünde aber, in der der Heilige Geist gelästert wird, in der Gottes unendliche Liebe in ihrem Gegensatz, nämlich mit dem Bösen, definiert wird, kann nicht mehr vergeben werden. Was heißt das konkret? Der Mensch weigert sich in seiner verstockten Verhärtung in letzter, entscheidender Konsequenz, Gottes liebendes Handeln in den Zeichen des Heiligen Geistes anzuerkennen. Also: die Worte und Werke Jesu, speziell sein befreiendes Handeln in den Exorzismen, nicht als erlösende Worte und Werke Gottes anzuerkennen, sondern sie zu verteufeln. Ein solcher Mensch weist bewußt die vergebende Hand Gottes in Jesus und den Leben schaffenden Heiligen Geist zurück. Hier ist keine Vergebung in Ewigkeit mehr möglich, weil das Angebot Gottes vom Menschen absolut ausgeschlossen wird. Paulus in seinem Brief an die Römer und der erste Johannesbrief nennen diese Sünde die „Sünde zum Tode".

Aber müssen wir jetzt ob dieser dramatischen Warnung vor einer absolut negativen Wirklichkeit Angst haben oder gar verzweifeln? Ganz und gar nicht. Im Schlußteil der heutigen Sonntags-Frohbotschaft kommen die Verwandten Jesu wirklich am Aufenthaltsort Jesu an und fragen nach ihm. Jesus scheint dieses Ankommen seiner Mutter und engsten Verwandten gar nicht sehr zu berühren. Mit der an die Umstehenden gerichteten Frage: „Wer ist meine Mutter, und wer sind meine Brüder?" weitet sich sein Blick ins Grenzenlose, in die Unendlichkeit Gottes. Er, der selbst ganz im Willen des Vaters steht und diesen Willen bis in die letzte Konsequenz des Sterbens am Kreuze erfüllen wird, nimmt als seine menschlichen Brüder und Schwestern all jene an, die, wie er, den Willen Gottes erfüllen. Gott wird in Jesus nicht nur Mensch, sondern er wird im Gleichklang göttlicher und menschlicher Liebe – und was anderes meint ja die Erfüllung seines Willens nicht – unser Bruder und Weggefährte in allen Lebenssituationen. In Freude und Leid, in Hochzeit und Kreuz, in Augenblicken der Sicherheit genauso wie im abgründigen Schmerz der Angst, im Werden und im Tod – immer und überall sind wir für ihn Schwestern und Brüder, wenn wir, trotz aller Unsicherheiten und Zweifel, in Jesu Wort und Tun doch letztlich Gottes Willen erkennen und glaubend tun.

Gustav Pirich

Im Rückgriff auf die Erste Lesung aus dem Buch Genesis, die Verführung Evas und Adams, ein paar Worte zum Thema Garten: aus der Schweizer Pallotiner-Zeitschrift „Ferment": „In einem Garten ging die Welt verloren. In einem Garten war sie wiederum erlöst – diese Erkenntnis schrieb Blaise Pascal nieder; und Theresa von Avila, die große Mystikerin, sagte einmal: ‚Der Anfänger des mystischen Weges stelle sich vor, als beginne er auf einem sehr unfruchtbaren, mit vielem Unkraut überwucherten Boden einen Garten anzulegen, an dem der Herr seine Lust haben soll …', und Papst Johannes XXIII. schrieb einmal diese wenigen und doch so bedeutenden Worte: ‚Wir sind nicht auf der Erde, um ein Museum zu hüten, sondern um einen Garten zu pflegen, der von blühendem Leben strotzt und für eine schöne Zukunft bestimmt ist'."

Würden wir diese päpstlichen Worte beherzigen in der Kirche, würde die Welt heute wohl anders ausschauen, als sie ausschaut. Würden wir die Schöpfung nicht als unerschöpfliches Ressourcenlager mißverstehen, sondern als begrenzten Garten betrachten, den es zu hüten und zu pflegen gilt, wäre vieles entscheidend besser. Vielleicht hilft uns der Frühling dabei, das neu zu erkennen.

Elfter Sonntag im Jahreskreis

Ein eher kühler und unfreundlicher, aber trotzdem üppig blühender Frühling neigt sich seinem Ende zu und damit, zumindest in unseren Breiten, die Zeit des Säens und Pflanzens. Wir Menschen sind, wenn man von Glashäusern und Plastikzelten absieht, an die für uns gültigen regionalen Vegetationsperioden gebunden. Es gibt aber auch Weltgegenden, in denen das ganze Jahr über gesät, gepflanzt und mehrmals im Jahr geerntet werden kann. Dort ist es dann eher ein bißchen so wie bei Gott, der unabhängig von äußeren Gegebenheiten und Jahreszeiten den Samen seiner Liebe in die Herzen von Menschen legt und geduldig darauf wartet, bis sich da ein Pflänzchen zeigt und dort eine Blüte zur Frucht heranreift.

Im Buch Ezechiel, aus dem die heutige Erste Lesung kommt, läßt sich manches davon ahnen, denn Gott läßt zwar die Zerstörung des Tempels zu und sieht Teile seines Volkes in die Gefangenschaft nach Babel ziehen, weil sie den Warnungen seines Propheten nicht geglaubt hatten und starrköpfig geblieben waren. Er aber weiß, er wird sein Volk zurückholen und wieder einpflanzen in heimatlichem Boden.

„So spricht Gott, der Herr" – heißt es da,
„Ich selbst nehme ein Stück
vom hohen Wipfel der Zeder
und pflanze es ein.
Einen zarten Zweig aus den obersten Ästen breche ich ab.
Ich pflanze ihn auf einen hoch aufragenden Berg.
Auf die Höhe von Israels Bergland pflanze ich ihn,
dort treibt er dann Zweige,
er trägt Früchte und wird zur prächtigen Zeder.
Allerlei Vögel wohnen darin;
alles, was Flügel hat, wohnt im Schatten seiner Zweige.
Dann werden alle Bäume auf den Feldern erkennen,
daß ich der Herr bin."

Gott als Gärtner: ein Bild das immer wieder auftaucht in der Schrift und in dem wir auch unsere ganz persönlichen Chancen erkennen dürfen, denn nicht nur sein Volk Israel begleitete er mit seinen barmherzigen und heilenden „green fingers", sondern auch an uns, an jedem und jeder von uns will er so wirksam werden, damit wir blühen und reiche Frucht tragen können im Reich seines Weltgartens.

DIE STILLE KRAFT DES SAMENS.

Die stille Kraft des Samens. Diesen Titel setzte Franz Schobesberger, Pfarrer in Brunenthal bei Schärding, über die Gedanken, die er sich zum heutigen Evangelium machte, in dem auch Jesus sich in seinen Reich-Gottes-Gleichnissen bäuerlicher Bilder bedient.

Mk 4,26–34

Und er sagte: So ist es mit dem Königtum Gottes: Wie wenn ein Mensch den Samen auf die Erde wirft, und schläft und aufwacht, nachts und tags. Und der Same sproßt und macht sich lang, wie – er weiß es nicht. Von selber trägt die Erde Frucht, erst Halm, dann Ähre, dann in der Ähre volles Korn. Wann die Frucht es gewährt, gleich sendet er die Sichel, denn die Ernte ist da.
Und er sagte: Womit sollen wir das Königtum Gottes vergleichen oder mit welchem Gleichnis es darlegen? Wie mit einem Senfkorn ist es: Einmal auf die Erde gesät, obschon kleiner als alle Samen auf der Erde, aber einmal gesät, steigt es auf und wird größer als alle Kräuter und treibt Zweige so groß, daß unter seinem Schatten die Vögel des Himmels nisten können.
In vielen solchen Gleichnissen redete er ihnen das Wort, je wie sie es hören konnten. Ohne Gleichnis redete er nicht zu ihnen. Abseits aber mit seinen Jüngern, löste er ihnen alles auf.

(Übertragung: Fridolin Stier)

Franz Schobesberger, der aus meiner Heimatstadt Gmunden stammt, ist seit seiner Studienzeit in Linz schwer hörbehindert. Das war schon damals eine sehr große Belastung für das Kind einer einfachen Arbeiterfamilie, und er wollte noch vor der Diakonatsweihe zurücktreten und seinen Traumberuf aufgeben. Bischof Zauner allerdings verhinderte das und meinte: „Kommt net in Frage, Leut wie dich brauchen wir immer." Trotz unglaublicher Disziplin lassen sich die Auswirkungen seiner Behinderung sprachlich nicht ganz verstecken: In seiner seelsorglichen Tätigkeit allerdings wirkt sich das nicht aus, ganz im Gegenteil, er ist zu einem sehr bewußt Hörenden geworden.

KOMMENTAR

Jesusbegegnung heißt, wenn sie echt ist, immer auch Lebensbegegnung. Der Abschnitt aus Markus, den wir heute hören, kann uns eine tiefe Einsicht in die Vision Jesu von der Gottesherrschaft geben, aber ebenso in die Umsetzung derselben in unserer Zeit und unserem Leben.

Zunächst fällt auf, daß Jesus keine typisch religiöse oder theologische Sprache spricht, wie sie die Menschen damals gewohnt waren und wir sie ebenso gewohnt sind, sondern eine ganz alltägliche. Es fällt auf, daß er in einfachen Bildern aus der Lebensbeobachtung das Wesentliche so klar und verständlich aussagt, daß es Kinder und Ungelehrte erfassen können. Er macht diese leichte Faßlichkeit selbst zum Zeichen der Echtheit der Botschaft. Weiters fällt auf, daß er sich deutlich absetzt von all jenen, die damals wie heute die Gottesherrschaft in die Zukunft oder ins Jenseits verlegen. Nach Jesus entwickelt sie sich hier und jetzt. Ihre Entfaltung findet auch nicht in einem religiösen Sonderraum statt, sondern im ganz banalen Alltag.

Ich denke, daß jene Bäurin die Absicht Jesu verstanden hat, die mir einmal sagte: „Wenn du Gott ihm Kuhstall nicht findest, dann findest du ihn in der Kirche auch nicht!“ Die Gottesherrschaft, d. h. das Durchdrungenwerden vom göttlichen Leben, seiner Liebe und Kraft, ist jedem zugänglich, der sich ihr öffnet; die Einlaßbedingung ist lediglich Vertrauen.

Die Frage nach dem Kommen Gottes, der Gottesherrschaft, des Gottesreiches, des Messias, des Tages Jahwes war zur Zeit Jesu für viele bewegend. Es gab dazu vor allem Antworten in die Richtung, daß es sich dabei um Wunderbares, Großartiges, Besonderes, Spektakuläres, Gewaltiges und auch Gewalttätiges handeln werde. Man erwartete sich ein plötzlich hereinbrechendes Ereignis wie ein göttliches Unwetter, das alle Frevler hinwegfegt und den Gerechten eine Art Paradies wiederherstellt. Johannes der Täufer hat das auch so gesehen. Jesus erteilt diesen Vorstellungen eine eindeutige Absage, und seine Zuhörer werden wohl lange Gesichter gemacht haben, daß es nichts wird mit all den spektakulären Erwartungen. Er sieht die Gottesherrschaft völlig anders, wie einen einfachen Naturvorgang, der von sich aus seine Kraft in Stille entfaltet.

Keine Frage: Die Natur wirkt von sich aus durch die Fähigkeiten, die in ihr liegen, die der Schöpfer in sie hineingelegt hat. So wirkt nach Jesus die Botschaft Gottes von sich aus, wo sie den entsprechenden Boden findet. Diese Botschaft Gottes besagt, daß der gute Gott allen ohne Vorleistung gut ist und sie bedingungslos liebt: es ist also eine wahrhaft gute, befreiende und heilende, frohmachende Nachricht. Immer schon war es eine Lebenserfahrung, daß sich in einem Menschen etwas zu verändern beginnt, wenn er in den Bann der Liebe gerät. Man sieht, daß er aufblüht, sich entfaltet und entwickelt. Dies gilt für einen Erwachsenen nicht weniger als für ein Kind. Damit rechnet Jesus. Es wird so kraftvoll sein wie das aufbrechende Leben aus einem Samen. Vielleicht haben Sie schon einmal mit Staunen beobachtet, wie zartes Gras eine Asphaltdecke durchdringt oder Baumwurzeln Mauern sprengen. Wenn der Same der guten Nachricht in den Ackerboden, das Herz eines Menschen, eindringen kann, dann wird er von sich aus diesen Menschen verändern, seine Festlegungen und Verhärtungen sprengen und selbst in sein Unbewußtes eindringen. Die Veränderung wird um so umfassender geschehen, je offener jemand dafür ist.

Die Aufgabe des Säenden, des Boten der Frohbotschaft, besteht vor allem darin, tatsächlich den von Gott gegebenen Samen der Liebeszusage auszustreuen. Die Liebe wirkt sodann von sich aus. Ich erinnere mich an ein Wort von Mutter Teresa. Sie sei als junge Schwester in die Welt hinausgezogen, um Menschen zu bekehren. Später sei sie draufgekommen, daß sie niemanden bekehren, sondern die Menschen lieben solle, denn die Liebe bekehrt dann, wen sie will – von sich aus. Es geht darum, den guten Gott durch Gutsein und Liebe erfahrbar zu machen. Hat man in der Christenheit statt dessen nicht zuviel Wert auf die verstandesmäßige Vermittlung der Wahrheit und die Eingliederung in Institutionen gelegt?

Im Gleichnis vom Senfkorn enttäuscht Jesus seine Zuhörer, die sich einen pompösen Beginn der Gottesherrschaft erwarteten, neuerlich. Die Bilder vom Samen und vom Sauerteig zeigen deutlich, daß der Beginn unscheinbar, einfach, klein, still, aber ungemein kraftvoll sich vollzieht. Jesus lenkt den Blick auf das, was sich vorfindet und was seine Getreuen mit Angst erfüllte: Da sind rundum mehr oder weniger machtvolle Bäume im religiösen, gesellschaftlichen und politischen Wald – die Supermacht Rom, die einheimische Oberschicht, der Tempel in Jerusalem mit seiner Priesterschaft, die Rabbiner, die Pharisäer, die Befreiungsbewegung der Zeloten –, alle wissen ihre Interessen nötigenfalls mit Gewalt durchzusetzen. Dagegen nimmt sich Jesus selbst als der einfache Mensch, der Sohn des Zimmermanns aus Nazaret, und sein kleines Häuflein ungelehrter Leute tatsächlich nicht größer und mächtiger aus als ein Senfkorn. Dennoch: In Jesus ist die sich unbeirrbar entfaltende Lebenskraft Gottes bereits in die bestehenden Machtgefüge eingebrochen, sie hat schon einige Menschen ergriffen und verändert. Also keine Sorge wegen der Übermacht des Vorgegebenen, denn der kleine Beginn wird sich unaufhaltsam entfalten.

Die Menschen erwarteten sich Veränderungen zu allen Zeiten eher von Revolutionen als von Evolutionen, aber alle Revolutionen brachten nur neue Machthaber und Ausbeuter statt der alten. Darum verbietet Jesus den Seinen grundsätzlich die gegenseitige Benützung und Beherrschung, auch nicht unter „heiligen" Vorzeichen. Er setzt auf die Evolution durch Liebe. Die bedingungslose Liebe des mütterlichen Vaters, der Freude am Retten, Heilen, Aufrichten, Erbarmen und Beglücken jener hat, die sich das gar nicht verdient haben, wird diese Evolution vorantreiben durch jene, die von ihr ergriffen wurden und sich auf sie eingelassen haben.

Weil Jesus den Vater kennt, von seiner Liebe durchdrungen ist, sieht er das Wachsen der Gottesherrschaft nicht in einem Vielleicht, Vermutlich, Wahrscheinlich, Womöglich oder Hoffentlich, sondern in einem so sicher sich vollziehenden Geschehen wie das Treiben und Wachsen eines Samens. Er weiß um die Unzerstörbarkeit der göttlichen Liebe, die sich auch von noch so vielen Dummheiten und Bösartigkeiten der Menschen nicht von ihrem Ziel abbringen läßt. Die Allmacht des Gottes Jesu besteht nicht im Alleskönnen, sondern in der Unzerstörbarkeit seiner Liebe, in der er den Menschen ohne Wenn und Aber gut ist und bleibt.

Jesus hat sich keinen Illusionen hingegeben. Im vorausgehenden Gleichnis vom Sämann betont er, daß nicht jeder Same auch aufgeht und Frucht bringt. Das hat ihn aber keineswegs entmutigt. Er weiß, daß trotz aller Hindernisse die Lebenskraft der Liebe letztlich sich doch durchsetzen wird. Dies bedarf allerdings eines hier und jetzt aufnahmefähigen Herzens und eines ebenso hier und jetzt immer neuen Säens der guten Nachricht, des Tuns der Liebe.

Darf ich Sie zu etwas ermutigen? Es wird Veränderung und Wachstum geschehen in Ihnen selbst und um Sie herum, wenn Sie im Hier und Jetzt Ihres Lebens, ganz gleich ob Sie es für wichtig oder unwichtig halten, das Senfkorn der guten Botschaft im ganz alltäglichen Dasein, Gutsein, Lieben und Erbarmen ausstreuen. Das wird zur Hoffnung anstiften, daß Leben gelingen kann und soll. Denn damit wird der gute Gott, der jedem ohne Vorleistung und ohne Wenn und Aber unzerstörbar gut ist, zum Zug kommen.

Franz Schobesberger

Noch ein tröstendes Wort des Franz von Sales mit auf ihren Weg durch den Sonntag: „Wer in der Stille des Herzens das Gefühl von der geliebten Gegenwart Gottes bewahrt, der ist glücklich. Seine Vereinigung mit der göttlichen Güte wird immerfort, wenn auch unmerklich, wachsen und sein ganzes Wesen mit unendlicher Milde durchtränken."

Zwölfter Sonntag im Jahreskreis

An diesem 12. Sonntag im Jahreskreis geht es etwas stürmisch zu, haben wir es doch mit einem peitschenden Sturm und hochgehenden Wellen zu tun. Stürme auf dem Wasser, egal ob es um Binnengewässer oder die Weite der Meere geht, machen Menschen Angst, haben Menschen aller Zeiten Angst gemacht, und so verwundert es kaum, wenn die Jünger im Sturm über dem See Genezaret verzweifelt nach ihrem Meister rufen.

Der Sturm als Naturgewalt ist angstbesetzt; und in einem übertragenen Sinn hört man in den vergangenen Jahren immer öfter sagen, der Wind blase der Kirche schärfer ins Gesicht, das Schiff der Kirche sei in einen heftigen Sturm geraten und daher akut vom Untergang bedroht. In manchen ihrer Ausformungen gehören diese oft ängstlich und kurzatmig geführten Diskussionen meiner Ansicht nach in den Bereich der Krankjammerei, die ja seit eh und je so etwas wie ein österreichischer Nationalsport zu sein scheint.

Stürme haben der Kirche in ihrer 2000jährigen Geschichte eigentlich nie wirklich geschadet. Sie hat sich vielmehr nur in Stürmen und viel weniger in Zeiten der Ruhe und des Wohllebens bewährt, was aufgrund der Lebens- und Leidensgeschichte des jungen Rabbi aus Nazaret auch durchaus verständlich ist. Dieser hat ja sicherlich niemals eine saturierte Institution mit gut geschmierten Strukturen und satten Pfründen im Blick gehabt, sondern die radikalen, weil wurzelhaften Grundzüge einer Kontrastgesellschaft skizziert.

„Das Schlimmste, was der Kirche passieren konnte, ist“ – sagte mir einmal der ägyptische Jesuit P. Henri Boulad, „daß sie verbürgerlicht ist und geglaubt hat, sie müsse für ihre und die Sicherheit ihrer Schäfchen sorgen. Das hat sie behäbig, faul und alt gemacht, zu ihrem Verkalkungsprozeß beigetragen.“ Und P. Henri Boulad weiß sicherlich, wovon er redet, denn er kennt die Probleme der europäischen Ortskirchen, sieht sie aber aus der Distanz einer Kirche, die wirklich von Stürmen, jenen des Islamismus, umtobt ist und sich in diesen Stürmen jung und dynamisch erhalten hat, wie dies ja in weiten Teilen der Weltkirche, vor allem im Süden der Erde, der Fall ist. Also gar nicht so schlecht, wenn es einmal stürmt, solange wir wissen, daß Jesus mit uns ist, auch wenn er zuweilen zu schlafen scheint, wie damals auf dem See.

Mk 4,35–41

Und er sagt zu ihnen an jenem Tag, als es Abend geworden: Fahren wir zur Jenseite! Und sie lassen die Leute stehen und nehmen ihn, wie er gerade war, im Boot mit; auch andere Boote waren mit ihm. Und ein gewaltiger Wirbelwind kommt auf und die Wogen schlugen ins Boot, daß schon das Boot sich füllte. Er aber war im Heck und schlief auf dem Kopfkissen. Und sie wecken ihn und sagen zu ihm: Lehrer, kümmert es dich nicht, daß wir zugrunde gehen? Und auf richtete er sich, herrschte den Wind an und sprach zum See: Schweig, verstumme! Und der Wind erlahmte – und es ward große Stille. Und zu ihnen sprach er: Wie feig ihr seid! Immer noch habt ihr keinen Glauben! Und Furcht überkam sie, große Furcht. Und sie sagten zueinander: Wer ist doch dieser, daß auch der Wind und der See ihm gehorchen?

(Übertragung: Fridolin Stier)

Nach einigen neuen Stimmen kommt heute wieder eine gut bekannte in Ihre Morgenstunde: der Franziskaner P. Ulrich Zankanella, der seit vielen Jahren immer wieder in Radio und Fernsehen zu hören ist und der den Seiltanz zwischen seinem bodenständigen Salzburger Dialekt und der deutschen Hochsprache perfekt beherrscht.

KOMMENTAR

Immer wenn ich dieses Evangelium höre, frage ich mich unwillkürlich: Was war los in der Gemeinde des Markus, als er seinen Glaubensschwestern und -brüdern diese Episode aus dem Leben Jesu erzählt hat? Denn mit Glaubenslehre hat diese Perikope nicht viel zu tun. Sie bringt eher eine existentielle Erfahrung: In diesem Jesus ist Geborgenheit. Auch wenn er scheinbar schläft, also nicht aktiv tätig scheint.

Was war also los in der Urgemeinde, daß Markus dieses Erlebnis der Jünger erzählt? Gab es stürmische Zeiten, angstvolle Situationen? Da war natürlich die Angst vor der Christenverfolgung; da waren sicher auch Erfahrungsunterschiede bei den Aposteln: jeder hat „seinen“ Jesus erlebt, und jeder hat seine Erfahrungen auch persönlich gedeutet. Paulus erzählt davon, daß er und Petrus anfangs nicht einer Meinung waren. Da war die Suche nach Strukturen, nach Diensten in den einzelnen Gemeinden. Gewisse Lehrmeinungen kamen von außen, z. B. die Leibverachtung der Manichäer und die Gnosis. Die Kultur der umgebenden Gesellschaft drängte herein. Und da war die Frage für jeden einzelnen Christen – schon damals: Wie weit kann ich in einer heidnisch-materialistischen Welt mitmachen? Wo muß ich aussteigen aus dem Trend und der Mode der Gesellschaft? Das alles gab sicher heiße Diskussionen in jeder Gemeinde. Noch heute bewegen diese Fragen ganze Pfarren und letztlich die ganze Kirche. Denn soviel ist klar: Die Gesellschaft im Mittelmeerraum war zur Zeit der Apostel nicht weniger materialistisch als heute.

Vielleicht waren es die hitzigen Diskussionen über all diese Fragen, die Angst, ob die richtigen Meinungen, Gruppen und Personen Oberwasser behalten würden, aber auch die Angst in den Perioden der Christenverfolgung, die den Evangelisten Markus an das Ereignis auf dem See Genezaret erinnerten.

Man kann sich die Situation ja gut vorstellen, von der er erzählt: Ein Sturm im Boot, mit den Wellen schlägt die Angst über den Insassen zusammen, die Panik wächst mit dem Sturm, es fallen harte Worte, Schuldzuweisungen.

Schließlich ein Aufschrei: Jesus! Und der hat die ganze Zeit geschlafen. Seine Antwort ist noch verblüffender: Was schreit Ihr? Habt Ihr keinen Glauben?

Ich meine, unsere Kirchensituation ist der der Urkirche nicht unähnlich. Von allen Seiten drängen die Meinungen und Kräfte der umgebenden Kultur in die Kirche – in jedem Land ein wenig anders. In jeder Pfarre gibt es verschiedene Meinungen, Lebensstile, divergierende Kräfte, die manchmal aneinander vorbei oder auch gegeneinander arbeiten.

Da stehen sich die Liebhaber und Befürworter von Altem und Neuem gegenüber: Gesetz und Tradition wollen die einen bewahren, während die Charismatiker den Geist in Freiheit wehen lassen wollen. Schon Petrus und Paulus hatten so ein Problem.

Die Säkularisierung, die zunehmende Entheiligung und Versachlichung aller Lebens- und Kulturbereiche, drängt manche zu einer Ritualisierung, zum Rückzug in den sicheren Innenraum der Kirche. Zur Zeit Jesu war es nicht anders: Auch Jesus predigt überwiegend Ungläubigen. Er zieht sich nicht zurück. Sein Rezept bringt er im Bild des Sauerteigs. Nicht abschotten, nicht fliehen, sondern unterwandern in der Kraft und Güte des Evangeliums. Das ist sein Auftrag.

Wir haben genau wie die Urchristen auch den Urkonflikt jeder Gesellschaft: das Ringen um die Positionen zwischen Frau und Mann.

Genauso wie die Urchristen bedrängt uns wieder (oder immer noch) die Frage der Strukturen, der Dienste und Ämter in den christlichen Gemeinden: Wer kann und darf was im Namen der gläubigen Christusgemeinde sagen, beurteilen und tun? Dazu gehört alles, was uns in den letzten Jahren bewegt: von der Bestellung der Bischöfe bis zur Frage nach der Verantwortung und Vollmacht der Frauen in der Gemeinde. Das Rezept, das es in dieser Frage zu finden gilt, soll noch dazu für alle Formen der Gesellschaften auf dieser Erde passen. Die Kirche ist nun einmal eine Weltkirche, die nicht nur im begüterten und christlich geprägten Europa, sondern auch in armen Ländern, auch in solchen mit überwiegend islamischer, schintoistischer oder überhaupt gottfrei-laizistischer Prägung existiert.

Und dabei geht es uns anscheinend so wie den Aposteln: Ratlosigkeit, Angst, Festhalten an vertrauten Verhaltensmustern – und Abgrenzung, also Einigeln auf der einen Seite.

Die andere Seite zeigt stürmische Risikofreude, ja manchmal geradezu Abenteuerlust und hält Ausschau nach dem Verhalten bei andern Glaubensgemeinschaften; sie jausnet sozusagen in Nachbars Garten, nimmt Vorbilder von anderen christlichen Kirchen.

Das Aufeinanderprallen dieser beiden Haltungen und Erwartungen führt natürlich dann zu harten Worten, die Zeichen stehen auf Sturm.

Zu einem finden wir in dieser Auseinandersetzung allerdings nur selten: zum Aufschrei: Herr Jesus, hilf! Ich ziehe für mich daraus zwei Schlüsse:

- Zunächst: Erneuerung ist notwendig, hilfreich und gut. Der wahre Segen des II. Vatikanischen Konzils – davon bin ich überzeugt – wird sich im ersten Drittel des kommenden Jahrhunderts erst so richtig zeigen.
- Dann aber auch: Jesus, der Christus der Evangelien, ist der Angelpunkt. Wer den Anspruch von Christlichkeit und christlicher Gemeinde stellt, muß sich zu diesem Jesus bekennen. Er und die Werte des Evangeliums sind auch Maßstab für christliches Verhalten. Dieses Merkmal alles Christlichen heben weder Psycho-

logie noch Wirtschaft, Wissenschaft und Technik auf. Es ist allerdings der Christus, der zu seiner Zeit bestehende Strukturen kritisch gesehen hat. Er hat sie danach beurteilt, ob sie tatsächlich Gottes Willen entsprechen und dem Menschen helfen.

– Der Ruf nach Jesus ist nicht nur ein Angstschrei, er bedeutet auch Orientierung im Leben, redliche Deutung seiner Botschaft in unserer gegenwärtigen Situation. Und Botschaft meint nicht nur die Worte seiner Predigt, sondern auch sein Verhalten gegenüber Freund und Feind.

Das heißt natürlich auch: Wir werden weiterhin in allen Kirchen Unruhe und manchmal Sturm haben. Die Wasser dieser Welt schlagen nun einmal Wellen. Und nicht nur von außen kommt der Sturm, manchmal kommt er auch von innen. Die Ereignisse um das Treffen der Patriarchen vor der Zweiten Europäischen Ökumenischen Versammlung in Graz haben uns daran erinnert. Daran erinnern auch die lebhaften Diskussionen in unserer katholischen Kirche.

Man könnte das heutige Evangelium auch so deuten: Wer als Jünger Jesu im Schiff der Kirche mitfährt, ist nicht auf einer Kreuzfahrt. Der Weg durch diese Welt ist für den Jünger keine Zeit zum Schlafen, und Weltkirche ist kein Diwan für den Mittagsschlaf.

Da gilt schon eher, was Johannes XXIII., der Konzilspapst, sagte, als ihm Befürchtungen zugetragen wurden, das Schifflein Kirche riskiere zuviel. Es sei für die Kirche zu gefährlich auf den Wegen des Konzils, auf der stürmischen See zeitgemäßer Verkündigung in einer gottfernen Welt. Er meinte damals: Unruhe und Sturm, das sei schon möglich, aber Schiffe würden nun einmal nicht dafür gebaut, daß sie sicher vertäut im toten Hafenwasser lägen. Sie gehörten auf die offene, bewegte See.

Die Kirche selbst legt uns heute, am Vorabend der Ökumenischen Versammlung in Graz, dieses Evangelium vom Sturm auf dem See vor. Voilá: es gehört zu ihrem Wesen, daß ihr Stürme und der Gegenwind ins Gesicht blasen und daß auch manches in der Kirche und manches zwischen den Kirchen hohe Wellen schlägt.

Jede christliche Kirche weiß um die Antwort Jesu auf jeden menschlichen Aufschrei der Angst. Er bleibt immer gleich: Warum habt ihr solche Angst, habt ihr keinen Glauben?

Für mich persönlich hat die Geschichte vom Sturm auf dem See Genezaret ebenfalls Bedeutung. In manchen stürmischen Situationen hat mir das Bild des ruhenden Jesus im Sturm eine innere Ruhe gegeben. Aus ihr heraus konnte ich trotz hektischen Geflatters um mich herum bedächtig und – wie ich meine – klug entscheiden. Seine Gegenwart nimmt Angst. Seine Botschaft gibt mir Orientierung.

Ulrich Zankanella

Da sind vor Angst zitternde Menschen, ein Gefühl der Ausgeliefertheit befällt sie, und sie rufen verzweifelt nach dem, der ihnen helfen kann. Dieser aber schläft. Aus dem Schlaf geweckt, die für sie unverständliche Bemerkung: „Wie feig ihr seid! Immer noch habt ihr keinen Glauben." –

Abgesehen von Jesu Antwort habe ich eine solche Situation auch einmal erlebt, vor einigen Jahren zwischen den Inseln Luzon und Poliljo: Ich sitze mit etwa zehn oder fünfzehn Menschen in einem dieser philippinischen Bambusauslegerboote. Winzig in der Weite des Pazifik, aber es ist herrlich. Plötzlich verfinstert sich der Himmel. Innerhalb weniger Minuten: sich schwarz auftürmende Wolken, ein Sturm kommt auf, das Meer beginnt zu toben. Klatschnaß kuscheln sich die Menschen aneinander. Zwei junge Mütter drücken ihre Babies fester an sich, und der Bootsführer zieht hastig die Segel ein und klammert sich an den dünnen Mast. „Schöne Aussichten", denke ich mir und erinnere mich an meine Jugendzeit und so manchen „Viachtauer" – wie die gefährlichen Stürme bei uns heißen am heimatlichen Traunsee. Beides probiert, kein Vergleich. Angst, nein, Angst hatte ich keine, aber angenehm war das auch nicht. Und dann sehe ich durch die aufschießenden Wasserfontänen hindurch am Heck ein Bild des Friedens: An seinen Seesack gelehnt liegt Bischof Julio Labayen völlig entspannt. Er schläft fest, während das Wasser ihm ins Gesicht peitscht. Auch hier: Der Hirte schläft. Aber die Menschen im Boot sind still, begehren nicht auf, daher war auch der Verweis auf Feigheit und Glaubenslosigkeit nicht notwendig, als der Bischof die Augen aufschlägt und die Leute liebevoll anlächelt. Am Geburtsort der Taifune lernt man früh, mit solchen Situationen umzugehen, da haben Angst und Panik keine Chance.

Dreizehnter Sonntag im Jahreskreis

Der Zenit des Jahres ist schon wieder überschritten, und es hatte doch gerade erst begonnen. Die Zeit rinnt schnell, und auch diese randvollen Tage der Zweiten Europäischen Ökumenischen Versammlung in Graz sind wie im Flug vergangen. In wenigen Stunden werden all die vielen Menschen einen Sendungs- und Segnungsgottesdienst feiern, den sie allerdings nicht als Ende, sondern als Anfang eines gemeinsamen Weges verstehen. Möge es nach all den gemeinsamen Stunden, den guten Gesprächen, hitzigen Debatten, nach all dem Beten, Tanzen und Singen, den Wieder- und Neubegegnungen ein lichtüberstrahlter Weg sein, der uns alle dem Ziel näher bringt, eins zu werden in Christus. Dieses Näherkommen, Zusammenrücken, Eins-Werden wird nicht wie Manna vom Himmel fallen und uns nicht wie ein Wunder zusammennehmen, sondern wir werden selber viele kleine Schritte aufeinander zu machen, um Versöhnung und Verstehen mit ehrlichem Herzen ringen müssen.

Es wurde in dieser Woche viel über Versöhnung geredet, und da und dort in manchen Einzelmenschen und in manchen Gruppen wird wohl auch Versöhnung geschehen sein; aber es hat sich auch dank vieler Veranstaltungen gezeigt, daß Versöhnung nur dort wirklich greifen kann, wo Menschen hungern und dürsten nach der Gerechtigkeit und den Frieden tun.

Gerade zum Thema Gerechtigkeit hat auch der heutige 13. Sonntag im Jahreskreis etwas zu sagen, wenn Paulus in seinem zweiten Brief an die Gemeinden in Korinth von dem schreibt, was er ein Liebeswerk nennt: „Ihr wißt, was Jesus in seiner Liebe getan hat: Er, der reich war, wurde euretwegen arm, um euch durch seine Armut reich zu machen. Es geht nicht darum, daß ihr in Not geratet, indem ihr anderen helft; es geht um einen Ausgleich. Im Augenblick soll euer Überfluß ihrem Mangel abhelfen, damit auch ihr Überfluß eurem Mangel abhilft. So soll ein Ausgleich entstehen, wie es in der Schrift heißt: Wer viel gesammelt hatte, hatte nicht zu viel; und wer wenig, hatte nicht zu wenig."

Dort wo Ausgleich, wo Gerechtigkeit geschaffen wird, dort wird der Boden bereitet für oft wunderbares Geschehen, für Entwicklungen, die manchmal wirklich an Wunder grenzen, einfach weil Heilung möglich wird: Engherzigkeit, Habgier und Neid können dort geheilt werden, wo von Herzen geteilt wird.

ER LIESS KEINEN MITGEHEN, AUSSER PETRUS, JAKOBUS UND JOHANNES.

Wann immer wir in unserem eigenen Leben uns gedrängt fühlen, Gutes zu tun, einen anderen zu trösten, zu heilen, ihm auf welche Art auch immer zu helfen, so werden wir dann den richtigen Ton, die richtige Geste, die rechte Art und Weise finden, wenn unser Blick auf Jesus gerichtet ist, auf den, in dem alles Heil und alles Heilen gebündelt ist.

Mk 5,21–24.35b–43

Und als Jesus abermals im Boot querüber zur Jenseite gefahren war, scharten sich viele Leute um ihn. Er war eben am See. Und einer der Synagogenvorsteher namens Jaïrus kommt, fällt, als er ihn sieht, ihm zu Füßen und ermutigt ihn flehentlich und sagt: Mit meinem Töchterchen ist es am Letzten! Komm doch und leg ihm die Hände auf, damit es gerettet wird und leben bleibt. Und er ging mit ihm. Und viele Leute zogen ihm nach, und eng umdrängten sie ihn.
Da kommen sie vom Synagogenvorsteher und sagen: Deine Tochter ist gestorben. Was behelligst du noch den Lehrer? Aber Jesus, der nebenbei gehört hatte, was geredet wurde, sagt zum Synagogenvorsteher: Ängste dich nicht – glaube nur! Und er ließ keinen in seinem Gefolge mitgehen, außer Petrus und Jakobus und Johannes, den Bruder des Jakobus. So kommen sie ins Haus des Synagogenvorstehers. Und er schaut den Aufruhr an und wie sie weinen und laut wehklagen. Und eintretend sagt er zu ihnen: Was seid ihr aufgebracht und weint? Das Kind ist nicht tot, es schläft. Da verlachten sie ihn. Er aber treibt alle hinaus, nimmt den Vater des Kindes und die Mutter samt seinen Begleitern und geht hinein, wo das Kind war. Und er ergriff die Hand des Kindes und sagt zu ihm: Talita kum! – das heißt übersetzt: Mädchen, ich sage dir, wach auf! Und gleich stand das Mädchen auf und ging umher; es war ja schon zwölf Jahre alt. Und gleich gerieten sie außer sich – gewaltig außer sich. Er aber gebot ihnen streng, keiner dürfe das erfahren. Und er sprach, man solle ihr zu essen geben.

(Übertragung: Fridolin Stier)

P. Gottfried Vanoni, Professor an der Ordenshochschule St. Gabriel, hat sich Gedanken zu diesem sehr vielfältigen Text des Evangelisten Markus gemacht.

KOMMENTAR

Die Geschichte aus dem Markusevangelium läßt Fragen aufkommen. Eine Frage, die ich immer wieder höre, ist die: „Was hilft es, daß vor 2000 Jahren jemand ein Mädchen aus dem Tod erweckt hat, wenn bis zum heutigen Tag so viele Menschen sinnlos sterben müssen?"

Markus würde wahrscheinlich sagen: „Ihr habt mein Evangelium nicht gelesen." Wer das Markusevangelium liest, dem stellen sich zunächst tatsächlich andere Fragen. Vor allem muß er eine Spannung aushalten: In den ersten zehn Kapiteln (wozu auch unsere Geschichte gehört) wirkt Jesus in göttlicher Kraft wunderbare Taten und wird so als Gottessohn ausgewiesen (Mk 1,1; 3,11; 5,7). Jesus aber zieht sich merkwürdig zurück und verbietet immer wieder, seine Würde als Messias und Gottessohn öffentlich bekanntzumachen. Ab Kapitel 11 ergibt sich ein anderes Bild: Jesus zieht öffentlich in Jerusalem ein, läßt sich als „im Namen des Herrn Kommender" huldigen (Mk 11,9) und bekennt schließlich vor dem Hohen Rat, daß er „der Messias, der Sohn des Hochgelobten" ist (Mk 14,61–62).

Manche Ausleger lösen die Spannung zwischen den zwei Teilen, indem sie sagen: Der Evangelist wollte herausstellen, daß Jesus nicht geheim bleiben *konnte;* mochte er sich noch so sehr zurückhalten, sein Ruf drang unaufhaltsam in die Öffentlichkeit. Die Lösung ist jedoch die: Jesus *wollte* vor Ostern nicht als Gottessohn und Messias bekanntgemacht werden.

Erst durch Leiden, Tod und Auferweckung kann deutlich werden, was das heißt: Jesus ist „der Sohn Gottes" (Mk 1,1). Der Sohn verweist auf den Vater, aber er bleibt der Sohn. Als Sohn weckt er in den Menschen den Glauben, das bedingungslose Vertrauen auf Gott, den Vater. Zu Jaïrus sagt Jesus: „Sei ohne Furcht, glaube nur!" (Mk 5,36). Zur blutflüssigen Frau sagt er: „Dein Glaube hat dir geholfen" (Mk 5,34). Zum blinden Bartimäus wird er genauso sagen: „Dein Glaube hat dir geholfen" (Mk 10,52). Am Kreuz jedoch muß Jesus den Hohn der Leute hören: „Anderen hat er geholfen, sich selbst kann er nicht helfen" (Mk 15,31). Das gehört zum Geheimnis des Glaubens: Der „im Namen des Herrn" kommt, kann sich selbst nicht helfen; auch er muß sich helfen lassen: von Gott.

Die Spannung zwischen den beiden Hauptteilen des Markusevangeliums will auch als Leseanleitung verstanden sein. Teil I können wir erst richtig verstehen, wenn wir Teil II gelesen haben. Das will doch heißen: Teil I muß nach Teil II nochmals gelesen werden – immer wieder. Wir werden dabei das Geheimnis des Gottessohnes immer tiefer verstehen. Auf eine mögliche Lesefrucht will ich hinweisen.

Dreimal sondert Jesus im Markusevangelium drei seiner Jünger aus: Petrus und Jakobus und Johannes. Den ersten Fall schildert das Tagesevangelium: Außer Jaïrus und seiner Frau sind nur diese drei Jünger dabei, als Jesus das Mädchen auferweckt. Der nächste Fall ist die Verklärung: Jesus nimmt die drei Jünger beiseite – Markus betont: „aber nur sie allein" (Mk 9,2). Auch der dritte Fall wird uns bekannt sein: Bei Jesu Gebetsringen im Garten Getsemani dürfen ebenfalls nur die drei zugegen sein: Petrus, Jakobus und Johannes (Mk 14,33).

Man hat oft gefragt: „Wieso gerade diese drei?" Wahrscheinlich haben jene Ausleger recht, die sagen: Petrus, Jakobus und Johannes waren die ersten Märtyrer aus der Jüngerschar – die ersten, die das Zeugnis für Jesus mit dem eigenen Blut besiegelten. Wie dem auch sei: Die drei mußten lernen, daß das Leben, zu dem der Glaube führen will, nicht aus lauter Höhepunkten besteht. Petrus sagt bei der Verklärung aus Verlegenheit zu Jesus: „Rabbi, es ist gut, daß wir hier sind. Wir wollen drei Hütten bauen, eine für dich, eine für Mose und eine für Elija" (Mk 9,5). Petrus muß lernen: Sein Ansinnen zielt an der Wirklichkeit vorbei; es klammert den Alltag aus. Petrus muß lernen: Der Gott und Vater Jesu ist ein Gott, der uns den Alltag mit all seinen dunklen Seiten zumutet. Höhepunkte wie die Totenerweckung oder die Verklärung sind nicht der Normalfall. Sie werfen jedoch Licht auf den Alltag, machen ihn nicht bloß erträglich, sondern lebenswert.

Der evangelische Pfarrer und Dichter Kurt Marti stellt uns in einer seiner „*Leichenreden*" eine Frau vor, die den Auferstehungsglauben in diesem biblischen Sinn begriffen hat:

> wenn ich gestorben bin
> hat sie gewünscht

feiert nicht mich
und auch nicht den tod
feiert DEN
der ein gott von lebendigen ist

wenn ich gestorben bin
hat sie gewünscht
zieht euch nicht dunkel an
das wäre nicht christlich
kleidet euch hell
singt heitere lobgesänge

wenn ich gestorben bin
hat sie gewünscht
preiset das leben
das hart ist und schön
preiset DEN
der ein gott von lebendigen ist

(Kurt Marti, Leichenreden, 19)

Die Wunder, die Jesus in der Kraft Gottes wirkt, wollen also nicht vertrösten auf ein Leben nach dem Tod. Sie wollen helfen, sich das Leben hier und jetzt verwandeln zu lassen. Wir könnten auch sagen: Sie zielen auf eine Rückführung zum Ursprung des Lebens. Ein Leben, das sich von seinem göttlichen Ursprung löst, verdient gar nicht den Namen „Leben“. Leben ist da, wo Gott das Sagen hat. Wer sein Leben ganz an den „Gott der Lebendigen“ (Mk 12,27) hängt, wird weiterhin Fragen haben – auch die Frage, warum Leiden und Tod zum Leben gehören. Aber der gläubige Mensch wird diese Fragen anders beantworten.

Nochmals aus den *„Leichenreden“* von Kurt Marti:

ihr fragt
wie ist
die auferstehung der toten?
                    ich weiß es nicht
ihr fragt
wann ist
die auferstehung der toten?
                    ich weiß es nicht

ihr fragt
gibts
eine auferstehung der toten?
                    ich weiß es nicht
ihr fragt
gibts
keine auferstehung der toten?
                    ich weiß es nicht
ich weiß
nur
wonach ihr nicht fragt:
                    die auferstehung derer die leben
ich weiß
nur
wozu Er uns ruft:
                    zur auferstehung heute und jetzt

(Kurt Marti, Leichenreden, 25)

Gottfried Vanoni

„Kommt teilt das Leben mit allen; kommt, teilt den Glauben, der blüht; kommt, teilt die Angst und den Zweifel; kommt, pflanzt die Hoffnung, die blüht. Jetzt, jetzt ist es Zeit, Zeit aufzustehen, Zeit zur Versöhnung. Jetzt, jetzt ist es Zeit, um Hand in Hand ins Morgen zu gehn. Wir sind versöhnt in Jesus Christ, die ganze Erde in dir, o Gott." – Diesen Text werden die Menschen im Grazer Stadtpark in wenigen Stunden singen, und ich hoffe, daß sie es aus ehrlichem Herzen singen können, um sich gestärkt auf den Weg zu machen. Jesus konnte, wie wir gehört haben, Menschen heilen, weil er auf die Kraft des Glaubens vertraute. Würden auch unsere Kirchenführer von diesem Vertrauen getragen, hätten der Papst und die Patriarchen, hätten die drei Rom einander begegnen und die Hände reichen können. Aber in den Kuppeln geht es immer noch weniger um Vertrauen auf die Kraft des Glaubens, sondern um Fragen des Protokolls und der Macht. Aber wenn das Volk Gottes in Graz etwas von der Heilkraft des Glaubens erfahren und das Wunder der Versöhnung im je eigenen Herzen spüren konnte, dann wird sein gemeinsamer Weg zum Ziel führen, auch wenn die Spitzen noch zögern.

Vierzehnter Sonntag im Jahreskreis

Im Einführungstext zum 14. Sonntag im Jahreskreis lese ich im Schott sehr klare Sätze, die wir uns einprägen sollten. Darum will ich sie hier zitieren: „An den fernen Gott glauben ist leichter als dem nahen Gott begegnen. In der Nähe ist alles so konkret. Menschen und Dinge; sie haben Namen und brauchen Raum. Glauben, daß es Christus ist, der uns begegnet im Wort und im Sakrament; aber auch Amen sagen zu dem Menschen neben mir, auf der Straße, im eigenen Haus – das müßte die Welt verändern."

Wenn die Welt sich also noch nicht zum Besseren verändert hat, im Moment sogar nahe am Abgrund trudelt, dann deshalb, weil wir Gott eben immer noch lieber in ferne Himmelshöhen verbannen und zwischen uns und Jesus die beruhigende Distanz von 2000 Jahren setzen. Die, die uns da immer wieder durch all die Jahrhunderte davon abbringen und Gott herunter- und hereinholen und in die Mitte der konkreten Realität der Welt stellen wollten und wollen, diese nannte und nennt man Propheten, und man liebte und liebt sie auch heute nicht. Die Menschen sehen nun einmal die Welt lieber durch einen rosaroten Schleier und scheuen sich davor, ihr direkt in ihr zerschundenes Angesicht zu schauen.

Die Härte von Prophetenschicksalen ließ so manche von jenen, die da angerufen wurden durch die Zeit, vor dem Ruf zurückschrecken und so tun, als hörten sie nicht. Auch dem großen Propheten des Alten Testaments Ezechiel ging es nicht anders, aber er merkte bald, daß es kein Entrinnen gibt vor dem Wort des Herrn: „Er sagte zu mir: Stelle dich auf deine Füße, Menschensohn; ich will mit dir reden. Als er das zu mir sagte, kam der Geist in mich und stellte mich auf die Füße. Und ich hörte den, der mit mir redete: Ich sende dich zu den abtrünnigen Söhnen Israels, die sich gegen mich aufgelehnt haben. Sie und ihre Väter sind immer wieder von mir abgefallen, bis zum heutigen Tag. Es sind Söhne mit trotzigem Gesicht und hartem Herzen. Zu ihnen sende ich dich. Du sollst zu ihnen sagen: So spricht Gott, der Herr. Ob sie dann hören oder nicht – denn sie sind ein widerspenstiges Volk –, sie werden erkennen müssen, daß mitten unter ihnen ein Prophet war."

Und Ezechiel ging dorthin, wohin der Herr ihn sandte, und er redete die Worte, die der Herr ihm eingab, warnte vor dem, was in der babylonischen Gefangenschaft noch alles geschehen sollte, aber – so heißt es später – „das Volk strömte herbei, hörte zu, aber es befolgte die Worte nicht". Das war damals im 6. Jahrhundert vor Christus so, und heute ist es nicht anders:

NIRGENDS HAT EIN PROPHET SO WENIG ANSEHEN WIE IN SEINER HEIMAT.

... sagte Jesus nach seinen ersten bösen Erfahrungen in seiner Vaterstadt Nazaret.

Mk 6,1–6a

Dann zog er weg von dort. Und er kommt in seine Vaterstadt und seine Jünger folgen ihm. Als Sabbat war, fing er an, in der Synagoge zu lehren. Und viele, die zuhörten, waren bestürzt und sagten: Wo der das herhat? Und: Was ist das schon für eine Weisheit, die dem da gegeben ist? Und: Solche Krafttaten sollen durch seine Hände geschehen? Ist das nicht der Handwerker, der Sohn Marias, der Bruder des Jakobus und Joses und Judas und Simon? Und sind seine Schwestern nicht hier bei uns? So nahmen sie Ärgernis an ihm. Jesus sagte zu ihnen: Verachtet ist ein Prophet nur in seiner Vaterstadt, bei seinen Stammesgenossen und im eigenen Haus. Und er vermochte dort nicht eine einzige Krafttat zu wirken – außer daß er einige Kranke heil machte, indem er ihnen die Hände auflegte. Und er staunte ihres Unglaubens wegen.

(Übertragung: Fridolin Stier)

Am Wort Jesu: Nirgends hat ein Prophet so wenig Ansehen wie in seiner Heimat, macht P. Josef Cascales, der Claretiner-Pater, der aus der südspanischen Stadt Valencia stammt und seit 40 Jahren die Cursillo-Bewegung in Österreich leitet, seine Reflexionen über das Prophetenamt damals und heute fest.

Ohne Propheten verwildert das Volk", so sagt uns die Bibel im Buch der Sprüche. Im heutigen Evangelium wird berichtet, daß Jesus von den Seinen abgelehnt wurde, woraufhin er sagt: „Nirgends hat ein Prophet so wenig Ansehen wie in seiner Heimat." Jesus bezeichnet sich also als Prophet. Nun wäre es sehr interessant zu erfahren, was jeder von uns sich vorstellt, wenn er das Wort Prophet hört.

Viele werden fürs Erste daran denken, daß es sich um Menschen handelt, die im voraus sehen und verkünden, was geschehen wird. So mancher wird sich eine strenge Gestalt vorstellen, wie Johannes der Täufer im Evangelium dargestellt wird: er war mit einem Kamelfell bekleidet, ernährte sich von wildem Honig und von Heuschrecken, und anscheinend predigte er sehr streng und verkündete das nahe Gericht. So mancher wird an den großen Propheten Elija vom Alten Testament denken, der Feuer vom Himmel herabfallen ließ.

Das Urbild des Prophetischen ist aber in Christus zu finden, der das Leben der Menschen menschlich gestalten will und die Beziehung zu Gott als die Befreiung des Menschen vorlegt.

Heute wird viel vom Prophetischen und von Propheten geredet. Das II. Vatikanische Konzil, das große Konzil in unserem Jahrhundert, hat an mehreren Stellen das Prophetische bei den Christen dargestellt, ausführlich in der Nummer 43 der Pastoralen Konstitution über die Kirche in der Welt von heute: „In Anerkennung der Forderungen des Glaubens und in seiner Kraft sollen die Laien, wo es geboten ist, mit Entschlossenheit Neues planen und ausführen. Aufgabe ihres dazu von vornherein richtig gestalteten Gewissens ist es, das Gebot Gottes im Leben der profanen Gesellschaft zur Geltung zu bringen." In den neuen Erweckungsbewegungen in der Kirche ist der Gedanke und die Sendung des Prophetischen sehr lebendig bewußt.

Ich selbst arbeite seit nahezu 40 Jahren in der Cursillobewegung. Und auch diese Bewegung weiß sich dem Prophetischen verpflichtet. Auf das hin hört man oft den Kommentar: „Sie bilden sich etwas ein, sie glauben, sie wären schon ein Jesaja oder ein Jeremia." Doch sollten nicht alle Christen die Salbung mit Chrisam bei der Taufe ernst nehmen, bei der alle Christen „zum Priester, König und Propheten gesalbt werden"? Ist die Salbung in unserer Religion nicht seit alters her ein Auftrag und eine Sendung?

Vorweggenommen: Von den vielen Bedeutungen, die das Wort Prophet, Prophetin haben kann, nehmen wir für unsere Betrachtung *den* Menschen, der die Zeichen der Zeit, die konkrete Situation der Gesellschaft und des Einzelnen beobachtet und ihre Bedeutung erkennt. Ein Mensch, der Auswege und neue Wege sucht, um den Menschen zu helfen und sie zu begleiten. Um die Situation zu erkennen und rechtzeitig zu helfen, muß der Prophet nicht selten die Wahrheit, die unangenehme Wahrheit sagen, auch denen die Wahrheit sagen, die sie nicht hören wollen, auch den Großen der Erde – kirchliche Autoritäten nicht ausgeschlossen. Kardinal König sagte: „Niemand darf die Propheten zum Schweigen bringen, auch wenn sie lästig werden – und sie werden lästig sein!" Die Propheten dürfen nicht schweigen, auch wenn man sie überhören oder übertönen oder angreifen oder verfolgen will.

Als die Bischöfe Deutschlands von den Nationalsozialisten noch Gutes erwarteten, erhob der inzwischen seliggesprochene P. Rupert Mayer seine Stimme und machte aufmerksam auf die Gefahren, die über die Menschheit kamen. Und die Polizei und so mancher gutmeinende Freund wollten P. Rupert Mayer zum Schweigen bringen. Aber P. Rupert, sogar als Gefangener, schwieg nicht! Als die Evangelische Kirche in der Zeit des Nationalsozialismus wie gelähmt dastand, hat sich eine bekennende Kirche gebildet, und ein Dietrich Bonhoeffer redete nicht nur klar, sondern setzte das eigene Leben in Gefahr. Er wurde schließlich hingerichtet.

Nietzsche hat geschrieben: „Wer Vielen eins zu künden hat, schweigt lang in sich hinein. – Wer einst den Blitz zu zünden hat, muß lange Wolke sein." Christlich drücken wir es realistisch so aus, daß die echten Propheten von der Wüste kommen. Die Zeichen der Zeit auszulegen, die Irrwege zu erkennen, das Rettende zu finden und vor allem verantwortungsvoll der Gemeinschaft zum Befreienden helfen, verlangt viel Reife.

Wie alt ist Angelo Roncalli geworden, bis er Papst Johannes XXIII. geworden ist? Und wie lange hat er unter den Mißständen in der Welt und in der Kirche gelitten? Und er hat sie durchgelitten! Fast 80-jährig wurde er zum Papst gewählt, aber dann brachte er große Unruhe in die Kirche mit seinem Losungswort des Aggiornamento, das heißt, daß die Kirche nicht immer hinter der Entwicklung der Welt herhinken darf. Dieser Papst sagte am Anfang des Vatikanischen Konzils: „Die Kirche hat den Irrtümern zu allen Zeiten widerstanden, oft hat sie sie auch verurteilt, manchmal mit großer Strenge. Heute dagegen möchte die Braut Christi lieber das Heilmittel der

Barmherzigkeit anwenden, als die Waffe der Strenge erheben. Sie glaubt, es sei den heutigen Notwendigkeiten angemessener, die Kraft ihrer Lehre ausgiebig zu erklären, als zu verurteilen." Mit allem Respekt, aber in aller Ehrlichkeit fragen wir uns, ob der heutige Vatikan diese Worte des gütigen Papstes Johannes beiseite schiebt, um wieder Exkommunikationen auszusprechen.

Auch das gesamte II. Vatikanische Konzil können wir als einen Propheten in unserem Jahrhundert betrachten. Das Konzil rief und ruft uns alle auf, in der Welt von heute zu leben und für die Welt von morgen zu sorgen. Die gesamte Kirche soll zur Prophetin werden, die im Dienste der ganzen Menschheit steht. Wem ist in Österreich die prophetische Gestalt von Bischof Erwin Kräutler nicht bekannt? Er ist Bischof im Amazonasgebiet, mit ständig prophetischem Auftreten im Dienste seiner bedrohten Indios. Und weil er sich für sie so prophetisch eingesetzt hat, mußte er dem Tod ins Angesicht schauen. Aber Kräutler ist auch Prophet innerhalb unserer Kirche: er scheut sich nicht, die Tatsachen, die Mißstände in der eigenen Kirche klar auszusprechen, was so mancher Führende in der Hierarchie ihn hat spüren lassen. Mein Mitbruder, Studienkollege und Freund, Bischof Pedro Casaldáliga, ist wie ein Bruder von Bischof Erwin Kräutler auch im Amazonasgebiet für die Indios eingetreten. Auch ihn hat man umbringen wollen. Die Kugeln des Polizisten trafen seinen Begleiter, den Jesuitenpater João Burnier.

Man mag über den Fall des Theologen in Sri Lanka, Tissa Balasuriya, denken, wie man will. Daß sein Vorhaben, die Inkulturation des Christentums in Asien, eine prophetische Aufgabe ist, kann niemand leugnen. Muß ihn eine Exkommunikation treffen? Bischof Jacques Gaillot, den der Vatikan von seiner Diözese Evreux in Frankreich als Bischof absetzte, ist schon lange ein Prophet für die Erste Welt, für Europa! Und für seine Kirche! Gaillot zeigt uns außerdem, daß ein Prophet sehr sympathisch sein kann. Ohne Verbitterung, mit Humor hat er seine nicht existierende Diözese Partenia angenommen und weiß mit Humor weiter als Prophet zu rufen. Vielleicht, wenn wir diese außergewöhnlich prophetischen Gestalten betrachten, könnten wir den Eindruck bekommen, daß nur außergewöhnliche Menschen Propheten sein können. Vor etwa zwei Monaten wurde der Zigeuner Ceferino Giménez Malla, El Pelé, seliggesprochen. Ein einfacher Mensch, ein Analphabet sein ganzes Leben lang, aber ein Prophet seines Volkes. Und darüber hinaus für seine Heimat Spanien, das in seiner Zeit sozial, politisch und religiös zerrüttet war.

Im heutigen Evangelium sagt Christus: „Nirgends hat ein Prophet so wenig Ansehen wie in seiner Heimat, bei seinen Verwandten und in seiner Familie!" Gilt das heute nicht auch? Ist das nicht ein kräftiger Aufruf, daß wir unsere Propheten erkennen und nicht verpassen? Und unsere Zeit braucht ganz gewiß Propheten dringend: die Unzufriedenheit so vieler Menschen, die grassierende Desorientierung, vor allem bei der Jugend, das Verdunsten des Glaubens bei so vielen Christen, der Zulauf zu den Sekten rufen nach Propheten, Propheten, die aus der Fülle des Herzens für die Rettung der Welt, in der sie leben, einspringen, Propheten, die allem zum Trotz, den Menschen zur Lebensfülle in Liebe, in Freude, in Freiheit zur unermeßlichen Weite des Geistes des Evangeliums helfen.

Josef Cascales

P. Josef Cascales hat nicht so sehr in ferne Jahrhunderte, auf die Propheten des Alten Bundes geschaut, sondern Persönlichkeiten genannt, deren Namen wir kennen und in deren Leben und Wirken er Prophetisches erkennt. Zum Abschluß aber noch ein Blick auf Jesus, auf den Propheten aller Propheten, den Mensch gewordenen Gott. P. Anton Rotzetter in einem Text zu Markus 9, Vers 31:

„Der Menschensohn,
Jesus,
wird den Menschen ausgeliefert,
und sie werden ihn
hin- und herschieben,
schlagen, stoßen, niederstrecken, töten,
der Vergessenheit anheimgeben!
Doch er beendet das Spiel
derer, die die Menschen
zum Spielball machen,
und beendet
den Tanz des Todes
mit dem Menschen.
Er wird auferstehen."

Fünfzehnter Sonntag im Jahreskreis

Am heutigen 15. Sonntag im Jahreskreis geht es um Berufung und Sendung, also um etwas, was wenig mit vereinzelten geschichtlichen Ereignissen zu tun hat, wie wir zu meinen leicht geneigt sind, sondern um etwas, was täglich geschieht. Täglich, stündlich werden irgendwo auf der Welt Menschen von einer – wie man sagt – inneren Stimme angerührt und fühlen sich berufen, dies oder jenes zu tun, sich da oder dorthin auf einen neuen Weg zu machen, die Richtung ihres Lebens zu ändern.

Dieses Geschehen, das meist völlig unbemerkt vor sich geht, gehört irgendwie zum Leben eines religiösen Menschen, ob er sich nun dessen bewußt ist oder nicht. Freilich geschieht das nicht mehr so spektakulär, wie es uns die Bibel an vielen Stellen schildert, aber es geschieht.

Im Buch Amos, aus dem die Erste Lesung genommen ist, geht es um einen ganz einfachen Mann, der in der Umgebung Jerusalems von seiner Hände Arbeit lebt. Und doch sollte gerade er zum ältesten Schriftpropheten des Ersten Testaments, der Bibel Jesu, werden: „In jenen Tagen sagte Amazja, der Priester von Bet-El, zu Amos: Geh, Seher, flüchte in das Land Juda! Iß dort dein Brot und tritt dort als Prophet auf! Amos antwortete: Ich bin kein Prophet und kein Prophetenschüler, sondern ich bin Viehzüchter und ziehe Maulbeerfeigen. Aber der Herr hat mich von meiner Herde weggeholt und zu mir gesagt: Geh und rede als Prophet zu meinem Volk Israel!"

800 Jahre später tat Jesus, der junge Rabbi aus Nazaret, dasselbe an seinen Jüngern. Natürlich kannte er die Bücher der Propheten, wußte, daß es einer ausgesprochenen Sendung mit einem klaren Auftrag bedurfte, um Menschen den nötigen Anstoß zu geben, das Trägheitsprinzip eines menschlichen Lebens zu überlisten, denn wer bricht schon wirklich gerne ganz alleine auf und läßt alles hinter sich, was ihm lieb und wert geworden ist, um sich einem meist harten Prophetenschicksal auszuliefern?

Ich weiß nicht, ob die rund 20 000 Menschen, die vor zwei Wochen im Grazer Stadtpark den Sendungs-Gottesdienst zum Abschluß der Zweiten Europäischen Ökumenischen Versammlung mitfeierten, in ihrem Herzen begriffen haben, was da im Grunde mit ihnen geschah, daß das zu einer Zäsur in ihrem Leben werden könnte. Aber wenn ich mich an die Stimmung vieler Menschen, die ich dort vor allem in den Basis-Initiativen getroffen habe, erinnere, meine ich, daß es zumindest einigen von ihnen durchaus bewußt geworden sein könnte, daß sie am Beginn eines neuen Weges stehen, daß es jetzt noch stärker als vorher darum gehen müsse, die Botschaft Jesu durch ihr Leben zu verkünden.

IN JENER ZEIT RIEF JESUS DIE ZWÖLF ZU SICH UND SANDTE SIE AUS.

Diese Worte sind die Urform des missionarischen Auftrags der Kirche, und es wäre gut gewesen, wenn man den klaren und strengen Auftrag Jesu stärker beachtet hätte im Laufe der Missionsgeschichte. Wäre dies geschehen, hätte viel Unglück und missionarischer Wildwuchs verhindert werden können. Missionare im Sinne Jesu können nicht triumphierend daherkommen, können nicht machtvoll und gewalttätig auftreten, als hätten sie die ganze Wahrheit in der Tasche. Sie sollten den Menschen nur von der frohen Botschaft erzählen und nicht sie unter das Kreuz zwingen.

Mk 6,7–13

Dann zog er lehrend umher durch die Dörfer ringsum. Und er ruft die Zwölf herbei. Und er begann, sie zu zweien auszusenden, und gab ihnen Vollmacht über die unreinen Geister. Auch wies er sie an, nichts auf den Weg mitzunehmen, außer einem Stock: kein Brot, keinen Ranzen, kein Kupfergeld im Gurt, nur Sandalen untergebunden. Zieht auch nicht zwei Leibröcke an! Und er sagte zu ihnen: Wo ihr in ein Haus einzieht, dort bleibt, bis ihr fortzieht von dort. Und wo ein Ort euch nicht aufnimmt und sie auf euch nicht hören, von dort wandert weiter und schüttelt den Schmutz von euren Füßen – zum Zeugnis gegen sie. Und so zogen sie hinaus und verkündeten: es heiße umkehren. Auch viele Abergeister trieben sie aus, salbten viele Kranke mit Öl und machten sie heil.

(Übertragung: Fridolin Stier)

„Ich weiß nicht warum, aber diesmal ist mir vorgekommen, als würde ich diese Evangelienstelle völlig neu lesen. Was da alles drinnen steckt. Es ist toll" – strahlte Franz Bierbaumer, der Kaplan der Wiener Pfarre St. Leopold, mich mit seinen blitzblauen Augen an. Und er hat recht: Man braucht wirklich nur sehr wenig, wenn man sich im Namen Jesu auf den Weg zu den Menschen macht.

KOMMENTAR

Wie weit sind wir doch davon entfernt? Das war – ehrlich gestanden – der erste Gedanke, der mir beim Lesen und Betrachten dieses Evangelientextes gekommen ist. Höchste Zeit, daß wir uns auf unseren eigentlichen Auftrag und auf unsere durch Christus erteilte Sendung zurückbesinnen!

Dieses Evangelium ist für mich so etwas wie ein *Einschreibbrief Gottes an die Kirche.* Ich möchte diesen Brief Gottes im Blick auf die heutige Verkündigungssituation und Seelsorgepraxis der Kirche Satz für Satz deuten und in das Hier und Heute übersetzen.

- *„In jener Zeit rief Jesus die Zwölf zu sich"*, so fängt der Briefbericht an. Wenn von den Aposteln oder den Zwölf die Rede ist, könnte leicht der Eindruck entstehen, das ist lediglich Sache der kirchlichen Amtsträger, das geht uns nichts an! Mit den „Zwölf" sind aber alle gemeint und angesprochen, die zu Christus und der Kirche gehören. Daß er die „Zwölf" zu sich *„rief"*, macht deutlich, daß sein Anliegen dringend ist und keinen Aufschub duldet.
- *„Er sandte sie aus, jeweils zwei zusammen."*

Man könnte einwenden: Warum gerade paarweise? Zunächst, weil die Sendung zu zweit im damaligen Judentum üblich war. Sie hatte den Zweck, die Glaubwürdigkeit ihres Zeugnisses zu unterstreichen, sich gegenseitig zu stützen und „den Rücken zu stärken". Allein ist man nämlich leicht in der Gefahr, vorschnell den Mut zu verlieren und aufzugeben.
- *„Er gab ihnen die Vollmacht, die unreinen Geister auszutreiben."*

Von „unreinen Geistern" beherrscht hielt man im damaligen Verständnis Menschen, die nicht ganz Herr ihrer selbst sind; Menschen, die von fixen Ideen geradezu „besessen" sind, vom Streben nach Macht, Reichtum, Genuß und Erfolg. Zu dieser „Kategorie Mensch" zählten auch, wie wir heute sagen, „Zwangsneurotiker", „Hysteriker", „Süchtige", aber auch Menschen, die an einem gestörten Selbstwertgefühl leiden, die schwere Minderwertigkeitskomplexe haben. Dieser Komplex (dieser „unreine Geist“) flüstert ihnen immer wieder ins Ohr: „Du bist nichts wert! Du kannst nichts! Schau dir doch die andern an – die sind schöner, besser und gescheiter als du!“

„Die unreinen Geister austreiben“, das heißt in das Hier und Heute übersetzt, diesen geplagten und leidenden Menschen zu einem neuen Selbstwertgefühl zu verhelfen und ihnen zu sagen und vor allem zu vermitteln: Du bist jemand, du bist von Gott geliebt, du bist für ihn unendlich wichtig und wertvoll!

– *„Und er gebot ihnen, außer einem Wanderstab nichts auf den Weg mitzunehmen, ...“*

Jesus gibt ihnen genaue Anweisungen für die Ausrüstung. Er gab ihnen nicht nur eine Reihe guter Ratschläge, sondern er *„gebot“* ihnen, nur das mit auf den Weg zu nehmen, was auch wirklich notwendig ist. Sie sollen nicht auf eine materielle oder geistige Ausrüstung setzen, sondern sich voll auf ihren Auftrag konzentrieren und sich ganz auf den Herrn verlassen. Der Herr hat die Verantwortung für sie übernommen und ihnen seine vollste Unterstützung zugesagt.

– *„Und er sagte zu ihnen: Bleibt in dem Haus, in dem ihr einkehrt, bis ihr den Ort wieder verlaßt.“*

Nun gibt er ihnen genaue Anweisungen für ihr Verhalten, genaugenommen zwei Anweisungen: Sie sollen anspruchslos und sendungsbewußt sein! Sie sollen mit der erstbesten Unterkunft und Verköstigung zufrieden sein und nur ja keine Ansprüche stellen. Und dann sollen sie wieder weitergehen.

– *„Wenn man euch aber in einem Ort nicht aufnimmt und euch nicht hören will, dann geht weiter, und schüttelt den Staub von euren Füßen, zum Zeugnis gegen sie.“*

Jesus sagt ihnen voraus, daß sie damit rechnen müssen, daß sie nicht überall mit seiner Botschaft willkommen sind, daß sie belächelt oder sogar abgelehnt werden. In diesem Fall sollen sie sich nur ja niemandem aufdrängen, niemandem die Botschaft aufzwingen, niemanden „bearbeiten“ und den Leuten damit nicht „auf die Nerven gehen“. Wenn sie vor die Tür gestellt werden, sollen sie – ohne ein schlechtes Gewissen haben zu müssen – weitergehen, sie in Ruhe lassen, sie ihre Wege gehen lassen.

– *„Darauf zogen sie aus ...“*

Ich frage mich: Ziehen wir heutzutage noch aus, um möglichst viele Menschen zu erreichen, oder haben wir uns bereits in eine „häusliche“ Atmosphäre, in eine Gruppe von Gleichgesinnten und Freunden, zurückgezogen? Viele möchten nicht mehr „ausziehen“, weil das Christentum hoffnungslos zu „verdunsten“ scheint. Das treibt so und so viele in Frustration, Resignation, schlimmstenfalls sogar in eine Depression („Was bringts?“). Worauf es dem Herrn ankommt, ist die Treue zum Sendungsauftrag, das „Dranbleiben“, und sich immer wieder zu sagen: Unser ist die Aussaat, die Ernte ist des Herrn.

Dieser Einschreibbrief Gottes an die Kirche und damit an uns alle endet mit dem eigentlichen Auftrag, der mit der Aus-sendung verbunden ist.

- Der erste Auftrag lautet: *Die Menschen zur Umkehr aufrufen!*

  Es geht darum, daß wir durch unser Dasein und vor allem durch unser Verhalten und Beispiel auf Gott aufmerksam machen, ihn transparent (durchsichtig) machen, ihn in unseren Begegnungen und Gesprächen „ins Gerede bringen“. Und daß wir den Leuten helfen, Gott in ihrem Leben zu entdecken und somit auf den guten Geschmack des Glaubens bringen.
- Der zweite Auftrag lautet: *Viele Dämonen austreiben!*

  Hier geht es vordergründig nicht darum, exorzistisch tätig zu sein oder sich in einen ständigen Kampf gegen das Böse zu verstricken. „Viele Dämonen austreiben“ könnte heißen, daß wir in unserer unmittelbaren Umgebung, dort, wo wir leben und arbeiten, eine Atmosphäre schaffen, in der etwas von Gottes Liebe, Güte und auch Ruhe erfahrbar und spürbar wird. Durch so eine Atmosphäre „verdunstet“ das Böse, verliert es an Macht und Einfluß.
- Und der dritte Auftrag schließlich lautet: *Kranke mit Öl salben und heilen!*

  In das Hier und Heute übersetzt meint das, daß wir uns den Menschen, die nicht mehr können, die von selbst nicht mehr hochkommen, die haltlos und kraftlos sind, die am Leben verzweifeln, liebevoll zuwenden und ihnen etwas von der heilenden Nähe Gottes spürbar machen und ihnen somit helfen, daß sie kern-gesund werden. Kern-gesund ist, wer versöhnt ist und versöhnlich lebt und in Gott die tragende Mitte seines Lebens gefunden hat. Die „Salbung mit Öl“ meint: Der Herr möchte durch uns die Verletzungen und Wunden, die Menschen im Laufe ihres Lebens zugefügt bekamen, heilen und verwandeln. Er möchte ihnen helfen, daß sie sich damit aussöhnen.

Dieses Evangelium ist eine An-frage an die Kirche und auch an unsere „moderne“ Seelsorgepraxis: In welcher Vollmacht zum Beispiel verkündet die Kirche heute? Worauf verläßt sie sich konkret? Welche

Rolle spielen Kleider-, Geld-, Macht-, Status- und Strukturfragen? Und weiter: Haben wir heute nicht weitgehend die Seelsorge strukturiert, konzipiert, „eingerichtet“, vielleicht sogar uns in ihr „eingerichtet“? Können wir guten Gewissens von einer entgegen-gehenden, nach-gehenden Seelsorge sprechen? Oder warten wir nach wie vor darauf, daß die Menschen zu uns kommen? Und wenn sie – aus welchem Anlaß auch immer – zu uns kommen: Wie gehen wir mit ihnen um? Herrscht nicht bei vielen Leuten der Eindruck, die Kirche sei lediglich ein Club für Insider?

Dieses Evangelium ist nicht nur ein Aufruf, sondern ein *Gebot,* hinauszugehen und Farbe zu bekennen! Der Herr will keine „halben“ Christen, auch keine Privat- oder Hobbychristen! Er will Christen „aus Fleisch und Blut“, die „um ihn herum“ sind, hinausgehen, bei den Menschen sind und ihnen helfen, Gott in ihrem Leben zu entdecken!

Franz Bierbaumer

Die Jünger waren von Jesus ausgesandt worden, um mit leeren Händen, ohne Proviant und ohne Geld, ohne Wanderstab und nur mit Sandalen an den Füßen die frohe Botschaft vom Reich Gottes zu verkünden. Zu nichts anderem sind auch wir berufen; aber heute, so scheint es, ist die Weitergabe des Glaubens, die erzählende Weitergabe der eigenen Gotteserfahrung schwierig geworden. Ist es die Überfülle der Wörter, mit denen wir tagaus tagein überflutet werden, die es uns fast unmöglich macht, von Gott zu reden? Ist es der tragische Verlust an Glaubwürdigkeit durch die blutbefleckte Geschichte der Kirchen, die uns den Mut verlieren läßt? Ist es der dröhnende Lärm, der ständig über uns hinwegbraust, der jeden Versuch, zu erzählen, übertönt? Es mögen vielschichtige Gründe sein, die nur jeder für sich selber analysieren kann, um es dann trotzdem zu versuchen. Dabei fällt mir ein wunderschöner Satz aus der chinesischen Weisheitsliteratur ein: „Ich sagte zum Mandelbaum: Erzähl mir von Gott. – Und er blühte.“ – Ich glaube, wenn einer sein Leben in der rechten Weise zum Blühen bringt, dann braucht er in der Tat keine Worte mehr.

Sechzehnter Sonntag im Jahreskreis

16. Sonntag im Jahreskreis. Hochsommer. Zeit der Ernte, wie uns das reiche, farbenfrohe Gemüse- und Früchteangebot auf unseren Märkten beweist. Jene unter Ihnen, die selber einen Garten oder eine Landwirtschaft ihr eigen nennen, brauchen den Markt dazu nicht, denn sie strecken sich nach den reifen Früchten, den Kirschen, Marillen und Ringlotten und bücken sich nach den Karotten, Kohlrüben und Erbsen. Sie spüren es so oder so an ihrem müden Rücken, wenn er am Abend schmerzt. Die Ernte einbringen ist schön, aber auch schwer und hat mit ausdauernder Arbeit zu tun. Aber wenn die Salate dann vielfarbig in der Schüssel prangen und der Obstkorb gefüllt ist oder die Früchte verkocht in die sauberen Gläser wandern, ist das ein gutes Gefühl, an dem man sich wärmen kann.

Auch die Zwölf, die Jesus ausgesandt hatte, haben die Ernte ihres schweren apostolischen Weges über die staubigen und steinigen Straßen Galiläas und Judäas zu Jesus an den See gebracht und sie ihm zu Füßen gelegt. Sie haben ihm erzählt von den guten und den bösen Erfahrungen. Wir wissen nicht, wie die Bilanz ausgesehen, was überwogen hat. Wir erfahren nur, daß ihre Berichte immer wieder gestört worden sind, daß sie nicht einmal Zeit und Ruhe hatten, um zu essen, und daß sie schließlich versuchten in die Stille zu fliehen, weil ihr Meister wollte, daß sie sich ausruhen sollten.

Die Hilfe und Lehre suchenden Menschen aber waren schneller, sie waren vor ihnen da – und nichts war es mit der Einsamkeit. Er aber war nicht ärgerlich, er hatte Mitleid, denn sie waren wie Schafe, die keinen Hirten haben.

Und in der Tat, die Hirten Israels, die Könige aus dem Hause Davids waren ganz offenkundig in ihrer Mehrheit keine guten Hirten. Zu Jesu Zeiten nicht und auch früher nicht, wie wir aus der Ersten Lesung aus dem Buch Jeremia erfahren, denn dort heißt es: „Weh den Hirten, die die Schafe meiner Weide zugrunde richten und zerstreuen – Spruch des Herrn. Darum – so spricht der Herr, der Gott Israels, über die Hirten, die mein Volk weiden: Ihr habt meine Schafe zerstreut und versprengt und habt euch nicht um sie gekümmert. Jetzt ziehe ich euch zur Rechenschaft wegen eurer bösen Taten – Spruch des Herrn."

Und dann kündigt Jeremia, der Prophet, die Ankunft des wahren Hirten aus dem Haus David an, der weise handeln und für Recht und Gerechtigkeit sorgen wird im Land.

Während der Zweiten Europäischen Ökumenischen Versammlung in Graz war viel von den zwei Geschwindigkeiten in den christlichen Kirchen die Rede, und man hörte sagen, daß es das Gottesvolk sei, das längst das Prophetenamt in seine Hände genommen habe, während die Hirten zu sehr mit sich und ihren Machtproblemen beschäftigt seien, um zur Basis aufschließen zu können. Und da hat man sich das Bild vom Seeufer anders vorstellen können: daß Jesus nämlich Mitleid mit den Zögerern haben könnte: denn sie sind wie Hirten ohne Schafe, was auch keine leichte Sache ist. Aber vielleicht ist in Graz auch für die Hirten etwas Rückenwind aufgekommen, der sie vorantreibt.

ALS JESUS DIE MENSCHEN SAH, HATTE ER MITLEID.

Mk 6,30–34

Und die Sendboten versammeln sich bei Jesus. Und sie berichteten ihm alles, was sie getan und was sie gelehrt hatten. Und er sagt zu ihnen: Kommt, nur ihr für euch, an einen öden Ort und ruht ein wenig! Denn es waren der Kommenden und Gehenden so viele, daß sie nicht einmal günstig Zeit zum Essen hatten. Und so fuhren sie im Boot an einen öden Ort – abseits. Aber man sah sie gehen; auch erfuhren es viele. Und sie liefen zu Fuß von allen Städten dort zusammen und kamen ihnen zuvor. Als er ausstieg, sah er viele Leute. Da ward ihm weh um sie, weil sie wie Schafe waren, die keinen Hirten haben. Und er fing an, sie vieles zu lehren.

(Übertragung: Fridolin Stier)

Der 1955 geborene Trinitarier-Priester P. Clemens Kriz hat es mehr oder minder rund um die Uhr mit Menschen zu tun, die des Mitleids, der Hilfe, der Zuwendung, des Verständnisses bedürfen. Er ist jener Priester, der in der Erzdiözese Wien für die Betreuung der Aids-Patienten zuständig ist und der wohl schon in tiefe Abgründe der Ausgegrenztheit und der Todesangst geschaut und äußerste Hilflosigkeit auch an sich selbst erfahren hat. Eigentlich wollte er in den Krankenpflegedienst und war schon bei den Barmherzigen Brüdern eingetreten. Dann ist aber der Wunsch, Priester zu werden, stärker gewesen, und er wechselte zu den Trinitariern, die damals gerade mit der Betreuung von Drogenabhängigen begonnen hatten. Hier fand er beides, das Priestertum und den Umgang mit Hilfsbedürftigen der besonderen Art.

KOMMENTAR

Beim Lesen des Evangeliums sind mir einige Situationen oder Stationen meines Lebens eingefallen: Am Anfang meiner Zeit im Kloster, also im Postulat und Noviziat, habe ich mich sehr oft sehr schwer getan mit den Zeiten der Stille, wie Betrachtung und geistliche Lesung. Aber auch die Tatsache, daß wir kein Radio im Zimmer haben durften und das Fernsehen sehr eingeschränkt war, fiel mir nicht leicht. Dieses fade Herumsitzen, wie ich es damals oft empfunden habe, fand ich ziemlich unnötig und viel, viel zu lang – schließlich hätte man in dieser Zeit soviel machen können.

Später, während des Studiums habe ich von einem Mitbruder eine Katze bekommen. Zur gleichen Zeit las ich in einem Buch über Meditation, daß wir viel von diesen Tieren lernen können – nämlich die innere Ruhe und Ausgeglichenheit, aber auch die Lust an der Entspannung. Schließlich ist mir noch die erste Zeit als Diakon eingefallen, die ersten Predigten, Taufen, Trauungen und Begräbnisse. Einerseits mußte ich mich oft bemühen, Zeit zu finden, um nachzudenken und mich vorzubereiten, und das war in einem Pfarralltag gar nicht so einfach. Andererseits war ich dankbar für Reaktionen und Rückmeldungen, aber auch für die Unterstützung der Mitbrüder durch Rat oder aber auch durch Kritik.

Erfahrungen, die man im Lauf des Lebens macht, die einem helfen können bei der Entwicklung der Persönlichkeit sowie der Fähigkeit, auf Menschen zuzugehen und das *Helfen* zu lernen. Der Satz: „Jesus hatte Mitleid, als er die Menschen sah" – ist für mich ein Kernsatz dieser Perikope, aber auch für das gesamte Leben und Wirken Jesu. Er sollte und müßte auch für unser Leben von Bedeutung sein. Aber wie ist dieses *Mitleid,* von dem er hier spricht? – Die Jünger, sie werden übrigens hier erstmals Apostel genannt, kommen von ihrem ersten Pastoraleinsatz zurück. Sie kommen zu Jesus voll mit den verschiedensten Erfahrungen, Erfolg und Mißerfolg, aber sie sind auch müde.

In der Sorge um die Seinen kommt nun die ganze Menschlichkeit Jesu zum Tragen. Er merkt, daß es vieles ist, das die Apostel bewegt; daß sie Zeit zum Verarbeiten, aber auch zum Essen und Ausruhen brauchen. Der Mensch ist keine Maschine, das galt auch für diese müden jungen Männer. Sie fuhren also zu einem einsamen Ort. Hier fällt mir ein Wort meines Ordensreformators, des Heiligen Johannes a Conception, ein. Er sagte einmal: „Echtes Gebet führt zu echter Nächstenliebe, und echte Nächstenliebe führt zu echtem Gebet."

Der stärkende Rückzug Jesu und seiner Jünger währt nicht lang, die Menschen folgen ihnen. Auch diese Situation kennt wohl jeder, der im pastoralen, im Menschendienst steht. So wichtig die Zeiten der Stille und des Auftankens sind, so notwendig ist auch das Wahrnehmen echter Not. Was haben die Menschen sich wohl von Jesus erwartet? Waren es seine Worte, sein heilendes Tun, die befreiende Botschaft vom Kommen des Gottesreiches? – Es war wohl dies alles, aber ich glaube, es war vor allem dieses spürbare, erfahrbare Mitleid, dieses Wissen um das, was dem anderen guttut, und die Erfahrung: Hier ist ein Mensch mit sich und Gott im Einklang. Aus dieser inneren Ausgeglichenheit heraus konnte Jesus auf die Menschen zugehen, ihre Nöte erkennen und Hilfe zur Selbsthilfe und nicht Bevormundung anbieten.

Bei meiner Arbeit als AIDS-Seelsorger mußte ich im Lauf der Jahre vieles dazulernen. Vor allem aber dies, daß es viel Zeit, viel Einfühlungsvermögen und viel Hinhören braucht, um herauszufinden, was Menschen brauchen, was Menschen guttut. Ich habe gelernt, daß Mitleid nicht bedeutet, von oben herab lieb und nett zu sein, sondern durchzuhören, hineinzudenken und im Ernstnehmen der menschlichen Eigenarten Hilfe zur Selbsthilfe zu geben. Ich mußte lernen, daß ich nichts machen kann, sondern mitgehen, mitfühlen, einfach dasein darf. Ich weiß heute aber auch, wie wichtig die Zeiten des Alleinsein, des Nachdenkens und Verarbeitens für mich geworden sind.

Wenn wir uns die Wirkkraft Jesu und seiner Apostel vor Augen halten, stellt sich wohl die Frage: Laufen uns die Menschen ebenfalls nach, oder warum laufen uns so viele davon? – Könnte es nicht sein, daß wir in all unseren Bemühungen, Sitzungen und Konzepten, die wir sicherlich mit bester Absicht erstellen, zu sehr um uns selber kreisen? Ist nicht vieles vom einfach *Machen-Wollen* geprägt? Oder haben wir nicht viel zu oft zu schnell Antworten auf Lager, die den anderen gar nicht treffen? –

Fragen, die wir uns stellen sollten und stellen müssen. Die wirkliche Antwort finden wir in den Worten und vor allem im Leben Jesu. Wir können nicht nur schön über Gott reden und dabei die Not der Menschen übersehen. Wir können aber auch nicht nur die Not der Menschen sehen und Gott ausklammern.

Im Satz eines Mitbruders während eines Generalkapitels habe ich für mich einen Wegweiser gefunden: „Es braucht das Nachdenken über Gott, es braucht die Stille und das Gebet, um so die Haltung echten, jesuanischen Mitleids zu lernen. So, meine ich, könnten Menschen in der Kirche wieder Heimat finden; und Heimat bedeutet, angenommen zu sein, Verständnis zu finden, um den eigenen Weg gestalten zu können. Um aber Heimat geben zu können, muß ich in mir zu Hause sein, denn wer sich selber nicht aushält, wird für andere unerträglich. Wo das Leben und Gott nicht im Einklang sind, ist echtes Mitleid nicht möglich."

In diesem Zusammenhang fällt mir ein Wort von Fridolin Löffler ein:

„Auf die Wurzeln kommt es an,
wie tief, wie breit,
wie feinfühlig, wie stark
dein Baum hinaus ins Leben geerdet ist."

Clemens Kriz

Ein Wort des bekannten Meditationslehrers und geistlichen Schriftstellers Henri Nouwen gebe ich Ihnen mit auf Ihren Weg durch den Tag: „Gottes Wort ist wirklich mächtig. Wenn ich die Worte, die mich im Gottesdienst ansprechen, mit in den Tag hineinnehme und sie langsam beim Lesen oder Arbeiten wiederhole, indem ich sie sozusagen ständig wiederkäue, schaffen sie neues Leben in mir. Manchmal, wenn ich nachts aufwache, sage ich sie immer noch vor mich hin, und sie werden wie Flügel, die mich über die Stimmungen und Stürme der Tage und Wochen hinwegtragen."

Also lassen auch Sie sich Flügel wachsen, Flügel in der Sicherheit, daß er, wo und wie immer Sie stehen, mit ihnen ist und, wenn Sie es brauchen, Mitleid mit Ihnen hat, egal – um bei den Bildern des Evangeliums zu bleiben – ob Sie zu den Hirten gehören oder zu den Schafen.

Siebzehnter Sonntag im Jahreskreis

Es ist nicht so wichtig, um die Stärkung des Glaubens an Jesus zu beten, sagte mir einmal ein einfacher, aber weise gewordener Landpfarrer und fuhr fort: Viel wichtiger wäre es, darum zu beten, wie Jesus glauben zu können. Damit ist nämlich alles getan.

Und wenn ich mir die Schrifttexte des heutigen 17. Sonntags im Jahreskreis anschaue, finde ich dies einmal mehr bestätigt. Natürlich hat Jesus niemals den Kadavergehorsam den Schriften und Lehren gegenüber gelebt, sondern ist frei und schöpferisch damit umgegangen. Die Geschichte mit dem Sabbat ist noch gar nicht so lange her, wenn Sie sich erinnern. Aber wie genau Jesus seine Bibel kannte und wie wichtig sie und ihre Geschichten für seinen Lebensvollzug waren, das sehen wir auch heute wieder, wenn wir die Erste Lesung und das Evangelium zusammennehmen.

Die Erste Lesung kommt aus dem zweiten Buch der Könige und verweist gleichzeitig auf das Buch Exodus, und zwar auf jene Geschichte, als Jahwe den hungrigen Israeliten auf ihrem Weg durch die Wüste das Manna schickte. Im Buch der Könige geht es um den Propheten Elischa, der als großer Wundertäter bekannt war. Wörtlich heißt es: „In jenen Tagen kam ein Mann von Baal-Schalischa und brachte dem Gottesmann Elischa Brot von Erstlingsfrüchten, zwanzig Gerstenbrote und frische Körner, in einem Beutel. Elischa befahl seinem Diener: Gib es den Leuten zu essen! Doch dieser sagte: Wie soll ich das hundert Männern vorsetzen? Elischa aber sprach: Gib es den Leuten zu essen! Denn so spricht der Herr: Man wird essen und noch übrig lassen. Nun setzte er es ihnen vor; und sie aßen und ließen noch übrig, wie der Herr gesagt hatte."

Und genau diese Stelle war es wohl, die Jesus, als er die versammelte Menge sah, in den Kopf gekommen ist und ihm die Sicherheit gegeben hat, daß auch alle diese Menschen satt werden würden, dabei war das, was ihm zur Verfügung stand, wirklich ein Nichts.

EIN KNABE IST HIER, DER HAT FÜNF GERSTENBROTE UND ZWEI FISCHE; DOCH DAS, WAS IST DAS FÜR SO VIELE?

Es ist ein Nichts! Es ist ein Nichts, wie der Pfennig, den die arme Witwe in den Opferstock geworfen hat, von dem Jesus aber sagte, daß es mehr ist als die Gabe der Reichen, weil sie eben alles gegeben hatte, was sie für diesen Tag hatte. Das Nichts, das wir geben, wird zur Fülle, wenn wir es ganz geben.

Joh 6,1–15

Danach ging Jesus weg, jenseits über den See von Galiläa – den von Tiberias. Viele Leute folgten ihm, da sie die Zeichen schauten, die er an den Kranken tat. Jesus aber ging den Berg hinauf, und dort setzte er sich mit seinen Jüngern. Es war aber nahe das Pascha – das Fest der Juden. Als Jesus die Augen hebt und schaut, wie viele Leute zu ihm kommen, sagt er zu Philippus: Wo sollen wir Brot kaufen, daß sie zu essen haben? Das aber sagte er, um ihn zu versuchen; er selber wußte ja, was er zu tun vorhatte. Philippus antwortete ihm: Brot für zweihundert Denare ist nicht genug für sie, damit jeder nur ein bißchen bekommt. Sagt zu ihm einer von seinen Jüngern – Andreas, der Bruder des Simon Petrus: Ein Knabe ist hier; der hat fünf Gerstenbrote und zwei Fische. Doch das – was ist es für so viele? Sprach Jesus: Macht, daß die Menschen sich niederlassen. Es war viel Gras an dem Ort. Sie ließen sich also nieder – die Männer um fünftausend an der Zahl. Jesus nahm also die Brote, sprach den Dank und teilte den Gelagerten aus; desgleichen auch von den Fischen – soviel sie wollten. Als sie dann voll gesättigt waren, sagt er zu seinen Jüngern: Sammelt die überschüssigen Brocken, daß nichts zugrunde geht. Sie sammelten nun und füllten zwölf Körbe mit Brocken – von den fünf Gerstenbroten, die denen, die gegessen hatten, überschüssig waren. Als nun die Menschen sahen, welch ein Zeichen er getan hatte, sagten sie: Das ist wahrhaftig der Prophet, der in die Welt kommen soll. Da Jesus nun wußte, daß sie kommen und ihn gewaltsam entführen wollten, um ihn zum König zu machen, entwich er abermals auf den Berg – er allein.

(Übertragung: Fridolin Stier)

Im Frühjahr habe ich Ihnen den Pfarrer von St. Jakob, Petschnitzen, und St. Niklas im Südkärntner Rosental, Jurij Buch, vorgestellt. Ihre Anrufe und Briefe zeigten mir, daß er gut aufgenommen worden ist, dieser hochgewachsene Mann mit der dunklen Stimme und dem spür- und hörbaren Engagement in Sachen Gerechtigkeit. Warum ich ihm gerade die heutige Stelle aus dem Johannesevangelium angeboten habe? Weil ich selber erfahren habe, daß gerade in diesen gemischtsprachigen Südkärntner Gemeinden das Teilen beispielhaft gelebt wird.

Es war Anfang Juni, da haben diese Gemeinden gefeiert, groß und vielfarbig das Teilen gefeiert, denn in vierzig Jahren haben sie 2000 Missionstheologen in Asien und Afrika ausbilden lassen, damit nicht fremde, sondern einheimische Priester und Schwestern den Völkern das Wort Gottes bringen können. Dabei geht es in diesen Gemeinden nicht nur darum, Geld zu schicken, sondern mit ihren jeweiligen Stipendiaten möglichst engen Kontakt zu halten, damit sie für die Gruppen, Familien und Einzelmenschen über die Jahre zu Söhnen und Töchtern werden. Daß dem so ist, davon habe ich mich selber überzeugen können. Eine einzelne, eine 800-Seelen-Gemeinde hat auf diese Weise nicht weniger als 250 Söhne und Töchter in diesen jungen Kirchen der Armen. Davon erzählt Jurij Buch nichts – daher dachte ich mir, daß ich das tun sollte –, aber er erzählt von anderem:

KOMMENTAR

Das Problem ist, daß wir die Brotvermehrung – oder besser: das Brotverteilen – als Wunder abqualifizieren. Wunder können wir keine wirken! Also lassen wir es. Wir sind außer obligo. Wir bauen weiter auf Rücklagen für schlechte Zeiten, auf das Anhäufen von Kapital, das Horten von allem Möglichen.

Es ist eine schöne Geschichte, eine symbolische vielleicht auch noch: für das Almosengeben, damit ein paar Menschen weniger verhungern, aber nicht mehr. Es ist eben ein Wunder, außerhalb unseres Bereiches. Das kann nur Gott – und Jesus.

Wollte Jesus wirklich nur zeigen, was er alles kann? Wollte er eine symbolträchtige Geschichte schaffen? Wollte er zeigen: Gott kann das? – Nein! Er wollte zeigen: Der Mensch kann das. Jesus war kein Phantast, er machte nichts, was unmöglich war oder ist. Also sage ich mir: Das Brotverteilen muß oder müßte auch heute funktionieren. Mit der Betonung auf Wunder haben wir uns doch nur eine Ausrede geschaffen, um unserem Egoismus frönen zu können, um auf unserem Besitz sitzen bleiben zu können.

„Wo sollen wir Brot kaufen?" – Diese provokante Frage Jesu will etwas aufdecken: Eigentlich brauchen wir nichts besorgen, es ist alles schon da. Wir brauchen nur hergeben. Und da beginnt das Dilemma: Wer will schon das Seine hergeben. Ein Almosen, ja, aber nicht mehr. Ich muß doch meine Eigentumsrechte wahren, ich habe ein Recht auf Besitz.

Irgendwo habe ich gelesen, was Besitzen heißt: Wenn wir uns beispielsweise auf ein Buch setzen, besitzen wir es im wahrsten Sinne des Wortes, aber wir haben keinen Nutzen davon. Sollten wir nicht gerade dies begreifen: Besitz als krampfhaftes Festhalten und Anhäufen macht unmobil, starr, begrenzt, engt ein, bindet uns – macht auf keinen Fall frei? Das Hergeben ist befreiend und beglückend gleichermaßen. Interessant, daß ein kleiner Junge fünf Gerstenbrote und zwei Fische hergibt, jemand, der noch nicht verdorben ist vom Besitzenwollen. Und so beginnt das angebliche Wunder erst zu wirken. Einer zumindest muß beginnen herzugeben, einer muß begreifen, daß Geben wirklich seliger ist denn Nehmen. Jesus war kein Phantast; er wußte, daß das funktioniert.

Dieser Gewißheit kommt unsere Skepsis in die Quere, unser Wunsch nach Ab- und Versicherung. Wir möchten alles versichert haben, obwohl wir zugleich wissen, daß uns alle Versicherungen der Welt nicht retten können. Aber wo kämen wir hin, ohne Sicherheitsnetz zu leben? Man muß doch für die Zukunft der Kinder vorsorgen usw. Aber meist wird das wohl nur ein Vorwand sein für den eigenen Ehrgeiz und Egoismus.

Das angebliche Wunder des Brotverteilens ist Realität. Ich möchte ein paar Beispiele aufzählen, die mir gerade einfallen:

Franz von Assisi ist ein Beispiel dafür: Beim sogenannten Mattenkapitel in Assisi im Jahre 1219, bei dem sich an die 5000 Mindere Brüder um ihn versammelt haben, funktionierte alles ohne große Organisation. Der große Prediger Dominikus soll dies nicht geglaubt haben, hat sich aber selbst davon überzeugt und – so heißt es – bekehrt.

Johannes Bosco in Turin hat von der Hand in den Mund gelebt und hat trotzdem für seine Straßenkinder einiges auf die Beine gestellt.

Mutter Teresa, von allen strapaziert, als wäre sie die einzige gute Frau auf der Welt, ist sicher ein Zeichen gerade dafür, daß das Brotwunder Wirklichkeit ist.

- Aber wir brauchen nicht so weit zu blicken, auch unter uns gibt es genug Beispiele. Unter der slowenischen Bevölkerung war – und ist

Gott sei Dank noch vielerorts – die Gastfreundschaft ganz groß geschrieben. Jeder ist willkommen. Eine Jause und etwas zu Trinken ist immer da. Auch in schlechten Zeiten hat man gegeben, was man hatte. Die, die gegeben haben, hatten aber nie das Gefühl, dadurch ärmer zu sein. Im Gegenteil: Sie fühlten sich selber beschenkt, beschenkt von der Freude, geben, teilen zu können. Dies habe ich auch auf meinen Reisen durch Nepal, Indien und Mexiko erfahren.

– Komisch, daß gerade die, die von allem in Überfluß haben, meinen, noch immer zu wenig zu haben. Sie haben das Wunder des Teilens, die Freude am Geben noch nicht erfahren. Ein alter Mann bei uns, der sehr bescheiden gelebt hat und alles Geld für wohltätige Zwecke gespendet hat, sagte zu mir einmal: „Herr Pfarrer, wissen Sie, das Geld, das ich hergegeben habe, ist mir nie abgegangen." Der hat das Wunder erlebt.

Aber auch die moderne Zeit scheint nach und nach zu begreifen, daß der Individualismus in die Sackgasse führt. Nicht eigensinnige Spezialisten sind in modernen Betrieben gefragt, sondern kooperationsfähige Mitarbeiter. Vielleicht hat die weltweite Vernetzung den positiven Nebeneffekt, daß Menschen begreifen, daß sie ohne einander nicht lebensfähig sind. Mit Ausbeutung überlebt man nicht lange; man muß bereit sein zu geben, um auf lange Sicht zu bekommen.

Ein Industrieller hat bei einem Interview die alte Bauernweisheit angebracht: „Was man beim Fenster hinausgibt, kommt bei der Tür wieder herein."

Ein Manager eines Industrieparks in Deutschland meinte bei einer Sendung: „Die Betriebe werden in Zukunft entweder zusammenarbeiten oder einfach nicht mehr sein!"

Es sind kleine Lichtblicke für die Zukunft. Menschen begreifen anscheinend, daß Geben, Teilen wirklich etwas bewirkt, mehr als skrupelloser Konkurrenzkampf.

Mich hat auch die Aussage der Rockgruppe Aerosmith überrascht. Darauf angesprochen, warum sie Behindertenheime finanziert: „Man muß etwas von dem, was man bekommt, zurückgeben, das ist das Prinzip des Lebens. Das haben wir sehr bald begriffen!"

Ich würde mir wünschen, daß wir Christen dies noch im größeren Maße begreifen: Die Brotvermehrung ist kein Wunder – sie ist Realität. Sie ist nicht nur damals durch Jesus geschehen, sondern sie geschieht überall, wo Menschen sich vom Besitz lösen können, wo sie sich keine vermeintlichen Sicherheiten aufbauen – und die Freude am Geben erfahren.

Nicht der ist wirklich arm, der nichts bekommt, sondern der, der meint, nichts geben zu können.

In unseren drei Pfarren unterstützen wir seit zwei Jahren ein Projekt in Mexiko. Von Ostern bis jetzt haben wir über 200 000,– öS für Bulgarien gesammelt. Und es ist keiner von uns ärmer geworden. Aber viele sind mit der Freude beschenkt, mit ihren Mitteln etwas Gutes getan zu haben.

Ein brasilianisches Gebet bringt das Wunder des Brotteilens wunderbar zum Ausdruck:

„Gott allein kann schaffen, aber du kannst das Erschaffene zur Geltung bringen.
Gott allein kann Leben schenken, aber du kannst es weiter geben und achten.
Gott allein kann Gesundheit schenken, aber du kannst führen und heilen.
Gott allein kann Hoffnung einpflanzen, aber du kannst deiner Schwester und deinem Bruder Vertrauen schenken.
Gott allein kann Liebe schenken, aber du kannst die Anderen Liebe lehren.
Gott allein ist der Weg, aber du kannst ihn den Anderen zeigen.
Gott allein ist das Licht, aber du kannst es in den Augen der Anderen zum Leuchten bringen.
Gott allein kann Wunder wirken, aber du kannst die fünf Brote und die zwei Fische bringen.
Gott allein kann das Unmögliche, aber du kannst das Mögliche tun.“

Jurij Buch

Von Bruder Emilio, einem der wunderbarsten Brotvermehrer, den ich kenne, habe ich gerade heute einige Zeilen bekommen. Außen auf der Karte ein Gebet, das er formuliert hat und das den Kern der heutigen Botschaft trifft:

„Herr, gib mir deine Augen,
damit ich verstehe, den Menschen so zu sehen,
wie du ihn siehst.
Einen Blick der liebenden Betrachtung,

einen Blick des Glaubens,
einen Blick der Erwartung, der schöpferisch wirkt.

Herr, gib mir einen Glauben
an den häßlichsten meiner Nächsten
und eine starke Liebe und Hoffnung.
Gewähre mir, dich in jedem Menschen zu achten.

Herr, gib mir Hände, um die Armen,
Kranken, Süchtigen, Traurigen zu streicheln
und jene anzuschauen, die bisher niemand angeschaut hat."

Bruder Emilio leitet mit brüderlich-väterlicher Hand in Dornbirn das *„Haus der jungen Arbeiter"*, in dem heute Alkohol- und Drogenabhängige betreut werden.

Achtzehnter Sonntag im Jahreskreis

18. Sonntag im Jahreskreis, ein Brottag, könnte man sagen, wenn man sich die Schrifttexte, vor allem die Erste Lesung und das Evangelium, näher anschaut. Ein Brottag, also ein wichtiger Tag, hätte man früher gesagt, als das Brot noch knapp und ein wichtiges Überlebensmittel war. Brottag, Reistag, Maistag, Hirsetag, Matoketag, Kasawatag – also ein wichtiger Tag, sagen wohl jene Milliarden heute lebender Menschen, für die das tägliche Brot, die tägliche Schale Reis, der tägliche Matokebrei nicht gesichert ist. Aber für uns hat das Brot, obwohl oder vielleicht gerade weil es so vielfältig und reichlich im „Körberl" liegt, an Bedeutung verloren. Und so hört sich die Vater-Unser-Bitte „Vater, gib uns das Brot, das wir täglich brauchen" in unseren Breiten nahezu skandalös an, angesichts unserer Verschwendung nicht nur des Brotes, sondern aller Güter, angesichts der Massenproduktion unserer Brotfabriken, der übervollen Regale und Lager, der gut bestückten Kühlschränke und Tiefkühltruhen.

In der Zeit des Exodus, des langen Marsches durch die Wüste, da ging es noch um das täglich zu stillende Bedürfnis, das so auch im Buch Exodus festgeschrieben ist: „Da sprach der Herr zu Mose: Ich will euch Brot vom Himmel regnen lassen. Das Volk soll hinausgehen, um seinen täglichen Bedarf zu sammeln. Ich will es prüfen, ob es nach meiner Weisung lebt oder nicht. Ich habe das Murren der Israeliten gehört. Sag ihnen: Am Abend werdet ihr Fleisch zu essen haben, am Morgen werdet ihr satt sein von Brot, und ihr werdet erkennen, daß ich der Herr, euer Gott, bin. Am Abend kamen die Wachteln und bedeckten das Lager. Am Morgen lag eine Schicht von Tau rings um das Lager. Als sich die Tauschicht gehoben hatte, lag auf dem Wüstenboden etwas Feines, Knuspriges, fein wie Reif auf der Erde. Als das die Israeliten sahen, sagten sie zueinander: Was ist das? Denn sie wußten nicht, was es war. Da sagte Mose zu ihnen: Das ist das Brot, das der Herr euch zu essen gibt."

Das muß eine gewaltige Erfahrung für diese einfachen Menschen gewesen sein. Sie säten nicht, sie ernteten nicht, sondern ihre Nahrung kam aus der Luft, kam vom Himmel, kam direkt aus der Hand des Herrn. Wir wissen aber aus dem Ersten Testament, daß das nicht lange dauerte; bald schon nahmen sie die Gabe als selbstverständliche Pflicht Gottes und begannen neuerlich zu murren. Nehmen nicht auch wir hier das überreiche Angebot an Lebens- und Genußmitteln vom Feinsten längst schon als Selbstverständlichkeit hin, so als müßte das so sein? Und es sind heute nicht wenige, die Gott als den Geber aller Gaben darüber vergessen oder ihn längst weggelegt haben wie einen alten Hut, den man nicht mehr braucht, weil ohnehin alles da ist.

DAS BROT, DAS GOTT GIBT, GIBT DER WELT DAS LEBEN.

Das ist die frohe Botschaft, die gute Nachricht am heutigen Sonntag.

Joh 6,24–35

Als nun die Leute sahen, daß Jesus nicht dort war, noch auch seine Jünger, stiegen sie selbst in die Boote und fuhren nach Kafarnaum, um Jesus zu suchen. Und als sie ihn jenseits des Sees fanden, sprachen sie zu ihm: Rabbi, wann bist du hierher gekommen? Jesus hob an und sprach zu ihnen: Wahr, ja wahr ists, ich sage euch: Ihr sucht mich nicht, weil ihr Zeichen gesehen, sondern weil ihr von den Broten gegessen und satt geworden seid. Müht euch nicht um die Speise, die zugrunde geht, sondern um die Speise, die bleibt ins unendliche Leben – die wird euch der Menschensohn geben. Denn ihn hat mit seinem Siegel beglaubigt der Vater – Gott. Sprachen sie also zu ihm: Was sollen wir tun, daß wir die Werke Gottes wirken? Hob Jesus an und sprach zu ihnen: Das ist das Werk Gottes, daß ihr an den glaubt, den jener gesandt hat. Sprachen sie zu ihm: Was tust du denn für ein Zeichen, daß wir sehen und dir glauben? Was wirkst du? Unsere Väter aßen das Manna in der Ödnis, wie geschrieben ist: Brot aus dem Himmel gab er ihnen zu essen.
Sprach nun Jesus zu ihnen: Wahr, ja wahr ists, ich sage euch: Nicht Mose hat euch das Brot aus dem Himmel gegeben, sondern: Mein Vater gibt euch das Brot aus dem Himmel – das wahre. Denn das Brot Gottes ist er, der aus dem Himmel niedersteigt und der Welt Leben gibt. Sprachen sie also zu ihm: Herr, gib uns allezeit dieses Brot! Sprach Jesus zu ihnen: Ich bin das Brot des Lebens. Wer zu mir kommt, wird nimmermehr hungern. Und wer an mich glaubt, wird nimmermehr dürsten.

(Übertragung: Fridolin Stier)

Die Menschen, die Jesus am Ufer des Sees gespeist hatte, wie wir am vergangenen Sonntag hörten, waren nicht die Reichen, Wohlhabenden, Abgesicherten, sondern sie waren arm, waren bedürftig; daher ist es nicht schwer zu verstehen, daß sie dem nachliefen, der sie zum Essen eingeladen hatte. Über den Widerspruch zwischen dem, was die Menschen verstanden, und dem, was Jesus wirklich gemeint hat, hat Veronika Prüller-Jagenteufel sich ihre Gedanken gemacht.

KOMMENTAR

Die sogenannte Brotrede Jesu in der Synagoge von Kapharnaum ist eines der Kernstücke des Johannesevangeliums. In immer neuen Anläufen versucht hier Jesus seine Grundbotschaft weiterzugeben: Ich bin das Brot des Lebens. Ich nähre die Welt, durch mich gibt Gott der Welt das Leben – und: Nur wer in mir dem Vater begegnet, wird dieses Leben kosten können. Beides soll deutlich werden: daß Jesus und der Vater, zutiefst verbunden, eins sind – und daß Gott sich in Jesus absolut und unbedingt uns Menschen zugewendet hat, Nahrung und Leben für uns sein will.

Um das klarzumachen, widerspricht Jesus in dieser Brotrede mehrmals den Vorstellungen der Leute, die ihm nachlaufen; er durchkreuzt ihre Bilder, die sie sich von ihm und von dem, was er geben kann, gemacht haben. Eine andere, reichere und tiefere Sicht will er ihnen eröffnen, von einer neuen Seite kommt er den Menschen entgegen. Nicht alle verstehen ihn, manche hat er enttäuscht – am Ende der Rede erzählt Johannes, daß viele Jünger ihn verließen. Zuweilen sind wir Menschen eben nicht bereit, uns liebgewordene, vielleicht zunächst faszinierende Vorstellungen aufzugeben, um uns noch einmal gründlicher auf die Suche zu machen, obwohl wir dann endlich beschenkt würden.

Auch der erste Teil der Brotrede, den wir heute gehört haben, ist von diesem Wechselspiel geprägt, in dem sich Jesus sowohl entzieht als auch neu gibt. Viermal verweigert er sich dem Zugriff der Menschen, viermal bietet er ihnen einen neuen Weg an, sich ihm zu nähern und damit Gott nahe zu sein.

Erinnern wir uns an das Evangelium vom letzten Sonntag: So viele Menschen hatte Jesus satt gemacht, auf wunderbare Weise hatte das Brot für alle im Überfluß gereicht. Danach schon entzieht er sich und kehrt nach Kapharnaum zurück. Die Leute suchen ihn und laufen ihm nach. Jesus sagt: weil sie satt geworden sind, nicht weil sie das Zeichen verstanden hätten, das er getan hat. – Eigentlich ist das aber doch sehr menschlich: Begeisterung und Interesse zu haben für etwas, was ich in der Hand halten kann, für etwas so Handfestes und Nützliches wie ein Stück Brot. Doch es geht Jesus nicht nur um das, woran wir uns *hier* festhalten könnten; es geht um das, was von der Ewigkeit her, von dieser anderen Wirlichkeit Gottes her seinen bleibenden Wert erhält; um das, was nicht zu „haben" ist in einem irdischen Sinn von besitzen und gebrauchen; es geht um das, was Gott schenkt durch seinen Menschensohn. Ein erstes Mal ist hier die Vorstellung von dem, was bei Jesus zu bekommen ist, durchkreuzt.

Dann fragen die Leute weiter: Was müssen wir tun, um die Werke Gottes zu vollbringen? Wenn es also nicht ums Haben geht, nicht ums Festhalten, dann vielleicht ums Tun, ums Machen – darauf würden wir uns nur allzu gut verstehen, damit kennen wir uns aus: etwas tun, um etwas zu erreichen, etwas leisten, um etwas zu bekommen – das prägt ja unsere Gesellschaft und unseren Alltag. Aber auch dieser Vorstellung widerspricht Jesus: Das ist das Werk Gottes, daß ihr an den glaubt, den er gesandt hat. – Nicht ums Tun geht es, sondern um den Glauben, um das Vertrauen auf den, der von Gott kommt. An ihm sollen wir uns festhalten – und das ist dann das Werk Gottes; dieser Glaube ist also ein Geschenk, das wir nicht selber machen können; Glaube ist kein Verdienst, sondern letztlich von Gott gewirkt. Wir sollen und können nichts tun, wir brauchen nur bereit zu sein.

Ein drittes Mal versuchen daraufhin die Leute, eine „klare" Antwort von Jesus zu bekommen. Wenn wir also glauben sollen, dann gib uns dafür noch eine Sicherheit in die Hand – so wie Mose unseren Vorfahren das Manna gegeben hat. Man muß doch wissen, worauf man sich einläßt. Und zum dritten Mal verweigert sich Jesus dem Wollen der Leute. Weder bei Mose noch bei Jesus geht es um Gefolgschaft für einen wundertätigen Anführer, für einen besonderen Guru. Gott steht im Zentrum, kein Mittler dazwischen; von Gott selbst kommt das Brot, kommt das Leben. Nicht an Vorläufiges, nur an Gott sollen wir uns halten. – Und wieder ist in dem Tadel der menschlichen Vorstellungen ein neues Angebot: das Brot, das Gott gibt, kommt vom Himmel herab und gibt der Welt das Leben. – Das was Gott für uns bereit hält, ist nicht unerreichbar, nicht für irgendwann, sondern das Brot, die Nahrung kommt herab zu uns, und sie gibt der Welt Leben; nicht irgend etwas, nicht eine Sache, sondern Leben, das was unser höchstes und eigentliches Gut ist, das wonach wir uns alle immer wieder sehnen: Leben.

Und nun sagen die Leute: Ja, das ist es, was wir wollen – bitte gib uns dieses Brot und gib es uns immer – noch einmal wollen sie Gewißheit, und die möglichst dauerhaft. Noch einmal verweist sie Jesus auf Tieferes: Ich bin das Brot des Lebens; wer zu mir kommt, wird nie mehr hungern, und wer an mich glaubt, wird nie mehr Durst haben. – Das Brot, das Gott gibt, *ist* schon da, *ist* zugänglich, *stillt* Hunger und Durst. Voraussetzung dafür ist nur, zu kommen und zu glauben – kein Besitz, keine Leistung, kein Wunderglaube, kein Unterpfand, sondern die Bereitschaft, sich auf den Weg zu machen und zu vertrauen, sich ganz an Gott zu halten, an Gottes Entgegenkommen zu glauben, an seine Gegenwart in diesem Jesus Christus.

Viermal versperrt Jesus die Irrwege, in die wir uns oft verlaufen, wenn wir unserem Hunger nach Leben folgen: Das was wir festhalten können, macht uns nur oberflächlich satt; das was wir tun können, verblaßt vor dem, was Gott uns schenkt; das was uns faszinierende Menschen zeigen können, stammt eigentlich von Gott; das worum wir Gott bitten, ist schon gegenwärtig – Brot, das zu uns gekommen ist und der Welt das Leben gibt. Wir sind eingeladen, zu kommen und zu glauben und uns beschenken zu lassen. Und das wird seine Wirkung zeigen.

Die US-amerikanische Schriftstellerin Adrienne Rich sagt in einem Gedicht über den Hunger: „Der Entschluß, die Welt zu nähren, ist der einzig sinnvolle Entschluß. Noch keine Revolution hat diese Wahl getroffen. Denn sie verlangt, daß alle Frauen frei sind" (Audre Lorde / Adrienne Rich, Macht und Sinnlichkeit. Ausgewählte Texte, Berlin [3]1991, 96). Adrienne Rich tritt mit diesen Zeilen gegen die Diskriminierung von Frauen auf, die doch die Hauptlast der Sorge um Brot und Leben in unserer Welt tragen. Die Welt zu nähren ist das einzig Sinnvolle – nicht die Welt zu beherrschen, zu formen, in den Griff zu bekommen, auszunutzen, sondern sie zu nähren. Das aber will frei gewählt sein, das geht nur in Freiheit. Die Fähigkeit zu nähren, gerade auch in einem tieferen Sinn, basiert auf dieser Freiheit, Zwang vergiftet die Nahrung, sagt die Dichterin. Ich verbinde ihre Zeilen heute mit Jesu beharrlichem Hinweis darauf, daß das Brot, das die Welt nährt, nur bei Gott selbst, in Gottes Gegenwart zu finden ist. Wer in dieser Gegenwart die Bindung an Handfestes, Habbares, Machbares, an Zeichen und Gewißheiten, an Führerfiguren, an irgend etwas Vorläufiges verloren hat, losgelassen hat, – wer auch in diesem tieferen Sinn *frei* geworden ist, der und die kann den Entschluß fassen, die Welt zu nähren, das Brot des Lebens weiterzugeben und auszuteilen, anderen den Weg zu weisen zu dem, der Hunger und Durst auf Dauer stillt. Der Entschluß, die Welt zu nähren, ist der einzig sinnvolle Entschluß – wir können diese revolutionäre Wahl treffen, denn wir speisen die Welt nicht aus unserem eigenen kleinen Vermögen. Die Welt nähren, das heißt immer auch: hinweisen auf das Brot, das Gott gibt; es kommt vom Himmel herab und gibt der Welt das Leben, Leben in Freiheit und in Fülle für Frauen, Männer und Kinder, für uns alle.

Veronika Prüller-Jagenteufel

Zum Nach- und Weiterdenken möchte ich Ihnen noch einen Text des großen indischen Dichters Rabindranath Tagore mit auf den Weg durch diesen Brottag geben: „Ich ging bettelnd von Tür zu Tür, die Dorfstraße entlang, als dein goldener Wagen aus der Ferne auftauchte. Welch großartiger Traum! – Ich fragte mich, wer wohl dieser König aller Könige sei. Meine Hoffnung wuchs, und ich dachte, die Zeiten der Mühsal seien vorbei. Dein Wagen hielt neben mir. Du schautest mich an und stiegst lächelnd aus. Dann gabst du mir überraschenderweise die Hand und batest: ‚Hast du nicht irgendetwas für mich?‘ – Welch eine edle Geste! – Die Hand ausstrecken und einen Bettler um etwas bitten! Ich wußte nicht, was ich tun sollte. Dann holte ich aus meinem Beutel ein winziges Weizenkorn und gab es dir. Aber wie groß war mein Erstaunen, als ich am Abend, zu meinem Hügel zurückgekehrt, meinen Beutel ausschüttete und ein Korn aus reinstem Gold vor mir sah. Ich weinte bitterlich und wünschte, ich hätte den Mut gehabt, dir alles zu geben, was ich besaß."

Neunzehnter Sonntag im Jahreskreis

Der „Brottag", zu dem ich – zugegeben, ziemlich eigenmächtig – den vergangenen Sonntag erklärt habe, setzt sich heute und auch an den beiden kommenden Sonntagen fort. Eigenmächtig ja, aber nicht willkürlich, denn es geht an diesen vier August-Sonntagen um das Kapitel 6 aus dem Johannes-Evangelium und dabei unter dem vor das 5. Kapitel gesetzten Titel *„Die Selbstoffenbarung Jesu vor der Welt"* nun einmal um das, was die *„Große Brotrede Jesu"* genannt wird.

Daß auch heute ein Brottag angesagt ist, beruht nicht nur auf dem Evangelium, sondern läßt sich auch an der Ersten Lesung aus dem 1. Buch der Könige festmachen: „In jener Zeit ging Elija eine Tagesreise weit in die Wüste hinein. Dort setzte er sich unter einen Ginsterstrauch und wünschte sich den Tod. Er sagte: Nun ist es genug, Herr. Nimm mein Leben; denn ich bin nicht besser als meine Väter. Dann legte er sich unter den Ginsterstrauch und schlief ein. Und ein Engel rührte ihn an und sprach: Steh auf und iß! Als er um sich blickte, sah er neben seinem Kopf Brot, das in glühender Asche gebacken war, und einen Krug Wasser. Er aß und trank und legte sich wieder hin. Doch der Engel des Herrn kam zum zweiten Mal, rührte ihn an und sprach: Steh auf und iß! Sonst ist der Weg zu weit für dich. Da stand er auf und aß und trank und wanderte, durch diese Speise gestärkt, vierzig Tag und vierzig Nächte bis zum Gottesberg Horeb."

Eine starke Sache, diese Gottesgaben – Brot und Wasser –, wenn sie einen vierzig Tage und Nächte, was heißen will, eine lange Zeit, durch die Wüste tragen.

Manchmal sollte man sich auch in unseren Tagen, in unseren Breiten mit diesen Grundlebensmitteln zufriedengeben, um den Geschmack Gottes nicht zu verlieren und wieder einmal zwischen all den anderen Genüssen zu spüren, daß es die Gabe Gottes ist, die uns nährt, das Brot des Lebens. Und es gibt ja sogar Geschichten von manchen heiligmäßigen Menschen, die sich über lange Zeit nicht nur von Brot, sondern von der täglichen Hostie allein nährten und nicht verhungert sind. Und so ein zuweilen eingeschobener Brottag, wie ihn zum Beispiel die Familie Prem im Brothaus in Oynhausen wöchentlich feiert, würde uns auch solidarischer machen mit jenen, denen diese Lebensmittel fehlen: das tägliche Brot oder die tägliche Schale Reis und vor allem sauberes Wasser.

Aber im heutigen Evangelium geht es nicht um dieses Brot, das wir in die Hand nehmen und teilen können, sondern um jenes Brot, von dem Jesus am vergangenen Sonntag gesagt hat:

ICH BIN DAS BROT DES LEBENS.
WER ZU MIR KOMMT, WIRD NIE MEHR HUNGERN;
WER AN MICH GLAUBT, WIRD NIE MEHR DÜRSTEN.

Das hat damals die Leute zutiefst verwirrt, nicht nur die einfachen Menschen, zu denen er sprach, sondern auch seine Jünger – und nicht nur sie, sondern auch die hochgestellten Vertreter des Tempels, die man zu ihm geschickte hatte, um ihm nach der als Sensation gewerteten Speisung der Fünftausend genauer auf die Finger zu schauen.

Joh 6,41–51

Die Juden nun murrten gegen ihn, weil er gesprochen hatte: Ich bin das Brot, das aus dem Himmel niedergestiegen. Und sie sagten: Ist das nicht Jesus, der Sohn Josefs, dessen Vater und Mutter wir kennen? Wieso sagt er jetzt: Aus dem Himmel bin ich niedergestiegen? Jesus hob an und sprach zu ihnen: Murrt nicht untereinander! Niemand kann zu mir kommen, wenn der Vater, der mich ausgeschickt hat, ihn nicht zieht. Und ich lasse ihn auferstehen am Letzten Tag. In den Propheten ist geschrieben: Und allesamt werden sie belehrt sein von Gott. Jeder, der vom Vater her hört und lernt, kommt zu mir. Nicht daß einer den Vater gesehen hätte! Nur der von Gott her west – der hat den Vater gesehen. Wahr, ja wahr ists, ich sage euch: Wer glaubt, hat unendliches Leben.
Ich bin das Brot des Lebens. Eure Väter haben in der Ödnis das Manna gegessen und sind gestorben. Das ist das Brot, das aus dem Himmel niedersteigt, daß wer davon ißt, nicht sterbe. Ich bin das lebendige Brot, das aus dem Himmel niedergestiegen. Wenn einer von diesem Brot ißt, wird er leben auf Weltzeit hin. Und das Brot, das also ich geben werde: mein Fleisch ist es – für das Leben der Welt.

(Übertragung: Fridolin Stier)

Die „Große *Brotrede*“ habe ich in diesem Jahr in weibliche Hände gelegt. Am vergangenen Sonntag war es die Theologin Veronika Prüller-Jagenteufel, die jene bereits zitierte Stelle meditiert hat, in der Jesus sich als *„Brot des Lebens“* offenbart, was dann dazu führte, daß die Menschen ihn nicht mehr verstanden und er bei den Glaubenshütern in Verdacht geriet.

Die heutige, konfliktreiche Passage und die beiden kommenden Teile aus dem Johannes-Evangelium habe ich einer anderen Theologin, Eva Schmetterer von der Gemeinschaft der Frohbotschaft Batschuns, anvertraut. Diese Gemeinschaft, das konnte ich beim 50-jährigen Jubiläum im Juni dieses Jahres einmal mehr festellen, hat nicht nur viel mit der Schrift, sondern auch viel mit dem Teilen des Brotes zu tun, in all den Werken, die im Dienst der Gerechtigkeit, der Solidarität stehen. Daß sie sich intensiv mit der Deutung des Johannes auseinandergesetzt, sich daran gerieben hat und dabei auch an so manche Schmerzgrenze gestoßen ist, hört man dem Beitrag Eva Schmetterers an, den sie bezeichnenderweise *„Versuche“* nennt.

KOMMENTAR

Mit dieser Szene steigen wir in ein schon länger dauerndes Geschehen ein, das sich rund um den See von Galiläa abspielt und das ganze Kapitel 6 des Johannesevangeliums einnimmt. Es beginnt mit der Speisung von rund fünftausend Familien durch nur fünf Gerstenbrote und zwei Fische und endet mit der erschütternden Einsicht Jesu, daß Judas Iskariot, einer seiner zwölf vertrautesten Freunde, ihn verraten wird.

Die Reduktion von fünftausend Familien auf einen Einzigen: mit ungeheurer Dramatik engt Johannes den Kreis der Akteure um Jesus ein. Erst ist es die große Menge, die satt wird; dann eine Menge, die ihm an das andere Ufer folgt; dann die Juden, die über das, was geschieht und gesagt wird, murren; dann die Jünger, die ihm bis jetzt auf seinem Weg immer wieder gefolgt sind; dann die Zwölf mit ihrem Sprecher Petrus; und schließlich Judas Iskariot, der ihn verraten wird.

Wenn wir diese Zuspitzung ernst nehmen, dann fällt sofort auf, daß wir „die Juden“, wie sie in unserer heutigen Szene genannt werden, nicht einfach im Sinne unseres heutigen Verständnisses auffassen dürfen. Denn natürlich – in unserem heutigen Verständnis waren auch die große Menge, die Menge, die Jünger, die Zwölf, Judas Iskariot und Jesus selbst Juden.

Es lohnt sich also, das Johannesevangelium zu befragen, wer „die Juden“ sind.

Als Akteure treten sie das erste Mal gegenüber Johannes dem Täufer auf den Plan. „Dies ist das Zeugnis des Johannes: Als die Juden von Jerusalem aus Priester und Leviten zu ihm sandten mit der Frage: Wer bist du?, bekannte er und leugnete nicht; er bekannte: Ich bin nicht der Messias“ (Joh 1,19 f). Das nächste Mal begegnen wir ihnen in Jerusalem selbst bei dem höchst dramatischen und skandalösen Handeln Jesu im Tempel: er vertreibt die Händler und Geldwechsler aus dem Gotteshaus, schüttet ihr Geld auf den Boden und stößt ihre Tische um. „Da stellten ihn die Juden zur Rede“ (Joh 2,18).

Und wieder ist Jesus in Jerusalem, als „die Juden“ das nächste Mal eingreifen. Beim Schaftor, beim Teich Betesda, sieht Jesus am Sabbat einen Kranken auf der Bahre liegen. Er aber spricht ihm zu aufzustehen: Nimm deine Bahre und geh! Und als dieser, durch das Wort Jesu geheilt, dies tut, wird er von „den Juden“ aufgehalten. Und sie reagieren, wie es wohl nur Vertreter eines Herrschaftssystems können: Sie freuen sich nicht mit ihm über die Heilung, sondern stellen nur trocken die Übertretung eines Gesetzes fest: „Da sagten die Juden zu dem Geheilten: Es ist Sabbat, du darfst deine Bahre nicht tragen“ (Joh 5,10). Und als „die Juden“ Jesus als den Heiler endlich im Tempel ausfindig machen, drohen sie ihm unverhohlen: „Daraufhin verfolgten die Juden Jesus, weil er das an einem Sabbat getan hatte. Jesus aber entgegnete ihnen: Mein Vater ist noch immer am Werk, und auch ich bin am Werk. Darum waren die Juden noch mehr darauf aus, ihn zu töten, weil er nicht nur den Sabbat brach, sondern auch Gott seinen Vater nannte“ (Joh 5,16–18a).

Das nächste Mal hören wir von „den Juden“ in unserem Text und darauf wieder im Kapitel 7, als Jesus zum Laubhüttenfest nach Jerusalem geht. Und so wie bei unserem Text wird auch dort fein säuberlich zwischen der jüdischen Volksmenge und „den Juden“ unterschieden. „Die Juden“ suchen ihn, das jüdische Volk aber getraut sich nicht, öffentlich über ihn zu reden, „denn man fürchtete sich vor den Juden“ (Joh 7,13).

Nehmen wir diesen Befund ernst, dann sehen wir, daß Johannes mit „den Juden“ eine ganz bestimmte Schicht benennt: Männer, die mit Jerusalem und dem Tempel in Verbindung stehen. Seit 63 v. Chr.

ist Palästina eine römische Kolonie. Und wie in den anderen eroberten Ländern läßt Rom die existierenden sozialen und religiösen Strukturen bestehen und versucht, mit der örtlichen Aristokratie zusammenzuarbeiten. Dabei spielt der Tempel in Jerusalem eine besondere Rolle: durch das schon bestehende Abgabensystem im Steuereintreiben geübt, wird er nun auch für die Römer in die Pflicht genommen. Die Führungsschicht des Tempels wird von den Römern für die Ablieferung der Abgaben an Rom verantwortlich gemacht. Auf der anderen Seite aber steht das Volk, das die immer größeren Lasten der Steuern und Abgaben tragen muß. Der Tempel aber wird zum Zentrum des Kapitals, so sehr, daß Josephus Flavius, ein zeitgenössischer Beobachter, nach der Zerstörung des Tempels im Jahre 70 n. Chr. schreibt: „Mit Beute waren alle Soldaten so beladen, daß in Syrien der Preis für das Pfund Gold um die Hälfte sank“ (Geschichte des Judaäischen Krieges VI,6,1).

Der Tempel war also auf der einen Seite zu einem Instrument Roms geworden, hatte sich aber auch auf der anderen Seite zur Kollaboration hergegeben. Er war zum ökonomischen Herrschaftszentrum geworden, das das Volk ausbeutete, und das mit dem Siegel der höchsten religiösen Autorität.

Männer dieses Systems sind bei Johannes „die Juden“, und zwischen ihnen und Jesus entspinnt sich ein tödlicher Konflikt.

Denn was tut dieser Jesus? Er verteilt Nahrung an fünftausend Familien, ohne dafür Geld zu verlangen. In der Kraft seines Vaters teilt er fünf Gerstenbrote und zwei Fische so, daß alle satt werden. Die Vision, die Jesaja vor Augen gestellt hat, wird Wirklichkeit: „Auf, ihr Durstigen, kommt alle zum Wasser! Auch wer kein Geld hat, soll kommen. Kauft Getreide, und eßt, kommt und kauft ohne Geld, kauft Wein und Milch ohne Bezahlung“ (Jes 55,1)! So beschreibt dieser Prophet das neue Jerusalem, und Jesus läßt dieses neue Jerusalem erstehen.

Das alte Jerusalem und die Stützen der Gesellschaft aber sind empört. Doch man muß realistisch bleiben: Was geschehen ist, ist geschehen – also müssen wir ihn von einer anderen Seite packen. Wenn er schon unser ökonomisches System untergräbt, müssen wir halt mit unserer ganzen religiösen Autorität gegen ihn vorgehen. Und seht ihn euch doch an: Er ist ja nicht einmal von der vorgeschriebenen vornehmen Herkunft, um mitzureden. Wir kennen ja seinen Vater und seine Mutter!

Und was sagt dieser Handwerkerssprößling darauf? Ohne studiert zu haben, zitiert er die Heiligen Schriften und verweist auf die

Zusage Gottes durch die Propheten, daß Tage kommen werden, da jeder und jede Schüler und Schülerin Gottes selbst sein wird, und daß dies mit seinem Auftreten bereits begonnen hat! Will er damit etwa sagen, daß es dann die Männer des Tempels zur Gottesvermittlung nicht mehr braucht? Er kratzt ökonomisch, politisch und ideologisch am Fundament – man sollte ihn eliminieren, ehe es zu spät ist!

Eva Schmetterer

Der Glaube und die Liebe Jesu haben fünf Gerstenbrote und zwei Fische in ein Mahl für Tausende verwandelt. Sie wurden satt im Teilen, und dennoch ist dies jenes Brot, nach dessen Genuß man irgendwann wieder hungrig wird. Aus dieser Erfahrung verwies Jesus auf das andere Brot, das Brot des Lebens, von dem der Halleluja-Ruf vor dem heutigen Evangelium sagt: „Ich bin das lebendige Brot, das vom Himmel gekommen ist."
Um diesen Ruf, der über unsere Existenz hinauszielt, in die konkrete Realität unseres Lebens zurückzuholen, möchte ich den Brot-Tag unterstreichen und ein Gebet der amerikanischen Autorin Alla Bozarth-Campell hier einbringen. Ich finde es sehr schön, sehr eindringlich in seinen Bildern:

„Gott, du Bäckerin,
ich bin dein lebendiges Brot,
stark, braun,
Gott, du Bäckerin.
Ich bin dein flacher, weicher Leib,
der Gestalt annimmt.
Ich bin dein Brot, das aufgeht,
gut geknetet von einem Paar göttlicher und knotiger Knöchel,
von deinen warmen Erdenhänden.
Ich bin gut geknetetes Brot.
Lege mich in dein Feuer, Gott, du Bäckerin,
lege mich in dein eigenes, helles Feuer.
Ich bin warm, durchwärmt wie du vom Feuer.
Ich bin weiß und golden, weich und hart,
und braun und rund.
Ich bin so schön durchwärmt vom Feuer.
Brich mich, Gott, du Bäckerin.

Ich werde gebrochen unter deinem fürsorgenden Wort.
Tauch mich in Stücken in deinen besonderen Saft.
Tauche mich in dein Blut.
Ertrunken bin ich in der großen, roten Flut.
Sich selbst hingebender Kelch, schlucke mich.
Meine Haut strahlt im göttlichen Wein.
Mein Gesicht ist vom Kelch bedeckt und ich ertrinke.
Ich tauche auf in einem roten Teich,
in einer goldenen Welt."

Zum Abschluß noch ein Wort des Heiligen Augustinus: „Ihr seid der Leib Christi und seine Glieder. Wenn das so ist, dann ist es euer eigenes Mysterium, das auf den Tisch des Herrn gelegt wird: was ihr empfangt, ist euer Mysterium. Zu dem, was ihr seid, sagt ihr: Amen. Du hörst, was man dir sagt: Das ist der Leib Christi, und du antwortest: Amen. Sei also wirklich der Leib Christi, damit dein Amen wahr ist."

Mariä Himmelfahrt (15. August)

„Fin d'été", sagen die Franzosen, wenn sie diesen Marien-Feiertag begehen; und auch wenn in Italien und Spanien die Grillfeuer rauchen, der Wein in Strömen fließt und die Leuchtraketen bunt in den Nachthimmel steigen, als wollten sie mit den Sternschnuppen um die Wette strahlen, feiern die Menschen nicht den Höhepunkt, sondern das Ende des Sommers. Heuer will man das so gar nicht wahrhaben, hat der Sommer doch – zumindest in unserer Gegend – eigentlich noch nicht wirklich begonnen, wenn man von den wenigen Sonnenstunden absieht, die sich da zuweilen zwischen die schwarzen Regenwolken und all die Wasserfluten geschwindelt haben.

Das soll alles gewesen sein? – werden sich vor allem jene fragen, die gerade einen verregneten Urlaub hinter sich haben und denen es nicht viel gibt, wenn jetzt die Wissenschaftler und Experten darüber streiten, ob das einfach eine Laune der Natur war oder ob sich langsam all unsere Sünden wider die Schöpfung zu rächen beginnen.

Wie dem auch sei, ob dieser verregnete Sommer schnell in einen milden Winter übergeht oder ob uns der Spätsommer oder der Frühherbst noch ein paar vergoldete, südlichere Tage schenkt, an diesem heutigen Hochfest der Aufnahme Mariä in den Himmel geht es nicht um Naturphänomene, sondern um etwas, was unsere Vorstellungsmöglichkeiten bei weitem übersteigt, um jenes junge Mädchen, das durch die Kraft des Heiligen Geistes einen Sohn empfing, in dem Gott sich der Welt geschenkt hat.

VON NUN AN PREISEN MICH SELIG ALLE GESCHLECHTER,
DENN DER MÄCHTIGE HAT GROSSES AN MIR GETAN.

So singt – nach dem Evangelisten Lukas – Mirjam, das von Geist erfüllte junge Mädchen, als sie das Gehöft ihrer Verwandten Elisabeth betritt.

Maria aber stand auf in diesen Tagen, machte sich bereitwillig auf den Weg ins Gebirge, nach einer Stadt in Juda. Sie trat in das Haus des Zacharias und bot Elisabet den Friedensgruß. Und es geschah: Als Elisabet den Gruß Marias hörte, hüpfte das Kind in ihrem Leib, und Elisabet wurde voll heiligen Geistes. Und sie rief mit gewaltigem Schrei und sprach:

Du Gepriesene unter den Frauen!
Gepriesen auch die Frucht deines Leibes!

Und von woher geschieht mir, daß die Mutter meines Herrn zu mir kommt? Denn da! Als laut ward dein Gruß in meinen Ohren, hüpfte jubelnd das Kind in meinem Leib. Ja, selig ist, die geglaubt hat, daß zur Vollendung komme, das ihr vom Herrn Gesagte!

Und Maria sprach:

Groß rühmt mein Leben den Herrn,
und mein Geist jubelt ob Gott, meinem Retter,
weil er die Niedrigkeit seiner Magd angeblickt.
Denn da! Von nun an preisen alle Geschlechter mich selig,
weil Großes mir getan der Kraftvolle.
Und heilig ist sein Name.
Und sein Erbarmen: Geschlecht für Geschlecht
über denen, die ihn fürchten.
Gewaltiges tut er mit seinem Arm,
zersprengt die im Herzen hochmütig Gesinnten.
Machthaber stürzt er von Thronen
und Niedrige erhöht er.
Hungernde füllt er mit Gutem
und Reiche sendet er leer weg.
Er nimmt sich Israels an, seines Knechtes,
des Erbarmens gedenkend,
so wie er unseren Vätern zugesprochen,
dem Abraham und seinem Gesproß – auf Weltzeit hin.

Und Maria blieb etwa drei Monde mit ihr zusammen. Dann kehrte sie nach Hause zurück.

(Übertragung: Fridolin Stier)

Wie sich das historisch abgespielt hat, wissen wir natürlich nicht; aber vorstellen kann man sich schon diese Begegnung von zwei starken Frauen, die beide in sich die Hoffnung Gottes wachsen spüren. Und in dieser Hoffnung kann es schon sein, daß eine Frau singt, daß ihre Worte zum Lied werden, zu einem Jubellied über die Barmherzigkeit Gottes. P. Jakob Mitterhöfer, der Dekan der Ordenshochschule St. Gabriel, der immer wieder Vorlesungen über die Gestalt Marias hält, hat sich des heutigen Evangeliums und des Magnifikat angenommen.

KOMMENTAR

Mit diesem aufmüpfigen Lied würde Maria wohl kaum einen Lehrstuhl erhalten. Eine evangelische Theologin meint sogar: Die Frau, die dieses Lied singt, hat eine uneheliche Schwangerschaft und ist darüber hinaus noch größenwahnsinnig.

Dieses Lied bietet tatsächlich ein ungewöhnliches Bild von Maria. Nicht eine demütige, stille Frau tritt da auf, sondern eine zornige und siegesgewisse, die eine Zukunft besingt, in welcher ein Umsturz in den Beziehungen zwischen Unterdrückten und Unterdrückern angekündigt wird. Throne wackeln, Mächtige stürzen, Niedrige werden erhöht, Hungrige erhalten in Überfluß, Reiche erfahren, was darben heißt, Hochmütige werden zurechtgestutzt.

Das Lukasevangelium läßt Maria gleich am Anfang ausführlich zu Wort kommen. Die im dritten Monat schwangere Maria besucht die im sechsten Monat schwangere Elisabeth. Lukas gestaltet die Szenerie so, daß aus dem Besuch Marias bei Elisabeth eine Begegnung der zwei Söhne wird, welche die zwei Frauen in ihrem Leib tragen. Sobald die Frauen einander begrüßen, beginnt der kleine Johannes im Mutterleib vor Freude über die Ankunft des Messias zu hüpfen. Eigentlich sprechen die Söhne durch den Mund ihrer Mütter. Johannes preist durch den Mund seiner Mutter den Glauben an den Messias, hier verkörpert durch Maria. Jesus wieder verkündet durch den Mund seiner Mutter die bevorstehende Ankunft des Reiches Gottes. Dies geschieht im Lied, das wir als Magnifikat kennen.

Es ruft den Glauben Israels in Erinnerung: Gott ist ein mitfühlender Gott, der sich um die Armen kümmert. Und: Gott erfüllt jetzt, in diesem geschichtlichen Augenblick, die Verheißungen, die er seinem Volk Israel gemacht hat. Er greift in die menschlichen Beziehungen ein, stellt in Israel seine Gerechtigkeit her und beseitigt den Unterschied zwischen reich und arm, hoch und niedrig. Fast jedes Wort, das Maria im Magnifikat spricht, ist ein Schriftzitat aus dem Ersten Testament. Lukas macht durch diese Zitate deutlich, daß das Neue kein Bruch ist, sondern den Alten Bund erfüllt. Er richtet schon am Anfang seines Evangeliums den Blick auf das spätere Wirken Jesu: Er ruft Jünger und, entgegen dem Trend seiner Zeit, auch Jüngerinnen in seine Nachfolge. Er wendet sich vorwiegend an sozial niedrige Schichten; dementsprechend war die erste Gemeinde, wie sie Lukas dann in der Apostelgeschichte beschreibt, eine Ansammlung von Armen, Niedrigen, Ausgestoßenen.

Das Interesse des Magnifikat gilt Maria, der Mutter Jesu. Will es auch über die menschliche Seite dieser Frau eine Aussage machen? Lukas schreibt im Vorwort zu seinem Evangelium, daß er, bevor er ans Werk gegangen ist, sorgfältige Nachforschungen betrieben hat. Wir dürfen daraus Folgerungen ziehen:

- Maria war eine schriftkundige Frau. Diesen Schluß erlauben die vielen Schriftzitate im Magnifikat. Dies erklärt, woher Jesus eine so hervorragende Kenntnis der Schrift hatte, wie die Evangelien bezeugen.
- Maria dürfte keineswegs ein so stilles Wasser gewesen sein, wie eine spätere Zeit klarmachen wollte, um sie als Vorbild für demütige, dienende Frauen in der Kirche hinzustellen. Ton und Inhalt des Magnifikat lassen vielmehr vermuten, daß Maria eine selbstbewußte, engagierte Frau war mit einem Blick für die Wirklichkeit und ihre sozialen Verhältnisse. Wäre es anders gewesen, hätte die Gemeinde die Schrift des Lukas nicht angenommen.
- Maria war eine Jüngerin Jesu. Die Apostelgeschichte sagt es später ausdrücklich. Dem Inhalt nach stimmt das Magnifikat mit der Bergpredigt, dem Höhepunkt der Verkündigung Jesu und der Magna Charta des Neuen Bundes, überein. Maria besingt als gläubige Frau im Magnifikat das spätere Wirken ihres Sohnes.
- Maria war eine Prophetin: Sie nimmt durch ihr Lied den prophetischen Auftrag der Gemeinde vorweg, die Frohe Botschaft Jesu als Evangelium für die Armen zu verkünden.

Vielleicht hat Lukas bei seinen Erkundungen dieses Lied oder Ansätze davon bereits vorgefunden. Die Kirche hat dieses Lied der Maria übernommen und zu einem ihrer beliebtesten Gebete gemacht. Mit Tendenzen, die revolutionäre Botschaft des Magnifikat zu entschärfen, dürfte Lukas nicht einverstanden sein. So ist es nicht angemessen, den Akzent, anstatt auf die befreiende Botschaft, auf bedingungslosen Gehorsam der Christen, besonders der Frauen zu setzen oder den Armen ein braves Verhalten gegenüber ihren Unterdrückern einreden zu wollen. Umgekehrt dürfte Lukas durchaus damit einverstanden sein, wenn sich Frauen, die um ihre Befreiung kämpfen, auf Maria im Magnifikat berufen. Dies gilt besonders für die „Marias" in Lateinamerika, welche in Maria das mütterliche Antlitz Gottes sehen.

Freilich ist zu bedenken: Bei Lukas sind die Armen diejenigen, die wie Maria „demütig" sind, das heißt an Gott glauben und auf seine Barmherzigkeit setzen. Gerade aus ihrem Glauben schöpfen sie den Mut und die Kraft, sich nicht vertrösten zu lassen, alles zu schlucken, sich auf die anderen zu verlassen, sondern selbst ihre Sache in die Hand zu nehmen und für ihre Rechte zu kämpfen. Dieses prophetische Lied betont ja, daß es im Glauben immer auch um die gesellschaftlichen Beziehungen geht. Wenn diese ungerecht sind, müssen sie verändert werden, nicht irgendwann in der Zukunft oder gar erst im Jenseits, sondern hier und jetzt, wie es Maria in ihrem Lied schon als gegenwärtig besingt.

Wir feiern heute das Fest „Mariä Aufnahme in den Himmel". Der Schlüssel zum heutigen Marienfest und zu uns selbst ist der Glaube, den das Magnifikat bezeugt. Von Maria sagt uns das heutige Fest, daß ihr Glaube in die Vollendung eingemündet ist. An ihr selbst, an ihrer Person, hat sich erfüllt, was sie im Glauben als Verheißung angenommen hat.

Das Dogma der Aufnahme Marias wurde erst 1950 verkündet. Es sagt, daß Maria mit „Leib und Seele", als ganzer Mensch, in den „Himmel", das heißt in die „Lebensweise Gottes" aufgenommen wurde. Gilt diese Aussage nur von Maria? Kann die Kirche, was sie von Maria aussagt, nicht genauso von allen Menschen sagen? Maria ist ein Modell, das zeigt, was Erlösung wirklich ist. Das Dogma wollte am Beispiel von Maria aufgrund ihrer Nähe zu Jesus als Mutter und Glaubensjüngerin aufzeigen, wie Erlösung in der Vollendung ist.

Dieses Modell dürfen wir auf uns Menschen anwenden. So sagt die Kirche von einigen Menschen nach sorgfältiger Prüfung ihres Lebens, daß sie ihren Glauben voll gelebt haben. Sie sind als Heilige in die Lebensweise Gottes eingegangen. Und diese Zukunft verheißt der Glaube allen Menschen, die ihr Leben vollenden und sterben.

Wenn es von Maria ausdrücklich heißt, sie sei mit Leib und Seele, eben als ganzer Mensch in die Herrlichkeit Gottes eingegangen, ist es angebracht, unsere Vorstellung von Leib und Seele zu korrigieren. Die Vorstellung, der Mensch bestehe aus Leib und Seele, könnte nahelegen, daß nach dem Tod die Seele schon bei Gott ist, aber noch auf die Vereinigung mit dem Leib durch die Auferstehung warten müßte. Diese Vorstellung entstammt der griechischen Philosophie und ist nicht biblisch. Chistlich ist vielmehr, daß der ganze Mensch, die Person, im Augenblick des Todes in die Lebensweise Gottes umgewandelt wird.

Fromme Legenden wollen Maria den natürlichen Tod ersparen und sie unvermittelt in den Himmel entrücken. Wie Jesus uns in allem gleich war außer der Sünde, gibt es keinen Grund, seine Mutter vom natürlichen Tod auszunehmen. Für uns ist wichtig: Was der Glaube von Maria sagt, gilt für alle Menschen, die nach ihrem Glauben leben. Darum preist das Magnifikat so ausdrücklich den Glauben. Auch daraus dürfen wir Folgerungen ziehen:

- Marienfeste sollen Maria nicht von den Menschen entfernen, sondern nahebringen, damit sie als Schwester im Glauben an die Erlösung wirklich Modell sein kann.
- Das Mariendogma des heutigen Festes ist nicht, wie oft behauptet wird, aus der Luft gegriffen. Als Aussage über die Vollendung des Glaubens und der Erlösung hat es eine lange Geschichte, die bis in die Bibel und in die ersten Gemeinden zurückreicht.
- Das Fest der Aufnahme Marias wurde nach dem Zweiten Weltkrieg verkündet, als die Welt noch unter dem Schock der Greuel des Krieges, der KZ's und der menschenverachtenden Diktaturen stand. Pius XII. hielt es für angemessen, mit diesem Mariendogma die Würde des Menschen und der entehrten Frauen hervorzukehren.
- Heute produziert das System des globalen Marktes nicht nur wertvolle Lebensgüter, sondern leider auch ein Massenelend. Es ist nur zu verständlich, daß sich die Armen und Elenden, die Unfreien und Unterdrückten, darunter auch die Frauen, an der Frau orientieren und aufrichten, die zur Prophetin der befreienden Botschaft für alle Armen wurde. Angesichts der Entwürdigung der Frau durch die Werbung und als Sexobjekt durch den Tourismus verkündet das Marienfest die Würde des Menschen und der Frau. Der Mensch darf nicht zur Ware und die Frau nicht zum Werbe- und Lustobjekt erniedrigt werden.
- Der Kirche wird nicht selten vorgeworfen, sie kümmere sich nicht um die reale Politik. Wie das Magnifikat zeigt, ist ein Glaube, der nicht zugleich politisch ist, nicht möglich. Keinesfalls ist angesichts der gegenwärtigen Not eine Vertröstung erlaubt.

Freilich nützen alle noch so schönen Modelle und Worte nichts, wenn es nicht Menschen wie Maria gibt, die ihren Glauben ernst nehmen und die kleinen Schritte tun, die notwendig sind, um die Welt zu verändern.

Jakob Mitterhöfer

Zwanzigster Sonntag im Jahreskreis

Wir leben heute in einer geschwätzigen Welt und in einer Zeit, in der das, was man früher als Sprachkultur schätzte, mehr und mehr verlorengeht und immer öfter zu leeren Worthülsen, Stehsätzen, Sprechblasen verkommt. Und wenn ich mir dann vorstelle, daß die sprechenden Cumputer sozusagen vor der Türe stehen, kann ich mir denken, wie das weiter bergab gehen wird und wir Generationen erleben oder auch nicht mehr erleben werden, die vor ihren Monitoren in irgendwelchen virtuellen Welten aufwachsen und gar keine Chance mehr haben, sprachmündig zu werden. Im Vergleich zu dem, was da so tagaus, tagein geschwätzt wird, ist die Sprache Jesu – so verstellt sie durch Übersetzungen und Bearbeitungen auch sein mag – wie frisches Quellwasser. Er sprach zu einfachen Menschen, eine einfache, klare, bilderreiche, aber zuweilen auch sehr deutliche, schneidende, drastische Sprache.

In der heute, am 20. Sonntag im Jahreskreis, zitierten Passage aus dem 6. Kapitel des Johannes-Evangeliums, der großen Brotrede Jesu, wird Jesu Sprache geradezu als anstößig empfunden. Man kann das heute noch nachvollziehen, denn wie würden wir reagieren, wenn sich da einer hinstellte und sagte: Wer mein Fleisch ißt und mein Blut trinkt, hat das ewige Leben. Ich meine, wir sind, wie ich schon eingangs sagte, verbal nicht gerade verwöhnt, und jene, die sich all die TV-Gewalttaten anschauen und anhören, haben sicher eine harte Haut in dieser Beziehung; aber das wäre vermutlich sogar denen zuviel, wenn sie es unvorbereitet hörten.

Aber bevor ich zu Johannes komme, möchte ich noch einen Moment beim Buch der Sprüche verweilen, aus dem die Erste Lesung heute zitiert. Es geht dabei um die Weisheit. Die Weisheit wird hier mit einer Frau verglichen, die ein großes Haus führt, in dem zu einem Gastmahl geladen wird. Und das Mahl, zu dem sie hier lädt, ist sie, ist die Weisheit selbst:

„Die Weisheit hat ihr Haus gebaut,
ihre sieben Säulen behauen.
Sie hat ihr Vieh geschlachtet, ihren Wein gemischt
und schon ihren Tisch gedeckt.
Sie hat ihre Mägde ausgesandt

und lädt ein auf der Höhe der Stadtburg.
Wer unerfahren ist, kehre hier ein.
Zum Unwissenden sagt sie:
Kommt, eßt von meinem Mahl,
und trinkt den Wein, den ich mischte.
Laßt ab von der Torheit, dann bleibt ihr am Leben,
und geht auf dem Weg der Einsicht!" –

Vielleicht war es gerade diese Stelle aus seinem Heiligen Buch, die Jesus zu dem Sprachbild ermutigte, mit dem er seine Hörer in Kapharnaum so in Verwirrung stürzte und sich selbst zum Stein des Anstoßes machte.

Joh 6,51–58

Ich bin das lebendige Brot, das aus dem Himmel niedergestiegen. Wenn einer von diesem Brot ißt, wird er leben auf Weltzeit hin. Und das Brot, das also ich geben werde: mein Fleisch ist es – für das Leben der Welt. Stritten da die Juden untereinander und sagten: Wie kann der uns sein Fleisch zu essen geben? Sprach nun Jesus zu ihnen: Wahr, ja wahr ists, ich sage euch: Wenn ihr das Fleisch des Menschensohnes nicht eßt und sein Blut nicht trinkt, habt ihr kein Leben in euch. Wer mein Fleisch zu sich nimmt und mein Blut trinkt, hat unendliches Leben. Und ich lasse ihn auferstehen am Letzten Tag. Mein Fleisch ist wahre Speise; und mein Blut ist wahrer Trank. Wer mein Fleisch zu sich nimmt und mein Blut trinkt, der bleibt in mir und ich in ihm. Wie mich der lebendige Vater gesandt hat und ich durch den Vater lebe, so auch, wer mich zu sich nimmt: Auch der wird leben durch mich. Das ist das Brot, das aus dem Himmel niedergestiegen, kein solches, wie es die Väter gegessen – und gestorben sind. Wer dieses Brot zu sich nimmt, wird leben auf Weltzeit hin.

(Übertragung: Fridolin Stier)

Auch heute kommt Eva Schmetterer, die seit einigen Jahren als Theologin im Sozialreferat der Diözese Linz tätig ist, zu Wort. Und auch heute wird es wieder spürbar, daß da ein Mensch nicht leichtfertig und leichtfüßig vor sich hin formuliert, sondern mit einem Text gerungen hat.

KOMMENTAR

Dieser Abschnitt aus dem 6. Kapitel des Johannesevangeliums ist uns wohl vertraut. Denn nicht nur hören wir ihn als Evangeliumstext am heutigen Sonntag, sondern er durchzieht auch die ganze Liturgie des Fronleichnamsfestes. Damit wird er von der katholischen Kirche in einen klaren Kontext gestellt: das Geheimnis der Eucharistie. Und tatsächlich überliefert uns Johannes als einziger der vier Evangelisten nicht die Einsetzung der Eucharistie beim letzten Abendmahl. Er weiß zwar von einem Abschiedsmahl Jesu mit den Jüngern vor seiner Verhaftung. Aber das Zeichen, das er ihnen dort mitgibt, ist die Fußwaschung mit dem Auftrag, dies als Beispiel zu verstehen und einander Gleiches zu tun.

Die gängige Argumentation zur Eröffnung eines Verständnishorizontes für unseren heutigen Text lautet daher: Johannes überliefert die Einsetzung des Abendmahles nicht, weil er Jesus schon in der Zeit seines Wirkens in Galiläa das Geheimnis der Eucharistie verkündigen läßt.

Und doch: Im Versuch, mich wieder einmal neu von diesem Text berühren zu lassen, sind mir immer mehr Zweifel an dieser Einordnung gekommen.

Da ist zunächst einmal die Passage: „Wer mein Fleisch ißt und mein Blut trinkt, hat das ewige Leben", was durch die vorangegangene Umkehrung radikalisiert wird: „Wenn ihr das Fleisch des Menschensohnes nicht eßt und sein Blut nicht trinkt, habt ihr das Leben nicht in euch." Kann das denn wirklich heißen, daß nur die das Leben haben werden, welche die Kommunion empfangen haben? Und ist es denkbar, daß eine solche Aussage die Intention des Jesus ist, von dem uns das Johannesevangelium sagt, daß er in die Welt gesandt wurde, nicht damit er die Welt, also alle Menschen, ja das ganze Universum, richte, sondern rette?

Und auch als positive Aussage, daß jeder und jede das Leben habe, wenn sie nur einmal die Eucharistie empfangen haben, ist mit der ganzen Tradition der Heiligen Schrift und des christlichen Glaubens nicht vereinbar. Ganz im Gegenteil: Schon Paulus warnt die Gemeinde von Korinth, daß man sich gerade durch den Empfang des Leibes des Herrn und durch den Anteil an seinem Blut das Gericht zuziehen kann (vgl. 1 Kor 11,20 ff).

Schließlich ist der letzte Teil der heutigen Rede Jesu im Kontext des Geheimnisses der Eucharistie nicht verständlich. Jesus sagt von dem Brot, das mit ihm vom Himmel herabgekommen ist: „Mit ihm ist es nicht wie mit dem Brot, das die Väter gegessen haben; sie sind gestorben. Wer aber dieses Brot ißt, wird leben in Ewigkeit" (V. 58). Nein, keinem und keiner von uns bleibt der Durchgang durch den Tod erspart. Und wenn wir auch auf Auferweckung hoffen – sterben müssen wir allemal. Gehofft aber haben andere ebenso, da sie ihren Gott als Gott Abrahams, Isaaks und Jakobs, als einen Gott der Lebenden und nicht der Toten erfahren haben. Und diese Hoffnung wurde von Jesus selbst bestätigt (vgl. Mk 12,26 f).

Vollends anstößig aber wird unser heutiger Text, wenn man nicht der geglätteten Weise der üblichen Übersetzungen folgt, wo es heißt, „wer mein Fleisch ißt", sondern so übersetzt, wie es im Griechischen heißt: „wer mein Fleisch kaut, beißt, frißt". Können wir jetzt noch überlegen und zurückgelehnt lächeln in dem Bewußtsein, daß wir als Christinnen und Christen schon wissen, worum es hier geht, während die damals halt verstockt, uneinsichtig und was sonst noch waren?

Wer mein Fleisch frißt – es ist wirklich unerträglich, was Jesus sagt! Empörung macht sich in mir breit. Gut, ich habe ja was über für Provokationen, aber es muß auch Grenzen geben! Und während die Empörung immer mehr von mir Besitz nimmt, steigen leise Zweifel in meinem Herzen auf. Wie steht es eigentlich wirklich mit unserer ach so zivilisierten Welt, wie weit sind wir denn tatsächlich vom Einander-Fressen entfernt?

Kennen Sie zum Beispiel Ogoni-Land? Das Land der Ogoni liegt im Nigerdelta und nimmt dort etwa tausend Quadratkilometer ein. Es liegt auf einer fruchtbaren Küstenhochebene mit ausgedehnten Mangrovenwäldern östlich von Port Harcourt. Die zirka 500 000 Ogoni leben hauptsächlich von Landwirtschaft und Fischfang. Seit 1958 aber wird im Nigerdelta und daher auch im Ogoni-Land Öl gefördert. Den größten Anteil an der Ölförderung dort hält dabei die Royal Dutch / Shell-Gruppe. „Ein engmaschiges Netz aus Bohrtürmen und Pipelines durchzieht in unmittelbarer Nachbarschaft von Dörfern, quer durch Bauerngehöfte, Felder und Gärten das Land der Ogoni; zirka 6200 Kilometer Röhren hat allein Shell nach eigenen Angaben im Niger-Delta verlegt, um das geförderte Öl zu den Verladestationen in Port Harcourt und Bonny zu leiten – fast alle Rohre verlaufen oberirdisch. Brände, Lecks und Öllachen sind alltäglich. – Noch heute sind die Folgen einer Explosion im Jahr 1970 spürbar, als auslaufendes Rohöl in Ebubu die Felder der Ogoni verseuchte; als Sanierungsmaßnahme ließ Shell das Öl abfackeln" (Manfred Loimeier: Zum Beispiel Ken Saro-Wiwa, Lamuv-Verlag 1996, 18). Eine dicke Kruste blieb davon auf dem Boden zurück. Zusätzlich werden seit über 30 Jahren 24 Stunden am Tag Erdgase abgefackelt, so daß die Luftqualität verheerend ist. Das Trinkwasser ist in großem Maße verseucht, der Ackerboden wird unfruchtbar. Das Öl verklebt die Wurzeln der Bäume, und zehn Prozent des Mangrovenwaldes sind zerstört.

Wir beißen zwar nicht in Menschenfleisch, aber weit ab, hinter den sieben Hügeln, zerfressen wir raffiniert die Lebensgrundlage eines ganzen Volkes.

Und so steht das heutige Evangelium wie eine Apokalypse vor mir – eine Apokalypse, wo der Schleier weggezogen wurde und die verdrängte katastrophale Verfaßtheit unserer Welt zum Vorschein kommt: eine Welt des Fressens und Gefressen-Werdens. Mein Gott, wohin hat mich dieser Text geführt? Oder habe ich den Text dahin geführt? Es ist doch vom Leben die Rede und davon, daß Leben erneut in der Welt offenbar geworden ist! Und daß wir Anteil an diesem Leben haben können. Ja, sogar ewiges Leben, weil Jesus uns auferwecken wird. Dazu hat ihn der Vater gesandt, und dafür gibt er sein Leben hin.

Hingabe – der Wendepunkt liegt auf einmal klar vor Augen: nicht Fressen und Gefressen-Werden, sondern Hingabe des Eigenen, das ist das Gesetz des Lebens, und zwar nicht irgendeines jenseitigen Lebens, sondern des Lebens hier und jetzt.

Indem der Evangelist Johannes die große Brotrede Jesu genau an dieser Stelle seines Evangeliums plaziert, macht er es überdeutlich: Eucharistie feiern, Jesus im Brot gegenwärtig werden zu lassen, das ist keine Sache zum Abheben! Die Brotrede Jesu, die die Dynamik des Lebens von Gott her offenkundig macht, hat ihren Ausgang dort, wo Jesus eine große Menge nährt, indem er fünf Gerstenbrote und zwei Fische für alle austeilt. Teilen, hingeben, einander Nahrung sein, einander Lebens-Mittel sein – und das konkret.

Ewiges Leben beginnt mit dem Leben vor dem Tod. Ewiges Leben ist das Kontrastprogramm zum Fressen und Gefressen-Werden.

Eva Schmetterer

Mit in den Tag gebe Ihnen ich ein Wort des Heiligen Franz von Assisi: „Aufleuchten soll uns die Kenntnis von dir, heiligster Vater, unser Schöpfer, Erlöser, Tröster und Heiland – damit wir die Breite deiner Wohltaten, die Länge deiner Verheißungen, die Höhe deiner Erhabenheit und die Tiefe deines Gerichtes begreifen. Unser tägliches Brot gib uns: deinen geliebten Sohn, unseren Herrn Jesus Christus, gib uns heute: zum Gedächtnis, zum Verstehen und zur Verehrung der Liebe, die er zu uns hegte, und all dessen, was er für uns gesprochen, getan und erduldet hat."

Einundzwanzigster Sonntag im Jahreskreis

21. Sonntag im Jahreskreis und das Ende des johanneischen Einschubes in den Jahresregenten Markus. Ich finde das ja immer wieder – vor allem seit ich mich durch die *„Erfüllte Zeit“* intensiver mit den Texten der drei Lesejahre auseinandersetzen darf – schade, daß man sich seinerzeit zu diesem immer wieder mit Johannes durchmischten Dreierschritt entschlossen hat und nicht ein viertes, rein johanneisches Lesejahr eingeführt hat. So bleibt nämlich der große Reichtum des Johannes-Evangeliums ein weitgehend ungehobener Schatz. Ich weiß schon, es ging um den Zusammenhalt der synoptischen Evangelien, während Johannes doch ziemlich aus dem Rahmen fällt mit seiner oft sehr mystisch gestimmten und überhöhten Sicht. Aber so alle vier Jahre fände ich das reizvoll, und ich weiß mich mit dieser Ansicht in bester Gesellschaft. Vielleicht wird das immer wieder von verschiedenen Seiten herbeigeredete und auch von vielen ersehnte Dritte Konzil hier einen neuen Schritt wagen.

Aber nun zurück zu unserem heutigen Sonntag, dem letzten der Brottage. Die alttestamentliche Lesung greift das Brotbild nicht mehr auf, schließt aber an die Exoduserzählung des 18. Sonntags an, schlägt im Buch Josua nach und beschwört die Gestalt des Nachfolgers von Mose herauf, dem es gelungen war, das Volk endlich in das verheißene Land hineinzuführen.

Die Stelle beschreibt eine Versammlung, zu der der neue Führer alle Stämme Israels in Sichem zusammenruft: „Josua sagte zum ganzen Volk“, heißt es hier: „Wenn es euch nicht gefällt, dem Herrn zu dienen, dann entscheidet euch heute, wem ihr dienen wollt: den Göttern, denen eure Väter jenseits des Stromes dienten, oder den Göttern der Amoriter, in deren Land ihr wohnt. Ich aber und mein Haus, wir wollen dem Herrn dienen. Das Volk antwortete: Das sei uns fern, daß wir den Herrn verlassen und anderen Göttern dienen. Denn der Herr, unser Gott war es, der uns und unsere Väter aus dem Sklavenhaus herausgeführt hat und vor unseren Augen all die großen Wunder getan hat.“

Sie erinnerten sich also noch oder kannten zumindest die mündlich überlieferten Erzählungen vom Wasser aus dem Felsen, von den Wachteln am Abend, dem Manna am Morgen, dem treuen Begleiter in der Wolke am Tag und in der Feuersäule in der Nacht. Noch war ihre Erinnerung frisch.

Aber jene, die so lange Zeit später dem jungen Rabbi in der Synagoge von Kapharnaum zuhörten, hatten längst vergessen, daß ihr Gott das Unmögliche möglich macht und daher auch Brot sein kann für das Leben der Welt.

Joh 6,60–69

Viele von seinen Jüngern aber, die zugehört hatten, sprachen: Hart ist dieses Wort! Wer kann es anhören? Jesus aber wußte bei sich, daß seine Jünger darüber murrten. Und er sprach zu ihnen: Daran nehmt ihr Ärgernis? Wie erst, wenn ihr schaut, wie der Menschensohn dahin aufsteigt, wo er vordem gewesen? Der Geist ist der Lebendigmacher, das Fleisch taugt nichts. Die Worte, die ich zu euch gesagt: Geist sind sie und Leben. Doch es gibt unter euch manche, die nicht glauben – Jesus wußte ja vom Anfang an, welche es sind, die nicht glauben, und wer es ist, der ihn ausliefern werde. Und er sagte: Deshalb habe ich euch gesagt: Keiner kann zu mir kommen, wenn es ihm nicht gegeben ist vom Vater.
Von da an gingen viele seiner Jünger weg – zurück – und gingen nicht mehr den Weg mit ihm. Da sprach Jesus zu den Zwölfen: Wollt auch ihr davongehen? Antwortete ihm Simon Petrus: Herr, zu wem sollten wir gehen? Worte unendlichen Lebens hast du. Und wir sind des Glaubens und der Erkenntnis geworden, daß du bist: der Heilige Gottes.

(Übertragung: Fridolin Stier)

Waren es am Anfang dieses Konfliktes, wie Johannes sich ausdrückt, *„die Juden“*, also die Vertreter des Tempels, die Hüter nicht nur des Gesetzes, sondern auch die Herren des Geldes, also die Mächtigen, wie Eva Schmetterer dies vor drei Wochen ausführlich erläuterte, so sind es heute seine eigenen Freunde, die sich gegen ihn stellen und ihn unerträglich finden.

Die heutige Schriftlesung ist die letzte Sequenz im 6. Kapitel des Johannesevangeliums. Dieses ganze Kapitel arbeitet mit vielen Rückgriffen auf den von Gott gewirkten Auszug des Volkes Israel aus Ägypten. Ja, manche Exegeten sehen in dem Gang Jesu über das Wasser, der sich zwischen das Zeichen von der Sättigung der Fünftausend und der großen Brotrede Jesu schiebt, einen Anklang an den Durchzug Israels durch das Schilfmeer.

Und wenn Jesus erkennen muß, daß viele seiner Jünger und Jüngerinnen über das, was er sagt, murren, dann greift Johannes eine Vokabel auf, die bereits am Beginn des Weges des Volkes Israel ständig verwendet wird, um eine ganz bestimmte Krisensituation und -stimmung im Volk zu charakterisieren.

Sehen wir uns die entscheidende Szene an: Das Volk Israel ist den Ägyptern durch ein wunderbares und machtvolles Eingreifen Gottes durch das Schilfmeer entkommen und hat mit Mose und Mirjam Gott zu Ehren ein Lied der Rettung und Befreiung gesungen. Doch nun beginnt der Weg durch die Wüste. Wasser ist knapp, und nichts Brauchbares zum Essen ist zu finden. Und nachdem sie eben noch das Lied gesungen haben: „Singt Gott ein Lied, denn er ist hoch erhaben, Rosse und Wagen warf er ins Meer“ (Ex 15,21), fangen sie nun zu murren an: „Wären wir doch in Ägypten durch die Hand Gottes gestorben, als wir an den Fleischtöpfen saßen und Brot genug zu essen hatten. Ihr habt uns nur deshalb in die Wüste geführt, um alle, die hier versammelt sind, an Hunger sterben zu lassen“ (Ex 16,3).

Das also heißt „murren“: lieber wieder in die Sklaverei zurückgehen und sich dafür den Bauch vollschlagen können, auch wenn man daran zugrunde geht.

Das heißt „murren“: bereit sein, gewonnene Freiheit sofort wieder aufzugeben, wenn sie anstrengend und entbehrungsreich wird.

Das heißt „murren“: nicht wahrhaben wollen, daß das Land der Verheißung nicht an Ägypten grenzt; daß der Übergang von der Unterdrückung in ein gleichberechtigtes und selbstverantwortetes Gemeinwesen nicht nur ein Schritt ist; daß vielmehr vierzig Jahre durch die Wüste gegangen werden muß.

So gesehen könnte man auch sagen: „Murren“ ist eine Weise der Erkenntnisverweigerung, eine Weise, Dinge nicht wahrnehmen und wahrhaben zu wollen.

Und genau dieses Murren überkommt viele der Jünger und Jüngerinnen Jesu angesichts seiner Reden. Gerade hatten sie noch erlebt, wie Jesus das Brot und die Fische vermehrte. Sie waren begeistert gewesen und hatten zueinander gesagt: „Das ist wirklich der Prophet, der in die Welt kommen soll" (Joh 6,14), da müssen sie erleben, daß diese seine Tat zu einer eskalierenden Auseinandersetzung mit denen, die an der Macht sind, führt.

Nein, so hatten sie sich das nicht vorgestellt! Es hätte doch wie im Schlaraffenland werden können: Man setzt sich ins Gras, hört ein bißchen seinen Lehren zu, und dann muß man nur die Hand ausstrecken und den Mund öffnen: Brot und Fische kommen von selbst geflogen.

Ja, seine Zeichen sind umwerfend; aber anstatt dann vielleicht die Gitarre in die Hand zu nehmen und Halleluja zu singen und daß die Welt so schön ist und wir uns alle lieben, beginnt er zu diskutieren und legt sich mit „den Juden" an. Gerade war es noch so warm und kuschelig, und anstatt in dieser Atmosphäre zu bleiben, reißt er uns mit seinem ewigen Argumentieren wieder heraus – es ist wirklich und wahrhaftig unerträglich! Ein böses Ende wird das noch mit ihm nehmen!

Nochmals also muß Jesus Stellung beziehen, und nun gegen die, die mit ihm herumgewandert sind. Was er ihnen entgegenhält, klingt wie das Gegenteil dessen, was er soeben in der Auseinandersetzung mit „den Juden" klargemacht hat. Hatte er dort noch darauf pochen müssen, daß der Mensch als Mensch nur leben kann, wenn seine Grundbedürfnisse gestillt werden, egal ob nun Geld vorhanden ist oder nicht, und daß sich im konkreten Einander-Nähren Gottesdienst ereignet, so muß er jetzt ebenso deutlich seinen Jüngern und Jüngerinnen ins Stammbuch schreiben: „Der Geist ist es, der lebendig macht, das Fleisch nützt nichts."

Wie eben alle essentiellen Dimensionen des Lebens ist auch Essen und Trinken von zwei polaren Abgründen umgeben. Da gibt es die, für die Religion eine jenseitige Veranstaltung ist, die den Hunger in der Welt beiseite schieben und mit einem himmlischen Gastmahl wegtrösten; und dann gibt es die, denen ihr Bauch zum Götzen wird. Alle Bedürfnisse, alle Sehnsüchte, alle Kräfte werden mit Essen und Trinken zugedeckt – und die Wahrnehmung der Wirklichkeit und der Verhältnisse werden erstickt. Und so kann das Füttern auch zur Machtausübung werden. Denn die, die wollen, daß die Verhältnisse so bleiben, wie sie sind (weil das ihren Interessen dient), erreichen damit, daß den anderen der Mund gestopft wird.

Der österreichische Journalist Hans-Peter Martin hat mit einem Kollegen dieses strategische Interesse am Füttern in seinem Bestseller „Die Globalisierungsfalle“ eindringlich beschrieben. Im Fairmont-Hotel in San Francisco erlebt er 1995, wie die führenden Köpfe aus Wissenschaft, Wirtschaft und Politik über „Technologie und Arbeit in der globalen Wirtschaft“ die Zukunft der Menschheit diskutieren und beurteilen. Im Laufe der Beratungen reduziert sich das Urteil dabei immer mehr auf ein Zahlenpaar: „20 zu 80“. Und Hans-Peter Martin faßt die Prognosen zusammen: „20 Prozent der arbeitsfähigen Bevölkerung würden im kommenden Jahrhundert ausreichen, um die Weltwirtschaft in Schwung zu halten. (...) Ein Fünftel aller Arbeitsuchenden werde genügen, um alle Waren zu produzieren und die hochwertigen Dienstleistungen zu erbringen, die sich die Weltgesellschaft leisten könne. Diese 20 Prozent werden damit aktiv am Leben, Verdienen und Konsumieren teilnehmen – egal, in welchem Land. Das eine oder andere Prozent, so räumen die Diskutanten ein, mag noch hinzukommen, etwa durch wohlhabende Erben.“

Aufgrund dieser Einschätzung befaßte man sich auf dieser Konferenz in San Francisco dann nur noch mit den übrigen 80 Prozent. Von der Menge her sind sie ja schon eine Masse, die den Reichtum der 20 empfindlich stören könnte. Die politische Aufgabe lautet daher: die 80 ruhig zu stellen. Und an diesem Punkt der Diskussion machte nach Hans-Peter Martin der Ausdruck „tittytainment“ die Runde, „den der alte Haudegen Zbigniew Brzezinski ins Spiel bringt. ‚Tittytainment‘, so Brzezinski, sei eine Kombination von ‚entertainment‘ und ‚tits‘, dem amerikanischen Slangwort für Busen. Brzezinski denkt dabei weniger an Sex als an die Milch, die aus der Brust einer stillenden Mutter strömt. Mit einer Mischung aus betäubender Unterhaltung und ausreichender Ernährung könne die frustrierte Bevölkerung der Welt schon bei Laune gehalten werden.“

Es ist unerträglich – sagen die Jünger und Jüngerinnen zu Jesus. Murrende, Wahrnehmungsverweigerer nennt er sie. Und wer kann sie aus dem Sklavenhaus holen, wenn sie selbst zu den fesselnden Fleischtöpfen ziehen?

Eva Schmetterer

Zum Abschluß der heutigen *„Erfüllten Zeit“* und der Brotrede Jesu möchte ich aus dem Buch *„Dem Netz des Jägers entronnen“* von Raymund Schwager eine jener Stellen zitieren, in denen der Jesuit aus Innsbruck sich mit der Haltung der jüdischen Glaubens- und Gesetzeshüter beschäftigt: „Die Pharisäer hatten das Zeichen des Teufels auf ihn geworfen. Er aber kannte ihren Eifer und wußte, sie meinten, in Treue zum heiligen Gesetz so handeln zu müssen. Was war es mit dem Bösen, daß der Sieg über die dunklen Mächte, den sein Abba ihm geschenkt hatte, von ihnen nur als ein Werk des Anführers der Bösen beurteilt wurde? – Wie könnte dieses dunkle Reich, in dem viele feindliche Kräfte zusammenspielen, dennoch aus den Angeln gehoben werden? Es drängte ihn, seinen Einsatz für die Herrschaft des Vaters zu verdoppeln. Sollte er seinen Jüngern, die zwar oft zweifelten, in seine Verkündigung einbeziehen? Würde das Vertrauen, seine Aufgabe mit ihnen zu teilen, ihre zum Teil noch zwiespältigen Herzen vorbehaltlos öffnen und dadurch das Feuer im Land entzünden, auf das er so wartete?“

Zweiundzwanzigster Sonntag im Jahreskreis

Es ist der 22. Sonntag im Jahreskreis, den wir an diesem letzten Tag des Sommermonats August feiern. Im Mittelpunkt dieses Sonntags steht die Frage nach der Bedeutung der Gesetze, nach dem Umgang mit ihnen. Die Spannung dabei liegt zwischen den Antipoden einer Gesetzestreue als sklavisch blindem Gehorsam, dem der Buchstabe vor alles andere geht, und etwas, was der bekannte Moraltheologe P. Bernhard Häring „befreiende Verantwortungsethik“ nennt. Und diese Verantwortungsethik ist es seiner Meinung nach, die den Gehorsam verwandelt. Wörtlich: „Eine echte Verantwortungsethik umgreift, reinigt und adelt den Gehorsam. Dabei geht es vor allem um den Glaubensgehorsam, das heißt um das ehrliche, glaubensbereite Hinhören auf Gottes Wort, um das gemeinsame Bemühen im Hinhören und Hinblicken auf die Zeichen der Zeit. Die Verantwortungsethik gestaltet sich und bewährt sich in der Gegenseitigkeit des Gehorsams, des Aufeinanderhörens. Jene sind am geeignetsten für Führungsämter in Gesellschaft und Kirche, die am besten und mit feinstem Gespür auf die anderen hinhören und sich in sie einfühlen können. Dieses Hinhören ist auch die Wurzel der Verantwortungsfähigkeit. Wie kann einer lebenswahr und mit seiner ganzen Existenz antworten und Verantwortung tragen, wenn er nicht hinhören kann? Wer nicht selbst hinhört, auf den wird man letztlich auch nicht hören“ – soweit P. Bernard Häring in seinem Buch *„Meine Hoffnung für die Kirche“*.

Jesus, so wie er uns heute bei Markus begegnet, kann nicht nur hin-, sondern in die Menschen hineinhören und so auch die Hintergedanken ans Licht holen, was in so manchen Fällen durchaus auch schmerzlich sein konnte. Aber ihm ging es nun einmal nicht um menschengemachte Gesetze und ehrwürdige Traditionen, sondern um den Willen seines Abba.

Mk 7,1–8.14–15.21–23

Und es versammeln sich bei ihm die von Jerusalem gekommenen Pharisäer und einige der Schriftgelehrten. Und sie sehen, wie einige seiner Jünger mit gemeinen, das heißt ungewaschenen Händen ihre Brote essen.

Die Pharisäer wie alle Juden essen ja nicht, ohne die Hände aus einer Hohlfaust Wasser zu waschen, um so die Überlieferung der Alten zu halten. Auch vom Markt essen sie nichts, ohne es zu spülen. Und noch vieles andere gibt es, was sie zu halten übernommen: Tauchwaschungen von Bechern, Krügen und Kupfergeschirr.
Und so fragen ihn die Pharisäer und die Schriftgelehrten: Warum gehen deine Jünger den Weg nicht nach der Überlieferung der Alten, sondern essen ihr Brot mit gemeinen Händen? Er aber sprach zu ihnen: Treffend hat Jesaja über euch Blender prophetisch geredet, wie geschrieben ist:

Dies Volk ehrt mit den Lippen mich,
doch hält sein Herz sich fern von mir.
Umsonst sie mich verehren:
Denn was an Lehren sie lehren, sind Menschengebote.

Fahren laßt ihr Gottes Weisung, aber ihr haltet der Menschen Überlieferung.
Und abermals rief er die Leute herbei und redete zu ihnen: Hört alle mich an und versteht! Nichts, was von außen in den Menschen kommt, kann ihn gemein machen, sondern was herauskommt aus dem Menschen, das ist es, was den Menschen gemein macht.
Denn von innen, aus dem Herzen des Menschen, kommen die üblen Gedanken: Hurerei, Diebstahl, Mord, Ehebruch, Habsucht, Bosheit, Arglist, Ausschweifung, neidischer Blick, Lästerung, Hochmut, Unverstand. All dieses Böse kommt von innen heraus und macht den Menschen gemein.

(Übertragung: Fridolin Stier)

„Fahren laßt ihr Gottes Weisung, aber ihr haltet der Menschen Überlieferung“ schreibt Markus, und der Herrenbruder Jakobus ermahnt seine Brüder und Schwestern in einem Brief auch in diesem Sinne, wie wir in der Zweiten Lesung hören: „Nehmt euch das Wort zu Herzen, das in euch eingepflanzt worden ist und das die Macht hat, euch zu retten. Hört das Wort nicht nur an, sondern handelt danach, sonst betrügt ihr euch selbst. Ein reiner und makelloser Dienst vor Gott, dem Vater, besteht darin: für Witwen und Waisen zu sorgen, wenn sie in Not sind, und sich vor jeder Befleckung durch die Welt zu bewahren.“

Dieser Dienst an den Witwen und Waisen, stellvertretend für die Armen und Notleidenden der Welt, ist für Franz Küberl quasi zum Beruf geworden, seit er Präsident der Caritas Österreich ist. Und ich kenne ihn lang genug, um zu wissen, daß ihm dies auch schon vorher ein echtes, inneres Anliegen war. In der Werbung für die heurige August-Sammlung der Caritas werden nicht hungernde Kinder, abgezehrte Frauen und verkrüppelte Männer gezeigt, um die Hände und Brieftaschen zu öffnen, sondern Menschen, denen das Teilen, denen die Solidarität zu einem echten Anliegen geworden sind. Das ist nicht ein billiger Werbegag, sondern der Versuch, uns alle wachzurütteln und in einer Zeit zunehmender Entsolidarisierung Mitverantwortung für die anderen wieder salonfähig und damit auch tragfähig zu machen.

Franz Küberl, Präsident der Caritas, zum heutigen Evangelium:

KOMMENTAR

Der Evangelist Markus gibt uns mit diesem Text einiges aufzulösen. Der Anlaß dieser Auseinandersetzung zwischen den Pharisäern und Jesus erscheint auf den ersten Blick sinnlos. Es ist doch üblich, sich die Hände vor dem Essen zu waschen, damals schon und heute erst recht. Aber Jesus läßt sich nicht von der Argumentation der Pharisäer irritieren. Er läßt sich nicht auf ihre Interpretation des Glaubens ein, daß alles, was von der Welt komme, unrein sei und daher abgewaschen werden müsse, damit man selber gerecht vor Gott treten könne. Nein, Jesus dreht den Spieß um und wirft ihnen mit einem Jesajawort vor, daß sie Gott zwar mit den Lippen, aber nicht mit dem Herz verehrten. Mehr noch, mit ihrem Hang, mit Geboten und Vorschriften ein gottgefälliges Leben abzusichern, geben sie in Wahrheit Gottes Gebot preis und stellen die Überlieferung der Menschen über Gottes Wort. Dazu kommt noch das Stilmittel, das die Jünger Jesu als Provokation verwenden. Sie waschen sich die Hände nicht, obwohl es die Reinheitsvorschriften vor dem Essen von Brot vorschreiben. Ein Protest gegen überliefertes, überkommenes, über Bord zu werfendes äußeres Verhalten, das keine Antenne nach innen mehr erkennen läßt. Dieser Protest erinnert an die Art und Weise von Studentenrevolten, an Traditionsbruch, der bewußt als Ärgernis, besser gesagt, als Herausforderung für die Pharisäer eingesetzt wird. Um dem Ganzen die Krone aufzusetzen, behauptet Jesus dann, daß das Unreine von innen komme, vom Herzen, wo wir doch wissen, daß die Umstände an allem schuld sind und wir selbst ja nichts dafür können.

Starker Tobak am Sonntagmorgen, der mich zuallererst einmal selbst verunsichert hat. Ein Caritasverantwortlicher lebt ja mit einer ganzen Menge an kirchlichen und gesellschaftlichen Traditionen mit Normen, Tabus. Aber dann fängt er ein wenig zu graben an. Ich war vor einigen Wochen in Westafrika und habe dort eine Reihe von Projekten in Dörfern besichtigt, die sich mit dem Bau von Brunnen beschäftigen. Bis man zum Grundwasser kommt, muß man manchmal 30, manchmal 80, manchmal aber 300 m tief graben. Ob wir nicht auch in der Kirche, in uns selbst tiefer graben müssen, damit wir an die Wasser des Lebens kommen? Markus gibt uns in diesem Evangelium ein paar Anleitungen, wie wir beim Graben vorgehen sollen.

1. Gott will nicht an der Oberfläche bleiben, er will unter die Haut gehen. „Jesus ist zum Brot für das Leben der Welt geworden. Wenn die Kirche ihr Hauptinteresse darauf verwendet, den Status quo der Institution zu erhalten und zu entwickeln, dann tut sie das Gegenteil von dem, was sie tun sollte, und ernährt sich von der Herde, um ihr eigenes, institutionelles Dasein zu entfalten." Dieses Zitat des koreanischen Kardinals Kim führt uns mit aller Schärfe zur Frage, ob wir als Kirche, oder als Caritas, als Pfarre, als Frauengruppe usw. nur unser organisatorisches Überleben im Auge haben, oder ob es uns gelingt, deutlich zu machen, daß das Heil des Menschen das Ziel des Wirkens Gottes ist. In Afrika ist mir stark ins Bewußtsein gekommen, daß Evangelisierung und Entwicklung des ganzen Menschen Zwillingsschwestern sind.

Ich nenne einige Beispiele. Ein Zentrum für die Ausbildung von Katechisten in der Nähe von Bamako, der Hauptstadt Malis, vermittelt nicht nur theologische Ausbildung, die der Katechist, die Katechistin brauchen. Sie lernen auch lesen und schreiben, sie lernen moderne Methoden des Obst-, Gemüse- und Getreideanbaus. Wenn sie in ihre Dörfer zurückkehren, dann nehmen sie nicht nur Glaubensrüstzeug, sondern auch Lebensrüstzeug mit. Zu den Seelsorgestationen gehört immer auch eine Gesundheitsstation. Fallweise gibt es auch eine Versicherung, damit sich alle Menschen einen Spitalaufenthalt, der in diesen Ländern sehr teuer ist, leisten können.

Ich denke, daß sich auch bei uns in Österreich die Frage stellt, ob wir durch unseren Glauben zu einer Veränderung, zu einer Vertiefung unserer Lebensweise kommen, ob unsere Pfarren und Gruppen auch Zukunftswerkstätten des Glaubens sind. Die Nagelprobe in diesem Zusammenhang ist ja, ob es uns gelingt, auch in besonders schwierigen Lebenssituationen – denken Sie an Scheidung, Wohnungsverlust, Verlust des Arbeitsplatzes, Verlust der vertrauten Umgebung usw. – lebenswendende Seelsorge anzuwenden. Anders gesagt, ob es uns in solchen Situationen gelingt, Unheil auszuräumen und das Heil in zumindest homöopathischen Dosen ins konkrete Leben zu vermitteln.

2. Der Blick auf das heutige Evangelium zeigt ein Weiteres: Gott zielt auf unser Bestes, Gott zielt auf unser Herz. Nur was aus dem Innersten kommt, macht unrein. Jesus nennt eine Menge von Bösartigkeiten, die von innen kommen und den Menschen unrein machen. Wie aber unser Herz bilden, wie unser Herz gegen Bösartigkeiten von innen immunisieren? In Anlehnung an Albert Nolan, Dominikaner und Entwicklungsexperte, nenne ich einige Elemente der Herzensbildung, nämlich Mitleid, Empörung, Dienst an den Armen, Solidarität.

Mit-Leid: Ich denke, daß der Zugang zu den Sorgen und Bedürfnissen anderer Menschen wesentlich von der Fähigkeit zum Mit-Leiden abhängt. Die berühmte Evangeliumsstelle bei Matthäus „Was ihr dem Geringsten meiner Brüder tut, habt ihr mir getan" hat Mitleid am Schicksal anderer Menschen zur Voraussetzung. Mitleid im Lichte des Evangeliums ist emotionale Kraftquelle und hat von daher immer eine zukunftsbezogene Dimension, nämlich Gerechtigkeit herzustellen, das abschaffbare Leid abzuschaffen. Auch durch persönliches Engagement. Auch durch Spenden, die konkretes Mit-Tragen sind, und durch das betende Denken an andere.

Der Pfeiler der *Empörung:* Armut, Hunger, Krieg sind nicht gottgegebenes Schicksal, sondern großteils durch Menschen verursacht. Es braucht unsere Empörung darüber, daß Ausbeutung von Menschen täglich millionenfach passiert; es braucht unsere Empörung darüber, daß Waffen aus Industrieländern Tod und Elend produzieren; es braucht unsere Empörung darüber, daß Korruption und Unterdrückung auch in den Entwicklungsländern Politik und Wirtschaft beherrschen. Damit die Empörung des Herzens produktiv wird, muß sie darauf drängen, daß ungerechte Strukturen beseitigt werden, daß die Berge wirtschaftlicher und sozialer Ungerechtigkeiten weltweit eingeebnet werden. Empörung verdient auch, daß die meisten Industrieländer, darunter auch Österreich – trotz unverfroren geschönter

Zahlen – bei weitem nicht einmal die angepeilten 0,7 Prozent des Bruttoinlandsproduktes für Entwicklungsförderung erreichen.

Der Meilenstein des *Dienstes an den Armen:* Wir wissen aus unserer eigenen Lebenserfahrung: den Schlüssel zu unserer Entwicklung besitzen wir selbst. Dies gilt nicht nur in Österreich, dies gilt auch in Afrika. Die Menschen wissen selbst sehr gut, was sie brauchen, und sie entwickeln auch genügend Eigeninitiative. Selbst in großen Flüchtlingslagern, wo tausende Menschen auf sehr engem Platz wohnen, gibt es saubere Hütten, wird Gemüse gepflanzt, wird unterrichtet. Entscheidend ist auch hier das Einfühlungsvermögen des Herzens und nicht der Export unserer Sitten und Gebräuche.

Der Meilenstein der *Solidarität:* Es gibt verschiedene Dimensionen der Solidarität, die aus dem Herzen kommt. Es geht um den Respekt vor dem Willen und der Fähigkeit zur Selbsthilfe, es geht aber auch um Begleitung bei den Schritten zur Selbstentwicklung. Solidarität kann lokale, nationale und internationale Rahmenbedingungen für die Entwicklung von mehr Gerechtigkeit schaffen. Zur Solidarität gehört daher ebenso, daß sich die Industrieländer eine positive Strategie zurechtlegen, die mithilft, daß die Prinzipien der Menschenrechte weltweit geachtet werden.

Wenn ich mir das heutige Evangelium nochmals vor Augen halte, dann fällt auf, daß Jesus mit großer Wucht darauf hinweist, daß das Böse aus dem Herzen kommen kann. Das bedeutet aber im Umkehrschluß, daß auch das Gute aus dem Herzen kommt. Und dies bedeutet vor allem, daß wir selbst als einzelne Menschen Handlungsspielraum besitzen. Um wieviel mehr Handlungsspielraum haben wir dann als Gemeinschaft von Christen, wenn uns unser Glaube unter die Haut geht. Wenn wir uns irritieren lassen, in Frage stellen, in neue Lebensweisen hineinprovozieren. Dann sind wir anstößig für andere Menschen, weil man sieht, wie wir einander lieben, weil wir teilen. Dann können wir mit Traditionen brechen, die gegen Menschen gerichtet sind (Folter, Todesstrafe, ungerechte Güterverteilung). Dann sind die dogmatisch vorgetragenen Sachzwänge aufhebbar, daß der Mensch eben nur ein Kostenfaktor auf zwei Beinen sei.

Dann können wir mit Christus sagen: Nichts was von außen in den Menschen hineinkommt, kann ihn unrein machen.

Franz Küberl

Dreiundzwanzigster Sonntag im Jahreskreis

23. Sonntag im Jahreskreis und schon wieder September, ein Katastrophen-Sommer neigt sich seinem Ende zu, ein Sommer, der viel Leid mit sich gebracht hat in den Hochwassergebieten Österreichs und Osteuropas. Tote und Verletzte sind zu beklagen, viele Menschen haben ihr Hab und Gut verloren, weite Landstriche werden noch lange Spuren der Verwüstungen tragen. Es wird in den betroffenen Gebieten viel Gespräch, viel Zureden und Zuhören geben müssen, um die äußeren und inneren Wunden wieder zu heilen.

Auch über die Ursachen der zunehmenden Zahl und Heftigkeit der sogenannten Naturkatastrophen wird auf Experten-Ebene viel geredet, diskutiert und auch gestritten werden, und es steht zu hoffen, daß dies in Offenheit und Ehrlichkeit geschehen und auf der Grundlage von Kompetenz ausgetragen werden wird. Es macht ja wirklich nicht mehr viel Sinn, immer wieder zu behaupten, das sei halt nun einmal so und die Natur habe halt ihre tödlichen Launen. Die Chefs der größten schweizerischen und deutschen Rückversicherer – also jene, die die Schadensversicherer versichern – schlagen schon seit Jahren Alarm und behaupten, daß die wachsenden Schäden nicht mehr zu versichern seien, wenn es nicht zu einschneidenden Prämienerhöhungen käme. Wenn diese neuen Prämien aber kommen, besteht die Gefahr, daß das bei den anstehenden Riesensummen die Wirtschaft ganz schön durcheinanderwirbeln wird. Und die wachen unter den Klima-Experten sind schon seit langem der Ansicht, daß wir unser Verhalten der Schöpfung gegenüber unter allen Umständen drastisch verändern müssen, auch wenn der wissenschaftliche Zusammenhang zwischen den Katastrophen und einer schleichenden Klimaveränderung nicht hieb- und stichfest nachgewiesen werden könne.

Es wird also den offenen Dialog auf vielen Ebenen brauchen, wenn die Opfer dieses Sommers nicht vergebens gewesen sein sollen. Jedenfalls ist es nicht mehr erträglich, daß die Wissenden und die Verantwortlichen weiter wie Taubstumme herumstehen oder wie die berühmten Affen, die nicht hören, nicht reden und nicht sehen.

Heilenden Trost spricht uns der Prophet Jesaja in der heutigen ersten Lesung zu:

„Sagt den Verzagten:
Habt Mut, fürchtet euch nicht.
Seht, hier ist euer Gott!
Die Rache Gottes wird kommen und seine Vergeltung;
er selbst wird kommen und euch erretten.
Dann werden die Augen der Blinden geöffnet,
auch die Ohren der Tauben sind wieder offen.
Dann springt der Lahme wie ein Hirsch,
und die Zunge des Stummen jauchzt auf.“

Das Evangelium bleibt beim Bild der Heilung durch das Menschgewordene Wort. Nachdem alles geschehen war, sagten seine Jünger:

ER HAT ALLES GUT GEMACHT. ER MACHT, DASS DIE TAUBEN HÖREN UND DIE STUMMEN SPRECHEN.

Mk 7,31–37

Abermals kam er, aus dem Gebiet von Tyrus kommend durch Sidon, an den See von Galiläa – mitten ins Zehnstädteland. Und sie bringen ihm einen Tauben und Halbstummen und ermutigen ihn, daß er ihm die Hand auflege. Nachdem er ihn von den Leuten weg abseits genommen hatte, steckte er die Finger in seine Ohren, spuckte und hielt seine Zunge fest. Und aufblickend zum Himmel stöhnte er auf, und sagt zu ihm: Effata! Das heißt: Öffne dich! Und gleich ward geöffnet sein Gehör und gelöst die Fessel seiner Zunge, und er redete richtig. Dann mahnte er sie, es keinem zu sagen. Aber so sehr er sie mahnte: Sie verkündeten es nur um so mehr. Und bestürzt waren sie über die Maßen und sagten: Gut hat er alles gemacht. Die Tauben macht er hören und die Stummen reden.

(Übertragung: Fridolin Stier)

P. Joop Roeland, der Rektor der Ruprechtskirche in der Wiener Innenstadt, hat sich Gedanken zum heutigen Evangelium gemacht und trägt sie auf seine unverwechselbare Art vor.

Die Wunder Jesu rufen natürlich bei uns Fragen auf. Was ist da eigentlich genau passiert? Wie war das möglich? Kann man daran glauben? Auch die Zeitgenossen Jesu staunten. Aber ihr Staunen hatte doch einen anderen Akzent als unser Fragen.

Nicht nur das Neue Testament berichtet von Wundern. Nicht nur von Jesus wird erzählt, daß er wunderbare Taten vollbracht hat. Von einer ganzen Reihe Gottesmännern und Wanderpredigern aus jener Zeit sind Wunder überliefert. Rabbi Chanina ben Dosa soll mit seinem Gebet den erkrankten Sohn des Rabbi Gamaliel (um 90 n. Chr.) geheilt haben. Der heidnische Wanderprediger Apollonius von Tyana, ein Zeitgenosse des Hl. Paulus, erweckte eine Braut, die am Tag der Hochzeit gestorben war, vom Tode zum Leben. Wundergeschichten sind keineswegs typisch christlich.

Dennoch gibt es in den Wundergeschichten schon etwas, das als typisch gilt: typisch Jesus! Das Einzigartige ist nicht an erster Stelle das wundersame Ereignis, sondern die Deutung Jesu. Wunder als Zeichen der anbrechenden Gottesherrschaft. Die Wundergeschichten wollen lehren. Sie wollen hinweisen, wo Hoffnung anfängt. Einen Raum der Hoffnung zeigen sie Menschen, die in bestimmten Sachzwängen gefangen sind: in Krankheit, Hunger, Angst. Das Wiener Wort „Da kann man nichts machen“ ist aufgehoben. So ist es auch mit dieser Wundergeschichte über die Heilung eines Taubstummen. Es ist eine Geschichte für Sprachlose und Schwerhörige. Und damit holt die Geschichte über Jahrhunderte hinweg auch uns ein. Und will uns heilen.

Ist das notwendig? Denn unsere Zeit ist doch eine Zeit großer Geschwätzigkeit, der Talkshows z. B. Aber wie einsam muß ein Mensch wohl geworden sein, daß ihm nichts mehr übrig bleibt, als die Gespräche der anderen anzuschauen. Und unsere Handies! Scheinbar können wir überall zu jeder Zeit mit jedem reden. Aber was ist das für ein Fußgänger, der mitten unter den anderen Fußgängern mit jemandem redet, der gar nicht da ist. „Puppi, sei nicht so!“ hörte ich einmal jemanden in sein Handy sagen. Man fühlt sich zum Abhörer, zum Lauschangreifer erniedrigt, allerdings auch von der Hoffnung erfüllt, daß Puppi beharrlich bleibt. Früher haben die Sonderbaren auf der Straße mit sich selbst geredet. Nun reden sie mit Handies. Natürlich weiß ich auch, daß es hier nur um technische Spielereien geht. Ich möchte nichts Tragisches daraus machen. Ich möchte aber diese Spielereien schon deuten als Zeichen einer weitaus tiefergehenden Sprachlosigkeit unserer Zeit. Von Menschen, die sich selbst nicht mehr zur Sprache bringen können. Von Menschen, die in der Geschwätzigkeit unserer Zeit nichts mehr wissen vom Gespräch auf Augenhöhe.

Manchmal komme ich mit Menschen ins Gespräch, deren Ehe nur noch auf dem Papier existiert. Aus Gewohnheit und der Kinder wegen bleiben sie zusammen. Aber eigentlich haben sie sich nichts mehr zu sagen. Eigentlich hassen sie einander. In der Stille fragt man sich dann schon: Wie konnte das so weit kommen? Denn mit so viel Haß haben sie an ihrem Hochzeitstag doch nicht angefangen. Wenn diese Frage ausgesprochen werden kann, hört man öfters als Antwort: Unsere Ehe ist so geworden, als wir aufgehört haben, miteinander zu reden. Diese Sprachlosigkeit entspricht der Schwerhörigkeit unserer Zeit. Auch dazu gibt es ein technisches Zeichen. Viele Menschen sieht man auf der Straße, in der Straßenbahn, die sich mit ihrem Kopfhörer abschließen und nur ihre eigene Musik hören wollen. Wollen sie die Sprache des Alltags nicht hören? Sind sie noch imstande, die Sprache hinter der Sprache zu verstehen? Die schlimmste Sprachlosigkeit dieser Welt ist wohl jene, wo Menschen mundtot gemacht werden. Vor kurzem sah ich Bilder hungernder Kinder aus Nordkorea. Sie hatten keine Sprache mehr, nicht einmal mehr ein Weinen. Nur noch die stumme Bitte und Anklage ihrer Augen.

Tatsächlich, unsere Welt hat eine große Sehnsucht nach Sprache. Sie möchte geheilt werden. Wie Heilung anfängt, lehrt uns gleichfalls diese Wundergeschichte. Das Handeln Jesu ist eine Zeichensprache. Seine Bemühungen sind Zeichen der Liebe.

Der Exeget und Psychotherapeut Drewermann erzählt in seinem Kommentar zu diesem Markustext, wie am 4. Nov. 1970 in den Vereinigten Staaten ein Mädchen entdeckt wurde, 13 ½ Jahre alt, das von ihrem psychotischen Vater vom 2. Lebensjahr an in einer kleinen dunklen Kammer eingesperrt war. Kein Wort hatte man mit ihr geredet, und so war dieses Mädchen sprachlos. Nach sieben Jahren der nun folgenden Zuwendung gab sie zum ersten Mal eine schriftähnliche Äußerung von sich. Sie hatte die Umrisse einer Frau gezeichnet und dazu geschrieben: Ich vermisse Mama. Die linke Hand der Frau hatte sie groß gemalt und dazu geschrieben: Mamas Hand. So fing sie zu reden an. Nur die Sprache der Liebe ist eine heilende Sprache.

Die von Markus erzählte Geschichte hat noch ein paar versteckte Hinweise, die dieser Geschichte eine weite Dimension verleihen:

weit über die Biografie eines einzelnen Menschen hinaus. In der Dekapolis spielt sich diese Geschichte ab. Dekapolis: das ist das Land der Heiden, Heiden griechischer Kultur. Das muß jene sogenannten Heiden, für die Markus schrieb, schon hellhörig gemacht haben. Der Text ist ein Beispiel der frühesten Missionspredigt unter diesen sogenannten Heiden. Nun hören sie: Der Heiden Heiland ist gekommen. Auch ihnen werden die Ohren für die Frohe Botschaft geöffnet.

Der heidnische Offizier, der nach der Kreuzigung Jesu das Messiasgeheimnis verkünden darf: „Er war wirklich der Sohn Gottes", öffnet einen neuen Raum der Hoffnung für alle Menschen. Eine neue Zeit der Hoffnung fängt an, wo die Ohren der Tauben geöffnet werden und Sprachlose eine neue Sprache finden.

Joop Roeland

In den eben erschienenen nachgelassenen Texten von Bischof Florian Kuntner habe ich eine Stelle gefunden, die auf die Geschichte mit dem Taubstummen abzielt: „Der Mensch ist auf Mitteilung angewiesen. Wer sich aussprechen kann, wird glücklicher, befreiter. Wir sagen: Es ist ihm leichter. Der Vorgang der Mitteilung ist aber auf vielerlei Weise gestört. Die Ursache dieser Störung kann auf der Seite dessen liegen, der sich mitteilen will und es nicht vermag, aber auch auf der Seite dessen, dem ich mich anvertrauen möchte. Jeder Mensch sollte sich gut ausdrücken können, aber auch fähig sein, gut zuzuhören. Bei den meisten Menschen sind beide Anlagen verkümmert. Ich sehe darin die Ursache für unendlich viel Leid, das, im persönlichen Bereich beginnend, sich ausbreitet über Familien und Gruppen bis in das gesellschaftliche Leben hinein. Das Bild vom Taubstummen im Evangelium ist längst schon eine erschreckende gesellschaftliche Wirklichkeit geworden." – So Florian Kuntner in nachgelassenen Texten, die unter dem Titel *„Spuren eines Weges"* von MISSIO AUSTRIA herausgegeben worden sind.

Vierundzwanzigster Sonntag im Jahreskreis

Die Kirche feiert heute das Fest Kreuzerhöhung und zitiert jene Passage aus dem Johannes-Evangelium, in der Jesus davon spricht, daß der Menschensohn erhöht werden müsse, so wie Mose in der Wüste die Schlange erhöht hat. „Denn“, so endet die Perikope, „Gott hat seinen Sohn nicht in die Welt gesandt, damit er die Welt richtet, sondern damit die Welt durch ihn gerettet wird.“ – Darum wird es also heute in Ihrer Kirche gehen. In der *„Erfüllten Zeit“* möchte ich allerdings in der Folge der Sonntage im Jahreskreis – heute ist es der 24. – bleiben und beim Evangelisten Markus. Der Schatten des Kreuzes allerdings bleibt auch uns erhalten mit einem der vier Gottesknechts-Lieder des Propheten Jesaja. Dort steht zu Beginn des dritten Liedes:

„Gott, der Herr, hat mir das Ohr geöffnet.
Ich aber wehrte mich nicht
und wich nicht zurück.
Ich hielt meinen Rücken denen hin, die mich schlugen,
und denen, die mir den Bart ausrissen, meine Wangen.
Mein Gesicht verbarg ich nicht
vor Schmähungen und Speichel.“

Es wird nirgendwo ausdrücklich gesagt, wen der Prophet in dieser Elendsgestalt beschrieben hat, aber die kirchliche Tradition sieht in ihm das Bild dessen, der kommen soll und der dadurch, daß er den Willen des Vater ganz erfüllt, mit der Welt in Widerstreit geraten und verfolgt werden wird. Diese Spannung wird auch heute bei Markus deutlich, wenn Jesus seinen Jüngern die Frage stellt: Für wen halten mich die Leute? Während die anderen Jünger auf verschiedene Propheten verweisen, sagt Petrus klar: Du bist der Messias. Als Jesus den Seinen dann erklärt, was das im Letzten bedeutet, Petrus dies aber nicht wahrhaben will, schlägt Jesu Stimmung um und sein Wort wird schneidend.

Dann zogen Jesus und seine Jünger hinaus in die Dörfer um Cäsarea Philippi. Unterwegs fragte er die Jünger und sagte zu ihnen: Was sagen die Menschen, wer ich sei? Sie sprachen zu ihm und sagten: Johannes der Täufer – andere: Elija – wieder andere: einer der Propheten. Und nun fragte er sie: Ihr aber – was sagt ihr, wer ich sei? Petrus hebt an und sagt zu ihm: Du bist der Messias. Doch er herrschte sie an: Keinem sollten sie das von ihm sagen.
Und er fing an, sie zu lehren, es müsse sein, daß der Menschensohn viel leide, verworfen werde von den Ältesten, den Hohenpriestern und den Schriftgelehrten, getötet werde und nach drei Tagen auferstehe. Und freimütig redete er das Wort. Und Petrus nahm ihn zu sich her und fing an, ihn anzuherrschen. Er aber wandte sich zurück, sah seine Jünger und herrschte den Petrus an und sagt: Weg da, hinter mich, Satanas! Du hast ja nicht Gottes Sache, sondern die der Menschen im Sinn.
Dann rief er die Leute samt seinen Jüngern herbei und sprach zu ihnen: Wenn einer hinter mir her, mir nachfolgen will, der sage sich los von sich und nehme sein Kreuz auf – und so folge er mir! Denn: Wer sein Leben retten will, der wird es zugrunde richten. Wer aber sein Leben zugrunde richtet – um meinet- und der Heilsbotschaft willen – der wird es retten.

(Übertragung: Fridolin Stier)

Auch dieses Evangelium habe ich vertrauensvoll in die Hände von P. Joop Roeland gelegt. Irgendwann, so ziemlich mittendrin, kommt es dazu, daß der Prediger Joop den Dichter Joop Roeland zitiert aus seiner Text- und Gedichtsammlung *„Die Stimme eines dünnen Schweigens"*, die er, wie er eingangs schreibt, eigentlich anders hätte nennen wollen: Eine Sprachlehre für Christen.

KOMMENTAR

Die Frage des heutigen Sonntags, „Für wen halten mich die Leute?", ist eine Frage, die uns bekannt vorkommt. Ich denke, daß viele von uns gelegentlich fragen: Für wen halten mich die

Leute? Heilige werden oft abgebildet mit einem Symbol, das ihr Leben zusammenfaßt, das darstellt, für wen die Leute ihn oder sie gehalten haben: ein Buch, eine Blume. Nun, wie möchten Sie dargestellt werden? Was wäre für Ihr Leben das Wesentliche? Und was wäre dieses Wesentliche in den Augen der Anderen? So ungefähr fragt auch Jesus, ob die Leute das Wesentliche seines Lebens gesehen und erkannt haben: Für wen halten mich die Leute?

Tatsächlich berührt Petrus dann das Geheimnis seiner Existenz: Du bist der Messias. Im Markus-Evangelium darf dieses Geheimnis vorläufig nicht zur Sprache kommen. Es wird als Geheimnis geschützt. Erst am Ende seines Textes läßt Markus einen heidnischen Hauptmann sagen: Wahrhaftig, dieser Mensch war Gottes Sohn. – Petrus hat das Geheimnis erahnt.

Und nun kippt der Text plötzlich um, denn dieser lebensvoll ahnende Petrus wird einige Zeilen später von Jesus selbst als „Satan" beschimpft. Das ist keine Kleinigkeit. – Vor kurzem gab es in Österreich eine Debatte, welche Schimpfwörter ein Politiker verwenden dürfe und welche nicht. „Hier ist ein Saustall", dürfe er sagen. Aber den Verursacher des Saustalls wirklich „Sau" zu nennen sei nicht statthaft. Nun, das Wort „Satan" findet man in dieser Liste der Beschimpfungen nicht. Aber es ist wesentlich schlimmer als viele andere Schimpfwörter. „Satan" ist eine schreckliche, unglaublich schroffe Benennung, und das aus dem Munde Jesu. Das ist etwas, das, wenn man von unserem gewöhnlichen und sehr oberflächlichen Jesus-Bild ausgeht, so gar nicht zu ihm paßt.

Was war passiert? – Jesus hatte angefangen, über sein bevorstehendes Leiden zu reden. Er redete in aller Offenheit darüber. Petrus will das aber nicht hören und hält das einfach für ein gefährliches Gerede. Es macht ihm Angst. Gerade er, der die Wahrheit Jesu ahnte, will sich nun in ein ängstliches Verschweigen zurückziehen. Liebe, fürsorgliche Liebe kann Menschen so ängstlich machen und sie dazu bringen, die Wahrheit lieber zu manipulieren als dazu zu stehen. Damit holt diese Geschichte auch uns wieder ein. Wieviel gut gemeintes Verschönern und Anpassen gibt es nicht im Leben gerade dort, wo wir eigentlich für die Wahrheit einstehen sollten – bis zum Äußersten. Ist nicht so manche Lebensgeschichte eine Biographie der Anpassung? –

Ein Mensch ohne Eigenschaften
Er ging den Schulweg, den alle gegangen sind.
Manchmal träumte er von einem Meer und einem Schiff.

Er machte die Reifeprüfung und war dann lebenslänglich reif.
Auch das Schiff hatte er vergessen.
Er wollte ein Liedermacher werden oder auch
ein Regenpfeifer;
einer werden, der das Wachsen der Sonnenblumen hören
und das Blau vom Himmel herunterholen könnte;
oder einfach nur lernen, wie man Seifenblasen vergoldet.
Es wurde ihm ausgeredet.
So wurde er Angestellter einer Versicherungsgesellschaft.
Sicher ist sicher.
Am Anfang hatte er noch bei seiner Arbeit gesungen.
Kein Computer sang mit.
Er wäre gerne barfuß über den Rasen gegangen;
aber das Betreten des Rasens ist schon lange verboten.
Seine Hoffnung wurde klein.
Ihm blieb keine andere Hoffnung, als die auf einen Parkplatz.
Als er alt wurde, glaubte er, er habe etwas versäumt –
aber was?
Es fiel ihm nicht ein.
Als er starb, war der Sarg aus Vorrat lieferbar;
ein Durchschnittsmaß.
Er hat sich gut angepaßt, meinte zufrieden der Tischler.

Und wieder geht es um die Frage der unverführbaren Identität und der Treue zur eigenen Person. Ich möchte das abschließend zusammenfassen mit der Geschichte eines kleinen israelischen Jungen. Elie Wiesel erzählt von ihm in seiner Autobiographie *„Alle Flüsse fließen ins Meer“*. Die Geschichte spielt im Jahre 1962. Der Name des kleinen Jungen war Jossele Schuhmacher. Er wurde von seinem Großvater entführt, weil dieser der Meinung war, daß die Eltern des Buben seine religiöse Erziehung vernachlässigten. Diese Entführung verursachte große Aufregung. Der israelische Geheimdienst suchte überall auf der Welt nach dem Jungen. Irgendwann tauchte der Knabe in New York auf, und Elie Wiesel war der erste, der mit Jossele reden durfte. Es war ein eigenartiges Gespräch des Journalisten Elie Wiesel mit dem Knaben Jossele Schuhmacher. Über die Entführung wurde kaum gesprochen. Mit bewegtem Herzen erkannte Elie Wiesel in Jossele jenen Knaben, der er selber damals in Sighet, seinem Schtetl in der rumänischen Heimat, gewesen war. Die Bibel, der Talmud, jüdische Weisheitsliteratur ... Am Ende des langen Gesprächs fragte der Knabe Wiesel, wer er eigentlich sei. Darauf Wiesel: „Rate mal." Und Jossele: „Ein Botschafter." „Wieso ein Botschafter?" fragte Wiesel zurück. Und Jossele: „Weil jeder Mensch eine Botschaft in sich trägt."

So ist es. Diese Botschaft ist das Wesentliche eines menschlichen Lebens. Dieser Botschaft des eigenen Lebens hat man unangepaßt treu zu bleiben. Wer dieser Botschaft unverführbar die Treue hält, wird sie einmal als leuchtendes Zeichen in der Hand tragen.

Joop Roeland

Frère Roger Schütz, der Prior der Brüdergemeinschaft von Taizé, hat auch einmal diese Frage aufgegriffen, um die es heute vorrangig geht: Wer bin ich für dich?

„Du bist der, der mich liebt bis in das Leben, das niemals endet. Du öffnest mir den Weg zum Wagnis.

Du gehst mit mir auf dem Weg zur Heiligkeit voran. Glücklich ist dort, wer grenzenlos liebt, bis in den Tod.

Du bist es, der Tag und Nacht in mir betet, ohne daß ich wüßte wie. Mein Stammeln ist Gebet: dich bei deinem Namen zu nennen, darin erfüllt sich unsere Gemeinschaft.

Du hast es mir wiederholt gesagt: Lebe das, was du vom Evangelium begriffen hast, und sei es noch so wenig. Verkünde mein Leben unter den Menschen, folge mir nach."

Fünfundzwanzigster Sonntag im Jahreskreis

Dieser 25. Sonntag im Jahreskreis markiert herbstliche Tage, die Zeit der rotbackigen Äpfel, der buttergelben Birnen, der vollbeladenen Zwetschkenbäume, der goldenen Trauben, die eingefahren und gekeltert werden wollen. Reifezeit, Erntezeit, gute Zeit oder, wie Rainer Maria Rilke in seinem berühmten Herbstgedicht schreibt:

„Befiehl den letzten Früchten voll zu sein,
schenk ihnen noch zwei südlichere Tage und jage
die letzte Süße in den schweren Wein.“ –

Nun, ein wenig Süße würde ihm heuer sicherlich gut tun nach diesem doch eher verregneten Sommer, sonst könnte es heißen: der 97er sei ein „Sauerampfer“, oder wie ich es einmal in der Steiermark gehört habe: Heckenklescher, Nordhang, sonnenarm. –

Reifezeit, Erntezeit, gute Zeit – sie schenkt uns beides, das Brot und den Wein, die tiefen eucharistischen Symbole unseres Glaubens, die Jesus seinen Jüngern und uns allen geschenkt hat, bevor er sich auf den Weg machte, um seine Berufung zu vollenden.

Obwohl die Erste Lesung aus dem Buch der Weisheit uns zu den in der nordägyptischen Stadt Alexandria lebenden Diasporajuden entführt und uns an die Verfolgungen erinnert, denen sie dort ausgesetzt waren, zielt die heute zitierte Stelle doch darüber hinaus auf die Gestalt Jesu, die die Exegeten in dem hier angesprochenen „*Gerechten*“ erkennen wollen: „Laßt uns dem Gerechten auflauern“ – heißt es. „Er ist uns unbequem und steht unserem Tun im Weg. Wir wollen sehen, ob seine Worte wahr sind. Ist der Gerechte wirklich Sohn Gottes, dann nimmt sich Gott seiner an und entreißt ihn der Hand seiner Gegner. Roh und grausam wollen wir mit ihm verfahren, um seine Sanftmut kennenzulernen, seine Geduld zu erproben. Zu einem ehrlosen Tod wollen wir ihn verurteilen; er behauptet ja, es werde ihm Hilfe gewährt.“

Und so geschah es dann auch etwa hundert Jahre später – mit dem einen Unterschied, daß man Jesus nicht als den „Gerechten“, als gesetzestreuen Juden also, verfolgte; sondern weil er nach Meinung der Gesetzeslehrer Gott lästerte durch seine Worte und Taten.

Daß er die eigentliche Wahrheit Gottes durch sein Leben verkündete, das konnten und wollten sie nicht verstehen: sie, die Vertreter des Tempels nicht, aber auch seine Jünger hatten über weite Strecken Verständnisschwierigkeiten, weil es Jesus nicht um Macht, sondern um das Kleine in der Welt gegangen ist.

WER EIN SOLCHES KIND IN MEINEM NAMEN AUFNIMMT, NIMMT MICH AUF.

Nicht auf Markus, sondern auf Lukas bezog sich Wilhelm Bruners, als er in einem Gespräch, das ich zu Ostern mit ihm führte, auf die ganze andere Sichtweise, die ganz andere Werteskala Jesu einging: „Da ist plötzlich nicht mehr von Rom und vom Dogma des Kaisers Augustus die Rede, sondern da ist in der Mitte eine Krippe und in der Krippe ein Kind. Was aber bedeutet ein Kind in der Krippe, irgendwo am Rand der Welt gegen den römischen Kaiser und seine Gesetze? Was sind die Hirten auf den Feldern von Betlehem gegen die römischen Legionen in Palästina und Syrien? Normalerweise schauen wir auf diese Armeen und ihre ach so ruhmreichen Taten. Unsere Geschichtsbücher sind gefüllt mit den Zahlen dieser Armeen, mit ihren Siegen und Niederlagen. Für mich" – sagte Wilhelm Bruners – „ist es immer wieder berührend, daß in unseren Geschichtsbüchern Jesus nirgendwo als historische Figur auftaucht. Die Historiker leugnen die Geschichtlichkeit Jesu nicht, aber er ist für sie eine völlig uninteressante Gestalt, denn er hatte keine Armeen, er hat keine Straßen und keine Häuser gebaut, er war kein Herrscher und daher nicht geschichtswürdig. Erst seine Nachfolger ab dem vierten und fünften Jahrhundert fanden Eingang in die Geschichtsbücher. Aber die Päpste dieser Zeit stehen nicht in den Büchern, weil sie besonders fromme Leute waren, sondern weil sie Kriege geführt und sich mit den deutschen Kaisern herumgeschlagen haben."
Bei Jesus aber galten andere Werte, und er wußte, daß er um dieser anderen Werte willen leiden würde.

Mk 9,30–37

In jener Zeit zogen Jesus und seine Jünger durch Galiläa. Jesus wollte aber nicht, daß jemand davon erfuhr; denn er wollte seine Jünger über etwas belehren. Er sagte zu ihnen: Der Menschensohn wird den Menschen ausgeliefert, und sie werden

ihn töten; doch drei Tage nach seinem Tod wird er auferstehen. Aber sie verstanden den Sinn seiner Worte nicht, scheuten sich jedoch, ihn zu fragen.
Sie kamen nach Kafárnaum. Als er dann im Haus war, fragte er sie: Worüber habt ihr unterwegs gesprochen? Sie schwiegen, denn sie hatten unterwegs miteinander darüber gesprochen, wer von ihnen der Größte sei.
Da setzte er sich, rief die Zwölf und sagte zu ihnen: Wer der Erste sein will, soll der Letzte von allen und der Diener aller sein. Und er stellte ein Kind in ihre Mitte, nahm es in seine Arme und sagte zu ihnen: Wer ein solches Kind um meinetwillen aufnimmt, der nimmt mich auf; wer aber mich aufnimmt, der nimmt nicht nur mich auf, sondern den, der mich gesandt hat.

(Einheitsübersetzung)

Der deutsche Jesuit P. Martin Maier, der einige Jahre in El Salvador studiert und gearbeitet und auch längere Zeit in Indien verbracht hat, hat viel mit den Armen, Unterdrückten, den Kleinen dieser Welt zu tun gehabt. Von ihm wußte ich, daß ihm Jesu Sichtweise nicht fremd ist.

KOMMENTAR

Das Zweite Vatikanische Konzil hat von einer „Hierarchie der Wahrheiten" im christlichen Glauben gesprochen. Damit ist gemeint, daß verschiedene Glaubensinhalte von unterschiedlicher Wichtigkeit sind. Wenn ich diesen Gedanken auf unser heutiges Evangelium anwende, so möchte ich es in der Hierarchie der Wahrheiten des Evangeliums sehr hoch ansetzen. Hier sind drei Unterweisungen Jesu an seine Jünger aneinandergereiht, die die Herzmitte seiner Botschaft betreffen: eine Leidensweissagung, seine revolutionäre Umdeutung der Macht als Dienst und seine besondere Vorliebe für die Kinder.

Im Aufbau des Markusevangeliums steht die Stelle nach der sogenannten galiläischen Krise. Damit meinen die Bibelwissenschaftler den entscheidenden Wendepunkt im öffentlichen Wirken Jesu. Nach ersten Erfolgen in seinem Wanderpredigerdasein stößt er zunehmend auf Widerstand, ja Feindschaft bei den Pharisäern, den

Schriftgelehrten und den Hohenpriestern. Auch vom Volk fühlt er sich teilweise mißverstanden: die Leute erwarten von ihm, daß er mit Mitteln der Macht das Reich Israel wiedererrichten wird. Jesus scheint dadurch in eine persönliche Krise gekommen zu sein.

Das mag für einige seltsam oder sogar anstößig klingen. Wie soll Jesus als der Sohn Gottes in eine persönliche Krise kommen? Hatte er nicht ein genaues Vorauswissen von seinem Weg? Solche Fragen können zeigen, daß das Menschsein Jesu nicht ernst genug genommen wird. Krisen gehören zum Menschsein und sind nicht selten entscheidende Durchbrüche zu Neueinsichten und Neuorientierungen. Von großer Hilfe kann dabei ein Gespräch mit vertrauten Menschen sein. So fragt auch Jesus seine Jünger, für wen die Menschen ihn eigentlich halten. Die entscheidende Neueinsicht dieser Krise war für ihn, daß sein Weg im Scheitern des Kreuzes enden könnte und daß sich darin Gottes Heilsplan verwirklicht.

Die Gegnerschaft, die Jesus bei den religiösen und politischen Autoritäten auslöste, hatte wesentlich damit zu tun, daß er die gängigen Werte und Hierarchien umstieß. Das Reich Gottes, das er verkündigte, war in erster Linie für die Armen bestimmt. Er pflegte bevorzugt Gemeinschaft mit den gesellschaftlich Verachteten und Geächteten: mit den Zöllnern und Sündern, den Prostituierten, den Leprakranken. Er erkannte mit einer tiefen inneren Freude, daß sich auch darin der Heilsplan Gottes verwirklicht: seine frohe Botschaft bleibt den Weisen und Klugen verborgen, die Unmündigen und Kleinen dagegen verstehen sie und nehmen sie auf.

Auch für seine Jünger war diese Einsicht eine Herausforderung und ein Lernprozeß. Immer wieder haben sie gestritten, wer der Größte unter ihnen sei. Darin kommt eine menschliche Grundversuchung zum Ausdruck: größer, mächtiger, besser sein zu wollen als die anderen. Bis heute ist die Wurzel von so viel Gewalt und so viel Bösen das Streben nach Macht. Diesen Teufelskreis hat Jesus durchbrochen. Für ihn bedeutet groß zu sein zu dienen, sich klein zu machen, den letzten Platz einzunehmen. Er hat das selber vorgelebt, und er hat das wiederholt verdeutlicht mit seiner besonderen Zuwendung zu den Kindern.

Es muß ungewöhnlich gewesen sein, daß ein Rabbi, ein Lehrer wie er sich mit Kindern abgibt. So haben die Jünger einmal Frauen abgewiesen, die mit ihren Kindern zu Jesus wollten. Das war einer der seltenen Anlässe, wo er böse mit ihnen wurde. Er wollte ausdrücklich, daß die Kinder zu ihm kommen, „denn Menschen wie ihnen gehört das Reich Gottes" (Lk 18,16). Darauf folgt bekräftigend die feierliche Erklärung: „Amen, das sage ich euch: Wer das Reich Gottes nicht so annimmt wie ein Kind, der wird nicht hineinkommen."

In unserer heutigen Stelle geht er sogar noch weiter: „Wer ein solches Kind um meinetwillen aufnimmt, der nimmt mich auf; wer aber mich aufnimmt, der nimmt nicht nur mich auf, sondern den, der mich gesandt hat." Das erinnert deutlich an die große Gerichtsrede im Matthäusevangelium, wo Jesus sich eins macht mit den Hungernden, den Kranken, Obdachlosen und Gefangenen. Darin sehe ich die Mitte des christlichen Glaubens: Gottesliebe und Nächstenliebe bilden eine Einheit; das Verhältnis der Menschen zu Gott mißt und entscheidet sich am Verhältnis zu den Mitmenschen, und besonders zu jenen, die in einer Not- oder Leidenssituation sind.

Die besondere Liebe Jesu zu den Kindern hängt zusammen mit seiner Umwertung aller Hierarchien und Machtverhältnisse. „Wer so klein sein kann wie ein Kind, der ist im Himmelreich der Größte." Das Reich Gottes ist für die Armen und Kleinen bestimmt. Er ist in erster Linie zu denen gesandt, die in der Ordnung der Welt ganz unten stehen. So ist die Hinwendung Jesu zu den Kindern auch ein Ausdruck von Gottes Option für die Armen. Schon im Alten Testament erscheint Jahwe als ein Beschützer der Waisenkinder und Anwalt ihrer Rechte.

Von den Kindern läßt sich auch etwas ganz Wesentliches über unser Verhältnis zu Gott lernen. Ein Kind ist abhängig von seinen Eltern und vertraut darauf, daß diese für es sorgen. So drückt Psalm 131 die vertrauensvolle Hingabe an Gott in dem wunderschönen Bild eines kleinen Kindes aus, das an der Brust seiner Mutter schlummert. Die Sorge der Eltern um ihre Kinder ist für Jesus ein Gleichnis der noch weitaus größeren Sorge Gottes um uns. Jesus selber hat ein kindliches Vertrauensverhältnis zu Gott, den er mit dem kindlichen Lallwort „Abba" anredet.

Kinder können schließlich auch besondere Lehrmeister des Betens sein. Für mich ist es immer wieder faszinierend, Kindern beim Spielen zuzuschauen. Sie sind fähig, völlig im Spielen aufzugehen und alles um sich herum zu vergessen. Sie stehen ganz in der Gegenwart ihres Spiels. Ganz in die Gegenwart zu finden, ohne Zerstreuungen in die Vergangenheit oder in die Zukunft – das ist auch das Ziel von Gebet und Meditation. Spielende Kinder sind dort. Erwachsene müssen auf einem mitunter mühsamen und langen geistlichen Weg wieder dazu hinfinden.

Die Kinderfreundschaft Jesu berührt das Zentrum seiner Botschaft von Gott und dem Menschen. Martin Luther hat das ebenso schlicht wie tief zum Ausdruck gebracht: „Wer ein Kind sieht, begegnet Gott auf frischer Tat."

Martin Maier

Immer wieder im Evangelium verweist Jesus auf die Bedeutung der Kleinen, der Unbekannten, der Namenlosen, der Ohnmächtigen und Armen und zusammen mit ihnen auf die zentrale Rolle der Kinder. Die Kinder aber waren es immer, die unter den Unbilden der Geschichte, unter den Kriegen und Hungersnöten am meisten gelitten haben. Und heute? – Einerseits betreibt die Wohlstandsgesellschaft geradezu einen Kult mit Kindern, wenn es um materielle Dinge geht. Andererseits aber muß man sich doch fragen: Was bedeuten Kinder in unserer Gesellschaft, wenn man hört, daß Kindesmißhandlung, daß sexuelle Folter, Kinderpornographie beinahe schon zum Alltag gehören? Was gilt dieser Gesellschaft die Würde und Unantastbarkeit des Kindes, wenn da keiner wirklich aufschreit, sondern alle ungerührt zur Tagesordnung übergehen bei einem heuchlerischen „schrecklich, schrecklich" – stehenbleiben und wegschauen, wenn das nächste Kind, das nächste Mädchen, der nächste Bub belästigt werden?

Sechsundzwanzigster Sonntag im Jahreskreis

An diesem 26. Sonntag im Jahreskreis ist es die menschliche Selbstgerechtigkeit, die im Mittelpunkt steht. So ist es nun einmal: Wir Menschenkinder neigen dazu, das was uns zukommt, was uns geschenkt wird, als wohlverdienten Lohn für unsere Verdienste und Mühen, als selbstverständlich anzusehen und mit Zähnen und Klauen gegen andere zu verteidigen, egal ob es sich um materielle oder immaterielle Gaben handelt. Wir wollen immer genau wissen, was uns zukommt, und wachen eifersüchtig darüber, daß ein anderer nicht etwas bekommt, was ihm unserer Meinung nach nicht zusteht.

Das wird schon in der ersten Lesung aus dem Buch Numeri deutlich, wenn Jahwe, nachdem er mit Mose geredet hatte, etwas von seinem Geist auf die siebzig Ältesten legte, die daraufhin in prophetische Verzückung fielen. Zwei von ihnen waren nicht bei den Versammelten, sondern im Lager geblieben; und trotzdem senkte sich der Geist auch über sie, und auch sie gerieten in Verzückung. Da wurde Josua, der von Jugend an Diener des Mose gewesen war und auch sein Nachfolger werden sollte, eifersüchtig und sagte: „Mose, mein Herr, hindere sie daran!" – Nur weil sie im Lager geblieben waren, hätten sie seiner Meinung nach die Gabe des Geistes nicht verdient. Mose allerdings wies ihn zurecht: „Willst du dich für mich ereifern?" und fügte hinzu: „Wenn nur das ganze Volk des Herrn zu Propheten würde, wenn nur der Herr seinen Geist auf sie alle legte!" – Mose hatte verstanden, aber für Josua war der Weg zur Weisheit noch weit, der Weg zur Erkenntnis, daß der Geist Gottes weht, wo er will, sich verschenkt, an wen er will, und es nicht in der Macht des Menschen liegt, ihn nach eigenem Gutdünken zuzuweisen oder wegzunehmen.

Im Jakobusbrief, aus dem die Zweite Lesung zitiert, geht es nicht um die Gabe des Geistes, sondern um das Zusammenraffen materieller Dinge, um eine scharfe Mahnung an die Reichen: „Noch in den letzten Tagen" – schreibt Jakobus – „sammelt ihr Schätze. Aber der Lohn der Arbeiter, die eure Felder abgemäht haben, der Lohn, den ihr ihnen vorenthalten habt, schreit zum Himmel; die Klage derer, die eure Ernte eingebracht haben. Darum – ihr Reichen, weint nur und klagt über das Elend, das euch treffen wird."

Diese Mahnung gilt auch uns, denn es ist egal, ob es viel oder wenig ist, an das wir uns klammern; es ist egal, ob es viel oder wenig ist, das wir anderen neiden. Wenn unsere Stunde gekommen ist, werden wir nicht danach gefragt werden, sondern danach, wie wir seine geringsten Brüder, seine gedemütigten Schwestern behandelt, ob wir geschwisterlich mit ihnen geteilt haben das Brot, das Wort, die Zeit, unser Leben.

WER NICHT GEGEN UNS IST, DER IST FÜR UNS.

Neid und Mißgunst machen klein und eng; Freigiebigkeit, Großzügigkeit weiten das Herz. Bernhard Häring, der große Moraltheologe, schreibt: „Wenn wir wirklich den Glanz unseres Habens und Könnens vor Gott, dem Geber alles Guten, erahnen und ehren, dann kleben wir nicht daran. Dann mißbrauchen wir diese Reichtümer und Fähigkeiten nicht zur Selbsterhöhung und falschen Selbstsicherung. Wir treiben keinen Götzenkult, sondern sind und werden immer freier, frei zum Geben und Empfangen. Dem Freigiebigen werden alle seine Besitzungen, seine Fähigkeiten und Möglichkeiten zu einem Schatz, der im Himmel aufbewahrt wird, indem er den Nöten anderer dient, Menschen ehrt und beglückt." – Davon aber hatten die Jünger, auch Johannes, der Jünger, den Jesus liebte, noch nichts begriffen, denn er neidete anderen sogar, daß sie Gutes taten.

Mk 9,38–43.45.47–48

In jener Zeit sagte Johannes, einer der Zwölf, zu Jesus: Meister, wir haben gesehen, wie jemand in deinem Namen Dämonen austrieb; und wir versuchten, ihn daran zu hindern, weil er uns nicht nachfolgt. Jesus erwiderte: Hindert ihn nicht! Keiner, der in meinem Namen Wunder tut, kann so leicht schlecht von mir reden. Denn wer nicht gegen uns ist, der ist für uns. Wer euch auch nur einen Becher Wasser zu trinken gibt, weil ihr zu Christus gehört – amen, ich sage euch: er wird nicht um seinen Lohn kommen.
Wer einen von diesen Kleinen, die an mich glauben, zum Bösen verführt, für den wäre es besser, wenn er mit einem Mühlstein um den Hals ins Meer geworfen würde.
Wenn dich deine Hand zum Bösen verführt, dann hau sie ab; es ist besser für dich, verstümmelt in das Leben zu gelangen,

als mit zwei Händen in die Hölle zu kommen, in das nie erlöschende Feuer.
Und wenn dich dein Fuß zum Bösen verführt, dann hau ihn ab; es ist besser für dich, verstümmelt in das Leben zu gelangen, als mit zwei Füßen in die Hölle geworfen zu werden.
Und wenn dich dein Auge zum Bösen verführt, dann reiß es aus; es ist besser für dich, einäugig in das Reich Gottes zu kommen, als mit zwei Augen in die Hölle geworfen zu werden, wo ihr Wurm nicht stirbt und das Feuer nicht erlischt.

(Einheitsübersetzung)

Es ist eine drastische Sprache, die Jesus nach der Überlieferung des Markus spricht, aber er wird schon gewußt haben, welche Sprache die Menschen seiner Zeit und Gesellschaft verstanden – und es war ihm wichtig, daß sie verstanden, was er mit Ärgernis, mit Skandal meinte, um sich gegen die Definitionen der Mächtigen abzusetzen.

Matthäus Fellinger, gelernter Theologe und Journalist von der Linzer Kirchenzeitung, hat Überlegungen zum Evangelium angestellt.

KOMMENTAR

Wem gehört Jesus? Auf diese Frage stößt man unweigerlich beim Hören des Evangeliums dieses Sonntags. Einer, der gar nicht zum engeren Kreis gehörte, hat getan, wovon die Jünger meinten, das könnte oder dürfte doch nur von Jesus selbst oder von dem von ihm sanktionierten Kreis getan werden. Sie wollten diesen Menschen hindern, Dämonen auszutreiben. Das ist seine Sache nicht, dachten sie.

Wer nicht gegen uns ist, der ist für uns, sagt Jesus. Eine einfache Antwort. Aber die Kirche hat im Lauf ihrer Geschichte lange gebraucht, bis sie die Antwort auch wirklich anerkannt hat. Erst unser Jahrhundert, erst das Zweite Vatikanische Konzil hat die alte Lehre zurückgestellt, daß es außerhalb der Kirche kein Heil geben könne, hat anerkannt, daß auch der Glaube und die Taten der Menschen anderer Religionen im Heilsplan Gottes Achtung und Geltung verdienen.

Sind wir wirklich soweit? Der Streit „Wem gehört Jesus?" ist in der religiösen Landschaft entbrannt wie selten zuvor. Zwar sind es nicht die Glaubenskriege, mit denen man die Frage wie in früheren Jahrhunderten zu entscheiden versucht. Man hat dazugelernt. Auch religiöse Fragen werden heute eher nach den Gesetzen der Marktwirtschaft entschieden. So versucht man Menschen anzusprechen mit den Mitteln, die die Werbewirtschaft anbietet, auf Vierfarbprospekten und Sendeplätzen, mit psychologischen Kniffs, und es ist immerhin ein langes Studium notwendig, ehe man im Namen Jesu offiziell lehren darf.

Andere kümmern sich wenig darum. Berufen zu sein, sagen sie, genügt; den Geist empfangen zu haben, das reicht. Wem gehört Jesus – den Charismatikern oder den nüchternen wissenschaftlich ausgebildeten Theologen? Statt zusammenzufinden, läuft die Sache auseinander. Wir sind die Richtigen, bei euch ist etwas faul! So denken viele. So reden sie voneinander – und nennen sich dennoch alle Christen.

„Wer nicht gegen uns ist, ist für uns." Diese Antwort Jesu auf die Zersplitterung der Gläubigen sollte im Gewissensspiegel der großen wie der kleinen Konfessionen nicht untergehen. Sie mahnt zur Weite. Sie wirbt dafür, gut vom anderen und für andere zu denken.

Auch der Anlaß, bei dem die Frage erörtert wird, ist – man wird es sagen dürfen – für heutige Verhältnisse etwas fremd und fast eigenartig. Einer, der nicht zum Kreis gehörte, hat Dämonen ausgetrieben, und Jesus sagt: Hindert nicht! Wer treibt denn heute noch Dämonen aus? Machen das nicht die anderen, die von den Sekten oder die gerade noch tolerierten Randgruppen der Kirchen mit ihren düsteren, nicht durchschaubaren Zeremonien? Das riecht nach geheimen Bünden, nach okkulten Praktiken. In eine offene Kirche mit freundlichem Antlitz, in eine Kirche der Frohbotschaft – und wer wollte sie nicht – paßt so etwas nicht.

Dämonen, böse Mächte aufzudecken, sie auszutreiben, das ist ein Werk des Glaubens. Eine gute Tat nennt das Jesus.

Besessen von Besitz. Gefangen von den Fesselungen der modernen Freizeitindustrie. Gerüstet gegen das Unvorhersehbare. Versichert gegen das „Wenn doch einmal" und „Für alle Fälle". Vollgestopft mit Ausreden, die eine Lebensänderung entschuldigen. Gewappnet mit Gesetzen, die den Wohlstand sichern und was ihn bedroht – die Armen vor allem – fernhalten.

Dämonen gibt es nicht? So sagt es der Verstand, der nicht versteht. Dämonen sind die ins Gegenteil verkehrten Kräfte und Talente des Menschen. Wenn es gelänge, sie aufzudecken, sie zu verwandeln? Dann könnte aus dem Dämon des Fanatismus, der dem anderen zujubelt, aber sich nur selbst damit meint, wieder die fruchtbare Kraft der Freude am anderen Menschen werden. An die Stelle der Angst, die den anderen kleinzuhalten versucht, könnte der Mut zugunsten des Nächsten treten. Von Dämonen befallen zu sein, das ist wie eine Krankheit, und es ist schwer, dagegen aufzukommen.

Aber es gibt sie: Menschen, die andere von den krankmachenden Ängsten frei machen. Wer immer es ist, sagt Jesus, es ist gut, wenn es geschieht. Und er muß gar nicht zu uns gehören. Um so mehr, wenn wir zu ihm gehören. Dann wüßten wir ja den großen Ermutiger auf unserer Seite, der uns herauszulösen vermag aus der Sorge um uns selbst, wie er auch seine Jünger von der Frage frei gemacht hat, wer nun unter ihnen der Erste sein sollte oder wer, wie im heutigen Evangelium, nun eigentlich dazugehören darf.

Auf die Kirche paßt in diesem Sinne weniger das Bild der festen Burg, die die Außenwelt als die feindliche Welt betrachtet. Es paßt eher das Bild des offenen Hauses, zu dem viele Zutritt haben sollen, alle, die guten Willens sind und gute Taten vollbringen. Jesus läßt sich nicht besitzen oder wie ein Besitz verwalten. Wer es dennoch tut, wird zur Sekte, trennt sich ab aus der Großzügigkeit und Weitherzigkeit Jesu, die sich eben nicht einfach besitzen läßt.

Es ist, weil sie so gar nicht in die Schemata heutigen Denkens passen, auch wichtig, etwas zu den weiteren Sätzen des heutigen Evangeliums zu sagen. Wenn dich deine Hand zum Bösen verführt, dann hau sie ab, denn es ist besser, verstümmelt durch das Leben zu gehen, als mit zwei Händen in die Hölle zu kommen. Redet da Jesus der Verstümmelung das Wort? Nein: Es ist gerade ein Satz gegen die Verstümmelung des Menschen, seine Verkümmerungen.

Mensch, entdecke deine Möglichkeiten. Gebrauche deine Hände, nicht nur deine Ellenbogen, mit denen du dich durchs Leben manövrierst. Tu nichts Böses mit deinen Händen. Du verlierst die Chancen deines Lebens, wenn du deine Hand nur als Werkzeug zum Zusammenraffen gebrauchst, wenn du statt guter Gaben nur Schläge austeilst. Du lebst vorbei an deinen Möglichkeiten, wenn du mit deinen Händen nur dem applaudierst, von dem du für dich selbst etwas erwartest. Dann hast du dich selbst verstümmelt, weil du nicht ahnst, wozu deine Hände da sind. Wer keine Hände hat, hätte mehr zuwege gebracht. Andere tun Gutes. Richten auf mit ihren Händen, teile nicht Steine aus, sondern Brot.

Und auch mit den Augen ist es so: Wenn dich dein Auge zum Bösen verführt, reiß es aus. Wenn du nur mit Argusaugen siehst, wenn du den Blick des Schergen hast, der dem anderen nach dem Leben trachtet, wenn du nur das dir Nützliche siehst und vor allem anderen die Augen verschließt, dann bringt dich dein Auge um deine Möglichkeiten und es wird dunkel um dich. Ein Blinder könnte mehr sehen als du.

Seine Kräfte zu entdecken, sie zu kultivieren und fruchtbar zu machen, darauf kommt es an. Die Leidenschaft, die wir für eine Fußballmannschaft oder was immer es ist, empfinden, weiterwachsen zu lassen zu einer Leidenschaft für jene Menschen, die Beistand brauchen, das wäre etwas. Oder die Bewunderung für den großen Schauspieler oder für eine Sängerin ebenso aufkommen zu lassen für die bescheidenen Leistungen der eigenen Kinder, des eigenen Lebenspartners, es ließe sich besser leben, wenn das gelänge. Unser Mitgefühl für ein in einem Film dargestelltes Schicksal ins Mitgefühl für wirklich lebende Menschen, für die Leidenden in der eigenen Umgebung umzuwandeln, das wäre es.

Einer in der Umgebung Jesu hat es getan, hat sich dabei sogar auf Jesus berufen. Darf er denn das?, haben sich die Jünger gefragt. Laß ihn, hat Jesus geantwortet. Wer in meinem Namen Bewundernswertes tut, kann so schlecht nicht sein.

Matthäus Fellinger

Siebenundzwanzigster Sonntag im Jahreskreis

An diesem 27. Sonntag im Jahreskreis begegnen wir zuerst im Buch Genesis einer altbekannten Geschichte. Gott sagt: „Es ist nicht gut, daß der Mensch – gemeint der Mann – alleine bleibt“, und er schreitet ans Werk, schickt Adam einen tiefen Schlaf, nimmt ihm eine Rippe heraus, baut daraus eine Frau, Eva, die er dem Erwachenden „zuführt“ – so haben wir es alle gehört und gelernt. Aber wie vieles, das in den Büchern steht und aus der Deutung einer Zeit stammt, deren naturwissenschaftliche Erkenntnis eben noch enge Grenzen hatte, so ist auch diese lieb gewordene und von manchen immer noch wörtlich verstandene Geschichte eben Deutung, Deutung eines liebevollen Handelns Gottes, auch wenn in dessen Schöpfungsplan etwas anderes eingebaut war, von Anfang an. Erst in diesem Jahrhundert fanden Forscher dies heraus.

„Die menschliche Urnatur ist feminin“, lese ich und weiter: „Das Y-Chromosom muß ständig um sein Überleben kämpfen. Der basic human code besteht aus zwei X-, also zwei weiblichen Chromosomen. Das Y ist die Alteration, die Abweichung. Wenn es alleine ist, kann es nicht überleben. Es braucht das X – das weibliche – zur Ergänzung, sonst stirbt es. Das weibliche X-Chromosom aber kann alleine leben. Die Frau entstand also nicht aus dem Mann, sondern der Mann aus der Frau.“

Dieses Wissen ist schon einige Jahrzehnte alt und doch, so scheint es, bis heute eines der bestgehüteten Geheimnisse der Wissenschaft. Publiziert schon, aber nicht wirklich akzeptiert, weil es immer noch nicht ins Konzept einer Männerwelt paßt. Erstaunlicherweise hat sich die Menschheit mehr oder weniger daran gewöhnt, daß der erste Mensch nicht ein weißer Adonis, sondern ziemlich sicher dunkelhäutig war und irgendwo in Afrika, wahrscheinlich im Großen Grabenbruch, zu seinem menschlichen Bewußtsein fand. Was aber offenkundig noch immer nicht akzeptiert werden kann, ist der Satz: „Sie war schwarz, sie schuf die Sprache und den Anfang jeglicher Kultur.“

Nicht um die Frage Frau *oder* Mann, wie in der Ersten Lesung, sondern um das Problem Mann *und* Frau, um die Problematik Ehe und Familie kreist die Perikope des Markusevangeliums, die heute im Zentrum steht.

WEGEN EURER STURHEIT VERPFUSCHTE MOSE DAS KONZEPT GOTTES.

Mk 10,2–16

In jener Zeit kamen Pharisäer zu Jesus und fragten: Darf ein Mann seine Frau aus der Ehe entlassen? Damit wollten sie ihm eine Falle stellen.
Er antwortete ihnen: Was hat euch Mose vorgeschrieben? Sie sagten: Mose hat erlaubt, eine Scheidungsurkunde auszustellen und die Frau aus der Ehe zu entlassen.
Jesus entgegnete ihnen: Nur weil ihr so hartherzig seid, hat er euch dieses Gebot gegeben. Am Anfang der Schöpfung aber hat Gott sie als Mann und Frau geschaffen. Darum wird der Mann Vater und Mutter verlassen, und die zwei werden ein Fleisch sein. Sie sind also nicht mehr zwei, sondern eins. Was aber Gott verbunden hat, das darf der Mensch nicht trennen.
Zu Hause befragten ihn die Jünger noch einmal darüber. Er antwortete ihnen: Wer seine Frau aus der Ehe entläßt und eine andere heiratet, begeht ihr gegenüber Ehebruch. Auch eine Frau begeht Ehebruch, wenn sie ihren Mann aus der Ehe entläßt und einen anderen heiratet.
Da brachte man Kinder zu ihm, damit er ihnen die Hände auflegte. Die Jünger aber wiesen die Leute schroff ab.
Als Jesus das sah, wurde er unwillig und sagte zu ihnen: Laßt die Kinder zu mir kommen; hindert sie nicht daran! Denn Menschen wie ihnen gehört das Reich Gottes. Amen, das sage ich euch: Wer das Reich Gottes nicht so annimmt, wie ein Kind, der wird nicht hineinkommen. Und er nahm die Kinder in seine Arme; dann legte er ihnen die Hände auf und segnete sie.

(Einheitsübersetzung)

Über diesen Text hat der spanische Claretinerpater Joseph Cascales von der Cursillo-Bewegung seine Reflexionen für den heutigen Sonntag angestellt.

KOMMENTAR

Das heutige Sonntagsevangelium ist brisant und wirkt – erst recht in unseren Tagen – provozierend. Über das Anliegen dieses Evangeliums diskutieren die Menschen, auch die Christen, ohne Unterlaß und kommen zu recht disparaten Ergebnissen. Sehr leicht können wir jetzt an die Worte des Beichtvaters Karls V., des Franziskanerpaters Johann Glapion, denken: „Die Bibel ist wie Wachs, das ein jeder nach seinem Belieben kneten und strecken kann." Doch gerade diese Worte machen uns aufmerksam, wie wichtig, wie entscheidend es ist, die Bibel, das Evangelium, die Worte Christi in seinem Geist und mit seinem Geist zu interpretieren. Dazu sind die gesamte Kirche und sogar alle Menschen guten Willens aufgerufen. Wir wissen, wie oft Päpste in der Interpretation der Hl. Schrift sich geirrt haben. Wir dürfen weder die Bischöfe noch den Papst allein lassen.

Gehen wir aber ein bißchen der Reihe nach in unserer Reflexion über das heutige Evangelium. Dieses ist fast wie ein geistiges Feuerwerk: da leuchten eine ganze Reihe Lichter, sogar in allen möglichen Farben.

Nun fragen wir uns: Was war das „nicht verpfuschte Konzept" Gottes über die Ehe? Erstens will Gott den Menschen als Frau und Mann! So ist der Mensch von Geburt an auf die Suche nach dem Anderen angelegt ... um die Liebe in Fülle zu verwirklichen. Von der Schöpfung her können wir sagen, daß das natürliche Du der Frau der Mann und das natürliche Du des Mannes die Frau ist. Und das hat seine Geltung mit und ohne Erotik und Sexualität. Zweitens stellt uns Christus das Ideal der Ehe, des Ehelebens ganz klar dar: Dieses Ideal ist, daß die zwei Personen eins werden (Fleisch in diesem Zusammenhang bedeutete für die Hebräer soviel wie Person).

In einer meiner Schriften habe ich einmal geschrieben: „Die Ehe ist der Ort der Freundschaft, und Freundschaft ist möglich, wo Reichtum des Geistes ist." Diese Tatsache macht uns klar, daß das Eheleben viel Reife voraussetzt, oder daß das Eheleben ein gewaltiger Ruf ist, ständig in der Reife zu wachsen. Das Eheleben verlangt Mystik und ist eine Mystik. Ich meine hier mit dem Wort Mystik die Sehnsucht nach dem Erlebnis der vollendeten Liebe in der Einheit!

Eigenartig, daß fromme Menschen, wie die Pharisäer, Christus eine Falle stellen wollen gerade in dem Bereich, in dem die Liebe sich am schönsten, lebendigsten verwirklichen kann und soll! Die Antwort Christi fürs erste kann uns in Staunen versetzen: „Wegen eurer Sturheit hat Mose das Konzept Gottes über die Ehe verpfuscht." So drückt es kommentierend der große Exeget Juan Mateos aus. Man kann es vielleicht auch so darstellen: Zur Zeit Moses ging das Volk mit der Ehescheidung sehr leichtfertig um. Mose sah ein, daß er von seinem Volk in dieser Hinsicht keine Veränderung verlangen, erreichen konnte. Er sah ein, Gott mußte nachgeben ... Ja, Gott steht im Dienste des Menschen! Der Mensch braucht Gott! Gott kommt aber leicht ohne Menschen aus!

Dieses Evangelium macht wohl aufmerksam auf so manche Probleme der Ehe. Wir können den Eindruck bekommen, daß man in unseren Tagen vor lauter Diskussionen über die Probleme das Eigentliche vernachlässigt. Die alten Griechen sagten: „Der Mensch wird dem gleich, was er lange anschaut." Fügen wir hinzu: „mit Sehnsucht anschaut". Müßten sich Mann und Frau, im allgemeinen gesehen, nicht viel mehr gegenseitig mit Sehnsucht anschauen? Die ganze Person! Auch leiblich! Unser Blick mit Sehnsucht kann übrigens auch den anderen verwandeln. Wie gut sagt Johannes vom Kreuz: „Ya bien puedes mirarme después que me miraste que gracia y hermosura en mi dejaste" – „Schau mich ruhig an, denn nachdem du mich angeschaut hast, hast du in mir Lieblichkeit und Anmut hervorgerufen." Sich anschauen mit Sehnsucht, ist auch, sich umarmen mit Sehnsucht. Und da die Ehe christlich ein Sakrament ist, ist sich umarmen auch ein sakramentales Ereignis – erst recht in der sexuellen Umarmung. Sogar der jetzige Papst sagte einmal, wie beseligend der Leib sein kann, d. h. „die Männlichkeit und Weiblichkeit". Sicher ist diese Mystik die zentrale Aussage im heutigen Evangelium.

Christus sagt im heutigen Evangelium: „Was Gott verbunden hat, das darf der Mensch nicht trennen." Ist Gott die Liebe, was wird er anderes wollen? Jede Liebe ist auf Ewigkeit hin angelegt. Ehe ist der Ort der vollendeten Freundschaft. Ehe ist auch Familie. Und Familie braucht Beständigkeit. Familie ist ein Nest der Liebe, der Geborgenheit, der angstlosen Freiheit, ein Nest, das das Leben für die grenzenlosen Weiten des menschlichen Herzens befähigt. Das beständige Nest der Familie wird das Wachsen der Kinder in der Liebe, in der Freude und in der Freiheit ermöglichen. Und in der Liebe wächst der Mensch, wenn er in der Atmosphäre der Liebe lebt. Sehr gut sagte der bekannte Kinderarzt Dr. Czermak, daß man die Kinder, vor allem die Kleinkinder, nicht zärtlich genug lieben, ja, verwöhnen kann! Die Sprache der Strenge ist für die Kinder, vor allem für die Kleinkinder, keine Sprache der Liebe. Im Nest fühlt sich das neue Leben frei. Und die Wärme des Nestes wird den Eltern beibringen, die Kinder in Freiheit zu erziehen: auch die Kinder brauchen immer ihre Motivation. Zwingen soll man Kinder und Jugendliche – wenn irgend möglich – nicht.

Wo Liebe ist, ist Freude! Es gibt nichts, was den Menschen so sehr in aller Natürlichkeit erziehen kann, wie die Freude. Ich kann Gott nicht genug danken, daß ich eine außergewöhnlich liebevolle, freudige, befreiende Familie gehabt habe. Heute, gerade in diesen Stunden, da ich zu Ihnen rede, vor 61 Jahren, wurde mein Vater erschossen, weil er sich zu Christus bekannte. Jeden Nachmittag, nach seiner getanen Arbeit, verbrachte er längere Zeit im Gebet vor dem Tabernakel. Mein Bruder und ich – keine 10 Jahre alt damals – fanden bald heraus, daß unser Vater am liebsten und sogar freigiebigsten war, wenn er vom Gebet kam! Und wir benützten die Gelegenheit, um von ihm unser Eis, unseren Kuchen zu erbitten. Ich hatte den Eindruck, daß der Herrgott meinen Vater so weit brachte, immer gütiger, immer freudiger mit uns zu sein. Und darum war ich schon als Kind so begeistert für diesen Herrgott!

Wie schön wäre es, wenn es bei allen Ehen, bei allen Familien, so zuginge! Liebe ist nicht auf Zeit! Aber nicht selten zermürbt die Zeit die Liebe – oder wenigstens die Verbindungen, den Umgang, die liebevoll sein müßten.

Was machen, wenn eine Ehe, eine Familie, nicht mehr eine Ehe, nicht mehr eine Familie ist? Ein Freund erzählte mir: Zwei Soldaten in seiner Heimat fanden bei ihrer Rückkehr nach dem Weltkrieg heraus, daß ihre Frauen mit anderen Männern gegangen waren. Der eine Soldat suchte sich eine neue Frau und lebte glücklich! Der andere hörte auf die Stimme der Kirchenmänner, die ihm verboten, noch einmal zu heiraten. Dieser Soldat verwahrloste in seinem Leben, wurde Alkoholiker – er fand sich nie mehr im Leben zurecht.

Puritaner und Eiferer werden vielleicht dazu sagen, dieser arme Soldat hätte sich mehr bemühen sollen, noch mehr Freude in Gott zu finden. Ich muß bekennen, daß ich eine solche Art zu reden, eine solche Art zu reagieren bei der Not eines Menschen, nie bei Christus im Evangelium gefunden habe. Hat Christus, hat Gott für Menschen, die mit oder ohne Schuld bei einer ersten Ehe nicht ausgekommen sind, keine Antwort auf dieser Welt? Der bekannte und führende Moraltheologe unseres Jahrhunderts, P. Bernhard Häring, hat eine Broschüre geschrieben mit dem Titel „Ausweglos?“, in der er zeigt, daß man Menschen in einer solchen Situation christlich einen richtigen Ausweg zeigen muß und kann. Der hl. Paulus im 1. Korintherbrief zeigte eine Lösung für Menschen, die in der Familie nicht mehr in Frieden leben konnten. Sie durften wieder heiraten: das sogenannte „Privilegium Paulinum".

Johannes XXIII. sagte in seiner ersten Rede als Papst: „Gott ist die Freude." Und wo finden wir diesen Gott der Freude, diese Freude Gottes? Eine der besten Stellen ist ohne Zweifel die Ehe, die Familie.

Joseph Cascales

Anläßlich einer Hochzeit, die er mit jungen Freunden feierte, schrieb P. Joseph Cascales im Jahr 1993 Zehn Worte zu Ehe und Familie. Nur einige seien zitiert: Gebt die Sehnsucht nie auf, Liebe, Gemeinschaft und Freundschaft in der Ehe intensiv und beglückend zu erleben und erleben zu lassen. Schenkt und laßt euch beschenken, denn im Geschenk ist Liebe, und Liebe ist Geschenk. Pflegt einen offenen und intensiven Dialog: Freundschaft wächst mit dem Rhythmus, in dem der Reichtum des Geistes zunimmt und sich verschenkt. Begnügt euch nicht mit Toleranz, sondern haltet den Respekt voreinander hoch. Verlaßt nie diese Route: von der Liebe durch die Erotik zum Sexuellen und vom Sexuellen durch die Erotik zur Liebe. Leib, Seele und Geist gehören zusammen: durch die Liebkosung zur vollen Umarmung, von der Umarmung zu jeder Liebkosung. Schränkt die Horizonte und Verbindungen eures Familienlebens nicht ein: laßt eure Familie hineinwachsen in das Liebesgeflecht der Menschheitsfamilie.

Achtundzwanzigster Sonntag im Jahreskreis

Goldene Herbsttage waren uns noch geschenkt, die uns für sommerliche Kühle reich entschädigten und den Trauben noch die nötige Süße gaben. Am vergangenen Sonntag fuhr ich durch die bunt gefärbte Landschaft Niederösterreichs und immer wieder vorbei an schwer mit Trauben beladenen Wagen auf dem Weg zur Kelter. Traumbilder unter seidenblauem Himmel haben sich in meine Seele gesenkt und mich mit einer runden, tiefen Dankbarkeit erfüllt.

Am heutigen 28. Sonntag im Jahreskreis geht es auch um jene Dinge im Leben, die keinen materiellen, keinen bezifferbaren Wert darstellen und doch den eigentlichen Wert gelebten Lebens ausmachen. In der Ersten Lesung aus dem Buch der Weisheit singt König Salomo das Lob der Weisheit. Er, der als Mächtiger der Welt den Wert von Reichtum und Macht, von Schönheit und Gesundheit durchaus zu schätzen weiß, besingt die Weisheit, die er über alle Güter dieser Welt stellt:

„Ich zog sie Zeptern und Thronen vor,
Reichtum achtete ich für nichts im Vergleich mit ihr.
Keinen Edelstein stellte ich ihr gleich;
denn alles Gold erscheint neben ihr wie ein wenig Sand,
und Silber gilt ihr gegenüber soviel wie Lehm.
Ich liebte sie mehr als Gesundheit und Schönheit
und zog ihren Besitz dem Lichte vor;
denn niemals erlischt der Glanz, der von ihr ausstrahlt."

Wie schwierig es aber für die meisten Menschen ist, Weisheit, Dankbarkeit, mitfühlende Liebe den Gütern dieser Welt vorzuziehen, ja auf Macht und Reichtum, Wohlstand und Sicherheit um des Himmelreiches willen zu verzichten, das führt uns Jesus in der heutigen Perikope aus dem Markus-Evangelium überdeutlich vor Augen. Da ist ein reicher Jüngling, der vor Jesus hintritt und ihn fragt:

WAS MUSS ICH TUN, UM DAS EWIGE LEBEN ZU GEWINNEN?

Und Jesus antwortet ihm vorerst in der Sprache der altbekannten Gebote.

Du kennst doch die Gebote: Du sollst nicht töten, du sollst nicht die Ehe brechen, du sollst nicht stehlen, du sollst nicht falsch aussagen, du sollst keinen Raub begehen; ehre deinen Vater und deine Mutter!
Er erwiderte ihm: Meister, alle diese Gebote habe ich von Jugend an befolgt.
Da sah ihn Jesus an, und weil er ihn liebte, sagte er: Eines fehlt dir noch: Geh, verkaufe, was du hast, gib das Geld den Armen, und du wirst einen bleibenden Schatz im Himmel haben; dann komm und folge mir nach! Der Mann aber war betrübt, als er das hörte, und ging traurig weg; denn er hatte ein großes Vermögen.
Da sah Jesus seine Jünger an und sagte zu ihnen: Wie schwer ist es für Menschen, die viel besitzen, in das Reich Gottes zu kommen! Die Jünger waren über seine Worte bestürzt. Jesus aber sagte noch einmal zu ihnen: Meine Kinder, wie schwer ist es, in das Reich Gottes zu kommen! Eher geht ein Kamel durch ein Nadelöhr, als daß ein Reicher in das Reich Gottes gelangt. Sie aber erschraken noch mehr und sagten zueinander: Wer kann dann noch gerettet werden? Jesus sah sie an und sagte: Für Menschen ist das unmöglich, aber nicht für Gott; denn für Gott ist alles möglich.
Da sagte Petrus zu ihm: Du weißt, wir haben alles verlassen und sind dir nachgefolgt.
Jesus antwortete: Amen, ich sage euch: Jeder, der um meinetwillen und um des Evangeliums willen Haus oder Brüder, Schwestern, Mutter, Vater, Kinder oder Äcker verlassen hat, wird das Hundertfache dafür empfangen: Jetzt in dieser Zeit wird er Häuser, Brüder, Schwestern, Mütter, Kinder und Äcker erhalten, wenn auch unter Verfolgungen, und in der kommenden Welt das ewige Leben.

(Einheitsübersetzung)

Aus dem Pfarrhaus in Hollabrunn kommt heute die Stimme des Mannes, der über dieses Evangelium gründlich nachgedacht hat: Pfarrer und Dechant Gustav Pirich, der in seiner klaren und offenen Art die Dinge beim Namen nennt.

Dieser junge Mann, der da Jesus fragt: „Guter Meister, was muß ich tun, um das ewige Leben zu gewinnen?“, ist mir sehr sympathisch. Wieviele von uns satten Christenmenschen würden heute noch eine solche Frage stellen? Was bedeutet uns schon ewiges Leben? Ist es nicht doch eine billige Vertröstung auf eine vage, nicht kalkulierbare Zukunft? Vielleicht wäre diese Frage noch tragbar unter dem Gesichtspunkt: um das ewige Leben geschenkt zu bekommen –, aber es auch noch gewinnen müssen, gezwungen sein, Mühe und Anstrengung aufzuwenden?

Und doch läßt uns alle die Frage nach unserem Leben und seinem letztgültigen Sinn nicht ruhen. Eine Unruhe treibt uns um, und der vor einigen Wochen verstorbene Viktor Frankl hatte schon recht, wenn er meint: „Viele haben genug, wovon sie leben können, wissen aber nicht, wofür sie leben könnten.“

Das heutige Sonntagsevangelium führt uns hinein in die Thematik, wofür wir leben können und was menschliches Leben auf ewiges Leben hin behindert oder sinnvoll macht. In einem dreiteiligen Dialog – Jesus mit dem reichen Mann, Jesus mit den Jüngern und Jesus mit Petrus – geht es um die Frage des irdischen Reichtums als maximale Behinderung und die radikale Frage nach dem „Alles geben“ als Eröffnung eines letzten Sinnzieles auf Gott hin, der seinerseits alles für sein Geschöpf Mensch gegeben hat. Es wird uns heute schlicht und einfach die Entscheidungsfrage gestellt: „Bist du zufrieden mit all dem, was du zur Genüge hast, oder willst du wissen, wofür es sich auszahlt zu leben?“

Der reiche Mann im heutigen Sonntagsevangelium jedenfalls will wissen, wofür er lebt. Darum kommt er zu Jesus. Doch die Antwort Jesu befremdet. Für ihn war er doch ein Guter, einer der den Menschen Wohltaten erwies, den er vielleicht als Heilenden kennengelernt und als einen erlebt und gehört hat, der ganz anders von Gott redete und neue Hoffnung den Menschen gab als sonst ein Lehrer des Volkes? Jesus weist das Prädikat „Gut“ zurück und läßt damit aufhorchen. Schon jetzt, am Beginn dieses Evangelienabschnittes, der den Abschluß einer großen Jüngerunterweisung zwischen der zweiten und der dritten Leidensankündigung bildet, gibt Jesus der Frage des Mannes eine eindeutige und ausschließliche Zielrichtung. Es sind nicht seine Gebote; nicht die Gebote des für den reichen Mann so anziehenden Rabbis aus Nazaret, die eine befriedigende Antwort bieten könnten, sondern allein die bekannten Gebote des

„guten“ Gottes, die zu erfüllen Jesus gekommen ist. Diese Gebote weisen den Weg zum ewigen Leben. Sie umfassen jenes gerechte Tun vor Gott, das Gott wohlgefällt und ihn preist. Diese Gebote sind auch uns in den Zehn Geboten bekannt. Auffallend ist nur, daß Jesus die ersten drei Gebote nicht erwähnt und es bei der sozialen Reihe der zweiten Gebotstafel beläßt, wobei er den Inhalt des vierten Gebotes an das Ende der Aufzählung reiht.

Doch die Reaktion des fragenden Reichen wirkt fast enttäuscht. Das hat er als jahwetreuer Glaubender doch immer befolgt. Gibt es da vielleicht noch etwas, was über das gewohnte, gerechte Tun hinausgeht, was einen „Mehrwert“ darstellt? Gibt es da etwas, das die Normalität des gerechten Tuns überbietet? Da legt Jesus sein Augenmerk noch einmal auf diesen fragenden, reichen Mann; mit dem Blick einer Liebe, die ihn zum Endgültigen führen möchte; mit einem Blick, der ihm und seinem Leben gilt und ein letztes, aber entscheidendes Hindernis bei ihm aufdecken möchte: ein Hindernis, das einen „Schatz im Himmel“ erschwert, wenn nicht gar verhindert. Wenn es um diesen Schatz im Himmel geht, dann darf sich das gebotene Tun des Menschen nicht nur darin erschöpfen, daß es Beeinträchtigungen im menschlichen Zusammenleben verhindert, also nicht morden, nicht die Ehe brechen, nicht stehlen usw., sondern es muß darüber hinaus radikal zu einem aktiven Tun des Guten kommen, das aus dem ureigensten Lebensbereich des gläubigen Menschen kommt. Im Falle des Mannes heißt diese entscheidende Facette des Lebens: sein Reichtum. Verkauf ihn, trenne dich von ihm, setze ihn in Almosen für die Armen um, und du wirst einen Schatz im Himmel haben. Dahinter verbirgt sich die alte jüdische Anschauung, wo es heißt: „Die Gerechten erwarten gern das Ende, und furchtlos gehen sie aus diesem Leben. Weil sie bei dir einen Schatz von Werken haben, der in den Vorratskammern aufbewahrt wird.“ Zudem fordert Jesus den Fragenden auf, ihm nachzufolgen, denn mit diesem Aufgeben des Reichtums würde er sich mit ihm solidarisieren und sein Leben mit ihm teilen. Doch jetzt hat Jesus bei ihm eine Grenze erreicht, die zu überschreiten er nicht imstande und auch nicht gewillt ist. Er wendet sich traurig ab. Er geht fort.

Wenn Markus diese Begebenheit mit solcher Pointiertheit und Radikalität in seine Verkündigung und seine Gemeindeunterweisung hineinnimmt, dann muß das seine guten Gründe gehabt haben. Gute Gründe, die für uns Christen, die wir uns ja so selbstverständlich auf Jesus berufen, auch heute und gerade heute gelten. Viele von uns dürfen sich doch nicht beklagen. Viele von uns leben heute, trotz aller Sparpakete und Einsparungen, die dann unter der intellektuellen Etikette des Rationalisierens laufen, immer noch im Überfluß. Und sie haben Angst, nicht um ihren Schatz im Himmel, nein, um die Sicherung des Wohlstandes geht es ihnen, um das Sichern und Vermehren der materiellen Güter. Bildlich gesprochen verlieren solche Menschen lieber Gesicht und Rückgrat als ihre wohlerworbenen Rechte auf Besitz und materiellen Reichtum. Übersehen wir aber nicht die materielle Armut vieler anderer, die sich so fast nebenbei stetig ausbreitet. Es ist wie beim Gewinnspiel: Der oder die Sieger werden zwar nicht genannt, aber da heißt es in den Medien: der oder die Millionengewinne gehen nach ..., die unzähligen Verlierer sind nirgends aufgelistet. Außerdem macht auch der materielle Reichtum krank. Das Habenwollen und Habenmüssen, gepaart mit der Gier nach immer noch mehr, entleert den Menschen, macht ihn zum Objekt des krankhaften Getriebenseins, läßt ihn rast- und ruhelos werden und seinen Lebenssinn in etwas suchen, was ihm letztendlich doch unter den erstarrenden Händen des Todes zerrinnt.

All dies spricht Jesus in seiner Aufforderung an. All dies läßt den reichen Mann traurig in sein angestammtes, normales Leben zurückkehren. Aber auch Jesus zeigt Betroffenheit, wenn er seine Jünger ansieht, die ja wirklich alles verlassen haben und ihnen nun zur Erläuterung der Fragestellung nach Reichtum und Kommen in das Reich Gottes ein Bildwort von ungewöhnlicher Aussichtslosigkeit präsentiert. Ein Nadelöhr, diese winzige Öffnung für den Faden; und ein Kamel, dessen Haar an den Nüstern nicht durch diese Öffnung der Nadel zu ziehen ist, geschweige denn das ganze Kamel. Und doch schlüpft das ganze Kamel eher durch, als ein Reicher in den Himmel eingehen kann, meint Jesus.

Das machte nicht nur die Apostel oder die Gemeinde des Evangelisten betroffen, das müßte jeden von uns betroffen machen und darüber nachdenklich werden lassen, in welchem Verhältnis der Lebensaufwand für die irdischen Güter zu dem für den himmlischen Schatz steht. Dabei ginge es zuerst nur einmal um das Teilen. Nicht um das selbstgefällige Geben aus dem Überfluß, sondern um das Teilen von substantiellen Lebensansprüchen aller Art. Teilen von Gewinn, Teilen von Arbeit und Arbeitsplätzen, Teilen von Ansprüchen und scheinbar wohlerworbenen Rechten. Jesus ruft uns einfach auf, ein Stück weit die absolute Radikalität der Liebe Gottes in seinem sich Verschenken und Entäußern an die Menschen sichtbar zu machen. Offenbar werden zu lassen, daß sich Gott besonders der Armen, Schwachen, Unterdrückten, Gescheiterten, durch Krankheit und Alter an den gesellschaftlichen Rand Gedrängten annimmt. Das bedeutet für jeden von uns, ein wenig ärmer werden am Vergänglichen und ein wenig reicher am Ewigen.

Kein Wunder, daß die Jünger ob der Unerbittlichkeit des Anspruches Jesu nicht nur betroffen sind, sondern darüber hinaus zutiefst erschrecken, weil sie in dieser paradoxen Unmöglichkeit des Kamels durch das Nadelöhr die endgültige Unmöglichkeit einer Rettung des Menschen in seinen eigenen Möglichkeiten und mit seinen eigenen Kräften erkennen müssen. Doch Jesus hellt den schwarzen Horizont der Aussichtslosigkeit auf ein letztes Gelingen des Menschen dadurch auf, daß er dieser menschlichen Unmöglichkeit auf Rettung zum Ewigen Gottes heilende Macht entgegensetzt. Weil für Gott nichts unmöglich ist, darum haben wir die Möglichkeit, eine kostbare Chance, zu wissen, wofür wir leben können. Doch die Voraussetzungen, daß das Unmögliche möglich werden kann, müssen wir selbst schaffen im Tun des Gebens, vielleicht im radikalen Tun des Aufgebens. Jesus duldet keinen Aufschub, kein Hinausschieben auf das Morgen, kein Argument: „Sollen doch zuerst die anderen damit anfangen!“ Für jetzt steht die Forderung, jetzt ist der Augenblick der Konsequenz, jetzt muß im Leben das geschehen, wodurch Gott auch an mir und dir das Unmögliche möglich machen kann. Vielleicht werden spätere Generationen dann über uns sagen können: Viele hatten nicht genug, wovon sie leben konnten, wußten aber, wofür sie lebten.

Gustav Pirich

Heribert Mühlen, einer der Väter der charismatischen Erneuerung schrieb einmal über die Begegnung mit Jesus: „Wenn wir Jesus konkret begegnen, wenn er ganz unvermutet an uns vorübergeht, dann erschrecken wir. Über seine radikale Einladung zur Selbstweggabe sind wir bestürzt. Du wirst außer dir sein, wenn du es mit Jesus zu tun bekommst: Du bekommst es mit Gott selbst zu tun, wenn du Jesus begegnest. Laß ihn nicht an dir vorübergehen.“

Neunundzwanzigster Sonntag im Jahreskreis

Erstaunlich klare Worte stehen heute als Einleitung zum 29. Sonntag im Jahreskreis im Schott-Meßbuch. Ich möchte Ihnen diese Zeilen nicht vorenthalten: Da heißt es: „Jesus war ein guter Lehrer, aber er hatte schlechte Schüler, und er hat sie bis heute. Schüler, die auf Stühle sitzen wollen, anstatt sich in Bewegung zu setzen, ihren Weg zu suchen: den Weg, auf dem Jesus vorausgeht; den Weg der großen Befreiung, in Armut und Schwachheit. Die Kirche Jesu ist kein Ort, ist kein Machtapparat; sie ist Bewegung und Wachstum. Zeugnis für den lebendigen, anwesenden Gott." – Ja, genauso steht es da, auf der Seite 598. Wenn man die heute geübte Praxis in unserer Kirche anschaut, meint man, daß es sich hier um einen Irrläufer im Meßbuch handeln muß. Wer immer der Autor dieser Zeilen ist oder war, er muß von einer starken prophetischen Hoffnung getragen gewesen sein, als er dies niedergeschrieben hat, von der Hoffnung, daß wir auf dem Weg sind zu dieser Gestalt einer Kirche Jesu Christi, die einmal Wirklichkeit werden wird, wenn die Bewegung stärker sein wird als das beharrende Element.

Um die Menschen – und damit auch kirchenimmanente Spannung zwischen Ohnmacht und Macht geht es heute auch in den Schrifttexten. Eine der biblischen Zentralfiguren der wirkmächtigen Ohnmacht ist ohne Zweifel der Gottesknecht des Jesaja. In dem kurzen Ausschnitt aus dem vierten Lied vom Gottesknecht heißt es:

„Der Herr fand Gefallen an seinem zerschlagenen Knecht,
er rettete den, der sein Leben als Sühneopfer hingab.
Er wird Nachkommen sehen und lange leben.
Der Plan des Herrn wird durch ihn gelingen.
Nachdem er so vieles ertrug,
erblickt er das Licht.
Er sättigt sich an Erkenntnis.
Mein Knecht, der gerechte,
macht die vielen gerecht;
er lädt ihre Schuld auf sich."

Die Kirche, die in dieser Gestalt ein prophetisches Bild des Schmerzensmannes Jesus erkannt hat, hat sich in ihrer Geschichte allerdings weniger an diese Züge gehalten als an die ehrgeizigen Zebedäussöhne Jakobus und Johannes, die sich schon früh die beiden besten Plätze im Himmel zu sichern suchten. Diese allerdings werden von Jesus mit ebenso berühmten wie verdrängten Worten zurechtgewiesen, wenn er sagt:

BEI EUCH SOLL ES NICHT SO SEIN ...

... wie bei den Mächtigen, die ihre Macht mißbrauchen und die anderen unterdrücken.

Mk 10,35–45

In jener Zeit traten Jakobus und Johannes, die Söhne des Zebedäus, zu Jesus und sagten: Meister, wir möchten, daß du uns eine Bitte erfüllst. Er antwortete: Was soll ich für euch tun? Sie sagten zu ihm: Laß in deinem Reich einen von uns rechts und den andern links neben dir sitzen.
Jesus erwiderte: Ihr wißt nicht, um was ihr bittet. Könnt ihr den Kelch trinken, den ich trinke, oder die Taufe auf euch nehmen, mit der ich getauft werde?
Sie antworteten: Wir können es. Da sagte Jesus zu ihnen: Ihr werdet den Kelch trinken, den ich trinke, und die Taufe empfangen, mit der ich getauft werde. Doch den Platz zu meiner Rechten und zu meiner Linken habe nicht ich zu vergeben; dort werden die sitzen, für die diese Plätze bestimmt sind.
Als die zehn anderen Jünger das hörten, wurden sie sehr ärgerlich über Jakobus und Johannes. Da rief Jesus sie zu sich und sagte: Ihr wißt, daß die, die als Herrscher gelten, ihre Völker unterdrücken und die Mächtigen ihre Macht über die Menschen mißbrauchen. Bei euch aber soll es nicht so sein, sondern wer bei euch groß sein will, der soll euer Diener sein, und wer bei euch der Erste sein will, soll der Sklave aller sein. Denn auch der Menschensohn ist nicht gekommen, um sich dienen zu lassen, sondern um zu dienen und sein Leben hinzugeben als Lösegeld für viele.

(Einheitsübersetzung)

Der engagierte ehemalige Brasilienmissionar Helmut Theodor Rohner aus Vorarlberg legt uns heute das Evangelium aus und richtet klare Fragen an Jesus, wie Markus ihn für seine Gemeinde zeichnet, an Jesus, der alle Machtausübung von sich weist und geißelt, an den Jesus der hohen Ansprüche.

KOMMENTAR

Im heutigen Evangelientext geht es um das Streben nach Macht über andere Menschen. Jesus sagt klar: Das soll es unter euch nicht geben!

Lieber Jesus, sag uns bitte: Was um Himmels willen sollen wir tun, wenn es das unter uns gibt, noch dazu in reichem Maße? Was sollen wir tun, wenn es das bei uns noch mehr gibt als anderswo?

Schau einmal unsere katholische Kirche an! Da haben wir einen Papst, der laut Kirchenrecht direkt und unmittelbar über alle Gläubigen herrscht. Er kann alle beurteilen. Ihn aber darf niemand beurteilen. Da haben wir eine Hierarchie, eine heilige Herrschaft, die einspurig von oben nach unten geht. Da haben wir eine Zweiklassengesellschaft: auf der einen Seite die relativ kleine Gruppe der Kleriker, der Geweihten, der Macht-Besitzenden, und auf der andern Seite die große Menge der Laien, der Nicht-Geweihten, der Machtlosen. Da haben wir die Frauen, denen aufgrund ihres Geschlechts sogar der Zugang zur Weihe und damit zur kirchenrechtlich möglichen bzw. abgesicherten Mitsprache und Mitwirkung in der Kirche versagt wird. Da haben wir empfindliche Strafen für jeden und jede, der oder die diesen Machtapparat anzweifelt oder als unchristlich angreift. Und das Allerschlimmste: Dieser Machtapparat operiert im Namen Gottes. Ja, Jesus, hörst du's? Uns wird von klein auf eingetrichtert: Du habest diesen Machtapparat gewollt, gegründet und befohlen. Es stehe nicht in unserer Verfügung, davon abzugehen. Würde die Kirche das tun, hätte sie dich und deinen Willen verraten.

Ich überlasse es Ihnen, liebe Zuhörerinnen und Zuhörer, wie Sie sich die Antwort Jesu vorstellen.

Ich nehme an, daß auch Jesus geschockt ist von der Tatsache, daß gerade das, was er vermeiden wollte, in seinem Namen in der Kirche gelebt und sogar als verpflichtend propagiert wird. Ich glaube, daß er uns zu entschiedenem Widerstand auffordert und kaum zu irgendwelchen Kompromissen bereit ist.

Andererseits könnte es sein, daß Jesus uns davor warnt, die kirchliche Machtstruktur selbstgerecht zu kritisieren, so als wären wir selber von der Versuchung der Macht ausgenommen. Selbst die Lieblingsapostel Jesu konnten sich, wenn sie an das Reich Gottes dachten, der Faszination der Macht nicht entziehen. Jakobus und Johannes gehörten zu den ersten vier Aposteln, die Jesus in seine Nachfolge berief. Jakobus und Johannes gehörten zusammen mit Petrus zu den drei Aposteln, die Jesus näher als die andern an sich heranließ, indem er sie in besonders wichtigen Augenblicken seines Lebens allein zu sich holte. Trotz dieser einzigartigen Nähe zu Jesus, trotz allem, was sie mit ihm erlebten und von ihm hörten, stellten sie sich in ihrer Fantasie Jesus als den auf einem irdischen Thron sitzenden, die ganze Welt beherrschenden Messias vor und wünschten sich zwei Throne neben ihm, einen zur Rechten und einen zur Linken.

Jesus sagt uns: Dienen statt Herrschen. Das ist weit weniger attraktiv. Und doch: Auch Dienen kann sehr schön sein. Auch Dienen kann sich durchaus lohnen. Dienen kann weit befriedigender sein als Herrschen. Dazu möchte ich eine Erfahrung einbringen. Ich bin nicht sicher, ob ich in der hier geforderten Kürze fähig sein werde, Ihnen das klarzumachen, was ich sagen möchte.

Als unser Team die Arbeit unter den armen Reisbauern des Nordostens Brasiliens begann, stellten wir ihnen ganz einfache Fragen und baten um Antworten. Doch sie erwiderten uns: Wir sind Analphabeten, ihr aber habt studiert, ihr müßt die Fragen selbst beantworten. Wir erklärten ihnen, daß es zweierlei Schulen gebe, solche mit Lehrern und Bänken und die Schule des Lebens; letztere sei viel wichtiger und in die seien auch sie gegangen. Oft meistere ein Analphabet das Leben besser als ein Universitätsprofessor. Wir behaupteten, obwohl wir selber nicht so richtig davon überzeugt waren: Wir sind nicht gekommen, um euch zu belehren, sondern um von euch zu lernen.

Und siehe da, was anfangs eine nicht ganz ehrliche Behauptung war, erwies sich nach ein paar Jahren als beglückende Erfahrung. Wir merkten plötzlich: Ja, wir haben tatsächlich von diesen Analphabeten fürs Leben, auch für das Leben aus dem Glauben mehr gelernt als sie von uns. Wir bewunderten ihren Einsatz für Solidarität und Gemeinschaft. Wir freuten uns, wie die kirchlichen Basisgemeinden ihr ganzes Leben zu einem fruchtbaren Miteinander machten. Ihre vielen Fähigkeiten kamen so schnell und vielfältig zum Vorschein, daß wir nur so staunten. Ihre Lebensbejahung, ihre unbändige Lebensfreude, ihre unglaubliche Ausdauer und Leidensfähigkeit im Kampf um mehr Gerechtigkeit und ihre unerschütterliche Hoffnung in einer sehr hoffnungslosen Situation verdienten unsere Bewunderung. Wir wurden uns bewußt: Zu dem, was diese Menschen tun und leben, wären wir nicht fähig. Wir waren also nicht die Väter und Mütter des Kindes, das hier das Licht der Welt erblickte. Wir waren nur die Geburtshelfer, die Hebammen. Und wir wußten: Ein so lebendiges, so widerstandsfähiges, so frohes und so schönes Kind hätte von uns nicht gezeugt und nicht geboren werden können.

Helmut Theodor Rohner

Weil mir gerade ein neues bei Herder erschienenes Bändchen mit Gedanken für jeden Tag von Mutter Teresa in die Hände gekommen ist, möchte ich Ihnen den für den 19. Oktober ausgewählten Text mit auf den Weg in diesen Sonntag geben: „Versuchen wir zu verstehen, wie zärtlich Gottes Liebe ist. Er sagte in der Heiligen Schrift: ‚Kann denn eine Frau ihr Kind vergessen, eine Mutter ihren leiblichen Sohn? Und selbst wenn sie ihn vergäße, so vergesse ich dich nicht!' – Gott hat uns mit seinen Händen geformt. Wenn du dich allein oder ausgestoßen, krank oder vergessen fühlst, dann denk daran, daß du ihm kostbar bist. Er liebt dich. Und dann gib auch du Zeugnis von der gegenseitigen Liebe, denn darin liegt alles, was Jesus uns hat lehren wollen." – Ja, und wo es wirklich um jene Liebe geht, die Jesus seine Jünger, sein Volk und uns durch sein Leben lehren wollte, hat Macht und Machtanspruch keinen Platz. Daher sind wir als Volk Gottes immer noch auf dem Weg mit dem hohen Ziel, zur Kirche Jesu Christi zu werden. Eine Zukunftsmusik, die erklingen will, um die Welt zu heilen.

Dreissigster Sonntag im Jahreskreis

Österreich feiert an diesem 30. Sonntag im Jahreskreis seinen Nationalfeiertag, den Tag seiner Befreiung von der vierfachen Besatzung durch die Siegermächte des Zweiten Weltkriegs. Konkret war der 26. Oktober 1955 jener Tag, an dem der letzte russische Soldat das Land verließ. Das Land gehörte wieder dem Volk, das nun über seine Gegenwart und Zukunft selbst bestimmen konnte und stolz darauf war.

Die Euphorie, die damals herrschte, ist längst verflogen, der Inhalt der Feiern wurde im Laufe der Jahre immer dünner, und der Stolz begann spürbar abzubröckeln. Und heute beschleicht mich immer öfter das Gefühl, als würden wir uns sozusagen freiwillig in immer größere Fremdbestimmung hineinfallen lassen. Vieles was heute in unserem Land geschieht, wird nicht hier festgelegt, sondern in anderen Hauptstädten, in fernen Konzernetagen; und die Politik in diesem Land, so scheint es nicht nur, hat längst ihre gestaltende Kraft verloren und ist wie überall in der Welt zu einem Wurmfortsatz der Wirtschaft verkommen. Spüren wir das noch, sehen wir das noch, oder haben wir uns längst blind machen lassen von der immer aggressiver werdenden Unterhaltungsindustrie, die versucht, die dunklen Wolken zu verdecken, die über der Zukunft hängen?

Manche Mahner sprechen heute von einem Tanz am Rande des Abgrundes und andere – wie der Vizedirektor des Worldwatch-Institutes der vor einigen Tag in Wien über den Klimagipfel in Japan sprach – meinen, daß die Menschheit mit geschlossenen Augen auf einen Abgrund zurast, wie in einem Zug, bei dem sowohl die Bremsen wie auch die Lenkung ausgefallen sind. Es wäre also gut, wenn wir mit dem blinden Bartimäus riefen: Rabbuni, ich möchte wieder sehen können.

Mk 10,46b–52

In jener Zeit, als Jesus mit seinen Jüngern und einer großen Menschenmenge Jericho verließ, saß an der Straße ein blinder Bettler, Bartimäus, der Sohn des Timäus. Sobald er hörte, daß es Jesus von Nazaret war, rief er laut: Sohn Davids, Jesus, hab

Erbarmen mit mir! Viele wurden ärgerlich und befahlen ihm zu schweigen. Er aber schrie noch viel lauter: Sohn Davids, hab Erbarmen mit mir!
Jesus blieb stehen und sagte: Ruft ihn her! Sie riefen den Blinden und sagten zu ihm: Hab nur Mut, steh auf, er ruft dich. Da warf er seinen Mantel weg, sprang auf und lief auf Jesus zu. Und Jesus fragte ihn: Was soll ich dir tun? Der Blinde antwortete: Rabbuni, ich möchte wieder sehen können.
Da sagte Jesus zu ihm: Geh! Dein Glaube hat dir geholfen. Im gleichen Augenblick konnte er wieder sehen, und er folgte Jesus auf seinem Weg.

(Einheitsübersetzung)

Dieses Evangelium hat mich dazu gedrängt, wieder einmal bei Albert Höfer in Graz anzuklopfen. Der gebürtige Salzburger lebt seit vielen Jahren in der Steiermark und war lange Zeit als Seelsorger und Universitätslehrer tätig, bis er sich nach seiner völligen Erblindung zurückziehen mußte. Er arbeitet aber auch heute noch als Psychotherapeut und hat nicht aufgehört zu schreiben. Ich dachte mir, daß gerade dieser Text bei einem Menschen am besten aufgehoben ist, der den Hilfeschrei verstehen kann, und gerade darauf geht er auch am Beginn seiner Homilie auf bewegende Weise ein.

KOMMENTAR

Das Evangelium von der Blindenheilung rührt mich immer sehr, denn ich bin selber seit 20 Jahren blind. Als ich gebeten wurde, zu diesem Evangelium die Predigt zu halten, war ich gehemmt. Es ist mir nicht gut damit gegangen, über mich selber zu sprechen, denn es war wohl so gemeint, daß ich zu diesem Evangelium die Predigt halten solle, weil ich wohl wüßte, was Blind-sein heißt.

Ich war von Kindheit an sehr kurzsichtig. Es war ein krankhaftes Wachstum des Augapfels, das sich immer mehr in Richtung Kurzsichtigkeit und Erblindung entwickelte. Und als ich dann, etwa vom 35. bis zum 40. Lebensjahr immer mehr merkte, daß die Blindheit näher rückt, habe ich mich an eine Hoffnung geklammert, von der mir die Ärzte gesprochen hatten, nämlich wenn bei anderen Leuten die Weitsichtigkeit einsetzt, könnte es sein, daß bei mir die

Kurzsichtigkeit abnimmt. Und da ist es mir nun wirklich so ergangen wie dem Blinden von Jericho: Ich habe einfach zu Jesus geschrien. Aber eigenartig, die Stimmen, die da im Evangelium zu dem Blinden sagen: „Hör auf, du störst", die es ihm verbieten wollen, so laut zu schreien, diese Stimmen waren immer wieder da, und zwar in mir selber. In mir selber waren Stimmen, die gesagt haben: „Natürlich, Gott kann, wenn er will, an dir ein Wunder wirken; aber es ist nicht nötig, oder er wird es nicht tun, er tut es anderen auch nicht."

Als dann die Erblindung wie eine kalte Spinne immer näher gekrochen kam, war beides in mir im Widerstreit. Ich habe einfach naiv und wie ein Kind, wie einer, der in wirklicher Not ist, gerufen: „Jesus, hilf mir, laß dieses Schicksal an mir vorübergehen." Auf der anderen Seite haben sich die Stimmen dann sogar theologisch geäußert und gesagt: „Es ist unwahrscheinlich, daß Gott in den Lauf der Natur eingreift." – Und hier habe ich erlebt, was auch in diesem Evangelium ein sehr feiner Zug ist: Es muß wohl so gewesen sein, daß Jesus auch bei mir stehengeblieben ist und ich über andere Menschen, über Freunde, über Bekannte, über Vertraute zu hören bekommen habe: „Hab Mut, verzage nicht. Er ruft dich, steh auf!" – Ich bin dann tatsächlich blind geworden, und diese Blindheit zu akzeptieren ist mir weniger schwer gefallen als die Zeit vorher, in der ich nicht wußte, kommt es oder kommt es nicht.

Die Blindheit war da, ist heute noch da, behindert mich; aber sie ist nicht das Entsetzen, das ich befürchtet, das ich vorher erlebt habe. Überflüssig ist auch der Ruf zu Jesus nicht geworden, denn auf einmal haben diese Worte, die dem Blinden da am Weg von anderen gesagt werden, für mich nach wie vor eine Bedeutung, sind mir tragende, kostbare Worte geworden, daß andere Menschen mir bedeuten: Habe Mut, er ruft dich! – Ich betete weiter zu ihm: „Jesus, Sohn Davids, erbarme dich meiner." – Aber das Gebet geht jetzt nicht mehr darum, wieder sehend zu werden, nicht blind zu sein, sondern auf einmal ist die Tatsache, daß ich mit ihm im Gespräch bin und daß er mit mir im Gespräch ist, daß er stehenbleibt bei mir, daß er mich ruft, das Wichtigere. Nicht die Blindheit ist das Problem, sondern der Dialog mit ihm ist die Lösung und die Erlösung.

Eigenartig auch, daß es im Evangelium heißt: „Jesus fragt den Blinden: Was willst du, daß ich dir tue?" – als ob er es nicht gewußt hätte, daß er ihn heilen soll. Aber dieser Zug ist meines Erachtens wichtig. Jesus überfährt uns nicht, er läßt uns auch nicht hängen, sondern er fordert uns heraus zu wissen, was wir wollen. Und was will ich von ihm? – Ich will mit ihm im Kontakt bleiben. Ich will, daß er stehenbleibt, dort wo ich bin; und ich will, daß er auch zu mir sagt: „Dein Glaube hat dir geholfen."

Das griechische Wort Pistis kann übersetzt werden mit „dein Glaube" oder „dein Vertrauen". Und „hat dir geholfen" kann genauso übersetzt werden mit „hat dich geheilt" oder „hat dich gerettet". Und die Tatsache, daß ich nicht abgestürzt bin in Verzweiflung, daß ich vertrauen kann, daß ich Menschen vertrauen kann und viele Freunde gefunden habe, daß ich Gott vertrauen kann, ist das, was mir geholfen hat, was mir hilft und was mich auch rettet und heilt.

Es geht gar nicht mehr um meine Erblindung, es geht auch gar nicht mehr darum, sehend zu werden. Ich lege das auch nicht aus als geistig sehend zu werden, sondern es geht um diese Zwiesprache, um diesen Kontakt, der in so intensiver Form wohl ausgelöst worden ist durch die intensive Not, in der ich gesteckt habe.

Ich vermute, daß es viele Menschen gibt, die in einer ganz argen Not stecken: Not lehrt beten, Not lehrt sprechen, hinhören und hören, was einem andere sagen. Die Not mag oft bleiben; und ich glaube, daß Gott unsere Gebete nicht so erhört, daß er uns jedesmal die Last abnimmt, wohl aber, daß er uns den Rücken stärkt, damit wir imstande sind, sie zu tragen. Und ich lese dieses Evangelium als eine wunderbare Zwiesprache, die aus einer großen Not geboren ist und die in eine wunderbare Beziehung führt.

Von meiner Erblindung weg ist mir dann ein Vers aus dem Psalm 139 eingefallen, der mich bis heute begleitet: „Und muß ich auch sagen, Finsternis wird mich umgeben, und der Tag würde dunkel wie die Nacht, so ist die Nacht vor dir nicht dunkel und die Finsternis leuchtet heller als der Tag." So ist meine Leidensgeschichte und sind die Leidensgeschichten vieler anderer zu einer Erlösungsgeschichte geworden.

Albert Höfer

Allerheiligen

Allerheiligen, dieses Fest, das in unserer Tradition einen dicken Trauerrand bekommen hat, ist in Wahrheit ein Fest der Freude, ein Erntedankfest im übertragenen Sinn, eine „Epiphanie von Pfingsten“, wie man es auch genannt hat. Dieses Fest richtet unseren Blick über den zeitlichen Horizont hinaus und zielt auf Vollendung. Es ist zugleich aber auch Auftrag, die verbleibende Zeit zu nützen und alles in unserer Kraft Stehende zu tun, um dem „Reich Gottes“ die Einwurzelung im Heute zu ermöglichen.

Wenn wir den Schrifttexten dieses Festes nachgehen, so sehen wir uns mit beiden Dimensionen konfrontiert: In der Offenbarung des Johannes sehen wir die Erfüllung für jene, die in weißen Gewändern vor dem Thron und vor dem Lamm stehen und Palmzweige in den Händen halten. Wir sehen die Engel, die sich vor dem Thron niederwerfen und mit lauter Stimme rufen: „Die Rettung kommt von unserem Gott. Amen, Lob und Herrlichkeit, Weisheit und Dank, Ehre, Macht und Stärke unserem Gott in alle Ewigkeit.“

Im Evangelium hingegen stehen wir mit dem Bergprediger mitten in der Zeit. Hier steht ein Mann, der spricht wie einer, der Macht hat und der – nach Jesaja – die müden Hände stärken und die strauchelnden Knie erquicken möchte. Der jüdische Religionsphilosoph Pinchas Lapide schrieb zu dieser Szene einmal: „Der Mut, den Jesus den Seinen hier einflößt, ist unerläßliche Vorbedingung für sein darauffolgendes Aktionsprogramm, denn ohne den wirksamen Zuspruch der Macht an die Ohnmächtigen, der Hoffnung an die Verzweifelten und des Lichtes für die, die auf der Schattenseite des Lebens wohnen, kann keine tatkräftige Mitarbeit am Heilswerk dieser Welt erwartet werden. Den Hungerleidern, Habenichtsen und Randsiedlern der jüdischen Gesellschaft, die täglich an der Vergeblichkeit alles menschlichen Mühens kranken, wird hier die Hoffnung gegeben, daß sich, allem Anschein zum Trotz, alles Leiden und Ringen dennoch als sinnvoll erweisen wird, ja, daß Gottes Heilsplan mit dem Menschen noch lange nicht zu Ende ist und daß er, der Herr der Welt, ein Gott der kleinen Leute ist, der bei den Armen und Zerknirschten wohnt.“ – Dort wohnte er damals, und dort wohnt er auch heute noch; und wie durch Jesus, den Bergprediger damals, ruft er ihnen auch heute durch die Schrift und ihre prophetischen Verkünder zu:

GEHT AUFRECHT, EUCH GEHÖRT DAS HIMMELREICH.

Und dieses Himmelreich ist nicht im Himmel, sondern beschwört, wie Jesus es meinte, die vollkommene und offenbare Herrschaft Gottes, die sich nicht in den Reichen und Mächtigen, sondern in den Reinen, Gewaltlosen und Friedfertigen manifestieren wird, in Jesu Kontrastgesellschaft, in Jesu Gegenwelt.

Mt 5,1–12

Als Jesus die vielen Menschen sah, die ihm folgten, stieg er auf einen Berg. Er setzte sich, und seine Jünger traten zu ihm. Dann begann er zu reden und lehrte sie.
Er sagte:
Selig, die arm sind vor Gott;
denn ihnen gehört das Himmelreich.
Selig die Trauernden;
denn sie werden getröstet werden.
Selig, die keine Gewalt anwenden;
denn sie werden das Land erben.
Selig, die hungern und dürsten nach der Gerechtigkeit;
denn sie werden satt werden.
Selig die Barmherzigen;
denn sie werden Erbarmen finden.
Selig, die ein reines Herz haben;
denn sie werden Gott schauen.
Selig, die Frieden stiften;
denn sie werden Söhne Gottes genannt werden.
Selig die um der Gerechtigkeit willen verfolgt werden;
denn ihnen gehört das Himmelreich.
Selig seid ihr, wenn ihr um meinetwillen beschimpft und verfolgt und auf alle mögliche Weise verleumdet werdet.
Freut euch und jubelt:
Euer Lohn im Himmel wird groß sein.

(Einheitsübersetzung)

In Pinchas Lapides Buch über die Bergpredigt als Utopie oder Programm bin ich auch wieder auf Heinrich Heine und seine Harfenspielerin aus dem *„Wintermärchen“* gestoßen, das seinerzeit viel klerikalen Anstoß erregt hat. Pinchas Lapide als Jude erkennt in diesem Lied, dem Eiapopeia vom Himmel, kein anstößiges neues Lied, sondern ordnet es sinngemäß dem alten rabbinischen Lehrgut zu, obwohl es seinen frechen Klang nicht verloren hat:

„Ich kenne die Weise, ich kenne den Ton,
ich kenn auch die Herren Verfasser.
Ich weiß, sie tranken heimlich Wein
und predigten öffentlich Wasser.
Ein neues Lied, ein besseres Lied,
ihr Freunde, will ich euch dichten.
Wir wollen hier auf Erden schon
das Himmelreich errichten.“

Wo aber – und das bis heute – dieser Traum von der letztendlichen Gottesherrschaft in den Herzen von Menschen einwurzelt und sie antreibt, die Bergpredigt mit ihren Seligpreisungen endlich ernst zu nehmen und mit ihr ernsthaft Politik zu machen zum Wohle der Schöpfung und der Menschen – dort gibt es Verspottung, Verfolgung und Ausgrenzung, dort fließt Blut, dort wachsen die Heiligen auch unserer Tage, dort bleiben Märtyrer lebendig, wie P. Franz Helm SVD, der Generalsekretär von „Missio Austria“, bestätigt.

KOMMENTAR

Heuer im Juli fand in Sao Luis do Maranhao in Brasilien das 9. Basisgemeindetreffen statt. Einer der Höhepunkte war die Feier der Märtyrer. Eine riesige Schar weiß gekleideter Menschen, mit Palmzweigen in den Händen, trat in die Mitte der Versammlung. Namen von Personen wurden genannt, die ihr Leben hingegeben hatten für andere. „Margarida Alves.“ Und die Menge antwortete mit dem Ruf: „Presente“ – Sie ist gegenwärtig. „Padre Josimo“ – presente. „Ignacio Ellacuria“ – presente.

Der Jesuit Ignacio Ellacuria wurde im Jahr 1989 mit fünf Mitbrüdern, der Köchin Julia Elba und ihrer Tochter Celina ermordet. Zusammen mit Jon Sobrino war Ellacuria der führende Kopf an der Universität der Jesuiten in San Salvador. Sie stellten mit ihrem Denken, mit ihrer Theologie eine Gesellschaft in Frage, die das Leben und die Rechte der Armen mit Füßen tritt. Der Haß der Mörder richtete sich daher besonders gegen die Intelligenz ihrer Opfer. Die Soldaten hämmerten mit Gewehrkolben so lange auf die Köpfe der Jesuiten ein, bis das Gehirn auf den Boden spritzte.

Das Sterben dieser Märtyrer ist erschütternd. Genauso wie das Leiden unzähliger Menschen in dieser Welt, denen das Grundrecht auf Leben abgesprochen wird. Es ist erschütternd und faszinierend zugleich. Genau mit diesen Worten –„erschütternd" und „faszinierend" – wird von der Religionswissenschaft das „Heilige" beschrieben. In den Armen, den Ausgeschlossenen, den Entrechteten – in ihnen ist „das Heilige" gegenwärtig. Ja, für uns Christen ist er, der Heilige, Christus, in ihnen gegenwärtig als der Gekreuzigte.

Bischof Samuel Ruiz nennt diese Gegenwart Christi in den Armen „sakramental". Zeichenhaft und heilbringend. Und er begründet es so: Jesus war als Sohn Gottes der einzige Mensch, der sich aussuchen konnte, wann und wo er auf die Welt kommt. Er kam am Rand der Welt, in der Schicht der Armen zur Welt. Er führte das Leben eines Heimatlosen, und wurde schließlich als Verbrecher verurteilt, als Hochverräter, weil er für das Leben der Armen eintrat und so mit den Mächtigen in Konflikt geriet. Wenn Gott ganz gezielt bei den Armen Mensch wird, dann bedeutet das, daß er in ihnen für immer auf besondere Weise gegenwärtig ist. So wird das Wort Jesu verständlich: „Selig die Armen, denn ihnen gehört das Himmelreich."

Die Logik der Welt sperrt sich dagegen. Für sie zählen die „winner", die Erfolgreichen. Wer arm ist, der ist ein „looser". In der Welt der „winner" ist kein Platz für Trauernde. Wer kein strahlendes Siegerlächeln aufsetzen kann, der muß sich verstecken. Wer keine Gewalt anwendet, der ist von vornherein schon ein Verlierer. Zu Geld und Ansehen kommt nur, wer sich durchsetzen kann. Werte wie Gerechtigkeit, Barmherzigkeit, ein reines Herz oder der Friede sind da nur hinderlich. Was zählt, ist der Erfolg. Diese Logik steckt auch in einem Spruch, den ich an einem Golf Cabrio hinten drauf gelesen habe: „Eure Armut kotzt mich an."

Gott zeigt uns in Jesus auf, daß sein Reich nicht auf den Siegerpodesten, sondern inmitten der Verlierer, der Armen wächst. Die Trauernden erfahren Trost, die Sanftmütigen erben das Land, die Barmherzigen werden Erbarmen finden, die Friedensstifter werden Söhne Gottes genannt …

Hier wird die Weltordnung umgedreht. Gott baut seine neue Welt der Gerechtigkeit mit den Armen. Mit denen, deren Schicksal uns erschüttert. Mit den Opfern der Geschichte. Mit den Gekreuzigten unserer Zeit.

Heilige sind Menschen, die das verstanden haben. Sie sind „Verrückte“ in dieser Welt. Sie ragen hinaus in eine andere Welt. Wie sonst wäre es verständlich, daß einer sein Leben hingibt, um anderen zum Leben zu verhelfen? Der Reiche, der „winner“, ist unfähig, das zu verstehen.

Ich habe das erfahren, als ich in meiner Pfarre in Barra Mansa, in der Nähe von Rio de Janeiro, mit Leuten aus der Mittelschicht über die Seligpreisungen sprach. Wie sich da doch eine wohlhabende Dame versteifte auf das „Arm *im Geiste*“. Das hat nichts mit materieller Armut zu tun, meinte sie. „Es kommt nur darauf an, sich vor Gott klein und arm zu fühlen und alles von ihm zu erwarten. Dann ist man arm. Mein Reichtum hat damit nichts zu tun.“ – Vor den Augen hatte sie als Traumbild ein Leben in der Ersten Welt. Das Elend der Armen vor ihrer Nase übersah sie. „Wo dein Schatz ist, da ist auch dein Herz“ – so steht es treffend in der Bergpredigt.

Auch Dona Zilda lebte im Barra Mansa. Sie war bitter arm. Ich wurde ganz klein neben dieser winzigen Frau, die eine ganz Große im Reich Gottes ist. Wir beide sollten bei einer Versammlung über das Reich Gottes sprechen, ich theologisch und sie mehr praktisch. Nach kurzer Zeit überließ ich ihr ganz das Feld. So eindrücklich sprach sie von ihrer Arbeit für die Gründung einer Gewerkschaft der Wäscherinnen. Wiederholt versuchte die Oberschicht, sie mit Geld zu ködern, aber sie blieb standhaft. „Wie könnte ich es mir richten, und die anderen Wäscherinnen kriegen weiter einen Hungerlohn?“ Vor der Lebenseinstellung einer Dona Zilda bekommt Jesu Wort von der „Armut im Geiste“ eine ganz andere Richtung: Nicht selbstsüchtig nach Reichtum gieren, sondern ein menschenwürdiges Leben aller Gotteskinder im Sinn haben.

In Puebla prägten die Bischöfe Lateinamerikas einen eindrücklichen Satz: Die Armen sind die Protagonisten, dieTräger der Evangelisierung. Allzu oft sehen wir in den Armen „Armutschgerl“, „arme Würstel“, unmündige Almosenempfänger. Für Jesus sind sie die Baumeister der neuen Welt. Ihnen gehört das Himmelreich. Von ihnen her bricht die neue Welt an. Die „winner“, die Erfolgreichen in dieser Welt, sind unfähig, an einer neuen Welt zu bauen. Im Gegenteil: Die Baumeister einer neuen Welt sind für sie eine Bedrohung. So wie Jesus vor zweitausend Jahren, oder wie Oscar Romero oder Ignacio Ellacuria heutzutage. Die Armen verstehen, worum es Jesus geht. Darum ruft er auch aus: „Ich preise dich, Vater, Herr des Himmels und der Erde, weil du all das den Weisen und Klugen verborgen, den Unmündigen aber offenbart hast“ (Lk 10, 21). Für die Herren der Welt, für die „winner“, ist das ein Skandal. Darum Jesu Seligpreisung: „Selig ist, wer an mir keinen Anstoß nimmt.“

Der Neoliberalismus spricht den Ausgeschlossenen aus dem Markt das Lebensrecht ab. „The winner takes it all.“ Jesus spricht in diese Situation hinein: „Geht aufrecht, ihr Armen. Euch gehört das Himmelreich.“ In euch lebt die neue Welt. Ihr seid ihr Anfang!

Jesus lehrt uns einen neuen Blick auf die Welt. Am Ende des Missionsmonats Oktober sollen wir uns am Fest Allerheiligen fragen: Haben wir diesen neuen Blick gelernt? Sehen wir in den Armen die Baumeister einer neuen Welt? Können wir von ihnen lernen?

Franz Helm

Noch ein Wort von Pinchas Lapide mit auf den Weg: „Unter Menschen kommt zuerst der Auftrag, dann die Arbeit und zuletzt der Lohn. Gott hält es umgekehrt: Zuerst kommt seine Gabe, dann die Aufgabe – und auf unsere Erfüllung wartet er immer noch mit beispielloser Langmut.“ – Stimmt doch, oder?

Einunddreissigster Sonntag im Jahreskreis

An sich gehört der heutige Tag, der 2. November, dem Totengedenken, den abertausenden flackernden Lichtern auf den Friedhöfen, den Astern, den leuchtenden Chrysanthemensonnen, den Kränzen aus Blumen, Zweigen, Moosen, den im Kies knirschenden Schritten, den liebenden, trauernden Gedanken und den schweren, verhangenen Melodien. Aber weil ich mich nun einmal dazu entschlossen habe, mich in der *„Erfüllten Zeit“* an die Sonntage und ihre Botschaft zu halten, so bleibe ich auch diesmal beim 31. Sonntag im Jahreskreis und überlasse das Kirchenfest den Kirchen, den Pfarrgemeinden.

Aber egal ob Kirchenfest oder Sonntag, das Gebot, das heute in der Mitte steht, gilt für beide, weil es der Angelpunkt der gesamten jüdisch-christlichen Tradition ist, auf den auch Jesus selbst ganz deutlich verwiesen hat, wie wir später bei Markus hören werden. Festgeschrieben aber wurde dieses zentralste und oberste Gebot schon viel früher im Buch Deuteronomium, das auf die Weisung des Mose zurückgeht.

Als dieser sein Ende nahen fühlte, rief er dem Volk noch einmal das ganze Gesetz in Erinnerung, um es für den Einzug ins gelobte Land zu stärken: „Wenn du den Herrn, deinen Gott, fürchtest, indem du auf alle seine Gesetze und Gebote, auf die ich dich verpflichte, dein ganzes Leben lang achtest, du, dein Sohn und dein Enkel, wirst du lange leben. Deshalb, Israel, sollst du hören und darauf achten, alles, was der Herr, unser Gott, dir gesagt hat, zu halten, damit es dir gut geht und ihr so unermeßlich zahlreich werdet, wie es der Herr, der Gott deiner Väter, dir zugesagt hat, in dem Land, wo Milch und Honig fließen.

Höre Israel! Jahwe, unser Gott ist einzig. Darum sollst du den Herrn, deinen Gott, lieben mit ganzem Herzen, mit ganzer Seele und mit ganzer Kraft. Diese Worte, auf die ich dich heute verpflichte, sollen auf deinem Herzen geschrieben stehen.“ –

Und da ist klar, daß Jesus als frommer Jude, der wie die anderen Frommen dieses Bekenntnis dreimal am Tag betete, dieses Sh'ma Israel, auf die Frage nach dem höchsten Gebot mit eben diesen Worten beantwortete. Er wollte dem Schriftgelehrten damit wohl auch deutlich machen, daß „er nicht gekommen sei, das Gesetz aufzuheben, sondern es zu erfüllen“.

IM GRUNDE SEINES HERZENS IST JEDER MENSCH EIN GOTTES-SEHNSÜCHTIGER.

Nur fehlt uns Heutigen der Mut zu klarer Aussage, zum deutlichen Bekenntnis, zu Jesu leuchtendem JA.

Mk 12,28–34

In jener Zeit ging ein Schriftgelehrter zu Jesus hin und fragte ihn: Welches Gebot ist das erste von allen? Jesus antwortete: Das erste ist: Höre, Israel, der Herr, unser Gott, ist der einzige Herr. Darum sollst du den Herrn, deinen Gott, lieben mit ganzem Herzen und ganzer Seele, mit all deinen Gedanken und all deiner Kraft. Als zweites kommt hinzu: Du sollst deinen Nächsten lieben wie dich selbst. Kein anderes Gebot ist größer als diese beiden.
Da sagte der Schriftgelehrte zu ihm: Sehr gut, Meister! Ganz richtig hast du gesagt: Er allein ist der Herr, und es gibt keinen anderen außer ihm, und ihn mit ganzem Herzen, ganzem Verstand und ganzer Kraft zu lieben und den Nächsten zu lieben wie sich selbst, ist weit mehr als alle Brandopfer und anderen Opfer.
Jesus sah, daß er mit Verständnis geantwortet hatte, und sagte zu ihm: Du bist nicht fern vom Reich Gottes. Und keiner wagte mehr, Jesus eine Frage zu stellen.

(Einheitsübersetzung)

„Im Grunde seines Herzens ist jeder Mensch ein Gottes-Sehnsüchtiger“: diesen Satz stellte der Wiener Pastoraltheologe Paul Michael Zulehner seinem Evangelienkommentar voran; und wenn ich ihn hier wiederhole, so weil ich ihn unterstreichen möchte, auch wenn so viele Menschen heute von dieser ihrer tiefen Sehnsucht nichts wissen oder nichts wissen wollen.

Gegen Sätze, die mit „Du sollst“ beginnen, sind wir heute allergisch. Wir sind gegen sie empfindlich, weil wir dahinter Fremdbestimmung vermuten. Andere verfügen, wie wir leben sollen. Deshalb tun wir uns mit Geboten, die uns etwas gebieten, schwer. Im heutigen Evangelium passiert aber genau dieses: Gestützt auf die lange Tradition Israels gebietet uns Jesus, Gott zu lieben aus ganzem Herzen, aus ganzer Seele, mit all unseren Gedanken und all unserer Kraft, und den Nächsten wie uns selbst. Gebotene Liebe: heute schwer zu verstehen.

Manche freilich haben ganz anders zu leben gelernt. Niemand mehr hat ihnen Vorschriften gemacht. Sie konnten ihr Leben lang, von Kindesbeinen an, tun, was sie selbst für gut fanden. Sie fühlen auch, daß sie nicht nur für sich allein verantwortlich sein können, sondern dieses auch müssen. Niemand nimmt ihnen mehr die Verantwortung für ihr Leben ab. Da wird verständlich, daß die Zahl derer steigt, die nach guten Lebenserfahrungen ausschauen. Die Lebensratgeber gehören heute zu den meistverkauften Büchern. Gesucht ist also Lebensweisheit aus Erfahrung. Und diese erfahrene Weisheit wird in aller Freiheit als Anweisung, ja als Weisung angenommen.

Es lohnt sich, aus dieser Suchbewegung nach Erfahrungsweisheit auf das heutige Evangelium mit seinen zwei Geboten zuzugehen. Dabei kann es geschehen, daß aus einem fremdbestimmenden Gebot eine Weisung wird, die dem Leben gut tut, weil sie gutem und wahrem Leben Raum verschafft.

Wer sein Leben nicht auf ängstlicher Sparflamme geführt hat, kennt diese Erfahrung: daß die Träume stets größer sind, als was an Leben stattfindet. Wir sind stets nach mehr aus, als wir wünschen. Die Rechnungen bleiben also zumeist offen. Das Leben, wie es ist, verglichen mit dem, was es sein könnte, bleibt ein Fragment, ist bruchstückhaft.

Natürlich kann man die Schuld darauf schieben, daß wir eben in unmäßiger Weise maßlos wünschen. Daher raten manche stoische Zeitgenossen zur Ermäßigung, ja zur Abtötung der Wünsche. Der Wunschlose sei der Glückliche. Das Glück der Wunschlosigkeit wird beschworen. Ich halte da zu Peter Handke und seinem wunschlosen Unglück. Das Wünschen, ja gerade das maßlose, macht unser Leben aus, hält unsere Liebe lebendig, setzt Kräfte frei. Der Wunschlose ist saft- und kraftlos.

Ich halte es mit Heinrich Böll, der gegen Ende seines Lebens einem Journalisten auf die Frage, wie er sich in seinem Leben gefühlt habe, gesagt haben soll: Ein wenig fremd war ich immer auf dieser Erde. Der Mensch, ein Pilger durch die Erdenzeit? Einer, der letztlich anderswohin will? Die menschheitsalte religiöse Tradition hat dieses „anderswohin“ benannt. Bildworte stehen dafür: Paradies, Himmel, ewiges Leben – und in all dem Gott. Das, so sagen diese uralten Traditionen, mache den Menschen aus: er ist himmelssehnsüchtig. Und weil Himmel und Gott deckungsgleiche Sprachbilder sind, ist es zulässig zu sagen: Der Mensch ist im Grunde seines Herzens ein Gottessehnsüchtiger.

Gute Schöpfungstheologie erklärt das näher. Da ist ein Gott, der in sich überreiche Liebe ist. Er beschließt, so wird etwas unbeholfen formuliert, sich selbst zu verschenken: aus liebender Sehnsucht. So wird die Welt und in ihr der Mensch. Und so, wie die Schöpfung aus der Sehnsucht Gottes entsprungen ist, wird die Sehnsucht nach Gott zum innersten Grundzug der Schöpfung. Sie sehnt sich nach der Vollendung in der Heimkehr zu Gott.

König David, der wahrlich das Leben ausgekostet hat, gibt dieser Sehnsucht in tiefer Poesie einen Namen. In der Wüste, so wird im Psalm 63 berichtet, singt er das Lied von seiner und unserer Gottessehnsucht:

Gott, du mein Gott, dich suche ich,
meine Seele dürstet nach dir.
Nach dir schmachtet mein Leib
wie dürres, lechzendes Land ohne Wasser.
Darum halte ich Ausschau nach dir im Heiligtum,
um deine Macht und Herrlichkeit zu sehen.
Denn deine Huld ist besser als das Leben;
darum preisen dich meine Lippen.
Ich will dich rühmen mein Leben lang,
in deinem Namen die Hände erheben.
Wie an Fett und Mark wird satt meine Seele,
mit jubelnden Lippen soll mein Mund dich preisen.
Ich denke an dich auf nächtlichem Lager
und sinne über dich nach, wenn ich wache.
Ja, du wurdest meine Hilfe;
jubeln kann ich im Schatten deiner Flügel.
Meine Seele hängt an dir,
deine rechte Hand hält mich fest.

Sollte das also der Sinn des Gebotes der Gottesliebe sein? Ist dieses Gebot nicht gerade eine eindringliche Erinnerung daran, daß wir erkennen, was wir sind: Menschen, denen die Welt und auch jeder Mensch, selbst in der gelungen Liebe, eine Nummer zu klein ist? Ein Mensch, der gerade darin zum vollendeten Menschen heranreift, daß er seine Gottessehnsucht entdeckt und ihr Raum gibt in seinem Leben?

Zeitgenossen haben es heute schwer, diese ihre innere Kraft, die auf Gott hin gerichtet ist, als solche zu verstehen. Es gelingt vielen nicht, der maßlosen Sehnsucht ihrer Seele einen religiösen Namen zu geben. Daraus folgt aber keinesfalls, daß nicht auch sie umgetrieben sind von der Himmelssehnsucht. Aber sie leben gleichsam unter dem verschlossenen Himmel. Das nötigt sie aber unbemerkt, die Gottes- und Himmelssehnsucht auf Erden zu binden. Viele Möglichkeiten stehen dafür nicht offen. Zumeist geschieht es in der Liebe, in der Arbeit, im Amüsement. In all diesen Bereichen suchen viele das optimal leidfreie Glück, also so etwas wie den Himmel auf Erden. Ist es nicht so – um beim Beispiel der Liebe zu bleiben –, daß viele gerade in der Liebe unerfüllbare Erwartungen aneinander haben? Daß wir es bei einem Menschen nur schwer aushalten, wenn er diesen Erwartungen nicht gerecht wird? Der renommierte Beziehungstherapeut Jürg Willi aus Zürich diagnostiziert, daß die Liebe immer häufiger an einer Übererwartung und daran geknüpft an einer Erbarmungslosigkeit zerbricht, die religiöse Wurzeln hat. Ein begrenzter Mensch kann die schwere Last unserer Gottessehnsucht nicht tragen.

Die deutsche Soziologin und Pädagogin Marianne Gronemeyer nennt solches Leben unter dem verschlossenen Himmel das „Leben als letzte Gelegenheit". Sie arbeitet auch die Grundzüge solchen Lebens heraus: es leidet unter Zeitknappheit, ist also hastiges Leben, getrieben von der Suche nach dem großen Glück. Die Angst, zu kurz zu kommen, nistet sich ein und beschädigt unsere Fähigkeit, den Nächsten solidarisch zu lieben.

Es wäre gut für uns Heutigen, denen der Himmel verschlossen ist, wenn er sich wieder öffnen würde. Es wäre sehr gut, könnten wir der maßlosen Sehnsucht in uns wieder jenen Namen geben, der ihr angemessen ist: „Gott, du mein Gott, dich suche ich, meine Seele dürstet nach dir. Darum halte ich Ausschau nach dir …" Wir brauchten dann unser maßloses Wünschen nicht töten. Aber wir könnten es festmachen an Gott.

Dann aber kann sich der Raum auftun dafür, daß wir auch den Nächsten lieben. Auch das gehört zu unserem innersten Wesen, daß wir nur in liebender Begegnung reife Menschen werden. „Alles wirkliche Leben entstammt der Begegnung“, so der große jüdische Philosoph Martin Buber. Wer nicht liebt, bleibt im Tod. Dieser biblische Satz ist erfahrungsgedeckt und weit mehr als ein autoritäres Gebot.

All das ahnen wir. Wir sehnen uns im Grunde danach, in friedvollen Beziehungen zu leben, wo wir geben und nehmen, gelten und gelten lassen, lieben und geliebt werden. Ist es nicht gerade die Angst, mit unserem maßlosen Wünschen zu kurz zu kommen, die uns nicht sein läßt, was wir sehr wohl zu sein wünschen?

So verweben sich die beiden Gebote des Evangeliums. Die absichtslose Gottesliebe wird zum besten Raum für die wahre und tragfähige, also belastbar solidarische Nächstenliebe. Wer sein Herz an Gott festmacht, wird frei von einem Lebensstil krampfhafter Selbstbehauptung. Er wird frei zu lieben. Wer beim liebenden Gott ankommt, findet sich liebend beim Nächsten wieder.

Gehen nicht manche Zeitgenossen heute den Weg tastend in der umgekehrten Richtung? Riskieren sie nicht wagemutig die Liebe zum Nächsten, ohne dabei zu ahnen, daß sie der Weg zum Nächsten auch in die Nähe Gottes bringt? Vielleicht hat Jesus auch diese im Blick, wenn er sagt: „Du bist nicht mehr fern vom Reich Gottes.“

Paul Michael Zulehner

In seinem 1989 erschienen *„Aufruf zu kritischer Loyalität“* unter dem Titel *„Wider die Resignation in der Kirche“* habe ich diese Gottes-Sehnsucht wieder gefunden, und zwar in Form von Fragen:

Lebt unsere Kirche aus der Sehnsucht Gottes nach uns?

Wie steht es um die Zärtlichkeit unserer Kirche im Umgang mit Gott: um Anbetung, Lobpreis, Klage und Notschrei, um Liturgie und Meditation, um Einkehr und Stille?

Was geschieht mit der von uns Christen geglaubten Gottessehnsucht aller Menschen in unserer gottvergessenen Kultur?

Stimmt es

- daß viele ihre maßlose Gottessehnsucht festmachen an maßvollen Gütern: an Menschen, an der Macht, am Besitz?
- daß es deshalb eine tragische Lebenshast gibt, die dem Versuch entspringt, die maßlose Sehnsucht zu beruhigen durch das Aneinanderreihen vieler mäßiger Erfahrungen?

Die Antworten überlasse ich Ihnen, meine Damen und Herren.

Zweiunddreissigster Sonntag im Jahreskreis

Das Kirchenjahr neigt sich wieder einmal unbarmherzig seinem Ende zu, wie das die so oder anders, jedenfalls die gemessene Zeit an sich hat. Es kann, so meine ich, also auch nicht schaden, wenn wir an diesem Punkt, diesem 32. Sonntag im Jahreskreis, wieder auf einen ganz wesentlichen Punkt unseres Christ-Seins hingewiesen werden, daß es nämlich im Grunde immer um alles geht, vor allem aber im Bezug auf die Liebe, auf jene Liebe, die das Ganze meint, ganz verschenkt werden will.

Dieses Ganze machen die Texte der Schrift nie am Großen, am Reichen, am weltlich Machtvollen fest. Um uns das Geheimnis dieser Voll-Liebe deutlich zu machen, bedienen sich die alttestamentlichen Autoren ebenso wie die Evangelisten kleiner, an sich unbedeutender, ja beinahe mickriger Randfiguren der Gesellschaft. Vielleicht erinnert sich der eine oder die andere an das, was uns Pater Franz Helm zu Allerheiligen aus seiner ehemaligen brasilianischen Pfarre erzählt hat, als auch er nicht die betuchte Dame der Gesellschaft, sondern die winzige Wäscherin an den Mittelpunkt rückte, die besser vom Reich Gottes zu erzählen wußte als er, der gebildete Theologe. Sie war in ihrer bescheidenen, aber mutigen und ausdauernden Reich-Gottes-Arbeit weiter in die Tiefe vorgedrungen als er und die anderen. Und ähnliches durfte auch ich immer wieder erfahren, wenn ich in den unterschiedlichsten Teilen der Welt solchen glaubensmäßig zentralen Randfiguren begegnete, an denen die Liebe Gottes ihre eigentliche Macht offenbart.

Auch heute laufen uns zwei solcher Figuren über unseren spirituellen Weg, und wir sollten hin- und nicht wegschauen. Witwen und Waisen zählen zu den Lieblingsgestalten der Bibel. Sie waren immer Symbole der Bedrohtheit, für die Jahwe sich in vielen Herrenworten stark machte, sie immer wieder der besonderen Obhut der Frommen anvertraute.

Im Ersten Buch der Könige begegnen wir einer armen Frau, die als Witwe von Sarepta Eingang gefunden hat in die heiligen Bücher. Der Prophet Elija traf die Frau, als sie Holz sammelte, und wollte sie für sich sozusagen in Dienst nehmen, bat sie um Wasser und Brot. Sie aber mußte gestehen, daß sie nur noch eine Handvoll

Mehl und ein paar Tropfen Öl vorrätig hatte. Das wollte sie noch zubereiten und sich und das Kind dann dem Hungertod überlassen.

Der Prophet, ein für sie Unbekannter, sprach in dieser ausweglosen Situation: „Fürchte dich nicht. Geh heim und tu, was du gesagt hast. Nur mache zuerst für mich ein kleines Gebäck und bring es mir heraus. Danach kannst du für dich und deinen Sohn etwas zubereiten."

Eigentlich eine ziemliche Unverschämtheit angesichts dieser Situation, so wie diese Fremden, diese Bettler eben zuweilen unverschämt werden. Was sollte schon sein sinnloses Versprechen: Ihr Mehltopf werde ebenso nie mehr leer werden wie ihr Ölkrug, bis die Hungersnot ein Ende habe.

Die Witwe ging, buk das Brot, brachte es dem Fremden, und erstaunlicherweise geschah es, wie der Fremde gesagt hatte: Der Mehltopf wie auch der Ölkrug versiegten nicht.

Ein kleines Gebäck – aber es war alles, was sie hatte, und auf diesem Alles lag Gottes Segen, denn …

„Recht verschafft der Herr den Unterdrückten,
den Hungernden gibt er Brot.
Der Herr befreit die Gefangenen,
öffnet den Blinden die Augen,
er richtet die Gefangenen auf.
Der Herr beschützt die Fremden,
und verhilft Waisen und Witwen zu ihrem Recht."

VIELE REICHE KAMEN UND GABEN VIEL.

Das Gegenbild der armen Witwe verläßt uns heute auch im Evangelium nicht.

Mk 12,38–44

In jener Zeit lehrte Jesus eine große Menschenmenge und sagte: Nehmt euch in acht vor den Schriftgelehrten! Sie gehen gern in langen Gewändern umher, lieben es, wenn man sie auf den Straßen und Plätzen grüßt, und sie wollen in der Synagoge die vordersten Sitze und bei jedem Festmahl die Ehrenplätze haben. Sie bringen die Witwen um ihre Häuser und verrichten in ihrer Scheinheiligkeit lange Gebete. Aber um so härter wird das Urteil sein, das sie erwartet.

Als Jesus einmal im Tempel dem Opferkasten gegenübersaß, sah er zu, wie die Leute Geld in den Kasten warfen. Viele Reiche kamen und gaben viel. Da kam auch eine arme Witwe und warf zwei kleine Münzen hinein. Er rief seine Jünger zu sich und sagte: Amen, ich sage euch: Diese arme Witwe hat mehr in den Opferkasten hineingeworfen als alle andern. Denn sie alle haben nur etwas von ihrem Überfluß hergegeben; diese Frau aber, die kaum das Nötigste zum Leben hat, sie hat alles gegeben, was sie besaß, ihren ganzen Lebensunterhalt.

(Einheitsübersetzung)

Mehr als 30 Jahre ist P. Karl Maderna nun schon bei den Franziskanern und hat an allen Wegkreuzungen jene Richtung gewählt, die ihn dorthin führte, wo Menschen seelisch oder materiell in Not sind, wo sie arm, wo sie klein sind. Viele, die ins „Haus der Stille" kommen und auch wieder weggehen, wissen seinen Familiennamen nicht. Er ist einfach der Pater Karl, das genügt.

KOMMENTAR

Wenn ich dieses Evangelium lese, dann geht es mir nicht gut, denn auch ich gehöre zu denen, die die Heilige Schrift studiert haben. Auch ich gehöre zu jenen, die oft glauben, auf alles eine Antwort aus dem Evangelium zu haben. Auch ich bin in Versuchung, die Heilige Schrift als Machtmittel zu mißbrauchen, um andere Menschen niederzuhalten. Aber damit trifft das Wort Gottes nicht mehr mein Inneres. Ich habe eine fromme Mauer um mein Herz gebaut, damit ich mich nicht ändern muß.

Und tatsächlich gibt es eine Gefahr bei allen religiös Tüchtigen und Führenden: Stellung, Ehrsucht, geistliche Macht und Geld verdrängen Gott aus der Mitte ihres Herzens und pervertieren ihren Dienst für die Menschen. Scheinheiligkeit, existentielle Unwahrhaftigkeit und Selbstherrlichkeit gefährden uns. Markus warnt vor Frommen, die alles wissen, die Gott in Begriffe, Lehrsysteme und Lehrsätze pressen wollen. Die Schriftgelehrten der damaligen und auch der heutigen Zeit kleiden die Weisungen Gottes in Gesetze, setzen damit Menschen unter Druck, ohne sie zur Gemeinschaft mit Gott zu führen – worauf es eigentlich ankommt. Eine typische Gefahr für alle religiösen Lehrautoritäten auch in unserer Kirche. Die Schriftgelehrten finden selber nicht zu Christus und sind für das Volk ein Hindernis für den Glauben. Glauben ist nicht zuerst ein Lehrsystem, sondern Glaube hat wesentlich zu tun mit einer personalen Beziehung zwischen Gott und Mensch.

Nach der ersten Bekehrung – nachdem der Mensch sich erstmals wirklich zu Gott hingewendet hat – vermischen sich oft sehr schnell Eigenliebe, Gottesliebe und Nächstenliebe. Auch wenn sie untrennbar zusammengehören, darf man sie nicht durcheinanderbringen und das eine mit dem anderen verwechseln. Ja, je mehr das christliche Leben gelingt und für andere bedeutsam wird, desto mehr wächst die Eigenliebe und Selbstsucht. Jesus will uns aufrütteln aus unseren selbstgemachten Sicherheiten. Aber niemand ist so schwer zu bekehren wie ein sogenannter guter Christ.

Wenn sich gute Christen in einer religiösen Selbstbezogenheit verhärten und krampfhaft um religiöse Leistungen bemühen, können sie taub werden sowohl für den lebendigen Anruf Gottes als auch aggressiv gegen jene Mitchristen, die eine tiefere Umkehr vorleben. Dies gilt für jeden einzelnen von uns – für alle Christinnen und Christen, ganz gleich, ob sie in unserer Gemeinschaft ein Amt haben oder nicht. Kein Priester, kein Bischof – niemand ist ausgenommen. Viele Heilige der Kirchengeschichte wurden von Glaubensbrüdern und -schwestern in geradezu entsetzlicher Weise verfolgt.

Im Grunde geht es um Nähe und Distanz. Hebe ich mich durch mein Verhalten von den anderen ab oder stelle ich mich auf die gleiche Ebene wie die andern? Liegt nicht auch in mir die Sehnsucht, besser dazustehen, mich über andere zu erheben?

Ist es etwa schlecht, am Sonntag ein Festgewand anzuziehen, gegrüßt zu werden, einen guten Platz einzunehmen! Sicher nicht – aber stimmt das Äußere mit dem Inneren überein? Ist nicht manchmal unser Sonntagsgottesdienst so ein Jahrmarkt der Eitelkeiten, wo man die neuesten Kleider zur Schau stellt, sich mit dem neuen Auto zeigt, damit alle sehen, was ich mir leisten kann! Die Schulden, die ich dabei gemacht habe, sieht man ja ohnehin nicht.

Worauf kommt es an? Ist nicht das Leben wichtiger als die Nahrung, und ist nicht der Leib wichtiger als die Kleidung? – so fragt Jesus an einer anderen Stelle. Ich persönlich weiß um meinen Wert und folgedessen habe ich es nicht notwendig, mich durch bessere Kleidung – auch nicht durch klerikale Kleidung – von den anderen abzuheben. Je mehr das Gottvertrauen wächst, desto mehr schwindet auch die Angst, zu kurz zu kommen.

Und im Kontrast dazu steht die arme Witwe, die zuwenig zum Leben und zuviel zum Sterben hat. Nicht von ungefähr galten Witwen und ebenso Waisen als gefährdete Personen, die den besonderen Schutz der Gesellschaft brauchen. Und obwohl die Witwe selber nichts von ihrer Größe weiß, stellt sie uns Jesus als Beispiel hin. Er macht damit deutlich, daß ihm der einzelne Mensch wichtiger ist als die Masse.

Entscheidend ist nicht, *wieviel* einer hat und kann. Entscheidend ist, ob er das, was er hat und kann, tatsächlich einsetzt. Gebe ich *etwas* her, oder bringe ich mich selbst ins Spiel? Gebe ich etwas von mir her – mein Geld, meine Gefühle, meine Angst, meine Liebe, meine Wut –, oder versuche ich nur eine schöne Fassade zu halten, hinter der ich meine eigene Zerbrechlichkeit verstecke? Im Vergleich zu den Schriftgelehrten kommen die Reichen noch gut weg! Aber im Vergleich zur Witwe können auch sie nicht bestehen.

Henri de Lubac sagt: Die lebendigsten, echtesten Christen finden sich für gewöhnlich nicht bei den Gelehrten und Geschickten, nicht bei den Politikern und Reichen ... ja, sogar innerhalb der Kirche ist ihr Leben oft verborgen und ungeachtet. In der Tat ist dieses Evangelium mehr als eine Attacke gegen die Habsucht der Berufsfrommen. Es geht um den Kern unseres Christseins. Es geht darum, Gott zum Existenzgrund des Lebens zu machen und damit Feigheit und Menschenfurcht abzulegen.

Gandhi wurde einmal von christlichen Frauen und Männern gefragt, was sie tun müßten, damit die Hindus die Bergpredigt annehmen. Seine Antwort lautete: „Denken Sie an das Geheimnis der Rose. Alle mögen sie, weil sie duftet. Also, meine Damen und Herrn, duften Sie!“ Die Witwe vom Tempel war wohl eine solche Rose.

Karl Maderna

Der berühmte Meditationslehrer Henri Nouwen ruft irgendwann aus: „Wann wird Gott endlich all meine Abwehrstellungen durchbrechen, damit ich ihn nicht nur mit meinem Verstand, sondern auch mit meinem Herzen erkenne!?“ – Die beiden Witwen der heutigen Schrifttexte haben diese Hürde übersprungen und waren imstande, wirklich alles hinzugeben. Dabei sollten wir es ja alle wissen: Tous de toi, et tous de Dieu – Wenn du dich ganz gibst, tut Gott den größeren Rest“ – und damit kann durch ganz wenig sehr viel geschehen. Eine Erkenntnis, die heute so manche Mut- und Hoffnungslosigkeit durchbrechen und wirkmächtig werden könnte.

Dreiunddreissigster Sonntag im Jahreskreis

Am Ende des Kirchenjahres kommen Endzeit-Gedanken auf uns zu, Fragen nach dem *Nachher*, nach dem *Darüberhinaus*. Gedanken, Fragen, die im Leben jedes Menschen von Zeit zu Zeit auftauchen, mit oder auch ohne Anlaß. Ich kann mich noch an die späten Jahre meiner Mutter erinnern. Als der Neunziger am Horizont dieser starken, lebenslustigen Frau auftauchte, kamen solche Gedanken naturgemäß öfter, und fast immer endeten diese Überlegungen und Gespräche mit ihrem Standardsatz: „Ich kann Ewigkeit nicht denken, das macht mich verrückt." Meinen versuchten Trost, daß kein Mensch Ewigkeit denken kann, daß jeder verrückt dabei würde, wehrte sie dann üblicherweise nicht mit Worten, sondern mit einer stummen Handbewegung ab, die wohl bedeuten sollte: Reden wir über etwas anders.

In seinem Buch *„Die Toten laufen frei herum"* schreibt Wilhelm Bruners im Vorwort: „Jesus hat wenig über die Ewigkeit gesprochen; das Leben im Himmel nach dem Tod kommt in seinen Reden und Gleichnissen kaum vor. Einmal wollen sie ihn auf die Probe stellen. Das ist – nach Lukas – kurz vor seinem Tod. Die Sadduzäer, die die Auferstehung leugnen, wollen seine Meinung dazu hören. Sie konstruieren einen unwahrscheinlichen Fall. Jesu Antwort ist kurz, ohne irgendwelche konkreten Bilder oder gar Informationen. Er sagt: „Daß aber die Toten auferstehen, hat schon Mose in der Geschichte vom Dornbusch angedeutet, in der er den Herrn den Gott Abrahams, Isaaks und Jakobs nennt. Er ist doch kein Gott von Toten, sondern von Lebenden, denn für ihn sind alle lebendig." Diese Antwort beeindruckt selbst die Schriftgelehrten und sie finden sogar lobende Worte. Daß er im Falle seines gewaltsamen Todes auferstehen wird, diese seine Überzeugung betonen alle Evangelisten. Es klingt fast wie selbstverständlich. Aber Jesus macht die Auferstehungsfrage nie isoliert zu einer Bekenntnisfrage. Sie beantwortet sich für ihn einzig mit der Gottesfrage. Er beobachtet sehr einfühlsam das konkrete Leben der Menschen und entdeckt darin Bilder für das Königtum Gottes, dessen Ankunft er auf dieser Erde in dieser Weltzeit mit den Menschen feiern will. Bei Johannes sagt er: „Ich bin gekommen, damit sie das Leben haben und es in Fülle haben." – Das ist kein Hinweis auf ein Leben nach dem Tod. Es ist der Anspruch auf ein Leben vor dem Tod.

Und doch ist er – so sagen es uns die Schriften – vom nahen Ende der Weltzeit und damit von seiner Wiederkunft fest überzeugt.

HIMMEL UND ERDE WERDEN VERGEHEN, ABER MEINE WORTE WERDEN NICHT VERGEHEN ...

... sagt er in seiner von Markus überlieferten großen Rede über die Endzeit, die zeitlich kurz vor seinem Leiden und Sterben angesiedelt ist und die den Jüngern neue Horizonte eröffnen soll.

Mk 13,24–32

In jener Zeit sprach Jesus zu seinen Jüngern: In jenen Tagen, nach der großen Not, wird sich die Sonne verfinstern, und der Mond wird nicht mehr scheinen; die Sterne werden vom Himmel fallen, und die Kräfte des Himmels werden erschüttert werden. Dann wird man den Menschensohn mit großer Macht und Herrlichkeit auf den Wolken kommen sehen. Und er wird die Engel aussenden und die von ihm Auserwählten aus allen vier Windrichtungen zusammenführen, vom Ende der Erde bis zum Ende des Himmels.
Lernt etwas aus dem Vergleich mit dem Feigenbaum! Sobald seine Zweige saftig werden und Blätter treiben, wißt ihr, daß der Sommer nahe ist. Genauso sollt ihr erkennen, wenn ihr all das geschehen seht, daß das Ende vor der Tür steht. Amen, ich sage euch: Diese Generation wird nicht vergehen, bis das alles eintrifft. Himmel und Erde werden vergehen, aber meine Worte werden nicht vergehen.

(Einheitsübersetzung)

Diese unmittelbare Naherwartung des Weltenendes fraß sich damals tief in die Köpfe und Seelen vieler Menschen und stiftete ordentlich Verwirrung. Es gab nicht wenige, die aufhörten, zu säen und zu ernten, Handwerker, die ihre Werkstätten, Händler, die ihre Geschäfte schlossen, Leute, die ihr Hab und Gut verkauften. Andere verließen ihre Familien und gingen in die Wüste, um zu fasten und zu beten, um für das Ende gerüstet zu sein. Es dauerte eine gute

Weile, bis auch in den kleinen, rasch wachsenden Christengemeinden die Erkenntnis dämmerte, daß man Jesu Worte vielleicht zu wörtlich genommen hatte, daß er weder heute, noch morgen und wahrscheinlich auch übermorgen nicht kommen würde. Das ist die Zeit, da sie begannen, die Jesusgeschichten zu sammeln und auch niederzuschreiben, um den Gemeinden eine genauer gezeichnete Gestalt, ein zukunftsfähiges Vorbild zu vermitteln.

Diesem Prozeß geht auch P. Gottfried Vanoni, Lehrer an der Ordenshochschule St. Gabriel, in seinem heutigen Kommentar nach.

KOMMENTAR

Religionskritiker haben uns Christen mit Menschen verglichen, die tage-, jahre-, jahrzehntelang auf dem Bahnsteig stehen und fiebernd die Ankunft des Zuges für die nächste Minute erwarten. Auf eine solche Karikatur muß man nicht unbedingt wehleidig reagieren. Mir kommt vor, daß sie eine eher zu hohe Meinung von uns Christen hat. Haben wir es nicht längst aufgegeben, die baldige Ankunft Christi zu erwarten? Gibt es in unseren Terminkalendern nicht Eintragungen bis ins nächste Jahrhundert hinein?

Im Grunde haben wir uns die Argumente der Religionskritiker zu eigen gemacht. Gerade im Blick auf das heutige Evangelium sind wir versucht, Jesus in Gegensätze zu verwickeln:

Lieber Jesus, einerseits behauptest du: „Diese Generation wird nicht vergehen, bis das alles eintrifft." Und im Handumdrehen sagst du: „Jenen Tag und jene Stunde kennt niemand, auch nicht die Engel im Himmel, nicht einmal der Sohn, sondern nur der Vater." Wie soll das zusammengehen: „noch in dieser Generation" – und zugleich willst du den Termin nicht kennen? Und überdies: Unterdessen sind bald zweitausend Jahre vergangen, und du bist nicht wiedergekommen. Hast du dich da nicht geirrt?

Aber werden wir so dem Evangelium gerecht? Markus schreibt zu einer Zeit, in der der Jerusalemer Tempel bereits zerstört ist – nach dem Jahre 70 also. Die Generation Jesu lebt nicht mehr. Die Gegensätze, die wir beobachten wollen, um uns die harten Worte Jesu vom Leib zu halten, müßten folglich schon damals gestört haben. Welches Anliegen hat Markus, wenn er sie stehen läßt? Ihm geht es weniger um Gegensätze als vielmehr um die Spannung, in der die Christen zu leben haben und die sie aushalten müssen. Hätten wir im Evangelium auch nur einen Vers weitergelesen, dann hätte uns die Karikatur von den Wartenden auf dem Bahnhof nicht auf eine falsche Fährte gelockt: „Seht euch also vor, und bleibt wach! Denn ihr wißt nicht, wann die Zeit da ist.“ Das Stichwort „wachsam“ taucht im weiteren Verlauf der großen Rede Jesu über die Endzeit noch weitere dreimal auf. Wir sollten es als deutliches Signal wahrnehmen. Weder Parusieschwärmer also noch Leute, die die Erde als Warteraum für die Ewigkeit auffassen, sind gefragt. Nicht warten sollen die Christen, sondern wach sein!

Zwischen „warten“ und „wach sein“ besteht ein bedeutender Unterschied. Beim Warten langweile ich mich oder tue höchstens nebensächliche Dinge. Beim Wachsein kann ich meine ganze Energie dort einsetzen, wo sie gefragt ist.

Wer das ganze Markusevangelium aufmerksam liest, stößt auf ein weiteres Signal, das dem Verständnis dienen kann. Wiederholt ist von „Worten“ Jesu die Rede, und meist handelt es sich um Worte, an denen die Jünger Jesu Anstoß nehmen, etwa im Zusammenhang mit dem reichen Jüngling: „Die Jünger waren über seine Worte bestürzt. Jesus aber sagte noch einmal zu ihnen: Meine Kinder, wie schwer ist es, in das Reich Gottes zu kommen!“ (Mk 10,24).

Ein Satz im heutigen Evangelium schließt diese Reihe von Jesusworten ab und faßt sie zusammen: „Himmel und Erde werden vergehen, aber meine Worte werden nicht vergehen.“ Jesus meint das nicht in einem rechthaberischen Sinn. Er läßt sich nicht auf den Buchstaben festnageln. Jesus will kein Zukunftstheoretiker sein. Seine Worte zielen auf die Gegenwart. Hier und jetzt darf, muß ich mich darauf verlassen. Das Beglückende und zugleich Erschreckende daran ist, daß es Folgen hat bis in die Ewigkeit.

Besonders deutlich wird dies in der Jüngerbelehrung im 8. Kapitel bei Markus, wo wiederum von Jesu Worten die Rede ist: „Wer mein Jünger sein will, der verleugne sich selbst, nehme sein Kreuz auf sich und folge mir nach. Denn wer sein Leben retten will, wird es verlieren; wer aber sein Leben um meinetwillen und um des Evangeliums willen verliert, wird es retten. Was nützt es einem Menschen, wenn er die ganze Welt gewinnt, dabei aber sein Leben einbüßt? Um welchen Preis könnte ein Mensch sein Leben zurückkaufen? Denn wer sich vor dieser treulosen und sündigen Generation meiner und meiner Worte schämt, dessen wird sich auch der Menschensohn schämen, wenn er mit den heiligen Engeln in der Hoheit seines Vaters kommt“ (Mk 8,34–38).

Begreiflich, daß wir nach Ausflüchten suchen, um die Botschaft Jesu abzuschwächen, daß wir seinem Ruf nach Entscheidung ausweichen möchten. Aber damit würden wir einen Kernpunkt des christlichen Glaubens aufgeben: Unser Leben ist in die Endgültigkeit gestellt. Es hat einen einmaligen Wert, aber auch eine einmalige Verantwortung. Nichts, was wir tun, ist gleichgültig. Wer sich der Worte Jesu nicht schämt, darf Hoffnung haben: Nichts ist gleichgültig, vor allem nicht das Gute.

Gottfried Vanoni

Von Heinrich Spaemann lese ich im Schott-Meßbuch: „Wir leben in einer Welt, die auf Entwicklung setzt und diese mit allen Mitteln der Intelligenz und des Geldes vorantreibt. Die Bibel sagt: Es geht für den Menschen, der sich von seinem Ursprung, von dem lebendigen Gott abwandte, zuallererst um Bekehrung und nicht um Entwicklung. Entwicklung ohne Bekehrung führt in den Untergang. Das Verlassen des Ursprungs führt zum Ende allen Lebens. Die Bibel kennt im Grunde genommen nur dieses eine Thema: dieses Entweder-Oder, von dem Heil und Unheil abhängt: der Verlust Gottes und damit des Lebens – oder die Heimkehr."

Wir sind heute der möglichen Vernichtung allen Lebens um weitere Schritte nähergekommen, da wir das mit der Umkehr eben nicht versucht haben, die Entwicklung der Technik aber mit noch mehr Mitteln und noch schneller vorangetrieben haben. Das sollte uns zu denken geben.

Christkönig

Der letzte Sonntag des Kirchenjahres ist angebrochen, an dem die Kirche uns mit dem aus einer anderen Zeit stammenden Christkönigsfest an die Königswürde Jesu erinnert, eine Königswürde, die durch die Geschichte immer wieder falsch verstanden wurde. Obwohl schon das Alte Testament von einer ganz anderen Königswürde gesprochen hat, der Königswürde der Gerechtigkeit, der Königswürde der Barmherzigkeit, der Königswürde des Dienstes am Menschen, haben die Menschen seiner Zeit, haben auch die Jünger Jesus als den verheißenen König, immer wieder mißverstanden. Sie projizierten die Bilder der Welt auf seine Knechtsgestalt. Sie statteten ihn in ihren Träumen und Phantasien mit den Insignien der Macht aus, sahen ihn inmitten von Heerscharen, von waffenklirrenden Armeen, die dem geknechteten Land die Freiheit und Selbstbestimmung zurückbringen sollten.

Und als die Kirche noch mit den Mächtigen der Welt im Bunde war, wollte sie sich natürlich auch nicht für den armen, für den dienenden, füßewaschenden Jesus genieren, sondern setzte ihm statt der Dornenkrone goldene Kronen aufs Haupt und hüllte Königsmäntel um seine zerschundenen Schultern. Man mußte den Königen und Kaisern doch etwas entgegensetzen, das der eigenen Machtvollkommenheit entsprach.

Warum nur die Bücher immer so oberflächlich bis umdeutend und verfälschend gelesen wurden, die des Ersten wie die des Zweiten Testaments? – Warum die so klaren und einleuchtenden Worte immer so lange verdreht wurden, bis sie das Gegenteil von dem bedeuteten, was sie eigentlich meinten? – Es ging immer und geht zum Teil auch heute nur um das, was Jesus wirklich ganz fremd gewesen ist – um Macht.

Auch wenn er den Ehrentitel „Menschensohn“ manchmal für sich beanspruchte, so wollte er damit keinen Machtanspruch stellen, sondern nur sagen, daß er auf der Seite Gottes stehe und dafür bereit sei, alles zu tun und auch alles zu leiden. Und in diesem Leben und Leiden, in diesem bedingungslosen Lieben und Dienen, darin liegt die Königswürde Jesu und nirgend sonst, denn auf der Seite Gottes zu stehen und für ihn einzustehen, das hieß für ihn, auf der Seite der Wahrheit zu stehen und sich für sie einzusetzen.

ICH BIN DAZU GEBOREN UND DAZU IN DIE WELT GEKOMMEN, DASS ICH FÜR DIE WAHRHEIT ZEUGNIS ABLEGE. JEDER, DER AUS DER WAHRHEIT IST, HÖRT AUF MEINE STIMME. PILATUS SAGTE ZU IHM: WAS IST WAHRHEIT?

Joh 18,33b–37

In jener Zeit fragte Pilatus Jesus: Bist du der König der Juden? Jesus antwortete: Sagst du das von dir aus, oder haben es dir andere über mich gesagt? Pilatus entgegnete: Bin ich denn ein Jude? Dein eigenes Volk und die Hohenpriester haben dich an mich ausgeliefert. Was hast du getan? Jesus antwortete: Mein Königtum ist nicht von dieser Welt. Wenn es von dieser Welt wäre, würden meine Leute kämpfen, damit ich den Juden nicht ausgeliefert würde. Aber mein Königtum ist nicht von hier. Pilatus sagte zu ihm: Also bist du doch ein König? Jesus antwortete: Du sagst es, ich bin ein König. Ich bin dazu geboren und dazu in die Welt gekommen, daß ich für die Wahrheit Zeugnis ablege. Jeder, der aus der Wahrheit ist, hört auf meine Stimme.

(Einheitsübersetzung)

Die Frage des Pilatus: „Was ist Wahrheit?“ ist bis heute eine Menschheitsfrage geblieben, eine Frage auch, die sich im Leben jedes Einzelnen mehrfach, aber doch mindestens einmal stellt und die meist nur eine teilweise, jedenfalls aber eine unbefriedigende Antwort findet. Der Schweizer Kapuziner Pater Anton Rotzetter hat sich für diesen heutigen Sonntag in die unterschiedlichsten, fiktiven Fragesituationen begeben, um in Kreisen dem Kern näherzukommen.

KOMMENTAR

Was ist Wahrheit?
Wenn jemand daher käme und Sie fragte: Was ist Wahrheit? Was würden Sie dann antworten?

1. Sie könnten erstens sagen: Wahrheit – das ist das, was ich mit meinen eigenen Augen sehe!

Was aber, würde ich fragen, ist mit dem, was Sie nicht sehen? Was ist mit den Gedanken, was mit den Regungen des Herzens, was mit den Gefühlen? Was ist mit dem Inneren der Berge und was mit den Untiefen der Meere und der Seele? Sie sehen doch nur an die Dinge heran! – Und was ist, wenn Sie gar nicht richtig sehen? Oder wenn Sie an den Dingen vorbei schauen? Oder wenn Sie gar getäuscht würden? Wenn die Wiesen gar nicht grün wären und der Himmel gar nicht blau? Was, wenn es gar keine Wiesen gäbe und keinen Himmel? Ja, was wäre, wenn die ganze Außenwelt nichts anderes wäre als eine riesige Fata Morgana? – Vielleicht wissen Sie, daß es große philosophische und religiöse Bewegungen in Asien gibt, welche sagen: Was wir sehen – das ist eine einzige großangelegte Illusion!

2. So wiederhole ich die Frage: Was ist Wahrheit? Was würden Sie jetzt antworten? Vielleicht sagen Sie: Wahrheit – das ist das, was ich Schwarz auf Weiss geschrieben sehe, das, was in Berichten, Chroniken, Videos und Filmaufnahmen dokumentiert ist!

Was aber, würde ich entgegenhalten, wenn die Zeitungen lügen, wenn die Berichte gefälscht und die Fotos, Videos und Filme raffiniert montiert wären? Vielleicht haben Sie den Film „Forest Gump" gesehen – dann wissen Sie, wie man die Wirklichkeit so verfälschen kann, daß man zwischen Wahrheit und Dichtung nicht mehr unterscheiden kann! Letzthin war ich mit meinem elfjährigen Neffen im Verkehrshaus Luzern; dort wählten wir einen Ort, wohin mein Neffe gerne reisen würde, und kurz darauf hielten wir den untrüglichen fotografischen Beweis in den Händen, daß wir in Miami waren. Seine Mutter wird recht gestaunt und wohl etwas ratlos der Geschichte zugehört haben, die ihr mein Neffe erzählen wollte. – Dokumente können unter Umständen gar nichts dokumentieren. Wir können ihnen nicht unbedingt trauen und müssen auf jeden Fall unseren kritischen Verstand gebrauchen.

3. So muss ich nochmals nachbohren und erneut fragen: Was ist Wahrheit?! Sie könnten dann antworten: Wahrheit – das ist das Ergebnis objektiver Forschung, das, was man erkennt, wenn man den Verstand richtig gebraucht.

Einverstanden!, würde ich sagen – und sofort hinzufügen: Aber gebrauchen wir denn den Verstand auch richtig? Wieviele sogenannte wissenschaftliche Gutachten gibt es zu ein und derselben Frage, zum Beispiel zur Atomenergie, zur Gentechnik, zu diesem oder jenem; und eines widerspricht dem anderen. Welche Interessen stehen dahinter? Gibt es so etwas wie eine wirklich objektive Wissenschaft, anders gesagt: Kann man die Wahrheit überhaupt wissenschaftlich erkennen? Ist Wissenschaft, das heißt: analysieren, auseinandernehmen, sezieren, testen, prüfen, überhaupt das richtige Instrument, um die ganze Wahrheit und nichts als die Wahrheit herauszufinden? Bewegen wir uns da nicht immer noch im Bereich des Vorläufigen und Fragmentarischen? Ein Schmetterling, den man gefangen genommen, getötet, präpariert und im Museum ausgestellt hat, ist kein Schmetterling mehr. Die Wahrheit des Schmetterlings liegt jenseits einer so verstandenen Wissenschaft. Auch der Wissenschaftler, der nach Wahrheit sucht, muß die Tür aufstoßen, die zum Ganzen führt. Mit dieser Bemerkung verliert die Wissenschaft nichts von ihrer bzw. der kritische Verstand nichts von seiner Bedeutung. Aber immerhin: der Wissenschaftler kann Fragmente der Wahrheit ent-decken, aufdecken, enthüllen. Das griechische Wort für Wahrheit heißt „alätheia" – und das heißt: das Hervortreten der verborgenen Wirklichkeit. Das ist wohl immer eher das Geschenk der geduldigen Kontemplation als des wissenschaftlichen Bemühens, das Ergebnis eines dauerhaften und offenen Schauens auf alles, was einem begegnet – und darum auch äußerst selten.

4. Nochmals muß ich also fragen: Was ist Wahrheit? Vielleicht antworten Sie jetzt: Wahrheit ist das, was die Kirche als Wahrheit ausgibt: die Dogmen der Kirchengeschichte, die konstante Theologie der christlichen Tradition, die Lehre der Päpste, das Zeugnis der Kirche, die sich als „Säule der Wahrheit" schon immer berufen fühlt, „den Glanz der Wahrheit" zu verkünden. – Oder Sie könnten sagen: Wahrheit ist das, was Osho sagt oder sonst ein Guru unserer Tage. Oder Sie könnten sagen: Wahrheit – das ist der Glaube an die Reinkarnation, an die Wirkung von Aszendenz und Deszendenz, an die Strahlkraft von Farben, Steinen, Hölzern oder an andere esoterische Inhalte.

Und wahrscheinlich würde mir jetzt dann bald einmal der Geduldsfaden reißen. Denn es wäre für mich ein Leichtes, all diesen Auffassungen entgegenzutreten, etwa mit dem Hinweis: Dieser oder jener Papst hat dies oder das gesagt, was heute als unhaltbar erkannt ist; die Theologen haben über Jahrhunderte hinweg gesagt, daß die Frau minderwertig ist; Giordano Bruno und viele andere wurden im Namen der kirchlichen Wahrheit verbrannt. Und vieles könnte ich Osho und seinesgleichen entgegenhalten, und die Esoterik eröffnet mir so viele Fragen, wie sie mich mit ihren Antworten bedrängt. Nein, auf dieser Ebene kann die Wahrheit nicht gefunden werden.

5. Und vielleicht fiele dann endlich das Wort „Bibel“: Wahrheit ist das, was die Bibel bezeugt. Und dann würde ich aufatmen und vielleicht bald darauf nochmals protestieren müssen! Denn in der Bibel spricht man ganz anders von der Wahrheit. Wahrheit – das ist das, worauf Verlaß ist; Wahrheit – das ist die Verläßlichkeit, die von Gott ausgeht; Wahrheit – das ist die Verläßlichkeit der Liebe Gottes zu uns Menschen, die Beziehung, die trägt, die Gegenwart dessen, der immerzu nur eines sagt: Ich bin bei dir! Wahrheit – das ist die Offenbarung Gottes, das, was Gott von sich zeigt: sein offenes Herz, in dem sich alle geborgen wissen dürfen; seine offenen Arme, in denen auch der größte Sünder Zuflucht nehmen darf; sein Herabsteigen zu den versklavten Menschen, zu den Schwachen, den Armen; sein Mitunsgehen durch die persönlichen und gesellschaftlichen Befreiungsgeschichten. Das ist die Wahrheit, die sich uns in der Bibel zeigt, die Offenbarung des Hintergrundes der Welt: Trotz allem, was wir innerweltlich und innergeschichtlich von Menschen und anonymen Mächten erfahren: Auf Gott ist Verlaß!

Das ist nun auch die eigentliche Sendung Jesu! Er muß „der Wahrheit Zeugnis geben“. Alles, was Jesus sagt oder nicht sagt, tut oder nicht tut, sein Leben und Sterben, sein ganzes Wesen ist Hinweis auf die Verläßlichkeit Gottes. Auf die Liebe Gottes ist Verlaß – das wird offenbar in Betlehem, in Kafarnaum, in Naim, vor Pilatus und dann auch noch in seiner dunkelsten Stunde am Kreuz. Und im Blick auf den Auferstandenen sollen auch wir heute glauben dürfen: Auf Gottes Liebe ist in jedem Augenblick meines Lebens Verlaß.

Die ganze Bibel spricht so von der Wahrheit. Wahrheit – das sind keine Sätze, das ist die Liebe, die sich hingibt; Wahrheit – das sind keine tiefgründigen Erkenntnisse des Verstandes, das ist vielmehr die überraschende Erfahrung des Herzens, daß Gott da ist; Wahrheit – das sind keine objektiv feststellbaren Inhalte, Wahrheit – das ist vielmehr ein Du, das mich in die Arme nimmt, ein Schoß, in den ich meinen Kopf legen kann, eine Liebe, die mich meint. Darum sagt Jesus: Ich bin die Wahrheit! Wahrheit – das ist nicht eine Frage der richtigen Sätze, sondern eine lebendige Beziehung, die zwischen Jesus und mir hin- und herfließt, die Erfahrung, daß Jesu Leben und Sterben alles enthält, worauf wirklich Verlaß ist.

Ich wünsche uns allen diese biblische Wahrheit, die Erfahrung, daß allein auf die sich hingebende Liebe Verlaß ist. Gott ist Liebe – das ist die Wahrheit, von der wir leben können und – eigentlich dürfte die Kirche keine andere Wahrheit verkünden. Sie müßte in Wort und Tat verkünden: Auf Gott ist Verlaß, die Liebe trägt. Und sie müßte überall verläßliche Liebesbeziehungen stiften und Räume bereitstellen, in denen die Verläßlichkeit erfahren und gefeiert werden könnte.

Anton Rotzetter

Was P. Anton Rotzetter zum Johannestext zu sagen hatte, haben Sie gehört. Ich habe aber auch noch einen anderen Text zum Christkönigssonntag, zu Markus 15, von Rotzetter gefunden:

„Der Verspottete, der Gefolterte,
der Verwundete, Verletzte,
der Geschmähte, Verachtete –
Er allein ist König.
Keiner sonst.
Was folgst du also
dem aufgeblasenen Wesen,
das sich König nennt
oder Präsident
oder Machthaber?“

Autorenverzeichnis

Prof. Gottfried *Bachl*,
geboren in Linz, wo er auch von 1970 bis 1983 als Professor für Dogmatik war. Seit 1983 lehrt er an der Universität Salzburg. Autor zahlreicher geistlicher und poetischer Bücher.

Anton *Berger*,
war lange Zeit Spiritual von Kardinal König, Spiritual des Wiener Priesterseminars, Sakristeidirektor und Dechant am Stephansdom. In der zweiten Amtsperiode Bischofsvikar Wien-Innere-Stadt, zuständig für Großstadtpastoral, aber auch verantwortlich für die Entwicklungszusammenarbeit der Erzdiözese Wien.

Franz *Bierbaumer*,
Magister der Theologie nach Studien in Wien und Innsbruck. Kaplansjahre in Perchtoldsdorf, Jedlesee und St. Leopold in Wien. Sein aktives seelsorgliches Interesse für die Feuerwehr machte ihn nun zum Feuerwehrseelsorger der Erzdiözese Wien.

Dr. Ernst *Bräuer*,
1967 zum Priester geweiht, lange Jahre als Hochschulseelsorger in Linz tätig und seit 1985 Rektor des Bildungshauses Schloß Puchberg bei Wien.

Dr. Wilhelm *Bruners*,
ist Priester-Dichter und geistlicher Begleiter in Jerusalem, wo er als Personalsubvention der Diözese Aachen am Österreichischen Hospiz in der Via Dolorosa lebt und arbeitet.

Jurij *Buch*,
Bauernsohn aus Südkärnten und Angehöriger der slowenischen Minderheit. Nach seiner Kaplanszeit war er auf nationaler Ebene in der Jugendarbeit tätig und betreut seit Jahren drei slowenische Pfarreien im Grenzland.

P. Walbert *Bühlmann*,
Missionstheologe und Autor zahlreicher Bücher. Er ist Schweizer

und war lange Jahre Missionar in Tanzania, bevor er dann Missionswissenschaften in Freiburg/Schweiz lehrte. Heute lebt er eher zurückgezogen in Olten.

P. Josef *Cascales*,
spanischer Claretiner, war viele Jahre Leiter der Cursillo-Bewegung in Österreich und ist Autor zahlreicher spiritueller Bücher.

Matthäus *Fellinger*,
geboren in Grieskirchen OÖ, Studium der Theologie, Journalist, Chefredakteur der Kirchenzeitung für die Diözese Linz. Er ist verheiratet und hat drei Töchter.

Prof. Gisbert *Greshake*,
ist einer der bekanntesten Dogmatiker im deutschen Sprachraum. Geboren in Recklinghausen, führte sein akademischer Weg von Münster über Rom und Tübingen nach Wien. Seit 1985 lehrt er in Freiburg i. Br. Dogmatik und Ökumenische Theologie.

Prof. Philipp *Harnoncourt*,
gebürtiger Berliner, aber seit frühen Jahren in Graz ansässig und dort als Professor für Kirchenmusik und seit 1972 auch als Liturgiewissenschaftler vielfältig tätig. Er ist zudem Mitglied des Vorstandes der ökumenischen Stiftung der österreichischen Bischofskonferenz.

Dr. Martha *Heizer*,
lehrt Religionspädagogik an der Theologischen Fakultät der Universität Innsbruck. Sie ist verheiratet und Mutter von drei Kindern.

P. Franz *Helm*,
Sohn eines Volksschullehrers aus dem niederösterreichischen Mostviertel. Als Steyler Missionar jahrelang in Brasilien, wo er auch teilweise sein Studium absolvierte. Nach seiner Rückkehr Generalsekretär von „Missio Austria“ und derzeit für die Missionshochschule St. Gabriel und die Ordenszentrale in Rom tätig.

Dr. Albert *Höfer*,
Priester und Universitätsprofessor in Graz. Seit seiner völligen Erblindung ist er als Psychotherapeut und Schriftsteller tätig.

Dr. Christine *Koch*,
Theologin und äußerst aktives Mitglied der „Schwesterngemeinschaft der Frohbotschaft" in Batschuns/Vorarlberg.

P. Clemens *Kriz*,
Priester im Trinitarierorden. Er ist in der Erzdiözese Wien zuständig für die seelisch-geistliche Betreuung von AIDS-Patienten.

Franz *Küberl*,
seit je in kirchlichen Organisationen in der Steiermark und auch auf nationaler Ebene tätig und seit einigen Jahren Präsident der „Caritas Österreich".

Dr. Roman *Kühschelm*,
Bauernsohn aus dem niederösterreichischen Ulrichskirchen, ist Dozent und außerordentlicher Professor für neutestamentliche Bibelwissenschaft an der katholischen Fakultät der Universität Wien.

Prof. Hans Peter *Lang*,
Leiter einer Forschungsanstalt der Bundesforste in Wieselburg und Professor an der Universität für Bodenkultur in Wien. Zudem ist er verantwortlicher Leiter der Charismatischen Erneuerungsbewegung in Österreich.

Dr. Hildegard *Lorenz*,
Bibelwissenschaftlerin und langjährige Priorin der Batschunser „Schwesterngemeinschaft der Frohbotschaft".

P. Karl *Maderna*,
von allen, die ihn kennen, liebevoll „Pater Karl" genannt. Franziskaner und seit vielen Jahren Leiter und Herz im „Haus der Stille" in der Steiermark. Geistlicher Lehrer und Begleiter vieler suchender Menschen.

P. Martin *Maier*,
ist Jesuit und studierte unter anderem bei Jon Sobrino in El Salvador. Heute arbeitet er als Chefredakteur der Ordenszeitschrift „Stimmen der Zeit" in München.

Dr. Johanna *Martin*,
stammt aus Schlesien, ist 1945 nach Sachsen und 1953 in die

Bundesrepublik geflüchtet. Heute arbeitet die Familienpsychologin in der Familienberatung.

Dr. Jakob *Mitterhöfer*,
Steyler Missionar, war 25 Jahre lang Generalsekretär von „Missio Austria“ und ist heute Dekan der Ordenshochschule St. Gabriel bei Wien.

Dr. Józef *Niewiadomski*,
Professor für Dogmatik an der Universität Innsbruck. Er stammt aus Polen.

Dr. Gustav *Pirich*,
Oberösterreicher, Theologiestudium an der Universität Wien. Kaplansjahre in Niederösterreich und Wien sowie ab 1889 Pfarrer und Dechant in Hollabrunn im Weinviertel. 1991 Promotion zum Doktor der Theologie in Freiburg i. Br.

Mag. Veronika *Prüller-Jagenteufel*,
Theologin, die während ihres Studiums an einem pastoralen Austauschprogramm mit den Philippinen mitgearbeitet hat und seit kurzem Chefredakteurin der Zeitschrift „Diakonia“ ist.

P. Joop *Roeland*,
ist Holländer, der schon viele Jahre als Augustiner-Eremit in Wien lebt. Er war lange Zeit Hochschulseelsorger und ist jetzt Priester in der Dompfarre St. Stephan, wo er in St. Ruprecht, der ältesten Kirche Wiens, eine lebendige, liturgisch und literarisch sehr ambitionierte Gemeinde leitet.

Helmut Theodor *Rohner*,
Priester aus Vorarlberg. Lange Jahre hat er mit seinem „Projekt Hoffnung“ für die Armen und Entrechteten im Nordosten Brasiliens gewirkt. Seit 1992 arbeitet er mit Basisgruppen und Basisgemeinden im deutschsprachigen Raum.

Karl *Rottenschlager*,
ist Sozialarbeiter und war viele Jahre in der Männerstrafanstalt Stein tätig, bevor er mit Freunden die „Emmaus-Gemeinschaft“ in St. Pölten gegründet hat, in der Drogenabhängige und Strafentlassene betreut und wieder in die Gesellschaft integriert werden.

P. Anton *Rotzetter*,
Kapuziner, Doktor der Theologie und bis 1988 Leiter des franziskanischen Instituts für Spiritualität in Münster/Westfalen. Heute lebt er in Altdorf in der Schweiz, hält viele Vorträge und Exerzitien, begleitet Wallfahrten und schreibt.

Dr. Eva *Schmetterer*,
Theologin und Mitglied der Batschunser „Schwesterngemeinschaft der Frohbotschaft". Zur Zeit ist sie im Schulamt der Erzdiözese Wien tätig.

Franz *Schobesberger*,
Pfarrer in Brunnenthal bei Schärding OÖ. Er ist bekannt als aufmerksamer, weil wirklich zuhörender Partner im persönlichen Gespräch mit Suchenden und Zweifelnden. Vielleicht kann er gerade deshalb so gut zuhören, weil er seit seiner Jugend schwer hörbehindert ist und sich daher mit allen anderen Sinnen auf sein Gegenüber einlassen muß.

Christoph Kardinal *Schönborn*,
stammt aus Böhmen und kam 1945 als Flüchtling nach Österreich, wo er mit seiner Familie in Vorarlberg wohnte. Er ist Mitglied des Dominikanerordens und promovierte 1974 in Paris. Fünf Jahre lang hatte er einen Lehrstuhl für Dogmatik in Freiburg/Schweiz inne, und er war einer der Hauptredakteure für den „Katechismus der Katholischen Kirche". Seit 1991 Weihbischof und seit 1995 Erzbischof in Wien.

P. Otto *Strohmaier*,
Abt der Benediktinerabtei St. Lambrecht in der Steiermark, einem von vielen Menschen geschätzten Ort der Spiritualität.

Dr. Gottfried *Vanoni*,
Steyler Missionar und Professor für Altes Testament an der Ordenshochschule St. Gabriel in Mödling bei Wien.

Dr. Ewald *Volgger*,
Priester des Deutschen Ordens, lebt in einem mehr als 800 Jahre alten Ordenshaus in Bozen und lehrt an der katholischen Fakultät der Universität Brixen Liturgiewissenschaft.

P. Ulrich *Zankanella*,
Franziskaner. Der gebürtige Salzburger studierte Theologie in München und war später stellvertretender Geschäftsführer der Missionszentrale der Franziskaner in Bonn sowie für einige Jahre Provinzial de österreichischen Ordensprovinz. Seit 1995 ist er Leiter des Hilfswerks der Franziskaner für Mittel- und Osteuropa.

Prof. Paul Michael *Zulehner*,
Priester und Theologe und als solcher Ordinarius für Pastoraltheologie an der Universität Wien. Autor zahlreicher Bücher und diverser Studien zu Entwicklungen in Kirche und Gesellschaft. Zur Zeit Dekan der Katholisch-Theologischen Fakultät.

Quellennachweis

Die Gute Nachricht, Kath. Bibelwerk / Deutsche Bibelgesellschaft, Stuttgart 1982
Das Neue Testament, übersetzt von Fridolin Stier, Kösel Verlag / Patmos Verlag, München/Düsseldorf 1989
Einheitsübersetzung der Heiligen Schrift, Kath. Bibelanstalt / Deutsche Bibelgesellschaft, Stuttgart 1980

Joachim E. Berendt, Das dritte Ohr, Rowohlt Verlag, Reinbek 1985
Henri Boulad, Der mystische Leib, Edition Tau, Bad Sauerbrunn 1993
Alla Bozarth-Campbell, „Gott, du Bäckerin“, in: Wir sind keine Fremden mehr, Evangelisches Missionswerk, Hamburg 1984
Wilhelm Bruners, Und die Toten laufen frei herum, Patmos Verlag, Düsseldorf 1994
Walbert Bühlmann, Wer Augen hat zu sehen, Styria Verlag, Graz 1989
Bernhard Häring, Meine Hoffnung für die Kirche, Verlag Herder, Freiburg i. Br. 1997
Bernhard Häring, Wege zum Sinn, Styria Verlag, Graz 1997
Florian Kuntner, Spuren eines Weges, Missio Austria, 1996
Pinchas Lapide, Die Bergpredigt – Utopie oder Programm?, Matthias Grünewald Verlag, Mainz 1982
Manfred Loimeier, Zum Beispiel Ken Saro-Wiwa, Lamuv Verlag, Göttingen 1996
Kurt Marti, Leichenreden, Sammlung Luchterhand
Hans Peter Martin, Die Globalisierungsfalle, Rowohlt Verlag, Reinbek ^{5}1996
Heribert Mühlen, Einübung in die christliche Grunderfahrung, Matthias Grünewald Verlag, Mainz 1976
Mutter Teresa, Gedanken zum Tag, Verlag Herder, Freiburg i. Br. 1997
Henri J. M. Nouwen, In ihm das Leben finden, Verlag Herder, Freiburg i. Br. 1982
Joop Roeland, Die Stimme eines dünnen Schweigens, Verlag Die Quelle, Feldkirch 1992
Joop Roeland, „Manchmal erwacht ein Wolf in uns“, in Zeitschrift „Miteinander“, Canisius-Werk für Priesterberufe
Anton Rotzetter, Gott der mir Leben schafft, Verlag Herder, Freiburg i. Br. 1994

Raymund Schwager, Dem Netz des Jägers entronnen, Kösel Verlag, München 1991
Dorothee Sölle / Luise Schottroff / Bärbel Wartberg-Potter, Das Kreuz des Lebens, Kreuz Verlag, Stuttgart 1987
Paul Michael Zulehner, Wider die Resignation in der Kirche, Verlag Herder, Wien 1989